长江经济带"共抓大保护"系列

长江经济带林业支持政策汇编

地方篇

Forestry Support Policies in the Yangtze River Economic Zone assembly

国家林业和草原局规财司 编

中国林业出版社
China Forestry Publishing House

图书在版编目（CIP）数据

长江经济带林业支持政策汇编：地方篇／国家林业和草原局规财司编.
—北京：中国林业出版社，2019.5
（长江经济带"共抓大保护"系列）
ISBN 978-7-5219-0086-6

Ⅰ.①长… Ⅱ.①国… Ⅲ.①长江经济带 – 林业政策 – 汇编
Ⅳ.①F326.20

中国版本图书馆 CIP 数据核字（2019）第 096490 号

中国林业出版社·林业出版分社
责任编辑：于界芬

出　　版　中国林业出版社（100009　北京西城区刘海胡同 7 号）
网　　址　http://lycb.forestry.gov.cn
E-mail　　forestbook@163.com　电话　（010）83143543
发　　行　中国林业出版社
印　　刷　固安县京平诚乾印刷有限公司
版　　次　2019 年 5 月第 1 版
印　　次　2019 年 5 月第 1 次
开　　本　787mm×1092mm　1/16
印　　张　28
字　　数　596 千字
定　　价　88.00 元

序

　　长江经济带与京津冀和"一带一路"是我国新时期的"三大战略"。长江经济带覆盖上海、江苏、浙江、安徽、江西、湖北、湖南、重庆、四川、云南、贵州11个省（市），面积205万平方公里，占长江干流六分之五，横跨我国东、中、西三大区域，是我国农业、工业、商业、文化教育和科学技术等方面最发达的地区之一，是全球亚热带地区面积最大的绿带，具有独特优势和巨大发展潜力。长江经济带气候温暖、雨量充沛、支流纵横、湖泊众多、湿地丰富，山水林田湖草浑然一体，不仅是我国重要的经济带，也是我国重要的生态安全屏障区。

　　2016年新年伊始，习近平总书记在推动长江经济带发展座谈会上指出：长江拥有独特的生态系统，是我国重要的生态宝库。当前和今后相当长一个时期，要把修复长江生态环境摆在压倒性位置，共抓大保护，不搞大开发。要把实施重大生态修复工程作为推动长江经济带发展项目的优先选项，实施好长江流域防护林体系建设、水土流失及岩溶地区石漠化治理、退耕还林还草、水土保持、河湖和湿地生态保护修复等工程，增强水源涵养、水土保持等生态功能。这些指示都为推动长江经济带健康发展指明了方向。

　　2018年4月26日，习近平总书记在主持召开深入推动长江经济带发展座谈会上又发表了重要讲话。习近平总书记站在中华民族长远发展、永续发展的高度，就长江经济带发展"共抓大保护"作出了一系列重要指示。他强调，推动长江经济带发展是党中央做出的重大决策，是关系国家发展全局的重大战略。新形势下推动长江经济带发展，关键是要正确把握整体推进和重点突破、生态环境保护和经济发展、总体谋划和久久为功、破除旧动能和培育新动能、自我发展和协同发展的关系，坚持新发展理念，坚持稳中求进工作总基调，坚持共抓大保护、不搞大开发，加强改革创新、战略统筹、规划引导，以长江经济带发展推动经济高质量发展。

　　多年来，长江经济带11个省市为生态建设、绿色发展做了大量工作，出台了一些政策。我局特组织长江经济带11个省（市）编辑了"长江经济带'共抓大保护'"系列丛书中《长江经济带林业支持政策汇编：地方篇》，在习近平总书记主持召开深入推动长江经济带发展座谈会并发表重要讲话一周年之际出版发行，具有特别重要的意义。我坚信此书的出版会对进一步搞好长江经济带绿色发展和生态建设与保护提供重要参考与宝贵支撑。

2019年4月

前　言

长江经济带覆盖上海、江苏、浙江、安徽、江西、湖北、湖南、重庆、四川、云南、贵州11个省（市），面积约205万平方公里，长江干流6397公里中有5326公里位于该区域，占干流总长度的83.26%，人口和生产总值均超过全国的40%。长江经济带是我国农业、工业、商业、文化教育和科学技术等方面最发达的地区之一，已形成了成渝地区、长江中游、长江三角洲三个产业集聚区和跨区域城市群，以及经济相对发达的工业与城镇集聚区。具有独特优势和巨大发展潜力。同时，长江流域气候温暖、雨量充沛、支流湖泊众多，长江及其主要支流是三峡水库、丹江口水库、洞庭湖、鄱阳湖、洪湖、巢湖、太湖、滇池、洱海、草海等众多湖泊水库湿地的重要源头和水源涵养区，其内森林、湿地、草地、生物物种极为丰富，是我国重要的生态安全屏障和生物多样性宝库，森林面积13亿亩，占全国森林面积的41.67%，森林覆盖率41.33%。是我国乃至全球生物多样性最丰富的地区之一，长江中下游湖泊群是我国重要的淡水湖泊湿地集中分布区和候鸟驿站，是迁徙鸟类的重要栖息地、繁殖地和越冬地。长江经济带山水林田湖浑然一体，是我国重要的生态安全屏障，其生态状况不仅关系到我国亿万人的生存与发展，还直接关系到国家生态安全和经济社会发展的全局。

党中央、国务院对长江流域生态保护与修复工作高度重视，近年来相继启动实施了天然林资源保护、退耕还林还草、长江防护林体系建设、岩溶石漠化综合治理等一系列生态建设工程，初步遏制了区域生态恶化趋势。但由于区域内人口稠密、经济总量大、产业布局不合理等因素，自然生态系统和人居环境仍面临较大压力。

为深入贯彻习近平总书记重要讲话精神，牢固树立绿色发展理念，大力践行绿水青山就是金山银山理念，把修复长江生态环境摆在压倒性位置，坚持生态优先、绿色发展，坚持山水林田湖草综合治理，坚持上中下游协同发展、东中西部互动合作、政府金融社会共同发力，加快实施森林、湿地、生物多样性保护修复三大行动，全面实施长江流域生态保护修复工程，努力提升自然生态系统的稳定性和承载力，把长江经济带建设成为林草现代化的先行示范带，为深入推进长江经济带绿色高质量发展做出更大贡献。

为进一步搞好长江经济带绿色发展，落实"共抓大保护，不搞大开发"，编者组织长江经济带11省（市），特筛选编辑出版"长江经济带'共抓大保护'"系列丛书之一《长江经济带林业支持政策汇编：地方篇》供广大生态建设和林业工作者参考。由于这

项工作是在 2018 年国家机构改革前进行的，本书中基本没有涉及草原生态建设的内容。今后，我们还将陆续编辑出版该丛书的《长江经济带林业支持政策汇编：行业篇》等分册，旨在全面对长江经济带绿色发展建设政策进行系统梳理总结。因资料、数据来源方面的限制，不当之处，敬请批评指正。

编者

2019 年 4 月

目 录

CONTENTS

序
前言

上海市

江苏省

浙江省

湖北省

湖南省

重庆市

四川省

贵州省

云南省

长江经济带 林业支持政策汇编：地方篇

上海市

上海市森林管理规定

上海市人民政府关于本市建立健全生态补偿机制的若干
意见

2016—2018 年本市推进林业健康发展促进生态文明建设
的若干政策措施

上海市森林管理规定

第一章 总 则

第一条 （目的和依据）

为加强对森林的管理，改善生态环境，根据《中华人民共和国森林法》《中华人民共和国森林法实施条例》等法律、法规，结合本市实际情况，制定本规定。

第二条 （适用范围）

本规定适用于本市行政区域内森林、林木、林地的建设、保护及其相关的管理活动。

第三条 （管理部门）

上海市林业行政主管部门（以下简称市林业主管部门）负责本市行政区域内森林、林木、林地的建设、保护及监督管理工作。

区、县人民政府管理林业的部门（以下称区、县林业主管部门）负责本辖区内森林、林木、林地的建设、保护及监督管理工作，业务上受市林业主管部门的指导。

市、区县、乡镇林业工作站（署）协助市和区、县林业主管部门做好森林、林木、林地的建设、保护及相关管理工作。

本市其他有关行政管理部门按照各自职责，协同实施本规定。

第四条 （森林生态效益补偿制度）

本市建立森林生态效益补偿制度。市和区、县财政行政管理部门应当将森林生态效益补偿资金纳入财政转移支付的范围。

森林生态效益补偿资金的使用和管理办法由市发展改革行政管理部门会同市财政、林业、农业等有关行政管理部门提出方案，报市政府批准后执行。

第五条 （经费保障）

市和区、县财政行政管理部门应当将公益林建设和养护、林业保险、森林防火、有害生物防控等经费纳入同级财政预算。

第六条 （科学研究）

本市鼓励林业科学研究，保护植物多样性，选育和引进适应本市自然条件的林木，推广林业先进技术。

＊ 2009 年 9 月 21 日上海市人民政府令第 17 号公布。

第二章　规划和建设

第七条 （规划和计划）

市林业主管部门应当会同市发展改革、规划国土资源等行政管理部门，根据本市经济和社会发展状况编制市林业发展规划。市林业发展规划应当明确本市林业发展方向、目标、规划控制原则、功能定位和产业发展布局等内容。

区、县林业主管部门应当根据市林业发展规划，结合本区、县实际编制区、县林业发展计划，报区、县人民政府批准后实施。区、县林业发展计划应当确定本辖区林业发展目标，明确功能分区以及森林防火、有害生物防控等林业基础设施的设置要求，确定分期建设计划和分类管理措施等内容。

第八条 （公益林控制线）

市和区、县规划国土资源行政管理部门应当会同同级林业主管部门根据市林业发展规划，划定公益林控制线。

公益林控制线不得任意调整。因规划和建设确需调整的，应当征求市林业主管部门的意见。

调整公益林控制线不得减少公益林用地总量。因调整公益林控制线减少公益林用地的，应当落实新的公益林规划用地。

第九条 （公益林规划控制）

沿海防护林、水源涵养林、护路林、护岸林、污染隔离林等公益林的规划控制范围按照国家和本市的有关规定执行。在公益林规划控制范围内，禁止新建除林地管理和养护设施、救护站以及其他应急避难设施以外的永久性建筑物。

第十条 （公益林建设）

铁路、公路用地范围内的防护林，由铁路、公路行政管理部门负责建设；海塘、河道等用地范围内的防护林，由水务行政管理部门负责建设；其他公益林，由市或者区、县林业主管部门负责组织建设。

公益林建设应当符合国家和本市的公益林建设技术标准。

公益林建设工程的规划设计、施工、监理，应当符合国家和本市有关规划设计、施工、监理的技术标准，并由具有相应资质的单位承担。

第十一条 （商品林建设）

商品林建设应当符合区域产业发展规划以及国家和本市的有关技术标准。

市林业主管部门应当会同市发展改革、财政等行政管理部门制定相应政策措施，建立经济林生产保险财政补贴制度，引导经济林建设向规模化、标准化、产业化方向发展。

市、区县、乡镇林业工作站（署）应当加强经济林新优品种筛选、推广应用和栽培技术培训等技术指导和服务。

第三章 保护管理

第十二条 （公益林养护）

公益林养护责任单位按照下列规定确定：

（一）铁路、公路用地范围内的防护林，由铁路、公路行政管理部门负责养护；

（二）海塘、河道等用地范围内的防护林，由水务行政管理部门负责养护；

（三）农村村旁、路旁、水旁、宅旁等林木，由林木所有者负责养护；

（四）其他公益林，由区、县林业主管部门负责落实养护单位。

养护责任单位应当按照国家和本市公益林养护技术标准进行养护。

在不破坏生态功能的前提下，养护责任单位可依法合理利用林地资源，开发林下种养业，利用森林景观发展森林旅游等。

第十三条 （商品林养护）

商品林由营林者负责养护。

养护责任单位应当按照国家和本市有关商品林养护技术规范进行养护。

第十四条 （森林防火）

市和区、县林业主管部门应当编制森林火灾应急处置预案，完善森林防火监测预警体系建设。

养护责任单位应当根据应急处置预案，落实相应森林防火责任和措施，发现森林火灾应当采取措施控制火势，并立即向公安消防机构或者林业主管部门报告。

任何单位和个人发现森林火灾时，应当立即向公安消防机构或者林业主管部门报告。

公安消防机构或者林业主管部门接到森林火灾报告后，应当立即组织火灾扑救。林业主管部门应当协助公安消防机构开展火灾扑救、调查等工作。

第十五条 （有害生物防控）

市和区、县林业主管部门应当建立有害生物疫情监测预报网络，健全有害生物预警防控体系，加强植物检疫，编制有害生物灾害事件应急预案，落实有害生物防控物资储备。

养护责任单位发现疑似突发有害生物事件时，应当及时向所在地区、县林业主管部门报告。区、县林业主管部门应当及时调查核实，经确认属于突发有害生物事件的，应当立即启动应急预案。养护责任单位应当根据应急预案落实有害生物防控措施，做好有害生物的除治工作。

市、区县、乡镇林业工作站（署）应当加强有害生物防控的技术指导与服务，并负责组织落实有害生物防控工作。

第十六条 （国外引种监管）

首次从国外引进的林木种子、苗木及其他繁殖材料的，引种单位或者个人应当在引种前按照国家林业主管部门的规定开展风险评估。

第十七条 （禁止行为）

在森林、林地内，禁止下列行为：

（一）擅自迁移、采伐林木；

（二）焚烧香烛、燃放烟花爆竹；

（三）毁林取土；

（四）擅自占用或者临时使用林地；

（五）其他损坏森林、林木及其设施的行为。

第十八条 （林木迁移许可）

除农民承包地上种植的经济林以及农民房前屋后、自留地上种植的零星林木外，迁移林木应当办理林木迁移许可证。

迁移公益林的，应当向市林业主管部门提出申请；迁移除农民承包地上种植的经济林外的其他商品林的，应当向区、县林业主管部门提出申请。

铁路、水务用地范围内除沿海防护林、水源涵养区域内的防护林以外的林木迁移，分别由铁路、水务行政管理部门按照规定进行审批，并将准予林木迁移的情况书面告知市林业主管部门。

林业主管部门和铁路、水务等行政管理部门，应当自受理申请之日起 10 个工作日内作出审核决定；不予批准的，应当书面说明理由。

第十九条 （林木迁移需要提交的材料）

申请林木迁移应当提交下列材料：

（一）拟迁移林木的品种、数量、规格、位置、权属人意见等材料。其中，建设项目需要迁移林木的，还应当提交相关用地批准文件；道路拓宽需要迁移林木的，还应当提供道路红线图、综合管线剖面图。

（二）林木迁移方案和技术措施。

第二十条 （林木采伐许可）

除采伐农民承包地上种植的经济林以及农民房前屋后、自留地上种植的零星林木外，本市按照国家有关森林采伐限额规定，对林木采伐实行限额管理。

采伐铁路、公路用地范围内的防护林，应当向市铁路、公路行政管理部门提出申请；采伐其他公益林或者用材林的，应当向市林业主管部门提出申请。

市林业主管部门以及铁路、公路行政管理部门，应当自受理申请之日起 20 个工作日内作出审核决定；不予批准的，应当书面说明理由。市林业主管部门以及铁路、公路行政管理部门不得超限额审批。

采伐经济林的，采伐单位或者个人应当在采伐 30 日前，将采伐林木的品种、数量书面告知区、县林业主管部门。

采伐单位或者个人应当按照采伐许可证规定的数量、地点、林种进行采伐，不得超采。

第二十一条 （林木采伐需要提交的材料）

申请采伐林木应当提交下列材料：

（一）采伐地点、林种、面积、采伐量；

（二）被采伐林木的权属人意见；

（三）更新或者补植等方案。

第二十二条 （临时使用林地许可）

因工程建设确需临时使用林地的，应当向林业主管部门提出申请。其中，临时使用公益林地的，应当向市林业主管部门提出申请；临时使用用材林地的，应当向区、县林业主管部门提出申请。

市或者区、县林业主管部门应当自受理申请之日起 10 个工作日内作出审核决定；不予批准的，应当书面说明理由。

临时使用经济林地的，用地单位或者个人应当在临时使用 30 日前，将临时使用的具体地点、面积书面告知区、县林业主管部门。

临时使用林地一般不超过 2 年，确因工程建设需要延长使用期限的，应当在使用期届满 30 日前报原审批机关批准。

用地单位或者个人不得在临时使用的林地上修筑永久性建筑物，使用期满后，应当恢复林地。

第二十三条 （临时使用林地需要提交的材料）

申请临时使用林地的，应当提交下列材料：

（一）填写"临时使用林地申请表"，其中涉及林木迁移和采伐的，应当在申请时一并提出；

（二）用地单位法人证明、项目批准文件；

（三）被使用林地的权属人意见；

（四）用地单位与被临时使用林地的权属人签订的相关林木补偿协议和恢复植被等措施。

第二十四条 （林地占用定额管理）

市林业主管部门应当根据国家有关林地占用定额管理的要求，编制林地占用定额，经市政府审定并报国家林业主管部门批准后执行。市林业主管部门应当在年度定额指标内对林地占用申请进行审批。

第二十五条 （占用林地许可）

除城市基础设施建设外，其他项目建设不得占用公益林地。因城市基础设施建设确需占用公益林地的，用地单位应当向市林业主管部门提出申请，经市林业主管部门审核同意后，由土地行政管理部门依法办理建设用地审批手续。

占用公益林地涉及林木迁移和采伐的，用地单位应当在向市林业主管部门申请时一并提出。

市林业主管部门应当自受理申请之日起 20 个工作日内作出审核决定；不予批准的，应当书面说明理由。

经批准占用公益林地的，用地单位应当在林地所在区、县补建相应林种与面积的林地。确不具备补建条件的，应当依法缴纳森林植被恢复费。森林植被恢复费应当专款专用。

因工程建设确需占用商品林地的，土地行政管理部门在办理建设用地审批手续时，应当书面征求市林业主管部门的意见。

第二十六条 （林地占用需要提交的材料）

用地单位申请占用林地的，应当提交下列材料：

（一）填写《林地使用申请表》；

（二）用地单位法人证明；

（三）项目批准文件；

（四）被占用林地的权属人意见；

（五）有资质的设计单位作出的项目使用林地可行性报告；

（六）用地单位与被占用林地的权属人签订的林木补偿协议。

第二十七条 （施工告示）

下列事项，施工单位应当在现场设立告示牌，向社会公示：

（一）占用林地；

（二）临时使用林地；

（三）采伐、迁移林木。

第二十八条 （资源调查和档案制度）

林业主管部门应当定期组织森林资源的调查和监测，建立森林资源档案，掌握森林资源情况。

土地、农业、水务、公路、铁路等有关行政管理部门应当协助市和区、县林业主管部门开展森林资源调查工作，并提供相关信息和数据。

第四章　法律责任

第二十九条 （违反养护规定的处罚）

违反本规定第十二条第二款规定，养护责任单位不按照国家和本市公益林养护技术标准进行养护的，由市或者区、县林业主管部门责令限期改正；逾期不改正的，处以2000元以上2万元以下的罚款。

第三十条 （违反林木迁移规定的处罚）

违反本规定第十八条第一款规定，未经批准迁移林木的，由市或者区、县林业主管部门责令改正，并处以被迁移林木补偿标准的3倍以上5倍以下的罚款。

第三十一条 （违反告知规定的处罚）

违反本规定第二十条第四款、第二十二条第三款规定，采伐经济林或者临时使用经济林地不按规定提前告知区、县林业主管部门的，由区、县林业主管部门责令限期改正；逾期不改正的，对个人予以警告，对单位处以500元以上5000元以下的罚款。

第三十二条 （违反其他有关规定的处理）

违反本规定其他规定的，由市或者区、县林业主管部门按照有关法律、法规、规章的规定处理。

第五章　附　则

第三十三条 （有关用语的含义）

本规定所称的森林，包括公益林和商品林。

本规定所称的公益林，包括防护林和特种用途林。

本规定所称的商品林，包括经济林和用材林。

第三十四条 （施行日期）

本规定自 2009 年 11 月 1 日起施行。

上海市人民政府关于本市建立健全生态补偿机制的若干意见

(沪府〔2009〕82号)

各区、县人民政府，市政府有关委、办、局：

建立健全生态补偿机制，进一步加大生态建设和保护力度，是贯彻落实科学发展观的重要举措，是统筹城乡协调发展的必然要求，是稳妥化解历史遗留问题的迫切需求。现就本市建立健全生态补偿机制提出以下意见：

一、明确指导思想、基本原则和主要目标

（一）指导思想

深入贯彻落实科学发展观，着眼于上海"四个中心"和现代化国际大都市建设，着眼于城乡统筹和区域协调发展，着眼于建设社会主义新农村和构建和谐社会，探索建立生态补偿机制，形成有利于城市生态建设和生态安全的政策导向，稳妥化解历史遗留问题，保障生态保护地区公平发展权，推进本市经济社会环境协调可持续发展，加快资源节约型、环境友好型社会建设，促进城乡居民共享改革发展成果。

（二）基本原则

1. 政府为主、市场为辅。充分发挥各级政府的主导作用，不断完善公共财政投入机制。积极引导社会各方参与，不断拓宽筹资渠道。

2. 权责对等、两级分担。按照"谁保护、谁受益，谁受益、谁补偿"原则，促进责权利相统一。坚持市和区县两级政府分担，逐步提高市级财力投入比重，区县相应建立配套投入机制。

3. 统筹兼顾、分类指导。协调好生态保护和家看发展的关系，促进保护着和受益者双赢。鼓励各区县创新补偿模式，保障生态保护区农民的相关利益。

4. 量力而行、分步推进。既要考虑生态补偿的紧迫性，又要考虑市和区县的承受能力。区分轻重缓急。突出生态补偿重点，逐步扩大补偿范围。

（三）主要目标

近期目标：从公益林、水源地和基本农田等入手，综合运用行政、法律、市场等手段，建立相应的生态补偿机制，调整相关各方的利益关系，促进生态保护地区健康、协调、可持续发展。

中远期目标：根据本市生态建设和保护的实际，逐步扩大补偿范围，增加补偿内

容，不断完善生态补偿机制，形成本市生态环境共建共享，促进城乡统筹发展和各地区间的协调发展。

二、增加市级公共财政投入

（四）建立生态补偿财政转移支付制度

建立市对区县的生态补偿财政转移支付制度，实现生态补偿财政转移支付资金和市级财力的联动增长。现将基本农田、公益林、水源地等列入生态补偿财政转移支付范围，综合考虑生态保护的面积、质量、投入等因素，根据市财政年度状况，科学安排市对区县的生态补偿资金。根据发展实际，逐步扩大生态补偿的范围。（牵头部门：市发展改革委、市财政局）

（五）加大市级建设财力等的投入力度

逐步加大市建设财力及相关部门预算对生态建设和保护的投入力度，着力扶持相关区县及乡镇的基础设施和公共服务能力建设，并逐步形成稳定的投入增长机制。（牵头部门：市发展改革委、市财政局）

（六）健全生态环境维护投入保障机制

按照"存量适度调整、增量重点倾斜，重在增量调整上下功夫"的原则，建立健全覆盖农村基础设施和环境建设与维护的投入保障机制。（牵头部门：市财政局、市建设交通委）

（七）进一步完善土地出让收入支农支出的使用

制定本市土地出让收入支农支出的管理办法，进一步规范支农支出的使用，加大对农村基础设施建设和农业土地开发的支持力度。完善本市农业土地开发资金收支管理办法，支持基本农田建设以及改善农业生产条件的土地开发。（牵头部门：市发展改革委、市财政局、市农委、市规划国土资源局）

（八）进一步发挥专项资金的引导作用

继续推进崇明生态岛建设，大力支持太湖流域水环境综合治理，积极推进黄浦江上游水源保护区建设。完善本市环保三年行动计划等重点工作推进机制，加大对生态建设和保护的专项投入力度。发挥本市已有各相关专项资金的引导作用，支持和促进生态类项目建设。（牵头单位：市发展改革委、市环保局）

（九）完善相关非税收入管理

进一步完善新增建设用地土地有偿使用费、水资源费、林地补偿费等管理办法。根据发展实际，研究新增相关资源类收费项目。（牵头单位：市财政局、市发展改革委）

（十）探索建立基本农田保护基金

根据国土资源部有关文件精神，鼓励有条件的区县探索建立基本农田保护基金，对农民和农村集体管护、利用基本农田给予补贴和奖励。（牵头部门：市规划国土资源局、相关区县政府）

三、支持生态特色产业发展

（十一）支持发展生态农业

鼓励改进生产方式，大力发展无公害、绿色和有机种植业，积极发展生态养殖业，鼓励发展农林牧复合经营。结合农业产业结构调整，加强对生态农业发展的整体规划。加大本市财政支农资金的扶持力度，聚焦一批生态农业示范项目。探索实行"生态标志计划"，在产品生态标志认定、注册商标权益保护、销售市场拓展等方面制定一系列支持政策，促进生态农业加快发展。（牵头部门：市农委、市财政局、市商务委、市工商局）

（十二）扶持发展绿色加工业

在符合城市总体规划和土地利用总体规划的前提下，在规划引导、用地指标供给、财税支持、基础设施及其他公共设施建设等方面，制定配套政策，支持发展资源节约、环境污染少的绿色加工业，扶持发展一批生态特色产业项目。加快推进对绿色加工业的清洁生产和产品认定工作。（牵头部门：市经济信息化委）

（十三）积极发展生态旅游

强化全市生态旅游开发规划，支持生态保护地区在保护好生态资源、符合规划的前提下发展生态旅游。鼓励有条件的地区建设郊野公园，鼓励利用闲置的存量集体建设用地等发展生态农业旅游，支持有一定规模的生态旅游地区建设配套公共服务设施。（牵头部门：市农委、市绿化市容局、市旅游局）

（十四）扩大农民非农就业

鼓励区县增加护林、护河等公益性就业岗位，促进当地农民非农就业，支持将养护人员费用纳入政府公益性服务项目范围。（牵头部门：市人力资源社会保障局）

四、探索市场化筹资的补偿方式

（十五）建立健全农村产权交易市场

在明晰产权的前提下，允许农民土地经营承包权、林权及其他生态权益，通过农村产权交易市场进行转让和交易，体现生态资源的市场价值。（牵头部门：市农委）

（十六）鼓励区县探索易地开发机制

支持区县内跨乡镇的产业联动开发。建立工业区和生态保护区的收益联动分配机制，将项目共同开发所得收益以一定比例返给生态保护地区。（牵头部门：相关区县政府）

（十七）支持多渠道吸收社会资金

争取国际非政府组织专项资金支持，并引导社会公益性资金加大对生态保护的投入。加强与生态环保领域国际机构的合作，积极争取国外贷款、赠款支持，引进生态建设的新理念、新技术、新机制，探索和推广高效、经济的生态治理方案。（牵头部门：市发展改革委、市财政局、市环保局）

五、建立健全工作推进和保障机制

（十八）建立工作推进机制

建立由市领导牵头、各相关部门参加的市生态补偿工作联席会议制度。市级部门

加强对生态建设和保护工作的指导。区县政府作为本地区生态建设和保护的责任主体，负责实施生态补偿工作。（牵头部门：市发展改革委）

（十九）完善相关规定办法

修订完善《上海市基本农田保护的若干规定》，研究制定《上海市耕地质量验收办法》，鼓励通过多种措施提高补充耕地的地力，加强对补充耕地等级的评定，确保非农建设占用耕地占补平衡中的农田生态质量。贯彻《水污染防治法》，制定和完善本市饮用水保护条例，切实保障居民饮水安全。强化林地征占用定额管理，从严控制各类建设项目征占林地。（牵头部门：市农委、市环保局、市绿化市容局）

（二十）完善统计指标体系

抓紧开展城市生态安全指标体系研究，加快建立自然资源和生态环境统计监测指标体系，探索定量化的自然资源和生态环境价值评价方法，为建立健全生态补偿机制提供科学依据。（牵头部门：市统计局）

（二十一）完善考核工作机制

建立生态补偿考核工作机制，形成与生态建设和保护水平相挂钩的考核办法，将考核结果逐步纳入市级生态补偿财政转移支付方案。（牵头部门：市财政局、市农委、市绿化市容局、市环保局）

（二十二）加强社会舆论监督

建立和完善社会舆论监督机制。通过报纸、网络等媒体，公布本市生态建设和保护情况，发动全社会参与监督生态保护工作，营造有利于生态建设和保护的舆论氛围。（牵头部门：市委宣传部）

（二十三）加强对口帮扶工作

进一步完善城市支持农村、工业反哺农业的工作机制，鼓励开展多方面、多层次的结对帮扶，对承担生态保护任务较多、发展相对滞后地区，通过城郊结对、街镇结对、村企结对等形式，探索"多帮一"的帮扶办法，支持和帮助生态保护地区加快发展。（牵头部门：市委组织部）

上海市人民政府

2009 年 9 月 20 日

2016—2018 年本市推进林业健康发展促进生态文明建设的若干政策措施

为进一步贯彻落实中共中央、国务院印发的《关于加快推进生态文明建设的意见》《生态文明体制改革总体方案》，充分发挥林业生态效益、社会效益和经济效益，根据《上海市国民经济和社会发展第十三个五年规划纲要》《上海市林地保护利用规划（2010—2020 年）》提出的目标任务，现制订 2016—2018 年本市推进林业健康发展促进生态文明建设的若干政策措施如下：

一、工作目标

（一）森林面积明显增加

进一步推进林地建设，2016—2018 年，全市计划新增森林面积 17 万亩，其中新增造林面积 15 万亩，绿化建设折算森林面积 2 万亩；2018 年底，全市森林覆盖率达到 16.8%。

（二）林地管控措施到位

加大林地管控力度，建立区县、乡镇森林资源占补平衡制度，以及经济果林生态补偿机制，确保生态公益林和经济果林资源总量不减少；建立部门沟通机制，依法、妥善处理好经济社会发展与林地保护的关系。

（三）林（湿）地功能显著提升

加强森林经营，完成 12 万亩森林抚育计划，提高林分质量；推进野生动物栖息地项目建设，建成 9 个野生动物栖息地，林地和湿地社会效益和经济效益凸显，服务市民的功能显著增强。

二、政策措施

（一）推进林地建设

一是实行公益林分类建设。将公益林建设分成两类，其中生态公益林建设标准为1.2 万元/亩，生态廊道建设标准为 3.3 万元/亩；继续实施差别化补贴政策，适当提高市级财政补贴比例，市级财政对闵行区、嘉定区、宝山区、浦东新区补贴 50%，对松江区、青浦区补贴 60%，对奉贤区、金山区补贴 70%，对崇明县补贴 80%，对光明集团、上实集团、城投集团、地产集团等补贴 60%。二是延续经济果林规模化、标准化生产补贴政策，市级财政给予一次性定额补贴 900 元/亩。

（二）发展林业产业

一是继续实施经济果林"双增双减"和套袋技术补贴政策，补贴标准与上一轮一

致。二是继续实施林下种植复合经营补贴政策。新建林下种植食用菌、药材等试点 6 个，市级财政每个点定额补贴 50 万元。

（三）实施林业保险

继续实施林业保险补贴政策，公益林每亩保费 60 元，保费参照公益林建设市级财政补贴比例给予补贴；经济果林每亩保费 20 元，市、区县各承担 30%，合作社（农户）承担 40%。

（四）稳定现有林地

一是推进片林政府回购。延续片林回购政策，对未回购片林继续推进政府回购，市级财政补贴标准为 1.2 万元/亩。二是完善经济果林激励约束机制，结合生态红线划示工作，综合考虑经济果林特性，将经济果林按照其生态价值以一定方式纳入本市生态补偿转移支付范围，落实区县政府主体责任，强化目标考核，实行动态平衡。

（五）加强林地管护

继续实施市属企业公益林养护费补贴政策。养护费补贴标准为 1 元/平方米，补贴范围为光明集团、上实集团、地产集团和城投集团已建和新建公益林地。

（六）加强野生动植物和湿地保护

对于野生动物重要栖息地建设，市级财政按照项目投资总额 70% 进行补贴，每个项目定额补贴不超过 800 万元，其余部分由区县（单位）承担。

三、资金安排

经初步测算，实施本轮三年林业政策需安排市级财政补贴资金约 29.53 亿元。其中：新造林补贴资金约 21.69 亿元，占总额的 73%；森林资源保护利用补贴资金约 7.84 亿元，占总额的 27%。

四、具体要求

（一）各区县政府和相关市属企业作为林业建设和管理的主体，要进一步强化责任意识，足额落实配套资金，实行目标管理，强化过程控制，确保各项任务落实。

（二）各区县和有关部门要严格落实保护和发展森林资源目标责任制，严格建设项目占用公益林的审核审批，全面落实林地占补平衡机制，把森林资源减量控制在最低限度。

（三）各区县和有关部门要进一步创新林业管理机制，推进公益林区划界定工作，实施林地分类管理；强化乡镇林业队伍建设，夯实基层管理基础；探索公益林养护市场化改革，充分发挥政府、市场作用，逐步提高林业综合效益。

附件：2016—2018 年本市林地建设计划分解表（略）

上海市绿化和市容管理局
上海市发展和改革委员会
上海市财政局
2016 年 3 月 14 日

长江

经济带 林业支持政策汇编：地方篇

江苏省

江苏省种子条例

第一章 总 则

第一条 根据《中华人民共和国种子法》和有关法律、行政法规的规定，结合本省实际，制定本条例。

第二条 在本省行政区域内从事品种选育和种子生产、经营、使用、管理等活动，适用本条例。

第三条 县级以上地方人民政府农业、林业行政主管部门分别主管本行政区域内农作物种子和林木种子的监督管理工作，其所属的种子管理机构负责具体管理工作。其他有关部门按照职责分工，协同做好相关工作。

种子行政监督管理工作经费列入同级财政预算。

第四条 县级以上地方人民政府应当坚持科教兴农，组织有关单位进行品种选育理论、技术和方法的研究，保护科研成果，鼓励和支持企业与科研单位、学校合作进行种子的选育、生产并依法保护其合法利益。

县级以上地方人民政府应当鼓励和支持种质资源保护和良种选育、生产、更新、推广工作。

省人民政府设立专项资金，用于扶持良种选育和推广。

第五条 省人民政府应当按照国家有关规定贮备一定数量的救灾备荒种子，并对贮备的种子定期检验更新。

第二章 种质资源保护与品种审定

第六条 省人民政府农业、林业行政主管部门应当加强对种质资源的保护，建立省级种质资源库、种质资源保护区或者种质资源保护地，有计划地收集、整理、鉴定、登记、保存、交流和利用种质资源，并定期公布本省可利用的种质资源目录。

禁止采集或者采伐省重点保护的天然种质资源。因科研等特殊情况需要采集或者采伐的，应当经所在地县级以上地方人民政府农业、林业行政主管部门审核，报省人民政府农业、林业行政主管部门批准。

第七条 县级以上地方人民政府农业、林业行政主管部门应当根据需要对下列种质资源确定保护范围，设立保护标志，加强保护管理：

---

* 2003年12月19日江苏省第十届人民代表大会常务委员会第七次会议通过。

（一）农作物的野生种、野生近缘种、濒危稀有种和保护区、保护地、种质圃内的农作物种质资源；

（二）良种采穗圃、种子园、母树林、科学实验林、省级采种基地的林木种质资源；

（三）优良林分、优良种源等种质资源；

（四）珍稀、濒危树种及古树名木；

（五）其他具有保护价值的种质资源。

第八条 省人民政府农业、林业行政主管部门分别设立农作物品种和林木品种审定委员会，承担本省主要农作物品种和主要林木品种的审定工作。

省人民政府农业、林业行政主管部门可以委托设区的市人民政府农业、林业行政主管部门设立品种审定小组，承担适宜于在特定生态区域内推广应用的主要农作物品种和主要林木品种的审定工作。

县级以上地方人民政府农业、林业行政主管部门应当定期公布审定通过的品种。

第九条 相邻省、直辖市审定通过的主要农作物种子和主要林木良种，经省人民政府农业、林业行政主管部门同意，可以在本省同一适宜生态区域经营、推广。

第十条 本省审定通过或者同意引进的主要农作物品种和主要林木良种，在使用过程中出现不可克服的弱点或者严重退化的，经省人民政府农业、林业行政主管部门组织审核确认后发布公告，停止经营、推广。

第十一条 经营、推广非主要农作物新品种或者从省外引进的非主要农作物品种，应当经过试验、示范，确定适宜推广的区域。

第十二条 县级以上地方人民政府农业、林业行政主管部门应当制定良种推广计划，定期公布推广品种名录。

鼓励支持单位和个人进行品种选育及引进、开发、经营、推广新品种，鼓励品种选育和种子生产、经营、推广相结合，推动种子产业化。

第三章　种子生产

第十三条 商品种子生产应当执行种子生产技术规程和种子检验、检疫规程。生产的种子质量应当符合国家标准或者行业标准；没有国家标准或者行业标准的，应当符合地方标准；没有地方标准的，应当符合企业标准。

第十四条 种子生产企业应当建立种子生产质量保证制度，严格按照标准对种子质量进行检验，不得将不符合质量标准的种子投入市场。

种子生产企业应当按照省人民政府农业、林业行政主管部门规定的格式建立种子生产档案。

鼓励种子生产企业申请种子质量认证。

第十五条 主要农作物和主要林木商品种子生产实行许可制度。

主要农作物杂交种子及其亲本种子、常规种原种种子和主要林木良种的种子生产许可证由生产所在地县级人民政府农业、林业行政主管部门审核，省人民政府农业、林业行政主管部门核发；其他种子生产许可证，由种子生产所在地县级以上地方人民政府农业、林业行政主管部门核发。

第十六条 申请领取种子生产许可证，应当具备国家规定的条件。

申请生产许可证的农作物种子必须是通过审定的品种或者是已进入品种审定生产试验阶段的品系。

农作物种子生产许可证实行一品一证。

第十七条 申请领取种子生产许可证，由直接组织种子生产的单位或者个人提出申请，并按照省级以上人民政府农业、林业行政主管部门的规定提交有关材料。

农作物种子生产许可证的申请，不得迟于种子播种前60日。

第十八条 种子生产许可证审核机关应当在收到申请之日起20日内完成审核工作。审核时应当对隔离和培育条件、有无检疫性病虫害、晒场或者烘干设备、仓储设施等进行实地考察。对符合条件的，签署审核意见，上报核发机关；不符合条件的，书面通知申请人并说明理由。

种子生产许可证核发机关应当在收到审核意见之日起20日内完成核发工作。对符合条件的，发给种子生产许可证；不符合条件的，将不予批准的原因书面通知申请人。

种子生产许可证核发机关，应当及时公布种子生产许可证的发放情况。

第十九条 种子生产许可证有效期为3年。

生产具有植物新品种权种子的生产许可证的有效期，根据品种权人同意的期限确定，但不得超过3年。进入品种审定生产试验阶段的种子生产许可证有效期为1年。

种子生产许可证注明项目需要变更的，应当办理变更手续。

第四章　种子经营

第二十条 种子经营实行许可制度。种子经营者必须先取得种子经营许可证后，方可凭种子经营许可证向工商行政管理机关申请办理或者变更营业执照。

主要农作物杂交种子及其亲本种子、常规种原种种子、主要林木良种的种子经营许可证由种子经营者所在地县级人民政府农业、林业行政主管部门审核，省人民政府农业、林业行政主管部门核发；其他种子经营许可证，由种子经营者所在地县级以上地方人民政府农业、林业行政主管部门核发。

第二十一条 申请领取种子经营许可证应当具备国家规定的条件，并按照省级以上人民政府农业、林业行政主管部门的规定向审核机关提交有关材料。

第二十二条 种子经营许可证审核机关应当在收到申请材料之日起20日内完成审核工作。审核时应当对经营场所、加工贮藏设施、检验设施和仪器等进行实地考察。对符合条件的，签署审核意见，上报核发机关；不符合条件的，书面通知申请人并说明原因。

种子经营许可证核发机关应当在收到审核意见之日起 20 日内完成核发工作。对符合条件的，发给种子经营许可证；不符合条件的，将不予批准的原因书面通知申请人。

种子经营许可证核发机关，应当于每年年初公布上一年度种子经营许可证的发放情况。

第二十三条 种子经营者应当按照省人民政府农业、林业行政主管部门规定的格式建立种子经营档案。

第二十四条 受具有种子经营许可证的种子经营者书面委托代销其种子或者专门经营不再分装的包装种子的，可以不办理种子经营许可证。

工商行政管理机关应当在营业执照上注明受委托代销种子或者经营不再分装的包装种子。

第二十五条 农民自繁、自用的剩余农作物常规种子可以在集贸市场上出售、串换，不需要办理种子经营许可证，具体管理办法由省人民政府制定。

使用出售、串换的种子因种子质量问题造成损失的，种子提供者应当承担赔偿责任。

第二十六条 具有种子经营许可证的种子经营者可以在核准的有效区域内委托代销其种子。委托、受托双方必须签订协议书，明确代销的品种、数量、期限及双方权利、义务、责任。

委托者应当对其委托代销的种子质量负责。

受委托者只能经营委托方的种子，不得再委托其他单位和个人代销种子。

受委托者应当在经营场所显著位置悬挂委托协议书。

第二十七条 专门经营不再分装的包装种子的单位和个人，应当有固定的经营场所、相应的资金和种子技术人员。

第二十八条 种子经营者销售种子时，应当向购种者开具销售凭证；受委托代销种子的，应当在销售凭证上注明种子销售的委托方。

种子经营者销售主要农作物种子和主要林木良种时，应当向购种者提供种子说明。其中主要性状描述、栽培措施和适宜种植区域应当与品种审定公告一致。

第二十九条 发布种子广告应当符合《中华人民共和国种子法》和有关广告的法律、法规的规定。种子广告对种子主要性状的描述应当与审定公告一致。工商行政管理部门应当加强对种子广告的监督管理。

发布虚假种子广告，欺骗和误导购买者，使其合法权益受到损害的，由广告主依法承担赔偿等民事责任；广告经营者、广告发布者明知或者应知种子广告虚假仍设计、制作、发布的，应当依法承担连带责任。

第五章 种子管理与纠纷处理

第三十条 县级以上地方人民政府农业、林业行政主管部门应当为种子生产者、经营者提供信息、咨询、技术等公共服务，对取得种子生产、经营许可证的单位和个人进行跟踪服务与监督管理。

第三十一条　县级以上地方人民政府农业、林业行政主管部门应当及时发布种子需求预测信息，为使用者提供技术咨询服务；引导使用者使用优良品种，做好新品种的示范工作；加强种子知识的培训、宣传和普及工作，提高使用者的自我保护意识。

第三十二条　农业、林业行政主管部门和所属的种子管理机构及其工作人员不得参与和从事种子生产、经营活动；种子行政主管部门和所属的种子管理机构与生产经营单位在人事和财务上必须分开。

第三十三条　县级以上地方人民政府农业、林业行政主管部门应当加强种子质量的监督管理，对生产、经营假、劣种子，冒用他人许可证生产、经营种子的违法行为，应当依法及时予以查处。

县级以上地方人民政府农业、林业行政主管部门应当制定年度种子质量抽检计划并组织实施；抽检结果应当及时向社会公布。

种子质量抽检不得收取费用，种子生产、经营者应当配合抽检。

第三十四条　农业、林业行政主管部门可以委托种子质量检验机构对种子质量进行检验。

种子质量检验机构应当具备以下条件：

（一）有相应的种子质量检验检测设备、设施；

（二）有3名以上符合《中华人民共和国种子法》规定条件的种子质量检验员；

（三）法律、法规规定的其他条件。

种子质量检验机构应当通过省级以上人民政府质量监督部门计量认证，并经省级以上人民政府质量监督、农业或者林业行政主管部门考核合格后，方可接受委托开展种子质量检验。

第三十五条　由于不可抗力原因，生产上必须使用低于国家或者地方规定的种用标准的农作物种子，应当经用种地县级以上地方人民政府批准，林木种子应当经省人民政府批准，并在种子标签上注明种子的实际质量指标和使用方法。

第三十六条　县级以上地方人民政府农业、林业行政主管部门在查处涉嫌违法行为时可以行使下列职权：

（一）实施现场检查；

（二）查阅、复印、摘录当事人有关的生产经营档案、合同、发票、帐簿、出入库凭证、货运单、检疫证书、检验结果、标签以及其他有关资料；

（三）封存、暂扣涉嫌违法生产、经营的种子；

（四）要求被检查单位和个人就有关问题作出说明。

农业、林业行政主管部门行使前款第（三）项职权，应当出具书面凭证，并在7日内作出处理决定。

第三十七条　种子使用者有权按照自己的意愿购买种子，任何单位和个人不得非法干预。强迫种子使用者违背自己的意愿购买、使用种子造成损失的，应当承担赔偿责任。

第三十八条 种子使用者因种子质量问题遭受损失的，销售种子的经营者应当予以赔偿；销售种子经营者赔偿后，属于种子生产者或者其他经营者责任的，销售种子经营者有权向生产者或者其他经营者追偿。

种子使用者购买委托代销的种子因质量问题遭受损失的，可以直接向委托方要求赔偿。

赔偿额包括购种价款、有关费用、可得利益损失。

第三十九条 种子使用者的可得利益损失计算，双方有合同约定的，从其约定；没有约定的，可以按照以下方法计算：

（一）农作物种子使用者遭受的可得利益损失，可以按其所在乡（镇）前 3 年单位面积同种作物的平均产值减去实际产值计算；

（二）林木种子使用者遭受的可得利益损失，可以按照购种价款的 5 倍以上 10 倍以下计算。

有关费用包括购买种子支出的交通费、鉴定费、误工费等。

第四十条 因使用种子发生民事纠纷的，当事人可以通过协商或者调解解决。当事人不愿通过协商、调解解决或者协商、调解不成的，可以根据当事人之间的协议向仲裁机构申请仲裁。当事人也可以直接向人民法院起诉。

第四十一条 县级以上地方人民政府农业、林业行政主管部门分别设立农作物种子、林木种子事故技术鉴定委员会，承担种子事故的技术鉴定工作。

第六章　法律责任

第四十二条 违反本条例第六条第二款规定，未经批准采集或者采伐省重点保护的天然种质资源的，由县级以上地方人民政府农业或者林业行政主管部门责令改正，没收种子和违法所得，处以违法所得 1 倍以上 3 倍以下罚款；没有违法所得的，处以1000 元以上 2 万元以下罚款。

第四十三条 违反本条例第九条规定，未经同意在本省经营、推广相邻省、直辖市主要农作物种子和主要林木良种的，由县级以上地方人民政府农业或者林业行政主管部门责令停止经营、推广，没收种子和违法所得，并处以 1 万元以上 5 万元以下罚款。

第四十四条 违反本条例规定，有下列行为之一的，由县级以上地方人民政府农业或者林业行政主管部门责令改正，没收种子和违法所得，并处以违法所得 1 倍以上 3 倍以下罚款；没有违法所得的，处以 1000 元以上 2 万元以下罚款：

（一）超越种子经营许可证的有效区域范围委托代销种子的；

（二）接受委托代销的种子经营者超越委托范围经营种子的；

（三）专门经营不再分装的包装种子者将包装种子拆包销售的；

（四）经营的主要农作物种子和主要林木良种的说明没有标注适宜种植区域或者标注的适宜种植区域与审定公告不一致的。

第四十五条　违反本条例规定，有下列行为之一的，由县级以上地方人民政府农业或者林业行政主管部门责令改正，没收种子和违法所得，并处以违法所得1倍以上3倍以下罚款；没有违法所得的，处以1000元以上1万元以下罚款：

（一）经营无种子生产许可证的单位或者个人生产的主要农作物和主要林木种子的；

（二）经营应取得而未取得种子经营许可证的单位或者个人提供的种子的。

第四十六条　弄虚作假、采取欺骗手段取得种子生产许可证或者种子经营许可证的，由县级以上地方人民政府农业或者林业行政主管部门处以1000元以上2万元以下罚款，由审批机关吊销其许可证并予以公告，且3年内不得申领种子生产许可证或者种子经营许可证。

第四十七条　违反本条例第二十八条规定，未向购种者开具销售凭证或者未在销售凭证上注明种子销售的委托方的，由县级以上地方人民政府农业或者林业行政主管部门处以100元以上2000元以下罚款。

第四十八条　种子质量检验机构出具虚假检验证明的，与种子生产者、销售者承担连带责任，并依法追究种子质量检验机构及其有关责任人的行政责任；构成犯罪的，依法追究刑事责任。

第四十九条　转移、藏匿被封存、暂扣的种子的，由县级以上地方人民政府农业或者林业行政主管部门处以转移、藏匿种子货值5倍以上10倍以下罚款。

第五十条　种子行政管理人员有下列行为之一的，依法给予行政处分；构成犯罪的，依法追究刑事责任：

（一）对不具备条件的生产者、经营者核发种子生产许可证或者种子经营许可证的；

（二）从事种子生产、经营活动的；

（三）违反法定权限、程序执法的；

（四）刁难当事人、乱收费或者索贿受贿的；

（五）法律、法规规定的其他违法行为。

第七章　附　则

第五十一条　本条例自2004年2月1日起施行。1996年6月11日江苏省人民政府发布的《江苏省农作物种子管理办法》同时废止。

江苏省生态公益林条例

第一章　总　则

第一条　为了加强生态公益林的建设和保护，改善生态状况，维护生态安全，保护生态公益林所有者、经营者的合法权益，根据《中华人民共和国森林法》和有关法律、行政法规，结合本省实际，制定本条例。

第二条　本条例所称生态公益林，是指以生态效益和社会效益为主体功能，以提供公益性、社会性产品或者服务为主要利用方向，并依据国家规定和有关标准划定的森林、林木和林地，包括防护林和特种用途林。

生态公益林分为国家级、省级、市级和县级生态公益林。

第三条　在本省行政区域内从事生态公益林的规划、建设、保护和管理等活动适用本条例。法律、法规另有规定的，从其规定。

第四条　生态公益林的建设和保护应当遵循政府主导、社会参与，统一规划、分步实施，严格保护、分级负责的原则，提高生态公益林的生态效益，并作为社会公益事业纳入国民经济和社会发展规划及年度计划，实行目标责任考核制度。

第五条　县级以上地方人民政府林业行政主管部门负责本行政区域内的生态公益林工作。

发展和改革、财政、国土、建设(园林)、环保、水利、交通、旅游、公安等有关部门按照各自职责做好相关工作。

第六条　地方各级人民政府及其有关部门和广播、电视、报刊等新闻媒体应当加强生态公益林保护和相关法律、法规的宣传。

第七条　任何单位和个人都有保护生态公益林的义务，有权检举和制止破坏生态公益林的行为。

在生态公益林建设、保护和管理工作中成绩显著的单位和个人，地方各级人民政府应当给予表彰、奖励。

第二章　规划与建设

第八条　省级生态公益林规划由省林业行政主管部门会同有关部门编制，报省人民政府批准、公布后实施。

---

*　2006 年 11 月 30 日江苏省第十届人民代表大会常务委员会第二十七次会议通过。

市级和县级生态公益林规划分别由设区的市和县（市、区）林业行政主管部门会同有关部门编制，经本级人民政府批准、公布后实施，并报省林业行政主管部门备案。

生态公益林规划应当与土地利用总体规划、林业长远规划、水土保持规划、城市总体规划、村镇规划、风景名胜区规划以及其他有关规划相协调。

高速公路、国道、省道、沿江和流域性河道两侧等生态区位重要、生态环境脆弱区域内的林业用地和未利用地，应当优先纳入省级生态公益林规划。

第九条 经批准的生态公益林规划，不得擅自变更。确需变更的，应当经原批准机关批准。市级和县级生态公益林规划经批准变更的，应当报省林业行政主管部门备案。

第十条 省人民政府对本行政区域内的国家级、省级生态公益林面积实行指标控制。国家级、省级生态公益林面积指标由省人民政府确定，并逐级分解下达到设区的市、县（市、区），分别由设区的市和县（市、区）人民政府按照国家和省生态公益林区划界定的技术标准和技术规程将国家级、省级生态公益林落实到山头地块。省级生态公益林报省人民政府审核同意后统一公布。属于国家级生态公益林的按照国家有关规定执行。

市级和县级生态公益林面积指标由设区的市和县（市、区）人民政府确定，报省林业行政主管部门备案。

第十一条 地方各级人民政府应当鼓励、支持社会力量参与生态公益林建设，公民义务植树造林年度计划应当优先安排生态公益林建设。

生态公益林规划范围内的铁路公路两旁、江河两侧、湖泊水库周围，各有关主管单位是植树造林的责任单位；工矿区，机关、学校用地，部队营区以及农场、养殖场经营地区，各该单位是植树造林的责任单位。其他地区的生态公益林建设，由有关林业行政主管部门组织。

第十二条 生态公益林的建设应当利用原有地形、地貌、水系、植被，并符合国家有关技术标准；对生态公益林规划范围内不符合国家有关技术标准的林分，应当限期改造。

第十三条 列入国家和地方政府基本建设项目的生态公益林建设工程应当实行招标投标制度，参与投标的规划设计、施工、监理等单位应当具备相应的资质。

第十四条 县级以上地方人民政府根据生态建设的需要，在生态区位重要或者生态环境脆弱的区域，可以通过依法受让、租赁等方式取得非国有的森林、林木以及林地使用权，建设和发展生态公益林，并明确相应的管护责任单位。

第三章 保护与管理

第十五条 生态公益林由县级以上地方人民政府登记造册，核发林权证书，标明生态公益林类别，确认所有权、使用权；已发林权证未标明生态公益林类别的，应当及时进行类别补充登记。

县级以上地方人民政府林业行政主管部门应当在生态公益林范围周边明显位置设立标志牌进行公示。公示内容为生态公益林类别、面积、责任人等。

任何单位和个人不得毁坏或者擅自移动生态公益林标志牌。

第十六条 鼓励单位和个人以认种、认养等方式参与生态公益林的建设和保护。认种、认养单位或者个人应当与经营管护单位签订认种、认养协议。

第十七条 林业行政主管部门或者受县级林业行政主管部门委托的乡（镇）人民政府应当与生态公益林经营者签订生态公益林管护合同，确认双方的权利和义务，并以此作为森林生态效益补偿的依据。生态公益林经营者应当按照管护合同的要求，配备护林员，划定管护责任区，依法履行护林职责。

国家级、省级生态公益林管护合同的格式以及配备护林员的面积标准由省林业行政主管部门根据国家有关规定制定。

第十八条 禁止在生态公益林内从事下列活动：

（一）砍柴、采脂和狩猎；

（二）挖砂、取土和开山采石；

（三）野外用火；

（四）修建坟墓；

（五）排放污染物和堆放固体废物；

（六）其他破坏生态公益林资源的行为。

生态公益林所在的山地丘陵未列入禁止开山采石区的，省、设区的市人民政府应当将其列入禁止开山采石区。生态公益林内原有的坟墓应当限期迁出或者就地深埋，但受国家保护的除外。

第十九条 严格控制占用国家级、省级生态公益林林地。省级以上重点基础设施建设项目确需占用国家级、省级生态公益林林地的，省林业行政主管部门依法审核占用林地申请时，应当组织专家进行可行性论证。

第二十条 因占用减少的国家级、省级生态公益林的面积，由所在地县级林业行政主管部门按照"占一补一"的原则，在本行政区域内组织异地恢复，本行政区域内异地恢复困难的，应当向上一级林业行政主管部门提出申请，由上一级林业行政主管部门在本级行政区域内组织异地恢复，异地恢复所需费用由提出申请的县（市、区）人民政府承担。

第二十一条 禁止采伐、采挖下列生态公益林：

（一）名胜古迹和纪念地的森林和林木；

（二）以濒危物种或者生态系统为保护对象的自然保护区的森林和林木；

（三）饮用水源地保护区的森林和林木；

（四）其他立地条件差、生态环境脆弱地区的森林和林木。

第二十二条 除第二十一条规定以外的生态公益林可以进行更新采伐、抚育采伐或者采挖、低效林分改造采伐，但下列生态公益林不得进行更新采伐：

（一）坡度 25 度以上的生态公益林；

（二）坡度 25 度以下天然形成的生态公益林；

（三）坡度 25 度以下人工形成的未达到数量成熟年龄的生态公益林。

第二十三条 禁止从国家级、省级生态公益林范围内向外移植树龄十年以上的林木和采伐珍贵树木。因科学研究等特殊需要采伐珍贵树木的，应当经省林业行政主管部门批准。

移植其他树木的，应当符合抚育采挖的规定。

第二十四条 生态公益林进行更新采伐、抚育采伐或者采挖、低效林分改造采伐，应当依法取得林木采伐许可证。属于国家级、省级生态公益林的，应当依法报经省林业行政主管部门审批。

国家级、省级生态公益林低效林分改造采伐或者更新采伐 4 公顷以上的，省林业行政主管部门依法审批时，应当组织专家进行可行性论证。

第二十五条 在生态公益林范围内进行经营活动的，应当体现保护优先原则，不得改变林地用途，不得破坏生态环境。

在国家级、省级生态公益林内进行森林旅游、休闲等非木质资源开发利用建设项目的，有关部门在审批前应当征求省林业行政主管部门的意见。省林业行政主管部门应当组织专家对开发利用活动可能造成的森林生态功能影响进行评估，并根据专家评估的结果出具意见。对评估意见认定会造成森林生态功能破坏的项目，有关部门不得批准。

除生态公益林经营者自主开发外，其他主体对生态公益林进行开发利用的，开发者应当与生态公益林经营者签订开发利用合同，并对生态公益林经营者给予一定的经济补偿，补偿标准应当在合同中约定。

第二十六条 县级以上地方人民政府林业行政主管部门应当建立生态公益林监测体系和信息系统，设立监测样点，监测本辖区内生态公益林资源和生态效益状况。

第四章 资金保障

第二十七条 生态公益林的规划、建设、保护和管理经费，按照财政分级管理、事权与财权相统一的原则，纳入县级以上地方各级人民政府财政预算，并根据经济发展情况逐步增加。

第二十八条 县级以上地方人民政府应当设立森林生态效益补偿基金，建立、完善森林生态效益补偿制度。

第二十九条 森林生态效益补偿基金主要用于生态公益林管护者在管护中发生的营造、抚育、保护和管理等费用支出和收益补偿。

森林生态效益补偿标准由地方人民政府财政部门会同林业行政主管部门制定，报本级人民政府批准实施。

第五章　法律责任

第三十条　违反本条例第十五条第三款规定，毁坏或者擅自移动生态公益林标志牌的，由林业行政主管部门责令限期恢复原状；逾期不恢复原状的，由林业行政主管部门代为恢复，所需费用由违法者承担。

第三十一条　违反本条例第二十三条第一款规定，移植树龄 10 年以上林木或者未经批准采伐珍贵树木的，由所在地林业行政主管部门责令补种移植株数十倍的树木，没收移植的林木或者移植林木所得，并处移植林木价值 3 倍以上 10 倍以下的罚款；拒不补种树木或者补种不符合国家有关规定的，由所在地林业行政主管部门代为补种，所需费用由违法者承担。

第三十二条　违反本条例第二十五条规定，开发利用经营活动造成生态公益林毁坏的，由林业行政主管部门责令停止违法行为，补种毁坏株数 1 倍以上 3 倍以下的树木，并处毁坏林木价值 3 倍以上 5 倍以下的罚款；拒不补种树木或者补种不符合国家有关规定的，由林业行政主管部门代为补种，所需费用由违法者承担。

第三十三条　县级以上地方人民政府有关行政主管部门及其工作人员，有下列行为之一的，由上级机关或者当事人所在单位依法给予行政处分；构成犯罪的，依法追究刑事责任：

（一）违反本条例第十九条、第二十四条第二款、第二十五条第二款规定，未组织专家进行可行性论证或者评估，致使生态公益林损毁的；

（二）违反本条例第二十五条第二款规定，对造成森林生态功能破坏的项目予以批准的；

（三）挪用、挤占、截留、贪污生态效益补偿基金的；

（四）其他滥用职权、玩忽职守、徇私舞弊造成生态公益林损毁的。

第三十四条　其他违反本条例规定行为的，按照国家有关法律、法规处罚。

第六章　附　则

第三十五条　本条例自 2007 年 2 月 1 起施行。

江苏省野生动物保护条例

第一章 总 则

第一条 为了保护、拯救珍贵、濒危野生动物，保护、发展和合理利用野生动物资源，保护野生动物栖息地，维护生态平衡，根据《中华人民共和国野生动物保护法》《中华人民共和国陆生野生动物保护实施条例》《中华人民共和国水生野生动物保护实施条例》等有关法律、行政法规，结合本省实际，制定本条例。

第二条 在本省行政区域和管辖海域内从事野生动物的保护、猎捕、教学、科学研究、驯养繁殖、经营利用等活动，应当遵守本条例。

第三条 野生动物保护坚持人与自然和谐发展、保持生物多样性和维护自然生态平衡的原则，实行加强资源保护、积极驯养繁殖、鼓励科学研究和合理开发利用的方针。

第四条 本条例规定保护的野生动物，包括：

（一）国务院公布的国家重点保护野生动物；

（二）省人民政府公布的省重点保护野生动物；

（三）国务院野生动物保护行政主管部门公布的有益的或者有重要经济、科学研究价值的野生动物（以下简称三有保护野生动物）。

第五条 野生动物资源属于国家所有。

国家保护依法从事科学研究、驯养繁殖和经营利用野生动物资源的单位及个人的合法权益。

第六条 县级以上地方人民政府林业、渔业行政主管部门分别主管本行政区域内陆生、水生野生动物保护管理工作。

县级以上地方人民政府有关部门按照职责分工，共同做好野生动物保护管理工作。

乡镇人民政府、街道办事处协助做好本行政区域内野生动物保护管理工作。

第七条 县级以上地方人民政府应当加强对野生动物及其栖息地的保护管理，制定保护、发展和合理利用野生动物资源的规划，并纳入本地区国民经济和社会发展规划。

县级以上地方人民政府应当将野生动物保护管理经费列入同级财政预算。

---

* 2012年9月26日江苏省第十一届人民代表大会常务委员会第三十次会议通过。

第八条　任何单位和个人都有保护野生动物及其栖息地的义务，有权制止和检举控告虐待、伤害、非法利用野生动物以及侵占、破坏野生动物资源等违法行为。

对在野生动物保护、救助、宣传教育、科学研究、驯养繁殖等方面有突出贡献以及检举控告有功的单位和个人，由县级以上地方人民政府予以表彰、奖励。

第九条　县级以上地方人民政府及其有关部门应当加强野生动物保护有关法律、法规的宣传教育工作，普及野生动物保护知识，增强公民自觉保护野生动物的意识。

野生动物保护行政主管部门应当加强对野生动物保护组织的指导，鼓励、支持其发挥野生动物保护、宣传、教育和对外交流等方面的作用。

新闻媒体应当把保护野生动物的宣传教育当作一项应尽的社会责任，做好宣传服务工作。

每年4月20日至26日为全省"爱鸟周"，每年6月为全省"水生动物放流宣传月"，每年10月为全省"野生动物保护宣传月"。

第二章　野生动物及其栖息地保护

第十条　野生动物保护行政主管部门应当定期组织野生动物资源调查，建立、健全野生动物资源与栖息地档案和监测机制。

省野生动物保护行政主管部门应当每10年组织一次野生动物资源普查。

第十一条　省人民政府应当建立和完善省重点保护野生动物名录管理制度。

对种群数量少、面临威胁严重等急需采取有效措施加以保护的物种，应当纳入省重点保护野生动物名录，并根据种群数量实际变化等情况及时对名录作出调整。

省重点保护野生动物名录及其调整，由省野生动物保护行政主管部门提出，经省人民政府批准后向社会公布，并报国务院备案。

第十二条　从国外引进的除珍贵、濒危野生动物外的其他野生动物，以及从省外引进的非原产于我省的野生动物，经省野生动物保护行政主管部门核准，可以视为省重点保护野生动物。

从国外、省外引进野生动物，省野生动物保护行政主管部门应当组织有关专家进行风险评估。禁止引进对生态安全有危害的野生动物。

第十三条　县级以上地方人民政府野生动物保护行政主管部门应当组织社会力量，采取生物技术措施和工程技术措施，维护、改善野生动物的主要生息繁衍场所和觅食条件，保护野生动物资源。

野生动物保护行政主管部门及相关部门应当加强对野生动物栖息地的环境监视、监测。

第十四条　在国家和省重点保护野生动物的主要生息繁衍地区、候鸟的主要越冬地，应当依法建立自然保护区和水产种质资源保护区，并设置区域标志。任何单位和个人不得随意改变区域的范围与界线。

对分布在本省境内的麋鹿、丹顶鹤、江豚、中华虎凤蝶等国家重点保护野生动

物，应当采取特殊措施，实行重点保护。

对野生动物种群密度较大、栖息地分布零散的区域，县级人民政府可以将其划为自然保护小区，对野生动物予以保护。

第十五条　在国家和省重点保护野生动物集中分布区域进行项目建设，建设单位应当向环境保护行政主管部门提交包含野生动物生存环境影响评价的文件。

环境保护行政主管部门在审批前应当征求同级野生动物保护行政主管部门意见。对可能会造成野生动物生存环境严重破坏的项目，环境保护行政主管部门不得批准。

国家和省重点保护野生动物集中分布区域由省野生动物保护行政主管部门组织有关部门认定后公布。

第十六条　县级以上地方人民政府野生动物保护行政主管部门或者其委托的野生动物救护机构，负责受伤、受困、收缴的野生动物的收容救护工作。

单位和个人发现伤病、受困、搁浅、迷途的野生动物，应当及时报告当地野生动物保护行政主管部门或者野生动物救护机构，由其采取救护措施；也可以送附近具备救护条件的单位和个人进行救护，并报告野生动物保护行政主管部门。

鼓励和支持具备救护条件的单位和个人对野生动物实施救护。

第十七条　国家和省重点保护野生动物对人身和财产安全可能造成危害的，有关单位和个人应当采取防范措施。因保护国家和省重点保护野生动物受到人身伤害和财产损失的，可以向所在地县级人民政府野生动物保护行政主管部门提出补偿要求。经调查属实并确实需要补偿的，所在地县级人民政府应当给予补偿。

第十八条　县级以上地方人民政府应当设立野生动物保护发展专项资金，用于本行政区域的野生动物保护事业。资金来源包括财政专项补助、野生动物资源保护管理费、国内外捐赠资金等。

第十九条　野生动物保护行政主管部门应当加强对野生动物疫源疫病的监测。任何单位和个人发现患有疫病、疑似疫病或者非正常死亡的野生动物，应当立即向当地动物卫生监督机构或者野生动物保护行政主管部门报告。

第二十条　对依法收缴、截获、没收的野生动物及其产品，有关部门和单位应当妥善保管并及时移交野生动物保护行政主管部门。野生动物保护行政主管部门应当按照国家有关规定及时处理。

第二十一条　开展观看野生动物的旅游活动或者进行野生动物的摄影、摄像等，应当遵循警示要求，不得破坏栖息地的生态环境，不得惊扰野生动物正常栖息。

第三章　野生动物猎捕管理

第二十二条　禁止非法猎捕、杀害野生动物。

因科学研究、驯养繁殖、展览或者其他特殊情况，需要猎捕国家重点保护野生动物的，应当依法申领特许猎捕证、特许捕捉证。

有下列情形之一，确需猎捕省重点和三有保护野生动物的，应当向设区的市、县

（市、区）野生动物保护行政主管部门申领狩猎证：

（一）承担科学研究或者野生动物资源调查任务的；

（二）驯养繁殖单位必须从野外取得种源的；

（三）承担科学试验、医药和其他生产任务必须从野外补充或者更换种源的；

（四）自然保护区、自然博物馆、大专院校、动物园等为宣传、普及野生动物知识或者教学、展览的需要，必须补充、更换野生动物或者标本的；

（五）因外事工作需要必须从野外取得野生动物或者标本的；

（六）因其他特殊情况必须猎捕的。

省野生动物保护行政主管部门应当根据本省野生动物的资源状况，确定猎捕种类、数量和年度猎捕限额，并向社会公布。

第二十三条 持有特许猎捕证、特许捕捉证、狩猎证的单位和个人，应当按照特许猎捕证、特许捕捉证、狩猎证核定的种类、数量、地点、期限、工具和方法进行。

持枪猎捕的，应当依法取得公安机关核发的持枪证。

第二十四条 在禁猎（渔）区和禁猎（渔）期内，禁止猎捕、捕捉或者从事妨碍野生动物生息繁衍的活动。禁猎（渔）区、禁猎（渔）期、禁止使用的猎捕、捕捉工具和方法，由省野生动物保护行政主管部门规定。

第二十五条 禁止采集野生鸟卵、捣毁野生鸟巢。公园、市民广场、林场、风景游览区等鸟类生息繁衍集中区域，可以设置鸟食台、水浴场等，对野生鸟类进行人工招引和保护。

在野生蛙类、蛇类和珍稀蝶类等集中分布区域应当设立警示标牌，保护野外生存的野生动物不受人为干扰，防止意外伤害事件的发生。

第二十六条 建立固定狩猎场应当经设区的市人民政府野生动物保护行政主管部门审核，报省野生动物保护行政主管部门批准。建立对外国人开放的猎捕场所，还应当报国务院野生动物保护行政主管部门备案。

第二十七条 外国人在本省从事野外考察、标本采集或者在野外拍摄影视、录像等活动，涉及省重点和三有保护野生动物的，应当向县级人民政府野生动物保护行政主管部门提出申请，报省野生动物保护行政主管部门批准。

第四章 野生动物驯养繁殖和经营利用管理

第二十八条 鼓励开展野生动物驯养繁殖。驯养繁殖野生动物的单位和个人，应当申领驯养繁殖许可证。

驯养繁殖国家重点保护野生动物，按照国家有关规定执行。

驯养繁殖省重点和三有保护野生动物的，由设区的市人民政府野生动物保护行政主管部门审核批准，报省野生动物保护行政主管部门备案。

申领省重点和三有保护野生动物驯养繁殖许可证的单位和个人，应当有适宜驯养繁殖野生动物的固定场所和设施，具备与驯养繁殖野生动物种类、数量相适应的资

金、人员和技术。

省重点和三有保护野生动物驯养繁殖许可证管理办法，由省野生动物保护行政主管部门制定。

第二十九条 出售、收购、利用国家重点保护野生动物的，按照国家有关规定执行。

出售、收购、利用省重点保护野生动物或者其产品的，由设区的市人民政府野生动物保护行政主管部门审核批准，报省野生动物保护行政主管部门备案。

经批准从事出售、收购、利用省重点保护野生动物或者其产品的单位和个人，应当在野生动物保护行政主管部门批准的限额指标内从事经营利用活动。

出售、收购、利用三有保护野生动物或者其产品的，应当具有有效的野生动物合法来源证明，并向县级人民政府野生动物保护行政主管部门备案。野生动物合法来源证明包括驯养繁殖许可证、狩猎证、捕捞证和运输证等。

出售、收购、利用省重点保护野生动物的管理办法，由省野生动物保护行政主管部门制定。

第三十条 以生产经营为目的驯养繁殖国家重点保护野生动物，以及收购驯养繁殖的国家重点保护野生动物或者其产品的，应当凭野生动物保护行政主管部门颁发的驯养繁殖许可证或者经营利用批准文件向工商行政管理部门申请登记注册。

以生产经营为目的驯养繁殖省重点和三有保护野生动物，以及出售、收购、利用省重点保护野生动物或者其产品的单位和个人申请登记注册的，工商行政管理部门在核发营业执照时，应当书面告知其凭驯养繁殖许可证或者出售、收购、利用批准文件开展经营。

第三十一条 县级以上地方人民政府野生动物保护行政主管部门和工商行政管理部门，应当建立野生动物经营利用监督检查制度，加强对经营利用野生动物或者其产品的单位和个人的监督管理。

在集贸市场内经营野生动物或者其产品的，由工商行政管理部门进行监督管理，对违法行为依法进行查处，同级野生动物保护行政主管部门予以配合；在集贸市场以外经营野生动物或者其产品的，由野生动物保护行政主管部门、工商行政管理部门进行监督管理，按照谁先立案谁查处的原则对违法行为依法进行处理。

第三十二条 运输、邮寄、携带省重点和三有保护野生动物或者其产品出县境的，应当凭狩猎证、驯养繁殖许可证或者出售、收购、利用批准文件等合法证明，向县级人民政府野生动物保护行政主管部门申请办理运输证明。

第三十三条 禁止为非法猎捕、杀害、出售、收购、利用、加工、运输、储存、携带国家和省重点保护野生动物或者其产品提供工具或者场所。

第三十四条 依法猎捕和出售、收购、利用野生动物或者其产品，应当按照国家和省有关规定缴纳野生动物资源保护管理费。

第五章　法律责任

第三十五条　违反本条例第十五条第一款规定，未进行野生动物生存环境影响评价，擅自开工建设的，由有权审批该项目环境影响评价文件的环境保护行政主管部门责令停止建设，限期补办手续；逾期不补办手续的，可以处 5 万元以上 20 万元以下的罚款。

第三十六条　违反本条例第二十二条、第二十三条规定，非法猎捕、杀害省重点和三有保护野生动物的，由县级以上地方人民政府野生动物保护行政主管部门没收猎捕工具、实物和违法所得，处以相当于猎获物价值 3 倍以上 5 倍以下的罚款；没有猎获物的，处 1000 元以下罚款。

违反本条例第二十五条第一款规定，非法采集野生鸟卵、捣毁野生鸟巢的，由县级以上地方人民政府野生动物保护行政主管部门责令改正，可以并处 100 元以上 1000 元以下罚款。

第三十七条　违反本条例第二十七条规定，外国人未经批准对省重点和三有保护野生动物从事野外考察、标本采集或者在野外拍摄影视、录像等活动的，由县级以上地方人民政府野生动物保护行政主管部门没收考察、拍摄的资料以及所获标本，可以并处 1 万元以上 5 万元以下罚款。

第三十八条　违反本条例第二十八条规定，未取得驯养繁殖许可证或者超越驯养繁殖许可证规定范围驯养繁殖省重点和三有保护野生动物的，由县级以上地方人民政府野生动物保护行政主管部门没收违法所得，处 3000 元以下罚款，可以并处没收野生动物、吊销驯养繁殖许可证。

第三十九条　违反本条例第二十九条第二款规定，未经批准从事出售、收购、利用省重点保护野生动物或者其产品的，由县级以上地方人民政府工商行政管理部门、野生动物保护行政主管部门没收实物和违法所得，可以并处相当于实物价值 2 倍以上 10 倍以下罚款。

违反本条例第二十九条第三款规定，超过批准的限额指标经营利用省重点保护野生动物或者其产品的，由县级以上地方人民政府野生动物保护行政主管部门没收实物和违法所得，并处 1 万元以上 5 万元以下罚款。

违反本条例第二十九条第四款规定，提供不出有效的野生动物合法来源证明而出售、收购、利用三有保护野生动物或者其产品的，由县级以上地方人民政府工商行政管理部门、野生动物保护行政主管部门没收实物和违法所得，并处 1000 元以上 5000 元以下罚款。

第四十条　违反本条例第三十二条规定，非法运输、邮寄、携带省重点和三有保护野生动物或者其产品的，由县级以上地方人民政府工商行政管理部门、野生动物保护行政主管部门没收实物和违法所得，可以并处相当于实物价值 2 倍以上 10 倍以下罚款。

第四十一条　违反本条例第三十三条规定，为非法猎捕、杀害、出售、收购、利用、加工、运输、储存、携带国家和省重点保护野生动物或者其产品提供工具或者场所的，由县级以上地方人民政府野生动物保护行政主管部门、工商行政管理部门没收违法所得，并处 2000 元以上 2 万元以下罚款。

第四十二条　未按照本条例第三十四条规定缴纳野生动物资源保护管理费的，由县级以上地方人民政府野生动物保护行政主管部门责令限期缴纳，逾期不缴纳的，按照国家有关规定加收滞纳金。

第四十三条　野生动物保护行政主管部门以及有关部门的工作人员，玩忽职守，滥用职权，徇私舞弊，情节轻微的，由其所在单位给予处分；情节严重构成犯罪的，依法追究刑事责任。

第六章　附　则

第四十四条　省重点和三有保护野生动物的价值标准，参照国家有关规定，由省野生动物保护行政主管部门会同省价格部门制定，需要进行涉案财产价格鉴证的，按照省有关规定执行。

第四十五条　本条例自 2013 年 1 月 1 日起施行。

江苏省省级森林公园管理办法

（苏林规〔2013〕3 号）

第一章 总 则

第一条 为了培育、保护和合理利用森林风景资源，规范省级森林公园建设和管理，促进生态文明建设，满足人民群众对良好生态的需求，根据《中华人民共和国森林法》和有关法律、行政法规的规定，结合本省实际，制定本办法。

第二条 本省行政区域内省级森林公园的规划、设立、撤销、建设、保护、利用和管理适用本办法。

第三条 本办法所称森林公园，是指以森林资源为依托，具有一定规模和质量的森林风景资源与环境条件，按照法定程序批准设立，保护森林风景资源、自然文化资源和生物多样性，为公众提供休闲健身、观光旅游、生态科普、生态文化和科学研究等服务活动的区域。

森林公园的建设和经营应当遵循"严格保护、科学规划、统一管理、合理利用、协调发展"的原则。

第四条 省级林业主管部门主管全省省级森林公园的监督管理工作。

县级以上林业主管部门负责本行政区域所属省级森林公园的监督管理工作。

第五条 省级森林公园性质属于社会公益性事业，县级以上地方人民政府林业主管部门应当指导本行政区域内的省级森林公园经营管理机构配备管理和技术人员，负责森林风景资源的保护、管理和利用。

第六条 省级森林公园内的单位、居民以及在森林公园内从事建设、经营、游览等活动的单位和个人，应当履行保护森林公园景观、动植物资源和各项设施的义务，遵守森林公园的管理制度，服从森林公园管理单位的统一管理。

第二章 规划建设

第七条 省级森林公园总体规划是省级森林公园建设经营和监督管理的依据。任何单位或者个人不得违反省级森林公园总体规划从事森林公园的建设和经营。

省级森林公园总体规划应当符合当地经济和社会发展规划，并与旅游发展规划、土地利用总体规划等相关专项规划相衔接。

第八条 市、县级林业主管部门应当根据全省森林公园发展规划和本行政区域森

林风景资源状况，指导本行政区域内省级森林公园编制总体规划，报省级林业主管部门批准。

第九条　省级森林公园规划范围内的森林、林木、林地等，其产权、隶属关系和用途不得擅自改变。

第十条　设立省级森林公园，应由所在地县（市）级人民政府在征得所在地市级林业主管部门意见后，向省级林业主管部门提交申请，由省级林业主管部门组织有关专家实地考察、论证后，审核批准。符合条件的予以批准；不符合条件的，不予批准并书面说明理由。

未经批准，任何单位或者个人不得以省级森林公园名义开展相关活动。

第十一条　申请设立省级森林公园应当具备下列条件：

（一）符合全省森林公园建设发展规划；

（二）森林风景资源质量等级达到国家标准三级以上；

（三）森林覆盖率在百分之八十以上；

（四）森林公园面积在200公顷以上；

（五）土地和森林风景资源权属清楚，无权属争议，且具备30年以上的管理权；

（六）经营管理机构健全，职责和制度明确，具备相应的技术和管理人员。

第十二条　申请设立省级森林公园应当提交下列材料：

（一）申请报告；

（二）可行性研究报告；

（三）森林、林木、林地以及其他土地所有权、使用权证明材料；

（四）建设单位管理机构证明材料，及管理机构职责、制度和技术、管理人员配置等情况的说明材料；

（五）重点风景资源照片、光盘等影像资料；

（六）所在地市级林业主管部门书面意见。

第十三条　经批准设立的省级森林公园需要撤销、更名、分立、合并或者变更地界范围与隶属关系的，应当按照设立程序，报省级林业主管部门审核批准。

第十四条　省级森林公园有下列情形之一的，予以撤销并向社会公布：

（一）因管理不善或者不可抗力导致森林风景资源受到严重破坏，景观质量明显下降，达不到省级森林公园设立条件且在1年内无法恢复的；

（二）批准设立后3年内未进行建设，保护和管理措施得不到落实的；

（三）林地性质或者主要用途发生重大改变，无法继续保护和利用森林风景资源的。

第十五条　经批准设立的省级森林公园应当组建相应的森林公园管理单位，并按照有关规定进行法人登记。

第十六条　森林公园管理单位在林业主管部门监督指导下，负责组织编制、实施省级森林公园总体规划。

编制或者修编省级森林公园总体规划的设计（咨询）单位，应当具有相关资质工程规划设计国家乙级以上资质，且至少有 2 名以上林业专业高级职称人员参与编制。

第十七条 省级森林公园应当自批准设立之日起 18 个月内编制完成总体规划。省级森林公园合并或者改变经营范围的，应当自批准之日起 12 个月内修改完成总体规划。

第十八条 省级森林公园的总体规划，应由县级林业主管部门提交申请，征得县级人民政府和所在地市级林业主管部门同意后，报省级林业主管部门，组织专家评审并审核后批准。

经批准的森林公园总体规划不得擅自改变。确需调整或者修编的，应当按照原审批程序办理。

在省级森林公园设立后、总体规划批准前，不得在森林公园内新建永久性建筑、构筑物等人工设施。

第十九条 森林公园总体规划的内容应包括：公园基本情况、生态环境及森林风景资源情况、森林公园发展条件分析、指导思想和原则依据、总体布局与发展战略、植被与森林景观规划、资源与环境保护规划、生态文化建设规划、森林生态旅游与服务设施规划、基础工程规划、防灾及应急管理规划、土地利用规划、环境影响评价、效益评估、实施保障措施等内容。

第二十条 森林公园总体规划的规划期一般为 10 年，在规划期满前 1 年，应当根据建设发展情况进行修编，并经市级林业主管部门审核后，报省级林业主管部门批准。

第二十一条 省级森林公园建设应当按照森林公园总体规划进行，项目建设应当与周边景观和环境相协调，相应的防火、服务、环境保护设施应当同时设计、同步建设、同时使用。

第二十二条 省级森林公园核心景观区内，除必要的保护和辅助设施外，不得建设永久性住宿、餐饮、购物、娱乐等设施。

省级森林公园内禁止建设破坏森林风景资源和妨碍游览、污染环境的工程设施。已建项目不符合省级森林公园总体规划的，应当限期改造、拆除、恢复植被。

第二十三条 省级森林公园内建设各类永久性设施，应当符合省级森林公园总体规划，经森林公园经营管理单位同意后，按照有关法律法规的规定办理土地等相关手续。

第三章　保护利用

第二十四条 省级森林公园经营管理单位应当加强对森林公园范围内森林风景资源的保护。

对古树名木以及珍稀动植物等有特殊价值的森林风景资源，应当划定保护区域，采取专门保护措施。

第二十五条　省级森林公园内的林木应当严格保护。因提高森林风景资源质量的需要，按照有关法律法规的规定审批后，可以进行抚育、低产林改造和更新性质的采伐。

省级森林公园经营管理单位应当培育具有地域特色的风景林木、植被，形成多树种、多层次、多色彩、乔灌草相结合的森林景观，丰富生物多样性，提高森林公园的森林覆盖率、游览观光价值和综合功能。

第二十六条　省级森林公园经营管理单位应当对林业有害生物进行调查、监测和预防，发现疑似重大或者危险性林业有害生物等异常情况的，应当及时采取措施并报告当地林业主管部门。

第二十七条　省级森林公园经营管理单位应当健全护林防火管理制度，建立森林防火监测和处置体系，制定防火应急预案，配备必要的防火人员、设施，加强防火宣传和用火管理。

第二十八条　严格控制建设项目使用省级森林公园林地，但是因保护森林及其他风景资源、建设森林防火设施和林业生态文化示范基地、保障游客安全等直接为林业生产服务的工程设施除外。

建设项目确需使用省级森林公园林地的，应当避免或者减少对森林景观、生态以及旅游活动的影响，并依法办理林地占用、征收审核审批手续。建设项目可能对森林公园景观和生态造成较大影响或者导致森林风景资源质量明显降低的，应当在取得省级森林公园撤销或者改变经营范围的行政许可后，依法办理林地占用、征收审核审批手续。

第二十九条　省级森林公园内禁止下列行为：

（一）擅自采折、采挖花草、树木、药材等植物；

（二）非法猎捕、杀害野生动物；

（三）刻划、污损树木；

（四）损毁或者擅自移动园内设施；

（五）未经处理直接排放影响森林公园内植被生长和自然景观的污染物；

（六）在非指定的吸烟区吸烟和在非指定区域野外用火、焚烧香蜡纸烛、燃放烟花爆竹；

（七）擅自围、填、堵、截自然水系；

（八）法律、法规、规章禁止的其他活动。

省级森林公园经营管理单位应当通过标示牌、宣传单等形式将森林风景资源保护的注意事项告知旅游者。

第三十条　鼓励企业、事业单位、社会团体和个人参与建设、经营省级森林公园景区（点）旅游开发项目。

省级森林公园经营管理单位可以以森林风景资源经营权，通过公开招投标方式引进社会资金，按照省级森林公园总体规划，建设、经营省级森林公园景区（点）旅游开发项目。合作双方应当签订书面合同，明确双方权利义务。

第四章　监督管理

第三十一条　省级森林公园经过建设，且已具备开展森林旅游基本条件，经县级林业等相关部门验收合格，办理相关手续后向公众开放。未经验收合格的，不得向公众开放。

第三十二条　省级森林公园的建设和经营，应当由省级森林公园经营管理单位负责。单位和个人参与省级森林公园的建设和经营，应当符合省级森林公园总体规划并服从省级森林公园经营管理单位的统一管理。

省级森林公园建设和经营管理的主体发生变动的，应当向省级林业主管部门申请办理变更手续。

第三十三条　各级林业主管部门应当加强对省级森林公园的业务指导和监督管理，提供相关服务，并接受社会监督：

（一）加强对省级森林公园总体规划实施情况的监督检查；

（二）对省级森林公园管理单位履职情况进行监督检查；

（三）对森林风景资源等情况进行动态监测；

（四）建立和完善省级森林公园信息系统，组织对外宣传推介，提供相关信息服务。

第三十四条　省级森林公园经营管理单位应当加强管理，保护公园环境，完善服务设施，提高服务质量：

（一）健全公园管理制度，建立信息统计报送制度，建设宣传和信息发布等公共服务平台；

（二）加强对公园管理和服务人员的教育、培训、管理；

（三）加强对公园内经营单位和个人的管理、服务、指导；

（四）加强公园安全管理，根据生态承载力确定游客接待容量，在危险地段和游客可能遭受伤害的区域设置安全防护设施和警示标识，健全突发事件应急机制；

（五）按照国家和本省有关规定减免门票，为老年人、儿童、学生、现役军人、残疾人等提供优惠，有条件的免费向公众开放；

（六）提供游览服务设施以及无障碍设施；

（七）在明显位置设置游览路线、服务设施等标识标牌，公示收费事项，告知禁止事宜；

（八）加强生态科普宣传，普及自然科学和生态文化知识。

第三十五条　经有关部门批准，省级森林公园可以出售门票和收取相关费用。省级森林公园的门票和其他经营收入应当按照有关规定使用，并主要用于森林风景资源的培育、保护及森林公园的建设、维护和管理。

第三十六条　省级森林公园内从事经营活动的单位和个人应当遵守有关法律法规

和公园管理制度，诚信经营、文明服务，在森林公园管理单位指定的区域从事经营活动。

在省级森林公园内进行教学科研、采集标本以及影视拍摄、集会活动的，应当征得省级森林公园经营管理单位同意。

第五章　有关责任

第三十七条　违反本办法规定，有关法律法规有法律责任规定的，从其规定。

第三十八条　违反本办法规定的，由所在地林业主管部门依法责令停止违法行为。

第三十九条　县级以上林业主管部门应当加强对省级森林公园总体规划、专项规划及其他经营管理活动的监督检查。省级森林公园经营管理单位应当配合监督检查，如实提供有关材料。

第四十条　违反本办法规定的下列行为，由所在地林业主管部门对直接负责的主管人员或者其他直接责任人员依法给予处分，或者建议有关主管部门给予处分：

（一）未按照规定编制总体规划、擅自变更总体规划或者未按照总体规划进行建设活动的；

（二）未按照规定从事省级森林公园建设和经营的；

（三）建设项目对省级森林公园景观和生态造成较大影响或者导致森林风景资源质量明显降低，未事先取得省级森林公园撤销或者改变经营范围的审批的；

（四）省级森林公园建设和经营管理的主体发生变动，未依法办理变更手续的。

第四十一条　省级森林公园未按照规定编制总体规划或者未按照总体规划进行建设、经责令整改仍达不到要求并导致省级森林公园主体功能无法发挥的，省级林业主管部门可以将省级森林公园撤销。

省级森林公园的森林风景资源质量下降，达不到省级森林公园风景资源质量等级标准的，省级林业主管部门应当将省级森林公园撤销。

被撤销的省级森林公园，3 年内不得再次申请设立省级森林公园。

第六章　附　则

第四十二条　本办法自发布之日起 30 日后施行。

江苏省林业有害生物防控办法

（江苏省人民政府令第104号）

第一章 总 则

第一条 为了有效防控林业有害生物灾害，推动生态文明建设，促进经济社会可持续发展，根据《中华人民共和国森林法》和国务院《森林病虫害防治条例》《植物检疫条例》等有关法律、法规，结合本省实际，制定本办法。

第二条 本办法所称林业有害生物防控，是指对林业植物及其产品和森林生态环境造成危害的病原微生物、动物和植物的预防、控制和治理。

前款所称林业植物及其产品包括林木种子、苗木和其他繁殖材料，乔木、灌木、竹类、野生花卉、用于绿化的地被植物和其他森林植物，木材、竹材、盆景以及其他森林和林木产品等。

第三条 林业有害生物防控坚持预防为主、综合治理、分级负责、属地管理的原则。推进无公害防治，保护生物多样性，保障森林、林木健康，维护生态安全。

第四条 县级以上地方人民政府应当加强对林业有害生物防控工作的组织领导，建立健全林业有害生物防控体系和防治目标责任制，制定并组织实施林业有害生物防控规划。

第五条 县级以上地方人民政府林业主管部门（以下简称林业主管部门）主管本行政区域内的林业有害生物防控工作。

县级以上地方人民政府林业主管部门所属的林业有害生物检疫防控机构（以下简称检疫防控机构），负责林业有害生物防控的具体组织工作，实施林业植物及其产品检疫。

农业、水利、交通运输、司法、公安、园林、出入境检验检疫、气象、环保等有关部门按照各自职责，共同做好林业有害生物防控工作。

第六条 林业植物及其产品生产者、经营者和利用者应当依法做好林业植物及其产品的有害生物防控工作。

第七条 鼓励林业资源所有者和经营者成立林业有害生物防治专业合作组织。

鼓励具备专业技术条件的社会机构开展林业有害生物防治服务。

---

* 2015年4月1日江苏省人民政府第五十四次常务会议通过。

第二章　预防预警

第八条　林业主管部门应当根据林业资源分布状况和林业有害生物发生情况建立林业有害生物监测站(点)，配备专(兼)职测报员，划定测报责任区。

检疫防控机构应当组织监测站(点)对林业有害生物进行监测、调查和分析，并及时向本级人民政府、林业主管部门以及上级检疫防控机构报告林业有害生物监测情况。

相关单位和个人应当提供必要的便利，配合检疫防控机构实施林业有害生物监测、调查。

第九条　林业主管部门应当定期组织开展林业有害生物普查。

对重点林业检疫性有害生物或者新发现、新传入的林业有害生物，林业主管部门应当进行专题调查。

针对林业有害生物发生、传播以及危害状况，林业主管部门应当适时进行风险分析。

第十条　林业主管部门或者其所属的检疫防控机构，应当及时发布林业有害生物短期、中期、长期发生趋势预报以及重大警报，其他任何单位和个人不得发布。

第十一条　造林抚育、园林建设、道路和河道沿线绿化等工程，应当将林业有害生物防控内容纳入规划方案，并在设计、施工、养护等环节落实林业有害生物防控措施。

林业植物繁育场所的设立应当符合植物检疫要求，制定林业有害生物防控方案，配备检疫除害设施设备。

绿化造林应当选择良种壮苗，优先使用乡土林业植物，并采用混交栽植模式；禁止使用带有危险性有害生物的林业植物种子、苗木和其他繁殖材料进行育苗或者绿化造林。

第十二条　林业资源所有者或者经营者应当加强林业资源的抚育管理，及时清除严重感染病虫的林业植物，改善林业植物生长环境。

林业资源所有者或者经营者应当采取有效措施，保护其管理范围内的有益生物。鼓励进行生物天敌繁育和释放，实施生物防治。

第十三条　任何单位和个人不得占用、移动、破坏和损毁林业有害生物监测站(点)的设施设备。

因城乡建设确需迁移林业有害生物监测站(点)或者改变其功能、用途的，应当征得所有者同意，并按照先建设后拆除或者建设拆除同时进行的原则择地重建。迁建所需费用由造成迁建的单位承担。

第三章　检疫控制

第十四条　生产、经营应施检疫的林业植物及其产品的单位和个人，应当在生产期间或者调运之前向当地检疫防控机构申请产地检疫。

检疫合格的，发给产地检疫合格证；检疫不合格的，发给检疫处理通知单，生产者、经营者应当按照检疫处理通知单要求进行除害处理。

补充检疫性林业有害生物、应施检疫林业植物及其产品补充名单，由省林业主管部门公布。

第十五条　调运按照国家规定须检疫的林业植物及其产品，生产者、经营者或者利用者应当申请调运检疫。

调入单位或者个人应当事先征得所在地检疫防控机构的同意，并向调出单位或者个人提出检疫要求。调出单位或者个人必须根据该检疫要求向所在地检疫防控机构申请检疫。

第十六条　须检疫的林业植物及其产品省际间调运的，由省检疫防控机构或者其委托的设区的市、县(市、区)检疫防控机构发放植物检疫证书或者出具检疫要求书。

须检疫的林业植物及其产品在本省行政区域内跨县级行政区域调运的，由检疫防控机构签发植物检疫证书或者出具检疫要求书。

第十七条　调运已取得产地检疫合格证的林业植物及其产品，调出单位或者个人申请调运检疫时，检疫防控机构可以依据有效期内的产地检疫合格证换发植物检疫证书。有下列情形之一的，检疫防控机构应当重新进行检疫：

(一)不符合调入地检疫要求的；

(二)产地检疫合格证有效期内发生重大林业有害生物疫情的；

(三)省林业主管部门规定不得换发的其他情形。

第十八条　调入须检疫的林业植物及其产品的单位或者个人应当主动将植物检疫证书送所在地检疫防控机构查验。检疫防控机构可以根据需要进行复检，经复检发现检疫性林业有害生物、补充检疫性林业有害生物或者检疫要求书中要求检疫的危险性林业有害生物的，调入单位或者个人应当按照检疫防控机构出具的检疫处理通知单进行除害处理。

第十九条　未取得植物检疫证书调运须检疫的林业植物及其产品的，检疫防控机构应当责令暂停相关行为，并按照规定进行补检。经补检发现检疫性林业有害生物、补充检疫性林业有害生物或者检疫要求书中要求检疫的危险性林业有害生物的，调运单位或者个人应当按照检疫防控机构出具的检疫处理通知单进行除害处理。

第二十条　从国(境)外引进林木种子、苗木和其他繁殖材料的单位和个人，应当向省检疫防控机构提出引种检疫申请。省检疫防控机构受理申请后，办理检疫审批手续。

引进单位或者个人应当按照要求进行种植。对可能潜伏有危险性林业有害生物的，必须隔离试种。达到规定隔离试种时间，经省检疫防控机构检疫合格后，方可分散种植。

第二十一条　检疫防控机构依照申请实施林业植物及其产品检疫，应当自受理之

日起 20 日内完成；检疫防控机构决定对林业植物及其产品进行复检或者补检，应当自作出决定之日起 15 日内完成。

任何单位和个人不得伪造、涂改、买卖、转让植物检疫单证、印章、标志、封识。

第二十二条 从松材线虫病疫区调运松属苗木、木材及其制品，必须征得调入地检疫防控机构同意，并按照调出地和调入地检疫防控机构共同确定的路线、时间以及利用方式进行运输和处置。

禁止将松材线虫病发生区的松属类植物及其木质制品调入其他松属植物分布区域。

禁止从国（境）外松材线虫病疫区引进松属苗木、接穗。确因科研需要引进的，应当申请办理检疫手续。

未经省林业主管部门同意，任何单位和个人不得收购、加工、利用松材线虫病疫木及其制品。

第二十三条 通过邮寄方式运送林业植物及其产品的，适用调运检疫的规定。

运输、邮寄林业植物及其产品的单位或者个人，应当在运输或者邮寄前查验植物检疫证书；无植物检疫证书的，不得承接运输或者邮寄。

运输、邮寄林业植物及其产品，应当随货携带植物检疫证书。

第二十四条 在林地及其周边地区施工的电力、电信以及其他单位和个人，使用松木材料承载、包装、铺垫、支撑、加固设施设备的，应当向所在地检疫防控机构报告。

检疫防控机构复检前，施工单位和个人应当妥善保管松木材料，不得擅自处置。

第二十五条 鼓励支持生产、经营、利用林业植物及其产品的单位在取得营业执照后及时向林业主管部门备案，配备林业植物检疫报检员。

第二十六条 绿化造林工程竣工验收时，应当将植物检疫证书或者产地检疫合格证列入验收内容。

第四章　灾害处置

第二十七条 林业主管部门应当确定林业有害生物重点防控对象，编制防控规划和作业设计，实施工程治理。林业有害生物工程治理实行招标投标制度和绩效评估制度。

林业主管部门应当根据林业有害生物发生情况，及时组织开展除治工作，并加强监督检查。发现未及时除治或者除治不符合要求的，应当督促有关单位或者个人限期除治。

第二十八条 林业有害生物灾害事件分为特别重大、重大、较大、一般四级。

特别重大林业有害生物灾害事件是指：

（一）直接危及人类健康的林业有害生物灾害；

（二）从国（境）外新传入的林业有害生物灾害；

（三）本省首次发现的林业检疫性有害生物灾害；

（四）本省首次发现可以直接造成林木死亡的林业有害生物灾害；

（五）林业非检疫性有害生物导致林业植物叶片受害连片成灾面积 2 万公顷以上、林业植物枝干受害连片成灾面积 1 万公顷以上或者绿色通道林业植物受害成灾连续 200 公里以上。

重大林业有害生物灾害事件是指林业非检疫性有害生物导致林业植物叶片受害连片成灾面积 1 万公顷以上 2 万公顷以下、林业植物枝干受害连片成灾面积 3000 公顷以上 1 万公顷以下或者绿色通道林业植物受害成灾连续 100 公里以上 200 公里以下。

较大林业有害生物灾害事件是指林业非检疫性有害生物导致林业植物叶片受害连片成灾面积 300 公顷以上 1 万公顷以下、林业植物枝干受害连片成灾面积 100 公顷以上 3000 公顷以下或者绿色通道林业植物受害成灾连续 50 公里以上 100 公里以下。

一般林业有害生物灾害事件是指林业非检疫性有害生物导致林业植物叶片受害连片成灾面积 100 公顷以上 300 公顷以下、林业植物枝干受害连片成灾面积 50 公顷以上 100 公顷以下或者绿色通道林业植物受害成灾连续 20 公里以上 50 公里以下。

本条所称"以上"不包含本数，"以下"包含本数。

第二十九条　特别重大林业有害生物灾害事件，由省人民政府制定应急预案并组织实施。

重大林业有害生物灾害事件，由设区的市人民政府制定应急预案并组织实施。

较大和一般林业有害生物灾害事件，由县级人民政府制定应急预案并组织实施。

第三十条　跨县级以上行政区域发生林业有害生物灾害事件或者同一种林业有害生物跨县级以上行政区域发生危害的，上级林业主管部门应当组织开展联防联治。

第三十一条　林业有害生物除治应当综合运用营林、生物、物理、化学等防治技术，实施科学治理。

化学防治应当选用无公害药剂和对生态环境友好的施药方法。

第三十二条　林业植物及其产品所有者或者经营者负责其管理范围内的林业有害生物除治。

林业植物权属不清的，由所在地人民政府协调除治。

第三十三条　单位或者个人发现疑似危险性林业有害生物的，应当及时向所在地林业主管部门报告，林业主管部门应当及时调查、核实。

林业主管部门确认存在疫情的，应当按照有关规定向同级人民政府和上级林业主管部门报告，并及时采取措施切断传播途径，防止扩散蔓延；发现疑似危险性林业有害生物的，由省林业主管部门组织林业有害生物鉴定机构进行鉴定和风险分析。

第三十四条　对感染松材线虫病的松林，所有者和经营者应当按照林业主管部门或者其所属的检疫防控机构的要求进行综合防治，清理、伐除疫木，并按照技术规程进行除害处理。

第三十五条　经营林业植物及其产品的交易市场应当配备林业有害生物除治设施设备，并接受林业主管部门的监督检查。

第五章　监督保障

第三十六条　县级以上地方人民政府应当将林业有害生物监测、检疫、除治和监督管理所需经费纳入本级财政预算。

风景名胜区、森林公园、自然保护区等单位应当安排专项经费用于防治林业有害生物。

第三十七条　县级以上地方人民政府应当建立和完善林业有害生物灾害保险制度。鼓励和扶持林业植物及其产品生产者、经营者参加林业有害生物灾害保险。鼓励商业性保险公司开展林业有害生物灾害保险业务。

第三十八条　对在林业有害生物防控过程中非因林业植物及其产品生产者、经营者、利用者有违法行为而强制清除、销毁林业植物及其产品和相关物品的，县级以上地方人民政府应当给予补偿。具体办法由省财政部门会同省林业主管部门制定，报省人民政府批准。

第三十九条　从事林业有害生物防治的社会机构应当按照国家有关技术要求实施防治。林业主管部门应当完善防治作业设计规范，建立健全防治质量与成效的评定方法和标准体系。

第四十条　县级以上地方人民政府林业主管部门应当加强监测站（点）、检疫检验实验室、检疫隔离试种苗圃、药剂药械储备库、除害处理场、天敌繁育场和生物制剂厂等基础设施建设。

第四十一条　为控制、扑灭林业有害生物疫情，检疫防控机构可以安排检疫人员到所在地设立的道路联合检查站、木材检查站执行检疫检查任务。

发生林业有害生物重大疫情的，经省人民政府批准，可以设立临时性林业有害生物检疫检查站。

第四十二条　对从事林业有害生物防控工作的人员，有关单位应当按照国家规定采取有效的卫生防护措施和医疗保健措施。

第六章　法律责任

第四十三条　违反本办法第十一条第一款、第二十六条规定，绿化造林工程建设单位未将林业有害生物防控纳入规划方案，未在设计、施工、养护等环节落实林业有害生物防控措施或者未按要求进行竣工验收的，由林业主管部门责令改正。

违反本办法第十一条第三款规定，使用带有危险性有害生物的林业植物种子、苗木和其他繁殖材料进行育苗或者绿化造林的，由林业主管部门责令改正、限期除治、赔偿损失；情节严重的，处1万元以上3万元以下罚款。

第四十四条　违反本办法第十三条规定，占用、移动、破坏和损毁林业有害生物监测站（点）设施设备的，由林业主管部门责令改正，恢复原状；造成损坏的，按照重新购置设施设备的价格予以赔偿。

第四十五条 未依照本办法第十五条、第十八条规定，调运林业植物及其产品的，由检疫防控机构责令改正；情节严重的，处 2000 元以上 2 万元以下罚款；造成严重后果的，处 2 万元以上 10 万元以下罚款。

未依照本办法第十九条、第二十三条第一款规定取得《植物检疫证书》调运须检疫的林业植物及其产品的，由检疫防控机构责令改正；情节严重的，处 2000 元以上 2 万元以下罚款；造成严重后果的，处 2 万元以上 10 万元以下罚款。

第四十六条 违反本办法第二十条第二款规定，引进单位或者个人未按照规定进行隔离试种或者未经省检疫防控机构检疫合格分散种植的，由省检疫防控机构责令改正；情节严重的，处 1000 元以上 1 万元以下罚款；造成严重后果的，处 1 万元以上 5 万元以下罚款。

第四十七条 违反本办法第二十一条第二款规定，伪造、涂改、买卖、转让植物检疫单证、印章、标志、封识的，由检疫防控机构责令改正；情节严重的，处 1000 元以上 1 万元以下罚款；造成严重后果的，处 1 万元以上 3 万元以下罚款。

第四十八条 违反本办法第二十二条、第三十四条关于松材线虫病防治管理规定的，由检疫防控机构责令改正；情节严重的，处 1000 元以上 1 万元以下罚款；造成严重后果的，处 1 万元以上 5 万元以下罚款。

第四十九条 在林地及其周边地区施工的电力、电信以及其他单位和个人违反本办法第二十四条规定的，由检疫防控机构责令改正，并视情节追究相应责任。

第五十条 林业植物及其产品所有者或者经营者未依照本办法第三十二条规定对林业有害生物进行除治的，由林业主管部门责令限期除治；情节严重的，并处 1 万元以上 3 万元以下罚款；拒不除治的，由林业主管部门或者其授权的单位代为除治，全部防治费用由被责令限期除治者承担。

第五十一条 个人违反本办法规定应施处罚的，从事经营活动的，处 1000 元以上 2 万元以下罚款；非从事经营活动的，处 1000 元以上 1 万元以下罚款。

第五十二条 国家工作人员在林业有害生物防控工作中玩忽职守、滥用职权、徇私舞弊的，依法给予处分。

第五十三条 违反本办法规定，构成违反治安管理行为的，由公安机关依法给予处罚；构成犯罪的，依法追究刑事责任。

第七章　附　则

第五十四条 进出境林业植物及其产品检疫，按照《中华人民共和国进出境动植物检疫法》及其实施条例的规定执行。

第五十五条 本办法自 2015 年 6 月 1 日起施行。1989 年 12 月 5 日江苏省人民政府令第 5 号发布的《江苏省松材线虫病检疫防治暂行办法》同时废止。

江苏省湿地保护条例

第一章 总　则

第一条　为了加强湿地保护，维护湿地生态功能和生物多样性，促进湿地资源可持续利用，加快推进生态文明建设，根据有关法律、行政法规，结合本省实际，制定本条例。

第二条　在本省行政区域内从事湿地保护、利用和管理等活动，适用本条例。

第三条　本条例所称湿地是指常年或者季节性积水地带、水域和低潮时水深不超过六米的海域，包括湖泊、河流、沼泽、滨海、库塘等湿地。

第四条　湿地保护遵循保护优先、科学规划、合理利用和持续发展的原则。

第五条　县级以上地方人民政府应当加强湿地保护工作的领导，将湿地保护纳入国民经济和社会发展规划，建立政府主导和社会共同参与的湿地保护机制。湿地保护管理经费和湿地生态补偿经费列入财政预算。

第六条　县级以上地方人民政府对本行政区域内的湿地保护负总责。县级以上地方人民政府应当建立湿地保护考核制度，将湿地工作纳入生态文明建设综合评价考核体系，定期对下级人民政府以及有关部门湿地保护目标完成情况进行考核。

第七条　县级以上地方人民政府应当制定政策措施，鼓励、支持单位和个人修复湿地或者因地制宜利用采矿塌陷地、低洼废弃地等建设湿地，改善城乡生态环境。

第八条　省人民政府成立湿地保护委员会，组织、协调、决定湿地保护工作中的重大问题。

省湿地保护委员会由省林业、水利、海洋与渔业、发展改革、财政、农业、国土资源、环境保护、住房城乡建设、交通运输、旅游、文化等有关部门组成，日常工作由省林业主管部门承担。

设区的市、县（市、区）人民政府可以根据需要成立湿地保护协调机构，组织、协调、决定湿地保护工作中的重大问题。

第九条　县级以上地方人民政府林业主管部门负责本行政区域内湿地保护工作的组织、协调、指导和监督，具体负责湿地保护和管理工作。

水利、海洋与渔业等主管部门按照职责，具体负责河流、湖泊、水库、海洋的湿地保护工作。

---

*　2016 年 9 月 30 日江苏省第十二届人民代表大会常务委员会第二十五次会议通过。

发展改革、财政、农业、国土资源、环境保护、住房城乡建设、交通运输、规划、旅游等部门按照相关法律法规和本条例的规定，依法做好湿地保护相关工作。

湿地所在地的乡镇人民政府、街道办事处对本地区的湿地负有保护责任，应当组织村民委员会、居民委员会协助做好湿地保护工作，对破坏湿地的行为及时劝阻并报告有关主管部门。

湿地管理单位负责湿地的日常管理，组织实施湿地保护规划，保护和管理湿地内野生生物等自然资源，管理湿地内的科研、教学、参观、考察和生态旅游等活动。

第十条 省人民政府林业主管部门应当成立湿地保护专家委员会。湿地保护专家委员会由湿地保护相关部门和科研机构、大专院校的有关专家组成，负责对编制湿地保护规划、拟制湿地名录、划定湿地范围、制定湿地保护方案、评估湿地资源，以及其他涉及湿地保护与利用的活动提供决策咨询意见。

第十一条 县级以上地方人民政府及其有关部门、新闻媒体应当组织开展湿地保护宣传教育活动，普及湿地知识，提高全社会湿地保护意识。

第十二条 县级以上地方人民政府及其有关部门应当组织开展湿地保护科学研究，推广应用科研成果，提高湿地保护水平。

鼓励、支持单位和个人以志愿服务、捐赠等多种形式参与湿地保护活动。对在湿地保护工作中作出显著成绩的单位和个人，县级以上地方人民政府及其有关部门应当给予奖励。

第二章 规划与名录

第十三条 省人民政府林业主管部门应当会同有关部门组织编制全省湿地保护规划，经省人民政府批准后组织实施。

设区的市、县（市、区）人民政府林业主管部门应当会同有关部门根据上一级湿地保护规划，组织编制本行政区域的湿地保护规划，经本级人民政府批准后组织实施，同时报上一级林业主管部门备案。

编制湿地保护规划，应当通过座谈会、论证会、公布规划草案等形式，征求有关单位、专家和公众的意见。

湿地保护规划应当明确湿地保护的目标任务、总体布局、保护重点、保障措施和保护投入等内容。

湿地保护规划应当与主体功能区规划、土地利用总体规划、海洋功能区划、城乡规划、环境保护规划、生态红线规划、水资源规划等相衔接。

第十四条 县级以上地方人民政府应当对湿地保护规划的实施情况进行监督检查，督促相关部门依照规划做好湿地保护工作。

第十五条 县级以上地方人民政府林业主管部门应当按照湿地保护规划，组织对退化和遭破坏的湿地进行科学评估，指导并督促相关部门、单位采取栖息地营造、植被恢复、水源补充、退耕（垦）还湿、污染治理、生物防控等措施进行修复。

第十六条　湿地实行名录管理。湿地名录应当明确湿地的名称、类型、保护级别、保护范围、主管部门、管理单位等内容。

第十七条　湿地实行分级保护制度。根据湿地保护规划和湿地生态功能、生物多样性的重要程度，湿地分为国家重要湿地、省级重要湿地、市级重要湿地和一般湿地，并由湿地名录予以确定。

第十八条　国家重要湿地名录及其调整，按照国家有关规定执行。

省级重要湿地名录及其调整由省人民政府林业主管部门会同有关部门提出，经湿地保护专家委员会论证，由林业主管部门报省人民政府批准后公布。

市级重要湿地名录及其调整，由所在地设区的市人民政府林业主管部门会同有关部门提出，报同级人民政府批准后公布，并报省人民政府林业主管部门备案。

一般湿地名录及其调整，由所在地县级人民政府林业主管部门会同有关部门提出，报同级人民政府批准后公布，并报省人民政府林业主管部门和设区的市人民政府林业主管部门备案。

湿地名录的具体管理办法由省人民政府制定。

第十九条　符合下列条件之一的，应当列为省级重要湿地：

（一）面积在 1000 公顷以上的湿地；

（二）湿地生态系统在本省或者区域范围内具有典型性的湿地；

（三）生物多样性丰富或者珍稀、濒危物种分布的湿地；

（四）珍贵、濒危鱼类洄游所在地的湿地；

（五）具有重要科学研究价值或者较高历史文化价值的湿地；

（六）省级和省级以上湿地自然保护区、湿地公园；

（七）其他需要列入的重要湿地。

未被认定为省级以上重要湿地，符合下列条件之一的，应当认定为市级重要湿地：

（一）面积 100 公顷以上的湖泊湿地、沼泽湿地和库塘湿地；

（二）宽度 10 米以上、长度 1 万米以上的河流湿地；

（三）面积 500 公顷以上的滨海湿地；

（四）其他需要列入的重要湿地。

未被认定为市级以上重要湿地的，可以认定为一般湿地；八公顷以上的湿地，应当认定为一般湿地。

第二十条　县级以上地方人民政府对重要湿地应当设置保护界标，界标上注明湿地名称、保护级别、范围等内容。禁止任何单位和个人破坏或者擅自改变湿地保护界标。

第三章　保护方式

第二十一条　在本省行政区域实行湿地生态红线制度。县级人民政府应当划定湿地生态红线，确保湿地生态功能不降低、面积不减少、性质不改变。

国家重要湿地、省级重要湿地和市级重要湿地的核心区域应当纳入湿地生态红线范围。

湿地生态红线管理办法由省人民政府制定。

第二十二条 县级以上地方人民政府林业主管部门应当采取设立湿地自然保护区、湿地公园、湿地保护小区等方式加强湿地保护。

第二十三条 具备自然保护区设立条件的湿地，应当依法设立湿地自然保护区。

湿地自然保护区的设立和管理按照有关法律、法规执行。

第二十四条 生态特征典型、自然景观独特，适宜开展生态展示、科普教育、生态旅游等活动的湿地，可以设立湿地公园。

设立湿地公园应当编制湿地公园总体规划，依法办理相关手续。湿地公园建设应当保持湿地生态系统结构与功能完整性，与周围景观相协调，不得破坏或者污染湿地。

第二十五条 湿地公园实行分区管理，可以根据湿地的主要功能，划分为湿地保育区、恢复重建区、宣教展示区、合理利用区等。

湿地保育区除开展保护、监测等必需的保护管理活动外，不得进行任何与湿地生态系统保护和管理无关的其他活动。恢复重建区仅可以开展培育和恢复湿地的相关活动。宣教展示区可以开展以生态展示、科普教育为主的活动。合理利用区可以开展不损害湿地生态系统功能的生态旅游等活动。

第二十六条 湿地公园分为国家湿地公园和省、市级湿地公园。

国家湿地公园的设立和管理按照国家有关规定执行。

省级湿地公园的设立，由所在地设区的市人民政府林业主管部门向省人民政府林业主管部门提出书面申请，由省人民政府林业主管部门作出决定，并报省人民政府备案。

省、市级湿地公园的设立、管理的具体办法由省人民政府林业主管部门制定。

第二十七条 对生态区位重要、生态功能明显，尚不适宜设立湿地自然保护区和湿地公园的湿地，可以因地制宜，设立湿地保护小区。

需要设立湿地保护小区的，由县级人民政府林业主管部门会同有关部门以及乡镇人民政府、街道办事处提出湿地保护小区建设方案，报同级人民政府批准后实施。

第二十八条 不适宜设立湿地自然保护区、湿地公园、湿地保护小区的湿地，县级人民政府林业主管部门应当根据湿地实际情况，采取相应的保护措施，保持湿地自然特性和生态功能。

第二十九条 除法律、法规有特别规定外，禁止在重要湿地内从事下列行为：

（一）开（围）垦、填埋湿地；

（二）挖砂、取土、开矿、挖塘、烧荒；

（三）引进外来物种或者放生动物；

（四）破坏野生动物栖息地以及鱼类洄游通道；

（五）猎捕野生动物、捡拾鸟卵或者采集野生植物，采用灭绝性方式捕捞鱼类或者其他水生生物；

（六）取用或者截断湿地水源；

（七）倾倒、堆放固体废弃物、排放未经处理达标的污水以及其他有毒有害物质；

（八）其他破坏湿地及其生态功能的行为。

第四章　合理利用

第三十条　在全面保护、面积不减、不损害湿地生态功能的前提下，湿地资源可以进行合理利用。

利用湿地资源从事生态旅游、科普教育、农业生产经营等活动，应当符合湿地保护规划。

第三十一条　地方各级人民政府应当统筹协调湿地内的基础设施和公共服务设施建设，为湿地合理利用提供保障。

第三十二条　纳入湿地生态红线范围的湿地，禁止占用、征收或者改变用途。

因交通、能源、通讯、水利等国家和省重点建设项目确需占用、征收湿地生态红线范围以外的湿地或者改变用途的，用地单位应当依法办理相关手续，并提交湿地保护与恢复方案。国土资源、水利、海洋与渔业等部门在办理相关手续时，应当根据湿地保护级别征求相应林业主管部门意见。林业主管部门应当根据湿地生态红线和湿地保护规划，在十个工作日内出具相关意见；没有出具意见的，视为同意。林业主管部门出具的意见应当作为有关部门办理行政许可的重要依据。

经批准占用、征收湿地的，用地单位应当按照湿地保护与恢复方案恢复或者重建湿地。

第三十三条　因依法批准的建设项目施工确需临时占用湿地的，用地单位应当依法办理相关手续，并提交湿地临时占用方案，明确湿地占用范围、期限、用途、相应的保护措施以及使用期满后的恢复方案等。国土资源、水利、海洋与渔业等部门在办理湿地临时占用相关手续时，应当根据湿地保护级别征求相应林业主管部门意见。林业主管部门应当在十个工作日内出具相关意见；没有出具意见的，视为同意。

临时占用湿地的期限不超过2年。临时占用湿地期限届满后，用地单位应当按照湿地恢复方案及时恢复湿地。

因防洪抢险等突发事件需要占用湿地的，依照有关法律、法规规定执行。

第五章　监督管理

第三十四条　县级以上地方人民政府应当组织林业、农业、水利、国土资源、环境保护、海洋与渔业、住房城乡建设等有关部门建立湿地执法协作机制，依法查处破坏、侵占湿地的违法行为。

鼓励单位和个人检举破坏、侵占湿地的行为。县级以上地方人民政府林业主管部门应当公开举报电话。

第三十五条　县级以上地方人民政府林业主管部门应当建立湿地资源信息管理系统，会同有关部门定期组织开展湿地资源调查，并将调查结果报告同级人民政府和上一级林业主管部门。

全省湿地资源调查每 10 年进行一次，省级重要湿地调查评估每 5 年进行一次，调查工作由省人民政府林业主管部门统一组织，调查结果由省人民政府公布。

第三十六条　县级以上地方人民政府林业、农业、水利、国土资源、环境保护、海洋与渔业、住房城乡建设等有关部门应当根据各自职责，对湿地进行动态监测，发现湿地面积减少、生态功能退化、湿地污染等情况的，应当及时采取措施予以恢复、修复。

有关部门应当将动态监测数据汇交林业主管部门，实现湿地监测信息互通共享。

县级以上地方人民政府林业主管部门应当定期向社会发布湿地面积、水质、生物多样性等湿地状况的监测结果。

第三十七条　县级以上地方人民政府应当建立湿地生态补水协调机制，保障湿地生态用水。对因水资源缺乏导致功能退化的自然湿地，应当通过工程和技术措施补水，恢复湿地生态功能。

第三十八条　因发生污染事故或者其他突发事件，造成或者可能造成湿地污染的，有关单位、个人应当立即采取必要的处置措施，并向林业、环境保护、水利、海洋与渔业等相关部门以及发生地县级人民政府报告。履行统一领导职责或者组织处置突发事件的地方人民政府接到报告后，应当立即组织有关部门，针对其性质、特点和危害程度，采取有效措施，及时消除危害。

第三十九条　县级以上地方人民政府应当建立湿地生态补偿机制。

按照湿地保护规划恢复或者建设湿地造成相关权利人的合法权益受到损失的，或者因承担湿地保护责任导致该区域经济发展受到影响的，由县级以上地方人民政府依法给予补偿。

补偿办法由省人民政府制定。

第四十条　因气候变化、自然灾害等造成湿地生态特征退化的，县级以上地方人民政府应当进行综合治理，采取退耕、补水、禁捕、限捕、生态移民、封闭轮休等措施，恢复湿地生态功能。

第六章　法律责任

第四十一条　违反本条例规定的行为，其他法律、法规已有处罚规定的，从其规定。

第四十二条　违反本条例第二十条规定，破坏或者擅自改变湿地保护界标的，由界标所在县(市、区)有关主管部门责令限期恢复，处以 1000 元以上 5000 元以下

罚款。

第四十三条 违反本条例第二十九条规定，擅自进行开（围）垦湿地、挖砂、取土、开矿、烧荒、捕捞等活动的，其他法律、法规已经规定处罚的，有关主管部门应当依法予以处罚；其他法律、法规未规定处罚的，县级以上地方人民政府有关主管部门应当责令停止违法行为，限期恢复原状或者采取其他补救措施，可以处以 2000 元以上 5 万元以下的罚款；造成严重后果的，处以 5 万元以上 50 万元以下罚款。

第四十四条 违反本条例第三十二条第二款、第三十三条第一款规定，擅自占用或者改变湿地用途的，由有关主管部门责令限期恢复原状，处以非法占用或者改变用途湿地每平方米 100 元以上 200 元以下罚款。

第四十五条 违反本条例第三十三条第二款规定，临时占用湿地期限届满后，用地单位未按照湿地恢复方案及时恢复的，由有关主管部门责令限期恢复；逾期未恢复的，处以未恢复湿地每平方米 100 元以上 200 元以下罚款。

第四十六条 违反本条例规定，县级以上地方人民政府及有关部门有下列行为之一的，对直接负责的主管人员和其他直接责任人员，按照国家和省有关规定实行行政问责，依法给予行政处分；构成犯罪的，依法追究刑事责任：

（一）在湿地保护范围内违法审批建设项目的；

（二）未编制和实施湿地保护规划的；

（三）未依法采取湿地保护措施的；

（四）发现违反湿地保护规定的行为不依法查处的；

（五）对违法造成湿地严重污染制止不力的；

（六）其他滥用职权、徇私舞弊、玩忽职守的行为。

第七章 附 则

第四十七条 国际重要湿地管理按照国家相关规定执行。

第四十八条 本条例自 2017 年 1 月 1 日起施行。

江苏省政府办公厅
关于加快发展林下经济的实施意见

（苏政办发〔2013〕115 号）

各市、县（市、区）人民政府，省各委办厅局，省各直属单位：

培育发展林下经济，是推进现代林业建设的重要任务，对于增加农产品供给、促进农民增收、推动林业建设，具有重要意义。近年来，我省充分发挥林业资源优势，大力发展林下种植、林下养殖和森林生态休闲旅游等林下经济，取得了明显成效。2012 年，全省林下经济面积超过 500 万亩，产值近 180 亿元。但从总体上看，我省林下经济发展规模不大、推广力度不够、科技含量不高，目前仍有 1000 万亩以上林地未被充分利用，发展林下经济还具有相当大的潜力。根据《国务院办公厅关于加快林下经济发展的意见》（国办发〔2012〕42 号），紧密结合江苏实际，就加快发展林下经济提出如下实施意见。

一、总体要求

（一）指导思想。以邓小平理论、"三个代表"重要思想、科学发展观为指导，以林业生态安全为前提，以市场为导向，以促进生态林业、民生林业发展和农民增收为目标，以提高林地利用效率为核心，整合资源、突出特色，科学规划、改革创新，着力加强科技服务、政策扶持和监督管理，促进林下经济向集约化、规模化、标准化和产业化发展，切实提升森林资源的培育保护和科学利用水平，实现农民收入和森林资源质量"双提升"。

（二）基本原则。坚持以林为主、生态优先，确保森林资源和生态环境得到保护。坚持因地制宜、科学规划，确保林下经济发展符合实际。坚持科技支撑、政策扶持，确保农民得到实惠。坚持机制创新、合理利用，确保林地综合生产效益持续提高。

（三）发展目标。建设一批规模大、效益好、带动力强的林下经济示范基地，培育扶持一批发展潜力大、辐射面广的龙头企业、家庭林场或农民林业专业合作组织，实现林业产业化经营各个链条有机衔接，形成市场牵龙头、龙头带基地、基地连农户的发展格局。到 2015 年，建成集中连片 100 亩以上的示范基地 100 个，50 亩以上的 800 个；全省林下经济规模 800 万亩，产值突破 300 亿元，带动就业 250 万人。到 2020 年，建设集中连片 200 亩以上的示范基地 200 个，50 亩以上的 1200 个；全省林下经济规模发展到 1200 万亩，产值突破 600 亿元。

二、重点任务

（一）科学规划林下经济发展。结合江苏实际，编制全省林下经济发展规划，列入农业现代化工程统筹安排。各市、县（市、区）要结合本地林地保护利用规划，根据当地林地资源状况、农村发展水平、市场需求等实际，认真做好本地规划，把发展林下经济与扶持林业产业、调整农业产业结构、建设新农村和推进城镇化相结合，合理确定发展方向和规模。新造林和中幼林抚育改造，在满足一般营林要求的前提下，要根据不同林下经济类型特点，科学制定营造林方案，努力探索和推广林木经营与林下经济发展相互促进的配套发展模式，为林下经济发展创造条件。

（二）大力推进示范基地建设。积极培育一批龙头企业和专业大户，支持有条件的林下经济龙头企业做大做强，推广"龙头企业＋专业合作组织＋基地＋农户"运作模式，形成种养加一体化、产供销一条龙的产业化经营体系。加大林下经济产品营销和品牌宣传推介力度，拓展林下经济产品市场，形成一批各具特色的林下经济示范基地。对产业特色明显、经济效益高、市场前景广的林下经济项目，在技术和资金上给予重点扶持，充分发挥示范带动作用。

（三）加快构建科技服务平台。充分发挥我省科研资源优势，加大林下经济发展模式及关键技术攻关力度，破解发展难题。积极搭建企业、合作组织、农民与科研院校、推广单位之间的合作平台，形成产、学、研、推一体化的林下经济发展机制。引入现代林业经营管理理念，搞好林下经济科技服务和技术培训，强化农民自主经营能力。加大主导产品和优势产品的科技研发，加快良种选育、有害生物防治、林产品精深加工等先进实用技术的转化推广。积极搭建科技服务平台，提供法律、政策、技术等咨询服务。搞好产销衔接，强化信息发布、市场营销服务，帮助农民规避市场风险，不断提高农民经营管理水平。

（四）健全林下经济服务体系。支持引导农民林业专业合作组织规范发展，提高农民发展林下经济的组织化水平和抵御市场风险能力。加快林权管理服务机构和社会化中介服务机构建设，规范林权流转，为林业生产经营者发展林下经济提供林权评估、交易、融资等快捷服务。积极推广龙头企业、合作组织、基地、农户相互依存、相互促进的发展模式，形成专业合作组织、龙头企业带动、千家万户共同参与的林下经济发展局面。支持引导连锁经营、物流配送、电子商务、农超对接等现代物流方式向林下经济产品延伸，促进贸易流通便利化。

三、保障措施

（一）加大资金投入力度。建立政府引导，农民、企业和社会为主体的多元化投入机制。各级政府要加大资金投入，将发展林下经济纳入当地农业、林业、旅游业发展范围，给予立项支持。各级财政扶持"三农"的专项资金，要积极支持符合条件的林下经济项目建设。扶持林下经济规模基地建设，支持发展林下经济合作组织，促进林下产品规模化生产，培育优势主导产品带和重点生产区域。对符合小型微型企业条件的林业合作组织、合作林场等，可享受国家相关扶持政策。支持符合条件的龙头企业申请国家扶持资金。把林下经济发展项目纳入各地农业现代化政策扶持范围，对规模较大、辐射带动力强的龙头企业、合作组织、大户等给予一定奖励。

（二）强化金融支持服务。银行业金融机构要认真贯彻中央支持林权制度改革的有关要求，对具备发展潜力的林农、林业大户、合作组织及龙头企业发展林下经济的项目，在风险可控的前提下给予信贷扶持。稳步推进农户信用评估和林权抵押相结合的免评估、可循环小额信用贷款，扩大林农贷款覆盖面，给予适当利率优惠。对符合条件的林下经济项目，要加大贴息扶持力度，充分发挥贴息政策的带动和引导作用。研究探索林下种养业项目保险配套产品和服务新途径，将林下经济纳入高效农业保险扶持范围。农民生产林下经济产品，符合税收相关规定的，依法享受税收优惠政策。

（三）提升技术指导水平。加强对林下种植、养殖、生态旅游业的技术指导，在林业规划设计、森林资源资产评估、林权流转、政策指导等方面，为农民提供优质服务。要将发展林下经济新技术研究、新模式推广应用等，列入林业"三新工程"，加大支持力度。把林下经济发展与森林资源培育和生态保护紧密结合起来，杜绝以发展林下经济为名破坏林地林木资源的行为。将林下经济技术培训纳入省农民培训计划，提升林农发展林下经济的技能水平。结合集体林权制度配套改革要求，引导林下经济经营主体组建各类合作社。加强基层林业服务体系建设，充分发挥其社会化服务职能，为林下经济发展提供技术服务保障。

（四）健全统筹协调机制。各级政府要高度重视林下经济发展工作，将其作为促进农民增收、林业增效、农村发展的一项重要举措，加强统筹规划，积极组织协调，层层落实责任。各有关部门要依据各自职责，强化协同配合，加大督查力度，充分发挥资金扶持、技术支撑、市场服务、设施建设等方面的职能，合力推动林下经济实现更大发展。

各地、各有关部门要结合实际，研究制定加快林下经济发展的具体办法，加强组织协调，加大扶持力度，强化指导服务，营造有利于林下经济持续健康发展的良好环境。

江苏省人民政府办公厅

2013 年 6 月 14 日

江苏省政府办公厅关于进一步加强
林业有害生物防控工作的实施意见

（苏政办发〔2015〕23 号）

各市、县(市、区)人民政府，省各委办厅局，省各直属单位：

为加强林业有害生物防控，保护森林资源，根据《国务院办公厅关于进一步加强林业有害生物防治工作的意见》(国办发〔2014〕26 号)，紧密结合江苏实际，现提出如下实施意见。

一、把加强林业有害生物防控工作摆上重要位置

(一)重要意义。加强林业有害生物防控，是有效保护森林资源、建设生态文明的基础工作。"十二五"以来，全省各地、各有关部门认真贯彻中央和省委、省政府的决策部署，采取有效措施，加大林业有害生物防控工作力度，取得了明显成效，为促进林业发展、巩固绿色江苏建设成果奠定了坚实基础。但受气候、环境变化等多种因素影响，近年来我省林业有害生物灾害多发频发，发生面积逐年扩大，防控形势较为严峻，特别是松材线虫病防控难度加大，美国白蛾疫情扩散，杨树食叶害虫成灾机率增高，对林业可持续发展和生态文明建设构成严重威胁。切实加强林业有害生物防控，对于保护有限而宝贵的森林资源、维护生态安全、促进林业产业健康发展和农民持续增收具有重要意义。各地、各有关部门要深刻认识新形势下加强林业有害生物防控工作的重要性、紧迫性，采取有力措施，全面提升林业有害生物综合防控水平，有效遏制林业有害生物高发势头，为实现绿色增长、建设新江苏发挥应有作用。

二、准确把握林业有害生物防控工作的总体要求

(二)指导思想。以邓小平理论、"三个代表"重要思想、科学发展观为指导，认真贯彻落实中央和省委、省政府的决策部署，围绕减轻林业有害生物灾害损失、促进现代林业发展、保障和改善民生，着力创新体制机制，健全管理体系，完善政策法规，突出科学防治，提高公众防范意识，全面增强林业有害生物综合防控能力，重点做好松材线虫、美国白蛾和杨树食叶害虫防控工作，为保护森林资源、推动生态文明建设提供重要保障。

(三)基本原则。一是坚持预防为主、科学防治。转变防治理念，改"被动治"为"主动防"，推动防治工作由重防治向重预防转变。二是坚持突出重点、分类施策。聚焦松材线虫、美国白蛾和杨树食叶害虫，对重大林业有害生物灾害实施工程治理，按森林资源类型特点实行分类施策，按生态区位重要性实行分区治理。三是坚持政府主导、多方参与。全面落实各级政府防控林业有害生物的责任，调动各类社会主体参与防控的积极性，推动联防联治、群防群治，形成防控工作合力。四是坚持依法治害、严格监管。加快林业有害生物防控法治化进程，综合运用行政、经济和法律手段，规范防控行为，加大监管力度。五是坚持生态优先、民生为本。遵循林业有害生物灾害发生发展规律，采取以生物措施为主的防治方法，促进森林健康，保护生物多样性，营造良好生态环境。

（四）目标任务。到 2020 年，林业有害生物监测预警、检疫御灾、防控减灾体系全面建成，防控检疫队伍健全、依法履责到位，生物入侵防范能力显著提升，松材线虫、美国白蛾和杨树食叶害虫等重大林业有害生物危害得到有效遏制，灾害损失大幅下降，主要林业有害生物成灾率控制在 1.5% 以下，无公害防控率达到 85% 以上，测报准确率达到 90% 以上，种苗产地检疫率达到 100%。

三、全面落实林业有害生物防控各项措施

（五）培育健康森林。树立健康森林理念，将林业有害生物防控措施落实到森林资源培育和经营管理的各个环节。大力推广良种壮苗，优先选用乡土树种，积极营造混交林，增强森林生态系统的稳定性和适应性，降低食叶害虫暴发风险。优化林种树种结构，有计划更新、改造部分纯林和低质低效林，加快松材线虫病疫点改造，逐年压缩疫区范围。科学开展森林抚育及其经营管理，注重培育和保护生物多样性，有效促进森林生态系统的良性演替，增强森林生态系统自我修复功能和病虫害防御能力，从根本上预防和减轻林业有害生物发生危害。

（六）完善监测预警机制。加强林业检疫性和危险性有害生物监测，在国家级林业有害生物中心测报站点基础上，强化省、市、县、乡四级测报站点建设，加快形成城乡全覆盖的林业有害生物监测预警网络。突出抓好重点森林生态区、城乡绿地系统、湿地植被林业有害生物的监测预警和灾情评估。对松材线虫、美国白蛾和杨树食叶害虫等重大林业有害生物和突发疫情，实施密集监测，全面掌握疫情动态，及时发布疫情警报或发生趋势预报，为提早预防、及时除治提供决策依据。定期组织林业有害生物普查，适时开展专项调查或重点调查，建立有奖举报制度，鼓励公众积极参与林业有害生物的监测和监督。

（七）提升检疫监管水平。各地要结合防控工作需要，加强检疫防治队伍建设，特别要强化防控专业技术人员的配备。各级林业主管部门及其检疫防治机构要全面履行职责，做到依法检疫、严格监管、规范服务。依法加强对林业植物及其产品的检疫检查，强化对各类造林绿化施工单位和其他涉林涉木企业的检疫监管，做到城乡全覆盖、无死角、无盲区。建立外来林业有害生物风险评估制度，严格引种审批，加强境外引种隔离试种检疫与疫情监测，严防外来有害生物的入侵。积极推进无疫港区建设，完善有关制度规定，为畅通和扩大林业出口贸易创造良好条件。加强基础设施建设，推广应用高新技术，配备精良装备，全面提升林业植物检疫执法能力。

（八）健全应急防控体系。县级以上人民政府要将林业有害生物防控纳入社会防灾减灾体系，结合防控工作实际，完善突发林业有害生物灾害应急预案，制订严密规范的应急防控流程，建立统一领导、分级联动、属地管理、各负其责的突发事件应急工作机制。组建专群结合的应急防控队伍，加强必要的应急防控设备、药剂储备，定期开展防控技能培训和应急演练，一旦发生疫情，第一时间响应，科学应对和处置，把灾害降到最低程度。

（九）增强科技支撑能力。切实加强林业有害生物防控领域科技研发，重点推进美国白蛾的生物学特性、适应性及防控新技术的研究。注重低毒低残留农药、生物农药、高效防治器械及其运用技术的开发和研究。加快以企业为主体、产学研协同开展防治技术创新和推广工作，大力开展防治减灾教育宣传和科普工作。加快实用技术推广应用，分区、分类建立无公害综合防治示范点、示范区，全面提升林业有害生物的科学防控水平。

四、强化林业有害生物防控工作组织保障

（十）全面落实防控责任。林业有害生物防控实行"谁经营、谁防治"的责任制度，林业经营主体要做好其所属或经营森林、林木的有害生物预防和治理工作。地方各级人民政府要加强组织领导，将防治基础设施建设纳入林业和生态建设发展总体规划，重点加强监测预警、检疫监管、应急防控及社会化服务等方面能力建设。健全重大林业有害生物防控目标责任制，将林业有害生物成灾率以及松材线虫、美国白蛾和杨树食叶害虫等重大林业有害生物防控目标完成情况列入政府考核评价指标体系。在发生暴发性或危险性林业有害生物危害时，实行地方人民政府行政领导负责制，根据实际需要建立健全临时指挥机构，制定紧急除治措施，协调解决重大问题。

（十一）加强部门协作配合。各有关部门要切实加强沟通协作，各负其责、依法履职。农业、水利、交通运输、住房城乡建设、环保、司法等部门要加强所辖领域的林业有害生物防控工作。交通运输部门要加强对运输、邮寄林业植物及其产品的管理，对未依法取得植物检疫证书的，禁止运输、邮寄。经济和信息化、住房城乡建设等部门要把好涉林涉木产品采购关，要求供货商依法提供植物检疫证书。民航部门要积极扶持林业有害生物航空防控作业，强化管理，规范行为，确保作业安全。工商部门要加强木材、苗木、花卉集散地及市场的检疫检查。出入境检验检疫部门要加强和完善外来有害生物防控体系，强化境外重大植物疫情风险管理。公安、交通运输等部门要健全高等级公路杨树食叶害虫等主要林业有害生物防控协调机制。农业、质监、林业、环保部门要按照职责分工和"谁审批、谁负责"的原则，严格植物检疫审批和监管工作，建立疫情信息沟通机制，合力防控林业有害生物危害。

（十二）加大政策扶持力度。地方各级人民政府要将林业有害生物普查、监测预报、植物检疫、疫情除治和防控基础设施建设等资金纳入财政预算，加大资金投入。省财政要加大支持力度，重点支持松材线虫、美国白蛾和杨树食叶害虫等重大林业有害生物的监测、检疫和除治。落实相关扶持政策，将林业有害生物防控所需机具列入农机补贴范围，支持通用航空企业从事林业有害生物防控作业，按照国家有关规定落实防治作业人员接触有毒有害物质的岗位津贴和相关福利待遇。各相关科技计划（基金、专项），要加大对林业有害生物防控领域科学研究的支持力度。积极引导林木所有者和经营者投资投劳开展防控，风景名胜区、森林公园、自然保护区等单位要根据国家有关规定，从经营收入中提取一定比例的资金用于林业有害生物防控。

（十三）创新防控体制机制。全面推进重点区域松材线虫、美国白蛾和杨树食叶害虫等重大林业有害生物统防统治、联防联治，建立跨区域、跨部门的疫情通报会商制度和联防联治协调机制，统一规划、统一标准、统一行动、统一验收，提高整体防治效果。扶持和发展多形式、多层次、跨行业的社会化防治组织，加快服务社会化、防治专业化进程。探索建立政府购买疫情除治、监测调查等服务机制，健全社会化防治的资质认定、招投标、作业监理、成效评估等相关制度。支持符合条件的社会化防治组织和个人申请林业贴息贷款，落实相关税收支持政策，引导各类社会主体参与防控工作。积极开展林业有害生物灾害损失评估，推进林业有害生物灾害保险，提高防范、控制和分散风险的能力。

（十四）完善防控法规制度。积极推进林业有害生物防控地方性立法工作，研究出台符合地方实际的防控作业设计、限期除治、防控成效检查考核等管理办法。抓紧制订修订防治检疫技术、林用农药使用、防治装备和航空作业等标准。各地、各有关部门要依法履行防控工作职能，强化事中事后监管，加大执法力度，严厉打击和惩处各类违法违规行为。省林业主管部门要制定完善林业有害生物防控目标责任检查考核办法，对防治工作中成绩显著的单位和个人，按照国家有关规定给予表彰和奖励；对工作不到位造成重大经济和生态损失的，依法依规追究责任。

江苏省人民政府办公厅

2015 年 3 月 18 日

长江经济带 林业支持政策汇编：地方篇

浙江省

浙江省公益林管理办法

（浙江省人民政府令第 260 号）

第一章　总　则

第一条　为了加强公益林的建设、保护和管理，根据《中华人民共和国森林法》、《中华人民共和国森林法实施条例》和《浙江省森林管理条例》等法律、法规的规定，结合本省实际，制定本办法。

第二条　本办法所称的公益林，是指以生态效益和社会效益为主体功能，依据国家和省有关规定划定，经批准公布并签有公益林保护协议的森林、林木以及宜林地，包括防护林、特种用途林。

公益林分为国家级、省级和市县级公益林。

第三条　本省行政区域内国家级、省级公益林的建设、保护、利用和管理，适用本办法。法律、行政法规另有规定的，从其规定。

第四条　公益林建设、保护、利用和管理应当遵循科学划定、严格保护、适当利用、合理补偿的原则。

第五条　县级以上人民政府应当将公益林建设纳入国民经济和社会发展规划，列入政府工作目标考核内容；保障资金投入，将公益林管理经费纳入财政预算，并督促下级人民政府和有关部门切实履行对公益林的保护和管理职责。

乡（包括镇、街道办事处，下同）人民政府根据上级人民政府的要求，具体做好公益林建设、保护和管理工作。

第六条　林业行政主管部门负责本行政区域内公益林建设、保护的监督管理。

发展改革、公安、财政、国土资源、建设、交通、农业、水利、审计、环境保护、旅游等有关部门按照各自职责，做好公益林建设、保护的相关监督管理。

第二章　建　设

第七条　设区的市或者县级人民政府应当依照《中华人民共和国森林法实施条例》以及国务院林业行政主管部门、省林业行政主管部门的规定，划定公益林范围，并将公益林建设规模报送省林业行政主管部门。

＊　浙江省人民政府第 27 次常务会议审议通过，自 2009 年 6 月 1 日起施行。

划定公益林范围时，设区的市或者县级人民政府应当与森林、林木、林地集体所有权人和使用权人(包括承包经营权人，下同)充分协商，并征得同意。

第八条 国家级公益林建设规模，由省林业行政主管部门审查汇总后，按照国家有关规定上报国务院林业行政主管部门。

省级公益林建设规模，由省林业行政主管部门审核汇总后，报省人民政府批准。

经批准的公益林建设规模不得擅自改变。确因征收、占用林地等原因减少公益林的，设区的市或者县级人民政府应当及时补足。

第九条 国家级和省级公益林建设规模经批准后，由设区的市或者县级人民政府与森林、林木、林地集体所有权人、使用权人签订公益林保护协议。公益林保护协议应当载明四至范围、保护措施、资金补偿、违约责任等内容。

签订公益林保护协议应当遵循自愿原则，任何单位和个人不得强迫。

第十条 设区的市或者县级人民政府对公益林进行登记、造册、公布，并设立公益林标志。

公益林标志应当标明公益林类别、面积、责任人等内容。任何单位和个人不得毁坏或者擅自移动公益林标志。

第十一条 交通、铁路、水利、建设(园林)、旅游等部门应当加强公路、铁路、江河两侧，湖泊、水库周围，风景名胜区等区域的公益林建设。

第十二条 对生态保护功能低下的疏林、残次林等低效林分，公益林经营单位和个人应当进行造林改造，提高公益林的生态保护功能。

公益林造林改造应当遵循森林自然演替规律，通过天然更新和人工培植相结合的措施，建设成树种结构合理、生态效益和社会效益稳定的森林生态系统。

第十三条 公益林内的火烧迹地、病虫害迹地等宜林地，公益林经营单位和个人应当于当年或者最迟于次年完成绿化造林，恢复森林植被。

第十四条 县级以上人民政府对完成公益林低效林分改造，火烧迹地、病虫害迹地更新造林的单位和个人，应当给予适当的造林补助。

第三章 保 护

第十五条 设区的市或者县级人民政府与有公益林管护任务的乡人民政府或者其他有关单位，有公益林管护任务的乡人民政府与村民委员会应当分别签订公益林保护管理责任书，落实公益林管护责任。

乡人民政府、村民委员会以及其他有关单位应当根据公益林管护需要，配备相应的护林员，落实管护责任。

第十六条 公益林内禁止下列行为：

(一)新建坟墓、开山采石以及挖砂、取土、开垦等毁林行为；

(二)采挖活立木；

(三)法律、法规规定的其他行为。

第十七条　公益林林木只准进行抚育和更新性质的采伐。因抚育和更新需要采伐公益林林木的，应当依法办理林木采伐许可证。

下列公益林禁止采伐：

（一）名胜古迹和革命纪念地的林木；

（二）自然保护区中核心区和缓冲区的林木；

（三）法律、法规规定禁止采伐的。

第十八条　有下列情形之一的公益林林木可以进行更新采伐，但采伐强度不得超过伐前林分蓄积的25%，且一次连片采伐面积不得超过1公顷：

（一）主要树种平均年龄达到成熟林的；

（二）濒死木超过30%的；

（三）树种结构单一，需要进行改造的针叶纯林。

第十九条　公益林林木的抚育采伐应当符合下列规定：

（一）林分过密、生态保护功能衰退的，采伐强度不得超过伐前林分蓄积的15%，伐后郁闭度不得低于0.7；

（二）竹类的采伐量不得超过当年新竹量，伐后郁闭度不得低于0.7，竹林中的林木不得采伐；

（三）因实验目的采伐实验林、母树林的，应当采用相应的采伐方式和强度；

（四）因遭受病虫害、火灾及雪压、风折等自然灾害需要采伐的，应当采用必要的采伐方式和强度伐除受害木；

（五）因建设护林防火设施和营造生物防火隔离带需要采伐的，应当采用必要的采伐方式和强度。

第二十条　任何单位和个人都有保护公益林的义务，有权检举和制止破坏公益林的行为。

第四章　管　理

第二十一条　公益林不得擅自改变为非公益林。确需改变的，应当按照下列规定办理：

（一）省级公益林改变为非公益林的，由设区的市或者县级人民政府征得省林业行政主管部门同意后，终止公益林保护协议；

（二）国家级公益林改变为非公益林的，按照国家有关规定执行。

第二十二条　建设工程应当不占或者少占公益林林地。确需占用公益林林地的，应当符合法律、法规和国家有关规定。

第二十三条　在公益林内从事森林旅游、休闲等经营活动，应当保护生态环境，不得损坏、破坏森林资源。

第二十四条　各级林业行政主管部门应当加强对公益林建设、保护、利用情况的监督检查；发现违反法律、法规和本办法规定行为的，应当及时制止和查处。

监督检查情况和处理结果应当形成书面记录，由监督检查人员签字后，归档保存。

第二十五条　各级林业行政主管部门应当建立公益林地籍管理信息系统，加强公益林档案管理，每年向本级人民政府和上一级林业行政主管部门报告公益林管理情况。

第二十六条　各级林业行政主管部门应当建立公益林监测体系，及时掌握辖区内公益林资源与生态状况的动态变化趋势，并定期向社会公告公益林资源与生态状况。

第五章　补偿基金

第二十七条　省人民政府设立森林生态效益补偿基金，对公益林按照规定标准给予补助。

有国家或者省级公益林的设区的市、县级人民政府应当设立森林生态效益补偿基金，对公益林进行补偿，补偿标准不得低于省规定的标准。

第二十八条　森林生态效益补偿基金主要用于：

（一）公益林所有权人或者使用权人的损失性补偿；

（二）管护人员的劳务报酬、培训、劳动保障等管护费用；

（三）森林防火、森林资源与生态状况监测、林业有害生物防治等公共管护费用；

（四）公益林范围划定、宣传、培训、管理系统建设、检查、验收等管理费用。

第二十九条　森林生态效益补偿基金实行专户管理、专款专用。财政部门应当设置专账，并按照下列规定拨付：

（一）第二十八条第（一）项规定的损失性补偿资金，应当及时足额拨入公益林所有权人或者使用权人的存款账户；

（二）第二十八条第（二）项规定的管护费用，应当直接拨入各管护单位的专用账户；

（三）第二十八条第（三）项规定的公共管护费用，应当直接拨入项目实施单位的账户；

（四）第二十八条第（四）项规定的管理费用，应当直接拨入承担公共管理任务的单位的账户。

第三十条　县级以上人民政府应当根据经济发展状况，逐步提高公益林补偿标准，完善森林生态效益补偿机制。

第三十一条　任何单位和个人不得挪用、截留、移用森林生态效益补偿资金。

审计部门应当对森林生态效益补偿基金使用情况进行审计监督。

第六章　法律责任

第三十二条　违反本办法规定的行为，法律、法规已有法律责任规定的，从其规定。

第三十三条　林业行政主管部门等公益林建设、保护的监督管理单位有下列行为之一的，对负有责任的主管人员和直接责任人员由有权机关按照管理权限给予行政处分；构成犯罪的，依法追究刑事责任：

（一）违反有关法律、法规和本办法有关规定批准采伐公益林的；

（二）挪用、截留、移用森林生态效益补偿资金的；

（三）未按照本办法第二十九条规定拨付森林生态效益补偿资金的；

（四）对盗伐滥伐公益林、非法征收占用公益林林地打击不力，以及管理不善等造成公益林资源减少、质量下降的；

（五）有其他玩忽职守、滥用职权、徇私舞弊行为的。

第三十四条　违反本办法规定，擅自采伐公益林或者未按照林木采伐许可证的规定采伐公益林的，按照《中华人民共和国森林法》《中华人民共和国森林法实施条例》的规定从重处罚。

第三十五条　违反本办法规定，毁坏或者擅自移动公益林标志牌的，由林业行政主管部门责令限期恢复原状；逾期未恢复原状的，由林业行政主管部门代为恢复，所需费用由责任者承担，并可处 200 元以上 2000 元以下的罚款。

第三十六条　未在本办法第十三条规定限期内造林的，由林业行政主管部门责令限期改正；逾期未改正的，可按应造林面积每平方米 1 至 5 元处以罚款，但最高罚款数额不得超过 5 万元。

第三十七条　擅自将国家级、省级公益林改变为非公益林的，由林业行政主管部门依照《中华人民共和国森林法实施条例》第四十六条给予处罚。

第七章　附　则

第三十八条　市县级公益林的建设、保护、利用和管理参照本办法执行。

第三十九条　本办法自 2009 年 6 月 1 日起施行。2005 年 1 月 18 日省人民政府办公厅发布的《浙江省重点生态公益林管理办法（试行）》同时废止。

浙江省松材线虫病防治条例

第一章 总 则

第一条 为了有效防治松材线虫病，保护森林资源和生态环境，根据《中华人民共和国森林法》、《植物检疫条例》和《森林病虫害防治条例》等法律、行政法规，结合本省实际，制定本条例。

第二条 本省行政区域内松材线虫病的防治工作，适用本条例。

第三条 松材线虫病防治应当遵循属地管理、政府主导、社会参与、预防为主、分类施策、综合防治的原则。

第四条 县级以上人民政府应当加强对松材线虫病防治工作的领导，开展松材线虫病防治知识和法律、法规的宣传，建立和完善管理制度，制定防控应急预案，落实防治工作责任和防治措施。

乡（镇）人民政府（含街道办事处，下同）应当按照法律、法规和上级人民政府的要求，建立具体监管制度，明确责任人员，履行松材线虫病防治相关职责。

第五条 县级以上人民政府林业行政主管部门（以下简称林业行政主管部门）主管本行政区域内的松材线虫病防治工作。

住房和城乡建设（园林）、交通运输、民航、铁路、广播电影电视、工商、出入境检验检疫、电力、通信、邮政等部门和单位按照各自职责做好松材线虫病防治与检疫管理的相关工作。

第六条 省、市、县（区）森林病虫害防治检疫机构（以下简称防治检疫机构）具体负责本行政区域内松材线虫病的检疫、检查、疫情监测、除治方案设计与技术指导以及相关监督管理工作。

第七条 松材线虫病发生区及其毗邻地区的人民政府应当建立联防联治制度，共同做好联防区域内的松材线虫病防治工作。

跨市、县（区）范围的松林，其松材线虫病防治工作有争议的，由争议双方所在地的共同上级人民政府确定。

---

* 2009 年 7 月 31 日浙江省第十一届人民代表大会常务委员会第十二次会议通过；2014 年 5 月 28 日《关于修改〈浙江省松材线虫病防治条例〉等七件地方性法规的决定》经浙江省第十二届人民代表大会常务委员会第十次会议通过。

第八条　县级以上人民政府应当将下列松材线虫病防治经费列入本级财政预算：

（一）疫情监测、防治、检疫封锁经费；

（二）疫情防治基础设施建设经费；

（三）疫情防治日常工作经费。

省人民政府及其林业行政主管部门安排松材线虫病防治经费时，应当向松材线虫病防治任务重、经济欠发达的地区倾斜。

财政、林业行政主管部门应当加强对松材线虫病防治资金使用的管理，建立有效的资金使用管理和监督制度。禁止任何单位和个人骗取、截留、挪用防治资金。

第九条　县级以上人民政府及其科技、林业等行政主管部门鼓励和支持相关科研、教学、生产单位开展松材线虫病及其防治研究，推广应用先进适用技术。

第十条　县级以上人民政府及其林业行政主管部门对在松材线虫病防治工作中做出显著成绩的单位和个人，给予表彰。

第二章　检疫检查

第十一条　单位和个人跨县级以上行政区域调运松科植物及其制品的，应当向调出地县级以上防治检疫机构申请检疫，经检疫合格取得植物检疫证书后，方可调运。调出地县级以上防治检疫机构发放植物检疫证书的，应当同时将检疫情况告知调入地县级以上防治检疫机构。

单位和个人跨省级行政区域调运松科植物及其制品的，按照国家有关规定执行。

单位和个人调运松科植物及其制品，应当在调运物品到达次日起五日内将植物检疫材料报调入地县级以上防治检疫机构备案。调入地县级以上防治检疫机构可以对调运的松科植物及其制品进行复检；复检不合格的，应当进行除害处理或者予以销毁。

第十二条　疫木不得调出松材线虫病发生区。因当地不具备安全利用条件或者其他特殊情形确需向外地调运疫木的，按照国家有关规定执行。

第十三条　市、县（区）人民政府根据疫情防治需要并报经省人民政府批准，可以在松材线虫病发生区及其毗邻地区、重点预防区的交通要道、车站、码头设立临时森林植物检疫检查点，对松科植物及其制品进行检疫检查。

配备检疫人员的木材运输检查机构在检查（巡查）中，应当加强对松科植物及其制品的检疫检查。

第十四条　单位和个人在非林区县（市、区）从事松木经营、加工的，应当在取得营业执照之日起十五日内报所在地林业行政主管部门备案。

第十五条　经营、加工松科植物及其制品的单位和个人，应当健全检验检测和内部管理制度，建立购销、加工台账，防止可能染疫的松科植物及其制品进入市场。

第十六条　木材加工企业利用疫木加工板材的，按照国家有关规定报国务院林业行政主管部门许可；利用疫木造纸、制作人造板的，报省林业行政主管部门许可。

从事疫木加工的企业应当在每年的安全期内完成对病死松木加工和加工剩余物的

集中除害处理工作。安全期为每年的 10 月 1 日至次年 3 月 31 日，县级林业行政主管部门可以根据当地媒介昆虫的羽化期作出适当调整，予以公告，并报省林业行政主管部门备案。

除前款规定的疫木加工企业外，任何单位和个人不得存放、使用染疫松科植物及其制品。

第十七条 电力、广播电影电视、通信等单位采购含有松木材料的物品时，应当将检疫要求列入采购合同条款。

从事电力、广播电影电视、通信等工程的施工单位，架设电力设施、广播电视网络、通信网络涉及使用松木材料的，应当事先将施工时间、地点通报所在地县（市、区）防治检疫机构。

施工单位在施工结束后应当即时清理用毕的松木材料，并按照防治检疫机构的要求进行除害处理或者销毁。

防治检疫机构应当对松木材料的清理、除害处理、销毁情况进行监督检查和技术指导。

第十八条 防治检疫机构的检疫人员有权依法进入车站、机场、港口、码头、市场、风景名胜区、林地、仓库、建设工地、木材经营加工和使用单位等场所进行松材线虫病检疫检查、查看有关材料和采样检验，有关单位和个人应当予以配合。

检疫人员执行检疫任务时，应当穿着检疫制服，出示执法证件。

第十九条 对进出境的松科植物及其制品的检疫，由出入境检验检疫机构按照进出境动植物检疫法律、法规和国家有关规定执行。出入境检验检疫机构和防治检疫机构应当按规定要求互相通报有关检疫信息。

第二十条 经检疫检查，发现染疫松科植物及其制品的，所有人应当按照防治检疫机构的要求，在指定地点进行除害处理；不能进行除害处理或者未按照规定要求进行除害处理的，由防治检疫机构代为除害处理或者予以销毁，除害处理费用由所有人按规定标准承担。

防治检疫机构应当对所有人的除害处理进行现场监督。

第二十一条 县级以上林业行政主管部门对涉嫌违法收购、加工、运输、销售、存放、使用的松科植物及其制品，可以予以扣押，扣押期限不得超过 15 日。经查实对具有违法情形的松科植物及其制品，应当在扣押期限内依法作出处理；对不具有违法情形的松科植物及其制品，应当立即予以返还；法律、行政法规另有规定的除外。

第三章　预防与除治

第二十二条 县级以上林业行政主管部门应当加强松材线虫病疫情的监测工作，建立健全松材线虫病监测网络，配备监测人员，并对松材线虫病重点预防区域实行常年定点监测。

第二十三条 任何单位和个人发现松树有异常情况或者枯死的，应当及时向所在地县(市、区)林业行政主管部门或者当地监测人员报告。林业行政主管部门接到报告后，应当按照有关监测技术规程的要求进行采样、鉴定。

第二十四条　有关单位应当按照县级以上人民政府的部署和相关技术规程，根据下列分工，组织进行松材线虫病疫情调查，建立疫情调查技术档案，及时向所在地林业行政主管部门报告疫情调查情况：

（一）国有林场负责其经营管理的松林、松树的疫情调查；

（二）乡(镇)人民政府负责辖区内集体和个人所有的松林、松树的疫情调查；

（三）自然保护区、风景名胜区、森林公园管理机构负责其管理范围内的松林、松树的疫情调查；

（四）住房和城乡建设(园林)行政主管部门负责城市公共绿化范围内的松林、松树的疫情调查；

（五）交通运输、铁路部门分别负责公路、铁路用地范围内的松林、松树的疫情调查。

第二十五条　松材线虫病发生区的县级人民政府应当根据疫情制定松材线虫病除治方案。

病死松树由本条例第二十四条规定的单位组织专业队伍按照松材线虫病除治方案和防治技术规程进行统一清理。

第二十六条　清理病死松树应当采取科学合理的措施，所有人或者经营管理者应当予以配合，不得拒绝、阻碍。

村集体经济组织应当协助做好病死松树的统一清理工作。

第二十七条　清理病死松树所需的林木采伐许可证，由组织清理的单位按规定办理。

清理病死松树和为预防松材线虫病进行松林更新采伐的，其采伐指标在采伐限额内予以优先安排。

第二十八条　县级以上林业行政主管部门及防治检疫机构应当加强对松材线虫病重点预防区松树的保护，制定具体保护措施，防止松材线虫病传入。

禁止将松科植物及其制品调入松材线虫病重点预防区。林业行政主管部门及防治检疫机构应当加强对进入松材线虫病重点预防区其他植物的检疫检查。

第二十九条　县(市、区)林业行政主管部门应当根据本行政区域内松林资源分布和松材线虫病发生情况，制定松林更新改造计划，报省林业行政主管部门批准后实施。有关单位和个人应当在规定的期限内完成松林更新改造计划，促进森林健康。

对已经发生或者容易发生松材线虫病的公益林，可以采取合理的采伐方式和强度进行更新改造。

第三十条　有关单位和个人应当按照林业行政主管部门的要求，对古松以及其他有特殊保护意义的珍贵松林、松树采取有效措施加以保护。

松林、松树的所有人或者经营管理者，应当及时清除虫害木、衰弱木、雪压木、风倒木、火烧木等，并结合抚育间伐，有计划地更新改造松林。

第四章　法律责任

第三十一条　对违反本条例规定的行为，《中华人民共和国森林法》《植物检疫条例》和《森林病虫害防治条例》等法律、行政法规已有法律责任规定的，从其规定。

第三十二条　违反本条例第十一条第一款、第二款规定，未办理植物检疫证书的，由防治检疫机构进行补检，补检合格的，补发植物检疫证书，并可以处200元以上1万元以下的罚款；补检不合格的，应当按照本条例第二十条的规定进行除害处理，并处2000元以上2万元以下的罚款。

违反本条例第十一条第三款规定，未向调入地县级以上防治检疫机构备案的，由防治检疫机构责令限期改正；逾期不改正的，处以500元以上200元以下的罚款。

第三十三条　违反本条例第十二条规定调运疫木的，由防治检疫机构处以1000元以上2万元以下的罚款；造成危害的，处以2万元以上5万元以下的罚款。对调运的疫木，应当按照本条例第二十条的规定进行除害处理。

第三十四条　违反本条例第十四条规定，在非林区县（市、区）从事松木经营、加工，未向所在地林业行政主管部门备案的，由林业行政主管部门责令限期改正；逾期不改正的，处以五百元以上2000元以下的罚款。

第三十五条　违反本条例第十五条规定，未建立购销、加工台账的，由防治检疫机构责令限期改正；逾期不改正的，处以500元以上2000元以下的罚款。

第三十六条　违反本条例第十六条第一款规定，未经许可利用疫木加工的，由防治检疫机构责令停止违法行为，没收疫木、加工剩余物和违法所得，并处2000元以上2万元以下的罚款。

违反本条例第十六条第二款规定，未在安全期内完成对病死松木加工和加工剩余物除害处理的，由防治检疫机构责令限期进行除害处理或者销毁，并处2000元以上2万元以下的罚款；情节严重的，由林业行政主管部门吊销疫木加工许可证。

违反本条例第十六条第三款规定，存放、使用染疫松科植物及其制品的，由防治检疫机构没收染疫松科植物及其制品，并可以处1000元以上1万元以下的罚款。

第三十七条　违反本条例第十七条第三款规定，施工单位未进行清理、除害处理或者销毁松木材料的，由防治检疫机构予以销毁，并可以处2000元以上2万元以下的罚款。

第三十八条　违反本条例第二十五条第二款规定，未按照松材线虫病防治技术规程对病死松树进行清理的，由防治检疫机构责令改正，并可以处1000元以上1万元以下的罚款。

第三十九条　违反本条例第二十八条第二款规定，将松科植物及其制品调入松材线虫病重点预防区的，由防治检疫机构处以2000元以上2万元以下的罚款，并对松科植物及其制品进行检疫。检疫合格的，责令改正；检疫不合格的，予以没收。

第四十条　任何单位和个人违反本条例规定，阻碍松材线虫病防治工作，构成违反治安管理规定行为的，由公安机关依照《中华人民共和国治安管理处罚法》的规定予以处罚；构成犯罪的，依法追究刑事责任。

第四十一条　未按照本条例规定办理相关检疫手续、进行除害处理、使用疫木等造成松材线虫病疫情扩散的，除依照有关法律、法规和本条例规定给予行政处罚以外，依法承担赔偿责任。

第四十二条　依法承担松材线虫病防治职责的部门和单位有下列行为之一的，对直接负责的主管人员和其他直接责任人员，由有管理权限的机关给予行政处分；构成犯罪的，依法追究刑事责任：

（一）未按照本条例规定履行松材线虫病防治职责，造成严重后果的；

（二）违反规定的权限、程序核发许可证书和植物检疫证书的；

（三）骗取、截留、挪用松材线虫病防治经费的；

（四）其他滥用职权、徇私舞弊、玩忽职守行为的。

第五章　附　则

第四十三条　本条例下列用语的含义：

（一）松材线虫病发生区，是指以县级行政区域为单位，由省级以上林业行政主管部门鉴定确认发生松材线虫病的地区。

（二）松材线虫病重点预防区，是指经省人民政府批准公布的易发生松材线虫病，需要特别保护的世界自然文化遗产、国家级重点风景名胜区和有特殊意义的重点生态区域。

（三）疫木，是指染疫的松科植物、松材线虫病发生区内未经除害处理的松科植物及其制品。

第四十四条　本条例自 2009 年 10 月 1 日起施行。2004 年 11 月 12 日省人民政府发布的《浙江省松材线虫病防治办法》同时废止。

浙江省野生植物保护办法

浙政令〔2010〕277号

第一章 总 则

第一条 为了保护、发展和合理利用野生植物资源，保护生物多样性，维护生态平衡，根据《中华人民共和国野生植物保护条例》《中华人民共和国濒危野生动植物进出口管理条例》《浙江省森林管理条例》等法律、法规，结合本省实际，制定本办法。

第二条 本省行政区域内从事野生植物的保护、发展和利用，应当遵守本办法。

第三条 本办法所称的野生植物，包括国家重点保护野生植物、省重点保护野生植物以及列入《濒危野生动植物种国际贸易公约》附录的我国野生植物。

第四条 野生植物资源实行严格保护、积极发展和合理利用的方针。

第五条 县级以上人民政府应当加强对野生植物资源保护工作的领导，组织制定野生植物保护规划，采取有效措施，加大资金投入，保护、发展和合理利用野生植物资源。

野生植物资源保护工作经费列入财政预算。

第六条 县级以上人民政府林业行政主管部门负责本行政区域林区内野生植物和林区外珍贵野生树木的监督管理工作；县级以上人民政府农业行政主管部门负责本行政区域内其他野生植物的监督管理工作。（林业和农业行政主管部门以下统称为野生植物行政主管部门）。林区与非林区具体界线不明确的，由所在地县级人民政府划定。

县级以上人民政府城市园林、风景名胜区行政主管部门负责城市园林、风景名胜区内野生植物的监督管理工作。

财政、环境保护、交通运输、工商、海关等有关部门和机构依照各自职责，做好野生植物保护的相关工作。

第七条 任何单位和个人都有保护野生植物资源的义务，对侵占或者破坏野生植物及其生长环境的行为有权检举和控告。

第二章 野生植物的保护

第八条 县级以上人民政府及其有关部门应当组织开展野生植物保护的宣传教

---

* 浙江省人民政府第56次常务会议审议通过，自2010年11月1日起施行。

育，普及野生植物知识，提高公民保护野生植物的意识。

每年四月为全省野生植物保护宣传月。

第九条 县级以上人民政府野生植物行政主管部门应当加强野生植物资源的调查，建立野生植物资源档案。

野生植物资源调查至少每10年组织一次。

第十条 国家重点保护野生植物分为国家一级保护野生植物和国家二级保护野生植物。国家重点保护野生植物名录的制定和公布按照国家有关规定执行。

省重点保护野生植物名录由省野生植物行政主管部门商有关部门制定，报省人民政府批准并公布，并报国务院备案。

列入《濒危野生动植物种国际贸易公约》附录的我国野生植物，未列入国家重点保护野生植物名录的，应当列入省重点保护野生植物名录。

第十一条 在国家重点保护野生植物和省重点保护野生植物物种天然集中分布区域，符合自然保护区建立条件的，应当依照有关法律、行政法规的规定建立自然保护区。自然保护区的建设和管理，按照自然保护区管理法律、法规、规章的规定执行。

前款规定以外的其他区域，可以建立野生植物保护小区、保护点〔以下简称保护小区(点)〕。

第十二条 保护小区(点)由县级人民政府野生植物行政主管部门会同乡(镇)人民政府(包括街道办事处，下同)、村民委员会(包括森林经营管理单位)，与森林、林木、土地所有权人和使用权人充分协商后划定，报县级人民政府批准并公布，并报省野生植物行政主管部门备案。

对特别重要的保护小区(点)，经省野生植物行政主管部门审查后，由县级人民政府报省人民政府批准并公布。

第十三条 县级人民政府野生植物行政主管部门应当设置保护小区(点)保护标志和设施。

任何单位和个人不得破坏、损坏保护小区(点)保护标志和设施。

第十四条 县级以上人民政府野生植物行政主管部门应当建立野生植物保护信息系统，加强对野生植物生长环境的监视、监测，维护和改善野生植物生长环境，及时消除影响野生植物生长的不利因素。

第十五条 建设工程项目对野生植物的生长环境产生不利影响的，建设单位提交的环境影响评价文件应当对此作出评价。环境保护行政主管部门在审批环境影响评价文件时，应当按照《中华人民共和国野生植物保护条例》的规定，征求野生植物行政主管部门的意见。

建设单位在工程项目建设过程中应当按照环境影响评价文件审批意见，对野生植物生长环境采取相应的保护措施，并承担所需费用。

第十六条 林木采伐、造林、抚育的作业设计方案应当根据野生植物资源调查成果，标明作业区内的野生植物。

森林经营单位以及农业生产单位和个人在森林经营管理、农业生产中应当采取有效措施，防止损坏野生植物。

禁止在野生植物保护小区(点)内进行毁坏野生植物的挖砂、取土、采石和开垦等活动。

第十七条　省野生植物行政主管部门应当组织建立野生植物种质资源库，搜集、整理、鉴定和保存野生植物种质资源，建立野生植物种质资源繁育基地。

第三章　野生植物的采集

第十八条　禁止采集国家一级保护野生植物。

因科学研究、人工培育、文化交流等特殊情况需要采集国家一级保护野生植物的，申请人应当向所在地县级人民政府野生植物行政主管部门提出申请，由省野生植物行政主管部门按照《中华人民共和国野生植物保护条例》的规定签署意见后，报国务院野生植物行政主管部门或者其授权的机构批准，并核发采集证。

第十九条　采集国家二级保护野生植物的，申请人应当向所在地县级人民政府野生植物行政主管部门提出申请，由县级人民政府野生植物行政主管部门签署意见后，报省野生植物行政主管部门批准，并核发采集证。

第二十条　采集列入省重点保护野生植物名录的林区内野生植物和林区外珍贵野生树木的，申请人应当向所在地县级人民政府林业行政主管部门提出申请，由县级人民政府林业行政主管部门签署意见后，按照《浙江省森林管理条例》的规定报省林业行政主管部门批准，并核发采集证。省林业行政主管部门可以委托设区的市人民政府林业行政主管部门核发省重点保护野生植物采集证。

采集前款规定以外的省重点保护野生植物的，采集单位和个人应当向县级人民政府农业行政主管部门报备案。县级人民政府农业行政主管部门应当及时向省农业行政主管部门汇交备案材料。省农业行政主管部门应当制定《浙江省重点保护野生植物采集管理办法(农业部分)》，明确允许采集的省重点保护野生植物的种类、数量、地点、用途和方法。

第二十一条　采集城市园林或者风景名胜区内野生植物需要依法申请办理采集证的，应当先征得城市园林或者风景名胜区管理机构的同意。

第二十二条　申请办理采集证，应当提交下列材料：

(一)采集方案(包括采集目的、种类、数量、地点、期限和方法)；

(二)用于人工培育的，应当提交培植场所的设施、设备和技术条件等材料；

(三)用于科学研究和文化交流等用途的，应当提交相关部门的批准文件或者科学研究和文化交流项目立项、合作协议等材料。

第二十三条　采集单位和个人必须严格按照采集证规定的种类、数量、地点、期限和方法采集野生植物。

采集本办法第二十条第二款规定的省重点保护野生植物的，应当符合《浙江省重点保护野生植物采集管理办法(农业部分)》规定的种类、数量、地点、用途和方法。

采集作业涉及采挖、移植的，采集单位和个人应当依法采取植被恢复等措施，防止水土流失。

第二十四条 任何单位和个人不得改变采集证和《浙江省重点保护野生植物采集管理办法(农业部分)》规定的野生植物用途。

第四章 野生植物的管理

第二十五条 鼓励、支持人工培育野生植物。人工培育的野生植物实行"谁投入、谁所有"。鼓励单位和个人在房前屋后种植人工培育的珍贵、稀有树木。

除古树名木外，采伐农村居民房前屋后个人种植的珍贵、稀有树木的，按照《中华人民共和国森林法》第三十二条规定执行。

第二十六条 人工培育野生植物实行备案制度。

人工培育野生植物的单位和个人，应当每年向培育场所所在地县级人民政府野生植物行政主管部门报备案，并提交下列材料：

(一)培育场所的基本情况，包括培育场所的地点、规模、品种、设施、设备、技术条件等；

(二)年繁育数量；

(三)野生植物物种来源；

(四)省野生植物行政主管部门规定的其他材料。

县级人民政府野生植物行政主管部门应当自收到报备案材料之日起 20 日内对人工培育野生植物场所进行现场核实，并签署核实意见。

县级人民政府野生植物行政主管部门应当在规定的期限内向省野生植物行政主管部门汇交备案材料。

第二十七条 对未定名或者新发现的有重要价值的野生植物，人工培育单位应当妥善保管繁殖材料及有关资料，并与当地县级人民政府野生植物行政主管部门签订保密协议，承担保密义务。

第二十八条 县级人民政府野生植物行政主管部门应当根据人工培育野生植物备案记录，出具野生植物人工培育产地证明。需要由省野生植物行政主管部门出具野生植物人工培育产地证明的，省野生植物行政主管部门应当根据县级人民政府野生植物行政主管部门提供的产地证明出具。

第二十九条 禁止出售、收购国家一级保护野生植物。

出售、收购国家二级保护野生植物的，按照《中华人民共和国野生植物保护条例》的规定，由省野生植物行政主管部门批准。

进出口野生植物的，按照国家有关规定办理相关手续。

第三十条 境外人员不得在本省行政区域内采集和收购野生植物。

境外人员在本省行政区域内对野生植物进行野外考察的，应当按照国家有关规定报经批准。

第三十一条　县级以上人民政府野生植物行政主管部门应当加强对野生植物采集、培育的监督检查。接受检查的单位和个人，应当如实提供相关材料。

县级以上人民政府野生植物行政主管部门在监督检查中可以扣留无采集证以及违反《浙江省重点保护野生植物采集管理办法（农业部分）》采集的野生植物。

第五章　法律责任

第三十二条　违反本办法规定，损坏保护小区（点）保护标志和设施的，违法行为人应当予以赔偿；野生植物行政主管部门可以处 500 元以上 1000 元以下的罚款。

第三十三条　违反本办法规定，建设单位未按照环境影响评价文件审批意见对野生植物生长环境采取相应保护措施的，由负责审批环境影响评价文件的环境保护行政主管部门会同野生植物行政主管部门责令限期改正，并由环境保护行政主管部门按照《建设项目环境保护管理条例》等规定处以罚款。

第三十四条　违反本办法规定，作业设计单位未在作业设计方案中标明作业区内野生植物的，由野生植物行政主管部门责令改正；逾期未改正的，废止作业设计方案，可以处 1000 元以上 1 万元以下的罚款。

违反本办法规定，森林经营单位以及农业生产单位和个人在森林经营管理、农业生产中未采取有效防护措施造成野生植物损坏的，由野生植物行政主管部门责令其采取补救措施，可以处 500 元以上 5000 元以下的罚款。

第三十五条　违反本办法规定，进行挖砂、取土、采石和开垦等活动，致使野生植物受到毁坏的，由野生植物行政主管部门责令改正，可以处 1000 元以上 2 万元以下的罚款。

第三十六条　违反本办法规定，未取得采集证或者未按照采集证的规定采集国家重点保护野生植物的，由野生植物行政主管部门按照《中华人民共和国野生植物保护条例》的规定没收所采集的野生植物和违法所得，可以并处违法所得 10 倍以下的罚款；没有违法所得的，处 3000 元以上 3 万元以下的罚款；有采集证的，可以吊销采集证。

违反本办法规定，未取得采集证或者未按照采集证规定采集省重点保护野生植物的，由林业行政主管部门收缴所采集的野生植物，可以处 1000 元以上 3 万元以下的罚款；有采集证的，可以收缴采集证。

违反本办法规定，未按照《浙江省重点保护野生植物采集管理办法（农业部分）》规定的种类、数量、地点、用途和方法采集省重点保护野生植物的，由农业行政主管部门收缴所采集的野生植物，可以处 1000 元以上 3000 元以下的罚款。

第三十七条　违反本办法规定，出售、收购国家重点保护野生植物的，由工商行政管理部门或者野生植物行政主管部门根据职责分工，按照《中华人民共和国野生植物保护条例》的规定，没收野生植物和违法所得，可以并处违法所得 10 倍以下的罚款。

第三十八条 违反本办法规定，境外人员在本省行政区域内采集和收购国家重点保护野生植物，或者未经批准对国家重点保护野生植物进行野外考察的，由野生植物行政主管部门按照《中华人民共和国野生植物保护条例》的规定没收所采集和收购的野生植物以及考察资料，可以并处 5 万元以下的罚款。

违反本办法规定，境外人员在本省行政区域内采集和收购省重点保护野生植物，或者未经批准对省重点保护野生植物进行野外考察的，由野生植物行政主管部门收缴所采集和收购的野生植物以及考察资料，可以处 3 万元以下的罚款。

第三十九条 野生植物行政主管部门及其他有关部门有下列行为之一的，由有权机关按照管理权限对负有责任的主管人员和其他直接责任人员给予处分：

（一）未依法核发采集证的；

（二）未依法履行监督管理职责的；

（三）有其他滥用职权、玩忽职守、徇私舞弊行为的。

第四十条 违反本办法规定，构成犯罪的，依法追究刑事责任。

第六章　附　则

第四十一条 本办法所称的野生植物采集，是指采伐、采挖、采摘、采割、收集野生植物的植株及其根、茎、芽、叶、花、果、皮、汁液等。

第四十二条 本办法自 2010 年 11 月 1 日起施行。

浙江省湿地保护条例

第一章 总 则

第一条 为了加强湿地保护，改善湿地生态状况，维护湿地生态功能和生物多样性，促进湿地资源可持续利用，推进生态文明建设，根据有关法律、行政法规的规定，结合本省实际，制定本条例。

第二条 本省行政区域内湿地的保护、利用和管理等活动，适用本条例。

第三条 本条例所称湿地，是指天然或者人工形成、常年或者季节性积水、适宜野生生物生长、具有较强生态功能并列入县级以上人民政府保护名录的潮湿地域。

本条例所称湿地资源，是指湿地及依附湿地栖息、繁衍、生存的野生生物资源。

第四条 湿地的保护和管理应当遵循严格保护、生态优先、合理利用、可持续发展的原则。

第五条 县级以上人民政府应当加强湿地保护工作的领导，将湿地保护纳入国民经济和社会发展规划。湿地保护管理经费和湿地生态效益补偿经费列入财政预算。

乡镇人民政府、街道办事处应当做好湿地保护和管理的相关工作。

第六条 省人民政府成立湿地保护委员会，组织、协调、决定湿地保护工作中的重大问题。

省湿地保护委员会由省林业、海洋与渔业、建设、发展和改革、财政、水利、农业、环境保护、国土资源、旅游等有关部门组成，日常工作由省林业主管部门承担。

设区的市、县（市、区）人民政府可以根据需要成立湿地保护协调机构，组织、协调、决定湿地保护工作中的重大问题。

第七条 县级以上人民政府林业主管部门负责湿地保护工作的组织、协调、指导和监督，并具体负责有关的湿地保护和管理工作。

海洋与渔业、建设、水利等部门按照职责分工，具体负责有关的湿地保护和管理工作。

发展和改革、财政、环境保护、国土资源、农业、旅游等部门按照各自职责，做好湿地保护和管理的相关工作。

---

*   2012 年 5 月 30 日经浙江省第十一届人民代表大会常务委员会第三十三次会议通过，自 2012 年 12 月 1 日起施行。

第八条　鼓励各地根据生态建设需要，结合饮用水水源地保护和污水处理等要求建设人工湿地。

第九条　县级以上人民政府根据需要建立湿地生态效益补偿制度。

因湿地保护和管理致使相关权利人的合法权益受到损害的，应当依法给予补偿；对其生产、生活造成影响的，还应当作出妥善安排。

第十条　县级以上人民政府及其有关部门应当加强湿地保护工作的宣传教育，增强公民的湿地保护意识。

第十一条　公民、法人和其他组织有保护湿地资源的义务，有权对破坏、非法侵占湿地资源的行为进行检举或者控告。

第二章　规划与名录

第十二条　省林业主管部门应当会同省海洋与渔业、建设、水利、环境保护等部门根据国民经济和社会发展规划，开展湿地资源调查，组织编制省湿地保护规划，经省湿地保护委员会讨论同意后，报省人民政府批准。

设区的市、县（市、区）人民政府林业主管部门应当会同有关部门根据国民经济和社会发展规划以及上一级湿地保护规划，组织编制湿地保护规划，报本级人民政府批准。

第十三条　湿地保护规划应当与土地利用总体规划、城市总体规划、县（市）域总体规划、生态环境功能区规划、海洋功能区划、流域综合规划等相衔接。

湿地保护规划报送审批前，应当依法组织环境影响评价，并通过论证会、听证会等形式征求专家和社会公众意见。

修改、调整湿地保护规划应当按照规划制定程序报原审批机关批准。

第十四条　设区的市、县（市、区）人民政府林业主管部门应当会同有关部门根据湿地保护规划以及经济社会发展和生态环境保护需要，提出需要保护的湿地名录，报本级人民政府批准并公布。

设区的市、县（市、区）人民政府批准湿地保护名录前，应当与相关权利人协商，并征求有关村民委员会的意见。

设区的市、县（市、区）人民政府公布湿地保护名录时，应当同时公布湿地的范围和界线，标示区界，并逐个确定湿地管理部门。

第十五条　需要将湿地列入省重要湿地名录的，由湿地所在地设区的市或者县（市、区）人民政府提出申请，省林业主管部门会同有关部门审核提出意见，经省湿地保护委员会讨论同意后，报省人民政府批准并公布。

省林业主管部门可以会同有关部门根据省湿地保护规划，在征求湿地所在地设区的市或者县（市、区）人民政府意见后，提出需要列入的省重要湿地名录，经省湿地保护委员会讨论同意后，报省人民政府批准并公布。

需要将湿地申报列入国家或者国际重要湿地名录的，按照国家有关规定执行。

第十六条　湿地保护名录、省重要湿地名录应当在本条例施行后一个月内公布。

省、设区的市、县（市、区）人民政府应当根据湿地保护的需要和湿地资源的变化情况，及时调整、补充省重要湿地名录、湿地保护名录并公布。

第三章　保护方式

第十七条　县级以上人民政府应当采用设立自然保护区、湿地公园、湿地保护小区等方式对湿地进行保护。

第十八条　具备自然保护区设立条件的湿地，应当依法设立自然保护区。

自然保护区的保护和管理依照《中华人民共和国自然保护区条例》和《中华人民共和国海洋环境保护法》等法律、法规规定执行。

第十九条　具备国家级湿地公园设立条件的湿地，可以依照国家有关规定申请设立国家级湿地公园。

第二十条　面积在 20 公顷以上，并具备下列条件之一的湿地，可以设立省级湿地公园：

（一）具有独特的湿地自然景观和较高历史文化价值；

（二）湿地生态系统在本省范围内具有典型性；

（三）湿地生物多样性丰富，具有重要或者特殊科学研究、宣传教育价值。

省级湿地公园应当设立相应的管理机构，具体负责湿地公园的管理工作。

第二十一条　设立省级湿地公园，由湿地所在地设区的市或者县（市、区）人民政府向省林业主管部门提出申请，并提交下列材料：

（一）湿地资源状况调查报告；

（二）证明土地（水域、海域）权属清楚、无争议的文件；

（三）妥善处理相关权利人合法权益的方案；

（四）湿地公园总体规划，包括位置、地形、资源分布、土地利用现状、功能分区、保护利用方案等；

（五）证明筹建管理机构并配备必要的管理人员和技术人员的文件；

（六）其他设立省级湿地公园必需的相关材料。

省级湿地公园跨县（市、区）行政区域的，相关县（市、区）人民政府应当共同提出申请；也可以由相关县（市、区）人民政府共同的上一级人民政府提出申请。

第二十二条　省林业主管部门受理省级湿地公园设立申请后，应当会同有关部门组织专家进行评审并审核提出意见，报省湿地保护委员会讨论同意后，予以批复并命名。

除按照国家规定和本条例规定命名外，其他任何场所不得使用湿地公园名称。

第二十三条　省级湿地公园因保护利用不当或者其他原因造成湿地生态功能受到严重损害的，省林业主管部门应当责令限期修复；经整改确实无法修复的，应当报省湿地保护委员会讨论同意后，取消其省级湿地公园名称。

第二十四条　省级湿地公园的名称变更、范围调整，由省林业主管部门会同有关部门审核提出意见，报省湿地保护委员会讨论同意后，予以批复。

第二十五条　面积在八公顷以上，并具备下列条件之一的湿地，可以设立湿地保护小区：

（一）湿地生态区位比较重要；

（二）湿地生态系统具有一定的典型性；

（三）受保护的野生生物物种集中分布。

第二十六条　设立湿地保护小区，由县（市、区）人民政府林业主管部门会同有关部门以及有关乡镇人民政府、街道办事处，根据湿地保护规划，提出湿地保护小区范围和界线的划定方案，报本级人民政府批准并公布。

湿地保护小区设立后，县（市、区）人民政府林业主管部门应当会同有关部门组织编制湿地保护小区总体规划，报本级人民政府批准后组织实施。

第二十七条　未设立自然保护区、湿地公园、湿地保护小区的湿地，县（市、区）人民政府应当根据湿地实际情况，采取必要的政策、管理和技术措施，保持湿地的自然特性和生态特征，防止湿地生态功能退化。

第四章　管理措施

第二十八条　县级以上人民政府及其林业主管部门，应当组织、协调有关部门建立湿地执法协作机制，加强对湿地保护和管理工作的监督检查。

第二十九条　县级以上人民政府林业主管部门应当建立湿地信息管理系统，组织、协调有关湿地管理部门、科研机构以及湿地管理机构对湿地资源、湿地利用状况和湿地生态系统进行调查、监测和评估。

湿地资源保护、利用情况和评估结果，由省林业主管部门定期向社会公布。

第三十条　县级以上人民政府林业主管部门应当建立湿地保护档案，保存湿地资源调查、监测、评估以及保护、管理、研究等工作中获得的各项成果、数据和资料。

湿地保护档案，除依法保密的内容外应当向社会开放。

第三十一条　湿地管理机构应当履行下列职责：

（一）贯彻执行有关湿地保护的法律、法规、规章和政策；

（二）制定并实施湿地保护和管理的各项制度；

（三）对湿地资源进行调查和监测，并采取相应的保护措施；

（四）建立湿地保护和管理档案；

（五）完善湿地保护基础设施建设；

（六）开展湿地宣传、科普工作；

（七）劝阻、制止、报告并配合有关部门查处湿地违法行为；

（八）其他与湿地保护和管理相关的职责。

第三十二条　湿地内禁止下列行为：

（一）设立开发区、工业园区；

（二）擅自开垦、烧荒、填埋湿地，采石、采砂、采矿、开采地下水；

（三）擅自采集野生植物，放牧，猎捕野生动物，捡拾卵、蛋；

（四）破坏鱼类等水生生物洄游通道，用法律、法规禁止的方式捕捞鱼类及其他水生生物；

（五）擅自向湿地引进外来生物物种；

（六）向湿地投放有毒有害物质，倾倒固体废弃物，擅自排放污水；

（七）擅自排放湿地蓄水或者修建阻水、排水设施；

（八）毁坏湿地保护设施；

（九）其他毁坏湿地资源的行为。

第三十三条 湿地公园、湿地保护小区内，除禁止本条例第三十二条规定的行为外，还禁止下列行为：

（一）设立工业企业以及其他影响湿地生态功能的生产设施；

（二）采石、采砂、采矿、开采地下水；

（三）违反湿地公园总体规划、湿地保护小区总体规划，建设与湿地资源保护无关的建筑物和构筑物；

（四）擅自举办大型群众性活动。

第三十四条 在湿地内从事生产经营、观赏旅游、科学调查、研究观测、科普教育等活动，不得影响湿地生态功能，不得对野生生物物种造成损害。

第三十五条 县级以上人民政府应当按照湿地保护规划的要求，对生态功能出现退化的湿地组织生态修复。因缺水导致湿地生态功能退化的，应当建立补水机制，根据湿地生态功能恢复需要有计划地进行补水。

第三十六条 交通、通讯、能源等基础设施建设应当尽量避开湿地；确实不能避开的，应当少占用湿地。

有关部门在编制交通、通讯、能源等专项规划时，确需占用湿地的，应当征求有关湿地管理部门的意见。

第三十七条 占用湿地的建设项目，建设单位编制的环境影响评价文件应当包括湿地生态功能影响评价，并有相应的湿地保护方案。

环境保护主管部门在批准占用湿地的建设项目环境影响评价文件前，应当征求有关湿地管理部门的意见。其中，占用国家或者国际、省重要湿地的，还应当征求省林业主管部门的意见。

建设单位应当按照湿地保护方案采取相应的保护措施。

第三十八条 因湿地保护需要临时占用湿地的，建设单位在申请国土资源主管部门批准临时占用湿地时，应当提交湿地临时占用方案，明确湿地占用范围、期限、用途、相应的保护措施以及使用期满后的恢复措施等。

国土资源主管部门在批准临时占用湿地申请前，应当征求有关湿地管理部门的意见。

临时占用期满后，建设单位应当按照湿地临时占用方案恢复原状。

第三十九条 向湿地引进外来生物物种，应当按照国家有关规定办理审批手续，并按照有关技术规范进行引种试验。

湿地管理部门应当对引进的外来生物物种进行跟踪监测，发现其对湿地生态系统造成危害的，应当及时报告本级人民政府和上一级主管部门，并采取有效措施，消除危害。

第四十条 县级以上人民政府林业主管部门以及湿地管理机构应当建立健全野生动物救助机制，及时受理有关救护报告，对受伤、受困的野生动物采取救护措施。

第五章 法律责任

第四十一条 违反本条例规定的行为，法律、行政法规已有法律责任规定的，从其规定。

第四十二条 违反本条例第二十二条第二款规定，擅自使用湿地公园名称的，由县级以上人民政府林业主管部门责令改正；拒不改正的，处1万元以上10万元以下的罚款。

第四十三条 违反本条例第三十二条规定，有下列行为之一的，由有关湿地管理部门责令停止违法行为，限期改正，并按下列规定处以罚款；造成损失的，责令赔偿损失；有违法所得的，没收违法所得：

（一）擅自开垦、填埋湿地的，处每平方米10元以上30元以下的罚款；

（二）擅自烧荒的，处200元以上1000元以下的罚款；

（三）擅自放牧或者捡拾卵、蛋的，处100元以上500元以下的罚款；

（四）擅自排放湿地蓄水或者修建阻水、排水设施的，处2000元以上2万元以下的罚款；

（五）毁坏湿地保护设施的，可以处1000元以上1万元以下的罚款。

第四十四条 违反本条例第三十四条规定，在湿地内从事生产经营、观赏旅游、科学调查、研究观测、科普教育等活动，已经影响湿地生态功能或者对野生生物物种造成损害的，由有关湿地管理部门责令改正，处200元以上2000元以下的罚款；情节严重的，处2000元以上2万元以下的罚款。

第四十五条 对违反本条例规定的行为，林业、海洋与渔业、建设、水利、环境保护、国土资源等有关部门可以在法定权限内，依法委托具备《中华人民共和国行政处罚法》第十九条规定条件的湿地管理机构实施行政处罚。

第四十六条 林业主管部门、其他有关部门以及湿地管理机构及其工作人员有下列行为之一的，由有权机关按照管理权限，对直接负责的主管人员和其他直接责任人员依法给予处分：

（一）未按照规定审核建设项目环境影响评价文件、临时占用湿地申请的；

（二）未依法履行监督管理职责或者因保护利用不当，造成湿地生态系统损害的；

（三）其他玩忽职守、徇私舞弊、滥用职权的行为。

第六章　附　则

第四十七条　本条例自 2012 年 12 月 1 日起施行。

浙江省林木采伐管理办法

（浙江省人民政府令第 320 号）

第一条 为了加强林木采伐管理，有效保护、培育和合理利用森林资源，根据《中华人民共和国森林法》《中华人民共和国森林法实施条例》等法律、法规的规定，结合本省实际，制定本办法。

第二条 在本省行政区域内从事林木采伐（包括采挖，下同）及其管理活动，适用本办法。

第三条 县级以上人民政府应当加强对森林资源保护管理工作的领导，督促落实森林采伐限额管理制度，将年森林采伐限额执行情况纳入年度工作目标管理体系。有关行政主管部门编制年森林采伐限额和开展相应的森林资源一、二类调查所需的经费，列入同级财政预算。

乡（镇）人民政府（包括街道办事处，下同）应当加强护林员队伍建设，依法落实森林资源保护的责任，做好林木采伐管理的有关工作。

第四条 县级以上人民政府林业行政主管部门负责本行政区域内林木采伐的管理和监督工作。

县级以上人民政府住房和城乡建设、交通运输行政主管部门以及铁路部门，按照各自职责做好林木采伐的管理和监督工作。

第五条 年森林采伐限额 5 年编制一次。年森林采伐限额的编制应当遵循森林的消耗量低于生长量的原则，符合国家规定的技术规程，并按照以下规定编制：

（一）国有林由经营单位负责编制；

（二）集体林和个人所有的林木以及县、乡道公路的护路林由县（市、区）林业行政主管部门负责编制；

（三）城镇林木以及国、省道公路和铁路的护路林，分别由住房和城乡建设、交通运输行政主管部门以及铁路部门负责编制。

各单位编制的年森林采伐限额，由县（市、区）人民政府或者省有关行政主管部门以及铁路部门报送省林业行政主管部门汇总、平衡，经省人民政府审核后，报国务院审批。

第六条 经国务院批准的年森林采伐限额，由省人民政府分解至县（市、区）人民

---

* 浙江省人民政府第 21 次常务会议审议通过，自 2014 年 4 月 1 日起施行。

政府和省有关行政主管部门以及铁路部门。

县（市、区）人民政府依据各乡镇（街道）的森林蓄积量和各林种蓄积量分解年森林采伐限额；对已制定森林经营方案的，依据森林经营方案确定的合理采伐量，分解年森林采伐限额到森林经营者。

县（市、区）人民政府可以单列一部分年森林采伐限额用于因征收征用占用林地、自然灾害以及依法查处的森林案件中造成的林木损耗。

第七条　林木采伐类型包括主伐、抚育采伐、更新采伐和其他采伐。主伐分为择伐、皆伐和渐伐三种方式。

主伐中的择伐强度不得大于伐前林分蓄积量的40%；一次皆伐面积应当控制在5公顷以内，林地坡度在35度以下的林分可以扩大到20公顷，一个自然年度内相连地块的皆伐面积应当合并计算。

抚育采伐强度不得大于伐前林分蓄积量的40%，伐后林分郁闭度不得小于0.5，但清理自然灾害受损林木等特殊情形除外。

第八条　用材林的主伐年龄，由县（市、区）林业行政主管部门根据林木生长、成熟情况和当地生产经营情况确定，并报省林业行政主管部门备案。

第九条　公益林只准进行抚育和更新性质的采伐，具体采伐方式和强度按照公益林管理的有关规定执行。

严格控制采伐天然阔叶林。确需进行抚育和更新性质采伐的，采伐强度不得大于伐前林分蓄积量的15%，但征收征用占用林地、建设护林防火设施、开设防火隔离带需要采伐林木以及清理自然灾害受损林木等特殊情形除外。

第十条　需要对沿海国家特殊保护林带的林木进行抚育和更新性质采伐的，由所在地县（市、区）林业行政主管部门审核后，报省林业行政主管部门审批。

第十一条　依法保护珍贵树木。因自然灾害毁坏或者已枯死需要清理采伐，以及特殊情形需要迁移、采伐珍贵树木的，由县（市、区）林业行政主管部门审查，经同级人民政府审核后，报省林业行政主管部门审批。城市珍贵树木的迁移和枯死处理按照城市绿化管理法律、法规、规章的规定办理。

利用珍贵树木的种子人工营造的林木按照一般林木采伐规定执行。

第十二条　禁止在下列林地内采挖林木：

（一）土壤砾石含量大或者容易引起泥石流的；

（二）坡度大于35度的；

（三）土层瘠薄、采挖后植被难以恢复的；

（四）省级以上公益林；

（五）灌木林。

第十三条　单位和个人采伐林木，应当按照《中华人民共和国森林法》第三十二条的规定向县级以上人民政府林业行政主管部门申请林木采伐许可证；采伐城镇林木以及国、省道公路和铁路的护路林的，向相应的住房和城乡建设、交通运输行政主管部门以及铁路部门申请林木采伐许可证。有关法律、法规、规章对林木采伐许可的具体程序、方式和批准权限有规定的，从其规定。

申请林木采伐许可证应当提交下列材料：

（一）林木采伐许可证申请表；

（二）申请单位或者个人的身份证明材料；

（三）林木权属证书等有关权属证明材料；

（四）采伐国有林、公益林、天然阔叶林，以及采伐护路林和城镇林木的，应当提交相应的采伐作业设计文件；

（五）采伐集体林或者个人所有的林木的，应当提交采伐目的、地点、树种、林况、面积、蓄积量、方式和更新措施等内容的文件；

（六）法律、法规、规章规定的其他有关材料。

林木采伐许可证申请表式样由省林业行政主管部门统一制定。

第十四条 发证机关应当实行林木采伐公示制度，对林木采伐申请、许可等情况进行公示。采伐国有林的，需在国有林经营单位所在地进行公示；采伐集体林或者个人所有的林木的，需在林木所在地行政村或自然村进行公示。公示时间不少于7日。

第十五条 发证机关应当在年森林采伐限额内核发林木采伐许可证。

发证机关应当在受理林木采伐申请之日起10个工作日内作出是否许可决定。对符合发证条件的，核发林木采伐许可证；对不符合发证条件的，作出不予许可的书面决定并说明理由。

县（市、区）林业行政主管部门可以委托乡（镇）人民政府核发除国有林、天然阔叶林、省级以上公益林外的林木采伐许可证。

征收征用占用林地需要采伐林木的，发证机关在用地单位依法取得使用林地审核同意书后，方可核发相应的林木采伐许可证。

第十六条 国有林经营单位和农村集体经济组织采伐林木的，按小班（或地块）发证；因同一建设工程或者自然灾害等原因需要采伐林木的，可跨小班（或地块）发证。

个人采伐林木实行一户一证。

第十七条 林木采伐单位和个人应当与发证机关或者受委托核发林木采伐许可证的乡（镇）人民政府订立采伐迹地造林更新协议，并按照协议完成更新造林任务。

实施皆伐作业的，林木采伐单位和个人应当按照林木采伐许可证核定的采伐面积更新造林。

第十八条 县级以上人民政府林业行政主管部门应当健全林木采伐许可管理制度，建立核发林木采伐许可证的台账，统计分析年森林采伐限额的执行情况。

县级以上人民政府住房和城乡建设、交通运输行政主管部门以及铁路部门应当加强对核发林木采伐许可证的管理，依法对林木采伐实施指导和监督，并向县级以上人民政府林业行政主管部门提供年森林采伐限额执行情况统计分析的有关数据资料。

第十九条 下列情形不需要办理林木采伐许可证：

（一）农村居民采伐自留地和房前屋后个人所有的零星林木；

（二）林木种子生产经营者采挖苗圃地苗木；

（三）竹子的抚育采伐；

（四）采伐胸径5厘米以下薪炭林的林木；

（五）采伐经济林、用材林内的胸径5厘米以下非目的树种；

（六）法律、法规、规章规定的其他情形。

第二十条 有下列情形之一的，发证机关不得核发林木采伐许可证：

（一）超出年森林采伐限额的；

（二）防护林、特种用途林进行非抚育或非更新性质采伐的，或者采伐封山育林的林木的；

（三）上一年度采伐林木后未完成更新造林任务的；

（四）征收征用占用林地需要采伐林木，但未取得使用林地审核同意书的；

（五）山林权属不清或者权属有争议的；

（六）法律、法规、规章规定的其他情形。

第二十一条 林木采伐单位和个人应当按照林木采伐许可证的规定进行采伐，实施边采伐、边检尺。实际采伐数量与林木采伐许可证核定数量有误差的，超出部分不得大于核定数量的10%，并在当地本年度或者下一年度森林采伐限额中抵扣。

皆伐以面积控制为主。采伐的林木虽未达到林木采伐许可证核定的蓄积量，但已达到林木采伐许可证规定四至范围面积的，采伐单位或者个人应当终止采伐。在林木采伐许可证规定的四至范围内，已采伐的林木蓄积量超出林木采伐许可证核定蓄积量的，采伐单位或者个人应当在林木采伐许可证有效期内向发证机关提出追加采伐蓄积量的书面申请；发证机关经审查核实，对其超出原定蓄积量25%（包括前款规定的10%的误差）以内的部分可予以追加，变更林木采伐许可证规定的蓄积量，但应当在当地本年度或者下一年度森林采伐限额中抵扣。

第二十二条 县级以上人民政府林业行政主管部门应当建立健全林木采伐监督检查制度，加强对林木采伐的指导和监督检查。乡（镇）人民政府对受委托核发的林木采伐许可证规定内容执行情况进行检查。

县级以上人民政府林业、住房和城乡建设行政主管部门对无林木采伐许可证或者违反林木采伐许可证规定的蓄积量、树种、方式、范围、面积、时间等盗伐和滥伐林木的，应当依法查处，不得补发林木采伐许可证。

第二十三条 运输采伐的木材或者采挖的树木出县（市、区）的，应当依法办理木材运输证。

第二十四条 违反本办法规定的行为，有关法律、法规已有法律责任规定的，从其规定；构成犯罪的，依法追究刑事责任。

第二十五条 申请人以欺骗、贿赂等不正当手段取得林木采伐许可证的，发证机关应当撤销该林木采伐许可证，对当事人处以500元以上2000元以下的罚款；已伐淋木的，按照无证采伐处理。

第二十六条　违反本办法第二十一条的规定，林木采伐单位和个人实际采伐蓄积量超出部分大于林木采伐许可证核定蓄积量10%的，以及按面积实施皆伐的实际采伐蓄积量超出部分在林木采伐许可证核定蓄积量的25%以内，但未在林木采伐许可证有效期内申请追加采伐蓄积量的，均按照滥伐林木处理。

第二十七条　违反本办法规定，无木材运输证或者违反木材运输证规定运输采挖的树木的，按照《中华人民共和国森林法实施条例》第四十四条的规定处理。

第二十八条　县级以上人民政府林业、住房和城乡建设、交通运输行政主管部门以及铁路部门、受委托的乡（镇）人民政府违反本办法规定，有下列情形之一的，由有权机关对直接负责的主管人员和其他直接责任人员依法给予处分：

（一）违反法律、法规和本办法的规定核发林木采伐许可证的；

（二）对林木采伐单位和个人违反法律、法规和本办法规定的行为不依法查处的；

（三）监督检查不力，造成本行政区域内滥伐林木情况严重的；

（四）有其他玩忽职守、滥用职权、徇私舞弊行为的。

有前款第（三）项情形的，还应当追究有关林业行政主管部门主要负责人的责任。

第二十九条　本办法下列用语的含义：

珍贵树木，是指省级以上人民政府林业行政主管部门或者其他有关部门确定的具有重大历史纪念意义、科学研究价值或者年代久远的古树名木，以及国家禁止、限制出口的珍贵树木和列入国家重点保护野生植物名录的树木。

沿海国家特殊保护林带，是指经国务院林业行政主管部门批准的省沿海防护林体系建设总体规划内的全部大陆海岸基干林带和岛屿海岸基干林带。

第三十条　本办法自2014年4月1日起施行。

中共浙江省委　浙江省人民政府
关于加快推进林业改革发展全面实施五年绿化平原水乡十年建成森林浙江的意见

为深入贯彻党的十八大、十八届三中全会和省委十三届三次、四次、五次全会精神，加强林业资源保护，深化林业改革，促进林业持续健康发展，为建设美丽浙江、创造美好生活打造良好的林业生态基础，现就加快推进林业改革发展，全面实施五年绿化平原水乡、10年建成森林浙江，提出如下意见。

一、总体要求和主要目标

1. 总体要求。坚持以邓小平理论、"三个代表"重要思想、科学发展观为指导，认真学习贯彻习近平总书记系列重要讲话精神，深入实施"八八战略"，围绕建设美丽浙江、创造美好生活，以改善林业生态、增进林农利益为目标，以深化林业改革和创新体制机制为动力，大力发展生态林业、富民林业、人文林业，全面绿化平原水乡，加快建设森林浙江，努力走出一条"绿水青山就是金山银山"的现代林业发展路子，为经济社会发展提供有力的基础保障。

2. 主要目标。到2017年，全省平原林木覆盖率力争达到19%以上，国省道公路、铁路两侧宜林地段绿化率达到96%以上，主要河道两岸宜林地段绿化率达到96%以上，农田林网控制率达到90%以上，人均公共绿化面积达到全国领先水平，净增碳储量3000万吨，新增湿地修复面积350万亩，林业行业年总产值达到6500亿元，初步建立平原生态安全屏障体系，基本建成绿树成荫、田林交错、林水相依、车行景移的平原水乡生态景观。

到2020年，全省森林覆盖率稳定在61%以上，平原林木覆盖率稳定在20%以上，全省森林保有量达到9000万亩、林地保有量达到9900万亩，重点生态公益林保有量达到4000万亩，湿地保有量达到1500万亩，林木蓄积量达到4.2亿立方米，森林植被碳储量达到2.8亿吨，林业行业年总产值达到8000亿元，以森林绿化美化为标志之一的生态系统初步实现良性循环。

在此基础上，再经过2至3年努力，全面建成生态林业完备、富民林业发达、人文林业繁荣的森林浙江，为建设美丽浙江、创造美好生活打下坚实的基础，把浙江建设成为现代林业的样板区、森林生态文明的示范区，在全国率先基本实现林业现代化。

二、深化林业改革，完善现代林业发展体制机制

3. 深化林业经营体制改革。巩固集体林权制度改革成果，进一步明晰山林产权，赋予农民长期稳定的林地承包经营权，在此基础上，推广以资源带动资本和就业为目的的林地股份制合作模式、以集体经营提高林农收入为目的的林木股份制合作模式和以稳定农村家庭承包制为目的的股份制家庭林场模式，推进林业合作化、规模化经营。积极引进工商资本发展现代林业，推进林业全产业链建设，并引导其与农户建立紧密型利益联结机制，实现资源优化配置和集约化、规模化经营，构建新型林业经营体系。

4. 深化林权流转机制改革。按照依法、自愿、有偿的原则，在不改变林地用途的前提下，积极引导林农采取股份合作、转包、出租、互换、转让等形式进行林权流转。集体经济组织内部成员之间对林地承包经营权进行互换和转让的，依法办理林权变更登记；向集体经济组织以外的单位和个人流转的，实行林地所有权、承包权、经营权分离，促进林地经营权流转，探索对符合规定要求的林地经营权流转颁发《林地经营权流转证》。加强林权流转交易平台建设，为林权流转提供融资、评估、评级、交易、咨询等一体化、一站式、全方位服务。培育跨地区的林权流转市场。

5. 深化林业金融改革。创新林业金融产品和服务，积极培育承贷主体，通过政府购买服务、银林合作，支持和引导新型农村经营主体组建资金互助社，为社员提供"林贷通"等金融服务。支持组建林业小额贷款公司。继续推进"林权 IC 卡"贷款、林权直接抵押贷款，加快发展林农联保贷款、"信用社 + 专业合作社 + 社员 + 基金"林业贷款。探索开展林地经营权抵押贷款。优化林权抵押贷款制度，到 2017 年林权抵押贷款当年发生额比 2012 年翻一番，年末贷款余额达到 100 亿元。推进不良贷款抵押林权在农民专业合作社、互助互保组织、村民之间依约回购、流转。赋予同等条件下不良贷款抵押林木处置优先采伐权。支持组建国有控股林业担保公司、农民互助担保组织，鼓励和推动民间各类担保机构开展林业贷款担保业务。推进林权抵押小额贷款保证保险。健全林业信用体系，提升林权抵押登记服务水平，加强对林业金融市场的指导和监管。扩大森林保险品种，大力推进政策性林木综合保险。发挥林业产权交易所在融资担保服务、融资交易服务和林业优质企业融资孵化服务中的作用，搭建林权抵押贷款平台、仓储融资平台、在线融资平台。建立和完善林权资产收储和交易平台。探索建立林业银行。积极争取世界银行林业贷款。

6. 深化森林资源管理改革。通过调整、下放、取消等方式，最大限度缩减林业行政审批事项，简化审批环节和审批材料，缩短审批时间，优化审批服务。加强事中、事后监管，做好审批事项改革后续衔接工作，推动管理方式由重审批、轻监管转为宽准入、严监管。开展商品林采伐限额制度改革试点，逐步建立自主采伐、自主经营、政府适度监管的运行机制。对竹子抚育采伐暂不实行林木采伐许可发证；对竹材及其制品的运输，暂停纳入凭证运输管理范围。

7. 深化国有林场改革。进一步理顺国有林场管理体制，健全国家所有、林业行政部门管理、林场依法保护经营的运行机制。合理界定国有林场的性质，在确保财政供养人员只减不增的前提下，依据国有林场生态公益林面积、区域分布等核定人员编制及相关经费；对已改制为企业化管理的国有林场，按照生态公益林管护职责需要，积极探索政府购买服务等方式予以支持。林场职工的社会保险做到应保尽保，离退休人员的生活补贴按规定予以保障。及时纠正和处理各类违规违法占用林地问题，确保资源资产增值，维护生态安全。积极推进经营机制改革，挖掘发展潜力，科学利用林场资源，增强林场自我发展活力，加快建设森林优质高效、资源持续利用、基础设施完善、社会保障有力、职工生活富裕的现代国有林场。

三、实施创新驱动，切实增强现代林业发展动力

8. 构建林业创新服务体系。实施协同创新，整合涉林大专院校、科研机构力量，利用省校（院）合作平台，加强国家和省级科技创新平台、生态定位站、技术创新战略联盟等建设。加强国际合作，加大引进国际先进林业技术力度，与国外智力开展合作研究，提高消化吸收再创新能力。建立完善现代林业标准体系，制订一批适应森林浙江建设需要的标准及操作规程，及时将林业科技成果转化为标准并加以推广，建设一批标准化示范基地。创新科技服务载体，建立省、市、县、乡四级科技服务体系，组建林业科技服务之家，完善重点项目首席专家负责制，为林企和林农提供个性化的科技服务。

9. 实施种业创新工程。以自然保护区（保护小区）、林木良种基地（国有场圃）和龙头企业为载体，加强主要林木、花卉种质资源保护和收集，加快建设国家、省级种质资源库和地方特色种质资源圃，改善种质资源基础条件。探索种质资源共享机制。推进产学研用、育繁推一体化，深入开展珍贵树种、特色经济树种和观赏植物等新品种的选育与推广，做大做强林业种子种苗业。实施种业惠民计划，加强林木良种基地和林业保障性苗圃建设，加快林木良种繁育，实施林木良种推广行动，促进良种增效。

10. 推进碳汇林业发展。积极研究碳汇林业市场机制、碳交易管理政策及相关规则，培育森林生态服务交易市场，建立完善森林碳汇计量、监测和评估体系，将林业碳汇交易纳入碳排放交易试点。积极鼓励开展碳汇造林活动。进一步加快碳汇基金体系建设，发动企业和个人参与碳汇造林项目。

11. 加快智慧林业建设。以应用需求为导向，以融合创新为动力，加快建设智慧林业基础支撑、业务应用、信息资源、社会服务、综合管理等五大体系，着力打造以中国义乌国际森林产品博览会为基础的林产品电子商务交易平台，以林业产权交易所为基础的林业金融服务平台，以森林、湿地和野生动植物等林业自然资源为基础的动态监测平台，以省、市、县互联互通为基础的电子政务平台，以森林安全监控预警为主的应急管理平台。

12. 创新发展林业生物技术。积极研发森林生态安全屏障体系构建技术、生态修复技术。发展以生物技术为基础的林木（竹藤、花卉）品种及森林资源培育产业，基于森林生物资源的生物质能源、生物质材料和绿色化学品产业，以国土生态安全为目标的生态生物治理产业，以提高资源利用水平和降低环境污染为目标的林业生物制造产业，服务于生物医药和资源培育的林业生物制剂产业。力争建立国家级香榧、铁皮石斛生物产业基地。

四、保护发展森林资源，着力构建现代生态林业

13. 严守生态保护红线。把森林、湿地、物种三条生态保护红线纳入经济社会发展评价体系。严守林业生态保护红线，建立最严格的森林、湿地、物种资源保护制度和与之相适应的效益补偿制度。围绕实现全省森林覆盖率、林木蓄积量增长目标，加大生态修复力度，加快宜林地造林和迹地更新，有效增加森林资源。实施森林和林地保护红线，实行最严格的林地管理制度，严格执行占用征收林地定额管理制度。逐步推进生态公益林分级管理，依法保护4000万亩生态公益林。实施湿地保护红线，严禁擅自围垦湿地、占用湿地和无序开发湿地行为，全省湿地面积稳定在1500万亩以上。实施物种保护红线，加强对现有自然保护区的建设与管理，深入实施物种保护工程，有效保护重点野生动植物，形成以国家级保护区为龙头，省、县级保护区为支撑，保护小区为补充，类型较为齐全、布局较为合理、生态效益和社会效益较为明显的自然保护体系。加强森林资源监管，建立破坏森林资源责任追究制度。

14. 实施平原和沿海绿化工程。坚持平原绿化扩面与提质并重，大力推进植树治水，发挥绿化在"五水共治"及治理雾霾、清洁空气、改良土壤中的重要作用。深化"四边"区域和"三改一拆"区域绿化，以主要公路、铁路、河流沿线为重点，建成一批绿化、彩化、美化的彩色森林带，营造林水相依的生态河道和景观绿化带。加快沿海绿色生态屏障建设，加快构建海岸、海岛防护林体系，建设滨海生态走廊，完善和提升沿海基干林带建设标准，在新围垦区建成不小于50米宽的基干林带；积极发展以红树林为主的消浪林带，在温州、台州等沿海适生区域发展红树林森林群落。

15. 实施湿地修复工程。采取湿地恢复与治理、湿地污染控制、湿地生物多样性保护等措施，逐步建立布局合理、类型齐全、层次清晰、重点突出、面积适宜的湿地自然保护生态体系，全面开展县级湿地保护名录的确定、公布和省重点湿地名录的申报工作。启动实施浙北水网平原区湿地水环境生态治理、浙东滨海及岛屿潮间区生物多样性保护、浙中西南内陆湿地水源涵养及生物多样性保护三大工程。以抢救性保护湿地生态类型多样性和生物多样性为重点，通过建立湿地自然保护区（小区）、湿地公园、海洋特别保护区等途径，加快开展重点湿地生态的保护与修复。

16. 实施森林抚育工程。大力推进景观森林建设，以高速公路和国省道沿线、主要水系两侧、城镇周边、国有林场为重点，实施林相改造项目，实行沿线连片推进。结合生态公益林提质和松材线虫病防治，通过疏伐抚育、景观改造、补植阔叶树种和彩色树种等方式，着力建设一批集景观建设、林相改造、生态涵养于一体的彩色健康森林。加快用材林培育步伐，推进木材战略储备建设，对资源集中、地域连片、立地条件好的中幼林进行定向培育。全省完成抚育改造1000万亩；以重点林区县、国有林场等为重点，建设大径材储备基地500万亩。

17. 实施珍贵树种发展工程。坚持因地制宜，合理布局，按照规模化发展与分散培育相结合、人工造林与现有林相改造相结合的思路，以市场需求为导向，大力发展材质优良、市场价值高、培育潜力大的珍贵树种。深入实施珍贵树种进万村行动，全省建设珍贵树种种苗繁育基地 1 万亩，培育苗木 1 亿株，发展珍贵树种用材林储备基地 100 万亩。

18. 实施森林城市（城镇、村庄）建设工程。大力推进森林城市、城镇、村庄建设，营造高质量的森林生态系统，提升人居环境质量。加快建设森林城市，重点推进杭州、宁波、温州和金华—义乌四大都市区森林城市建设，争取省域内全部城市（县城）建成森林城市（县城）。按照集中连片、区域推进的方式，整县推进森林城镇建设和整镇推进森林村庄建设，争取 50% 以上的城镇（村庄）建成森林城镇（村庄）。

五、发展现代林业经济，着力构建现代富民林业

19. 培育新型林业经营主体。大力培育现代职业农民、专业大户、家庭林场和合作经济组织等现代林业经营主体，夯实林业经营基础。提升发展农民专业合作社，引导财政补助合作社形成的资产量化到合作社社员，鼓励和支持大学毕业生从事林业创业。做大做强龙头主体，扶大扶强一批与农民利益关系紧密的林业龙头企业，增强产业带动力，特别要鼓励龙头企业与合作社相互参股，让农民分享加工流通环节带来的利益，真正形成利益共同体；积极支持和引导龙头企业兼并联合和战略性改组，推动企业整合上市，重点培育 500 家亿元企业、20 家十亿元龙头企业、10 家生产性服务企业。建立林业科技创业园，培育一批林业科技型企业。

20. 加快林业主导产业发展。大力发展竹木、花卉苗木、森林食品、野生动植物驯养繁殖等林业主导产业，加强设施配套，推广先进模式、技术和装备，创新经营管理机制，积极推进林业全产业链建设，促进产业集约、要素集聚。做精做深优势产业，启动实施千万亩竹林提升工程。继续加快香榧、油茶等木本油料基地建设，加强良种推广和标准化生产，提高经营效益。科学发展林下经济，启动林下经济 100 万亩示范基地、100 亿元综合产值"双百"工程，重点培育和发展林下种植、林下养殖、林下产品采集加工及森林景观利用等林下经济产业，建设一批林下经济示范基地，不断提高林地综合利用率和产出率。

21. 拓展林业产业集聚平台。坚持用工业化理念发展现代林业园区，健全由入园企业、专业大户等市场主体为主的"一园区一主体"运行机制，推进集基地生产、加工和营销于一体的全产业链发展。在现代林业园区建设的基础上，力争建成 100 个以上经营机制灵活、基础设施先进、科技服务到位、经济效益显著、能带动林农致富的现代林业经济示范区。以产业集聚和区域融合为重点，整合部门资源，做强做大林业产业集聚区。

22. 建设一流森林休闲养生区。坚持政府引导、规划先行、试点示范，积极推广森林徒步、野外体验等森林休闲养生活动，不断创新森林休闲养生新业态。加强森林休闲养生基地、森林绿道、森林古道、森林人家等示范项目建设，先行开展文成—景宁—泰顺、宁海—天台—新昌、武义—松阳—莲都等森林古道建设试点，打造进森林氧吧、尝森林美食、赏森林美景的森林休闲养生品牌，形成点、线、面相结合的区域性森林休闲养生开发新格局。

23. 加强林产品市场培育。巩固提升林产品促销平台，办好中国义乌国际森林产品博览会等，使之成为林产品展示销售中心、价格形成中心、物流配送中心和信息传导中心。加强竹产品专业市场建设，完善配套政策，重点培育安吉、余杭、临安、德清、遂昌等县（市、区）笋竹产品专业市场，支持其争创省重点市场。深入实施"电商换市"，加快发展林产品电子商务，扶持大宗林产品现货电子交易平台建设，进一步拓展销售市场。

24. 创新可食林产品管理。积极推行扶持一个主体、执行一套标准、编制一张生产模式图的标准化推广模式，认定一批森林食品基地，实施100项标准化生产推广项目。加强森林食品安全品牌建设，培育50个以上安全放心、社会公认的森林食品品牌，推动森林食品生产上规模、质量上档次、管理上水平。完善森林食品安全监管机制，继续开展森林食品质量安全专项整治，强化森林食品质量安全监管、检验检测及执法能力建设。实施森林食品质量安全追溯制度。

六、弘扬森林生态文明，着力构建现代人文林业

25. 积极挖掘森林文化。深入挖掘古树名木蕴含的人文故事、村规民约中与树有关的乡风乡俗以及森林文化在哲学、伦理、美学、文学、艺术、民俗等方面的影响。加强省生态文化基地建设，做好全国生态文明教育示范基地、全国生态文化村推荐工作。全面加强生态文明宣传，推进生态科普教育，广泛开展以尊重自然、保护森林、倡导低碳、节能减排等为主要内容的宣传教育活动。深入开展全民义务植树，创新义务植树形式，提高义务植树效率，形成植绿就是树文明的新风尚。

26. 打造森林生态文明示范区。探索开展森林生态文明示范区建设，以保护森林资源、发展生态经济、弘扬生态文化为目标，重点打造一批森林资源丰富、生态保护良好、生态经济发达、文化特色鲜明、生态制度先进的森林生态文明示范区。以自然保护区、森林公园、湿地公园、国有林场为载体，建设生态文化科普教育基地，重点打造一批森林生态文化博物馆、科技馆、标本馆、植物园。积极探索国家公园体制机制。支持湖州现代林业示范区建设。

27. 切实保护古树名木和濒危动植物。加快推进古树名木权属确认工作，进一步明确古树名木权属和保护管理职责。抢救一批濒危古树名木，建立古树名木信息档案。做好极小种群野生植物保护小区或区域规划，建立极小种群野生植物保护小区或区域。多渠道筹集保护资金，积极探索募捐认养等保护管理机制，通过监护、监测、修复、种群繁育、种质资源保护等措施，保护好物种资源、景观资源和生态资源。依法规范大树采挖移植，禁止将自然山林、乡镇农村中的大树违法采挖用于绿化、美化移栽。

七、强化林业基层基础，优化林业发展环境

28. 稳定基层林业队伍。完善林区条块结合的管理体制，加强森林消防、资源保护、山林纠纷调处、森林病虫害防治、森林公安、林业技术推广等基层林业队伍建设。落实工作经费，加强业务素质培训，开展林业专业技术人才定向培养，切实稳定基层林业队伍。

29. 提升森林消防综合防控能力。全面落实森林消防行政责任制，严格执行森林火灾重点整治县管理办法，以网格化管理实现森林管护全覆盖。全面提升扑火机具装备水平，增强森林火灾预警和扑救能力。巩固生物防火林带建设成果，积极开展引水灭火工程建设和航空护林工作，不断提升立体防控森林火灾水平。

30. 提高林区基础设施建设和林业机械化水平。深入推进林区道路建设工程，提高道路建设质量，改善林区道路、供水、供电、通信及卫生、文化等基础设施条件。对实施林业规模经营的流转林地，允许不超过3‰用作林业基础设施用地。深入实施"机器换人"，加快林业机械的开发和应用，提高林业机械化程度，降低林业生产经营成本。将符合条件的林业机械列入农机购置补贴范围。

31. 健全林业投入机制。加大对林业的扶持力度，健全财政支持林业发展的稳定增长机制。建立与森林蓄积较快增长、林地面积有效增加相适应的财政投入机制。建立以恢复森林资源为最低标准的合理利用森林资源补偿机制，对征占用林地严格按照国家规定计征森林植被恢复费，专项用于森林植被恢复和管护；对征占用省级以上公益林地的，专项用于补充公益林地的再造。完善森林生态效益补偿资金制度，建立因保护国家和省重点保护陆生野生动物造成农作物损失或其他损失的补偿制度，逐步建立湿地生态效益补偿机制，研究区域性补偿、公益性捐赠、社会募集等第三方补偿与救助政策。全面落实林权抵押贷款财政贴息政策和风险补偿等涉农贷款优扶政策。采用财政适当补助和贷款贴息等优惠政策，吸引工商资本投入以市场主体投入为主的林业产业发展项目。

32. 完善税收扶持政策。农民、农民专业合作社、家庭林场等农业生产者生产的林下经济产品，按规定免征增值税；农民专业合作社、股份合作社、绿化企业等相关企业从事林下农、林、牧项目的，按规定享受企业所得税优惠；个人或个体户从事林下种植业、养殖业，其取得的种植业、养殖业所得暂不征收个人所得税；个人独资企业和合伙企业从事种植业、养殖业，其投资者取得的种植业、养殖业所得暂不征收个人所得税；居民企业、林业事业单位、农民专业合作社、家庭林场、个人直接用于林业的生产用地免征城镇土地使用税；农民专业合作社的经营用房，免征房产税。金融机构发放的林权抵押贷款，符合条件的同等享受涉农贷款税收优惠政策。出让林业碳汇收入暂不征收营业税，企业购买林业碳汇按规定予以税前扣除。

33. 完善林业中介服务。将规划设计、资产评估、市场信息、金融服务、技术培训等适合市场化方式运作的公共服务事项交由社会中介机构承担。进一步规范政府购买服务行为，建立严格的监督评价机制，提高林业中介机构服务能力和质量。加强林业法律援助工作，对经济困难的林农在林地承包经营、勘界发证、林权流转、林权抵押、森林保险、征地补偿等方面提供一站式法律援助，在办理林木采伐、林权抵押贷

款、组建林业合作社时提供无偿法律咨询。

八、切实把深化林业改革、建设森林浙江各项工作任务落到实处

34. 加强组织领导。加快推进林业改革发展，五年绿化平原水乡、十年建成森林浙江，是建设美丽浙江、创造美好生活的重要内容。各级党委、政府要切实加强组织领导，层层落实工作责任，加大政策扶持和工作推进力度，确保领导到位、责任到位、措施到位。各有关部门要认真履行职责，通力协作，形成齐抓共管的良好工作格局。

35. 坚持依法治林。进一步完善林业地方性法规体系，制修订种质资源保护、商品林采伐、林地流转、森林公园建设、生态公益林管理、古树名木保护等方面地方性法规或规章。加强林业执法体系建设，强化执法监管，明确执法范围，规范执法行为，推进综合执法改革。建立健全林业治理体系，增强林业治理能力。

36. 强化责任考核。各级政府要把保护发展森林资源作为政府目标考核的重要内容，建立健全保护发展森林资源目标责任长效机制和森林增长指标考核制度，把森林覆盖率、林木蓄积量、林地和湿地保有量等指标纳入政府年度绩效考核，层层签订森林资源保护发展目标责任状，制订严格的考核奖惩措施，确保实现森林面积、森林蓄积量持续稳定双增长。省对市、县(市、区)森林增长指标实行年度考核。

2014 年 10 月 10 日

关于加快推进林下经济发展的意见

（浙林造〔2014〕20 号）

各市、县（市、区）人民政府：

为加快发展林下经济，提高林地综合经营效益，推进"森林浙江"建设和林业转型升级，促进农民持续增收和山区经济发展，根据《国务院办公厅关于加快林下经济发展的意见》（国办发〔2012〕42 号）精神，经省政府同意，现就加快推进林下经济发展提出如下意见：

一、总体要求

（一）指导思想。以维护森林生态安全为前提，以促进农民增收为目标，以提高林地生产力和综合效益为核心，充分发挥森林资源优势和林木特性，坚持科学规划，突出地方特色，大力推广应用先进适用技术和新型林下种养模式，加快发展特色精品林业、林下林缘种植养殖经营与景观旅游开发，深入推进现代林业园区建设，促进林下经济规模化、产业化、集约化，建立一二三产融合、经济与生态协调发展的经营模式，加快转变林业发展方式，培育农村经济发展和农民增收新的增长点。

（二）基本原则。一是坚持生态优先，合理开发。正确处理好保护与发展的关系，节约集约利用林地资源，保护林下水土资源，科学合理发展林下经济。二是坚持因地制宜，培育特色。充分考虑气候条件、资源基础、立地条件和环境承载力，充分发挥比较优势，科学发展各具特色的林下产业。三是坚持集约经营，产业联动。注重生产、加工、销售等环节配套发展，加快形成种养游一体化、产加销一条龙的产业化经营体系。四是坚持政府支持、市场导向。加强政策支持，总结推广成熟模式，引导各类经营主体依据市场需求发展林下经济。

（三）发展目标。力争到 2017 年，全省林下经济发展面积达 3000 万亩以上，林下经济综合产值达 1000 亿元以上。山区农民来自林下经济收入人均增收 1000 元以上，建成 1000 个林下经济示范基地，培育一批具有较大规模、潜力和辐射带动能力的林下经济龙头企业及专业合作组织，林下资源、技术、资本、市场实现有机结合，林下产业综合竞争力和林地综合利用率、产出率大幅度提高，成为我省农村经济和农民增收新的增长点。

二、主要任务

根据我省自然和林业产业特点，进一步提高特色经济林、竹产业、花卉苗木、森林旅游、野生动植物驯养繁殖等产业经营水平和效益，着力培育和发展林下种植、林下养殖、林下产品采集加工及森林景观利用等林下经济产业，不断丰富复合经营模式，推动多元化组合发展。

（一）发展林下种植。充分利用我省丰富的林下资源，大力发展复合种植业，积极推广应用以下模式：林—笋模式，开发竹园经营，推广四季竹笋技术，提高竹笋产量；林—苗—花卉模式，在林缘、林荫及林下空地培植苗木花卉；林—药模式，在林下培育耐荫的石斛、白术、三叶青、决明子等中药材；林—菌模式，林下种植培育松菇、香菇、木耳、竹荪等菌类；林—粮模式，种植旱粮、板栗等作物；林—菜模式，林下种植香椿、生姜、蕨菜等森林蔬菜；林—油模式，种植香榧、山核桃、薄壳山核桃、油茶、花生等油料作物；林—果模式，种植柿子、枣子等；林—草模式，种植紫花苜蓿、黑麦草等。

（二）发展林下养殖。充分利用林下空间和森林环境，大力发展立体养殖，积极推广应用以下模式：林—禽模式，在林下圈养鸡、鸭、鹅等禽类；林—畜模式，在林下发展林草复合经营，林缘发展牛、兔、羊等家畜，实现饲料下山和肥料上山的生态循环；林—蜂模式，利用林木花卉放养蜜蜂，发展养蜂业；林—驯模式，利用林下森林环境和气候条件，人工驯养繁殖梅花鹿、野鸡、石蛙等野生动物。

（三）发展林下产品采集加工。充分利用我省林下产品资源丰富的优势，大力发展林下产品加工、流通业，拓展林下经济产业链，提高经济效益。主要发展森林果品、香精香料、木本油料、竹材竹笋、森林蔬菜、木质藤本等采集加工。

（四）发展森林景观利用。充分发挥林区山清水秀、空气清新、生态良好的优势，合理利用森林景观、自然文化环境和森林食品，因地制宜开发建设森林公园、林业观光园区、森林古道、森林驿站等，积极发展集观光度假、休闲体验、生态养生于一体的森林旅游业，开发富有地方特色的森林食品、果品、茶叶、药材等森林旅游商品，打造一批功能完善的森林旅游景区。

三、主要措施

（一）科学制定发展规划。各地要根据当地自然条件、区位、林地资源、市场需求等情况，结合当地"十二五"林业发展规划、现代农业园区建设、农业产业结构调整、扶贫开发等，制订林下经济发展规划，优选林下经济发展模式，确定一批林下经济发展项目，创新林下经济发展机制，按照比较优势和差异化竞争原则，尊重农民意愿，突出特色，合理确定发展目标、任务和政策措施。

（二）加强基础设施建设。加大林下经济相关基础设施建设的投入力度，稳妥推进林道建设，完善水利、电力以及其他配套设施，推广应用林下经济发展需要的现代林业机械、钢架大棚、喷微灌以及温湿调控等设施设备，加快建设一批上规模、生产条件较好的林下生产基地，增强林下生产高产稳产能力。

（三）积极推进规模化产业化经营。启动实施林下经济"双百"（100万亩基地、100亿元产值）示范工程，加快推广成熟高效林下经济模式。按照发展绿色循环经济的理念，科学确定高效适用的林下经济发展项目，积极培育和建设一批森林食品、森林药材、林牧结合、森林旅游等林下经济示范基地和拳头产品。大力支持发展林业专业合作组织和家庭林场建设，积极支持有条件的林下经济龙头企业做大做强，大力推广

"龙头企业＋农民专业合作社＋基地＋农户"的运作模式，形成种养游一体化、产加销一条龙的产业化经营体系。加大林下产品公共营销和品牌宣传推介力度，培育林业精品名牌，拓展市场。

（四）提高科技支撑水平。加大对林下经济的科技扶持和投入力度，加强科技服务和技术培训，提高农民生产科技水平。加大主导产品和优势品种的科技研发，总结和创新林下经济模式，制定林下经济技术规范，加快良种选育、模式整合、培育示范、产品加工等先进实用技术转化推广。

（五）健全社会化服务体系。支持发展社会中介组织和专业协会建设，充分发挥其信息服务、科技推广、市场营销、行业自律等作用。加快推进社会化服务机构建设，为林业生产经营主体提供方便快捷的服务。依托现有涉农公共服务中心，积极为林下经济发展提供政策咨询、技术支撑等综合服务。

（六）进一步创新发展机制。深化林权制度改革，创新林下经济经营管理机制，积极引导社会资本开展合作经营、股份经营，促进规模化发展和产业升级，盘活森林资源资产，拓展林下经济发展空间。加强风险管控，加快开发针对林下经济发展的政策性保险产品，增强抗风险能力。

（七）加强政策支持。要逐步建立政府引导，农民、企业和社会为主体的多元化投入机制。统筹整合相关资金，加大对林下经济重点示范基地建设和产业提升的支持力度。引导各金融机构创新贷款模式和产品，加大对林下经济发展项目的信贷支持，大力推行"林权IC卡"贷款等简易放贷程序，增加对林下经济发展的信贷投入。农业生产者生产销售符合税收相关规定的产品，依法享受有关税收优惠政策，企业从事农、林项目的所得，可以按规定减征、免征企业所得税；对个人、个体工商户、个人独资企业、合伙企业从事种植业、养殖业的，其取得的所得暂不征收个人所得税。

（八）加强组织领导。各地要把发展林下经济列入重要议事日程，明确目标任务，完善政策措施，精心组织推进。林业部门要牵头做好林下经济发展工作，制订林下经济发展规划；财政部门要加大对林下经济发展的资金投入力度；科技、农业等部门要加大对林下经济新技术、新品种、新模式推广应用；国土资源部门要对林下经济发展所需的设施用地给予支持；水利、交通运输、电力等部门要支持林下经济示范基地的水、电、路等基础设施建设；扶贫开发部门要将林下经济发展与产业扶贫开发有机结合起来，加大扶持力度；金融机构要根据自身业务特点，积极研究制定信贷支持政策；保险机构要结合农林保险特点，研究提供林下经济配套产品和服务新途径。其他相关部门要各负其责，各司其职，通力协作，充分发挥管理、指导、协调和服务职能，形成林下经济发展的合力。

本文件自 2014 年 5 月 1 日起施行。

浙江省林业厅

2014 年 4 月 1 日

浙江省人民政府办公厅
关于加强湿地保护管理工作的意见

（浙政办发〔2014〕23号）

各市、县（市、区）人民政府，省政府直属各单位：

湿地与森林、海洋并称为全球三大生态系统，被誉为"地球之肾"，具有保持水源、净化水质、调洪蓄水、储碳固碳、调节气候、保护生物多样性等功能，是生态安全体系的重要组成部分。为切实加强湿地保护，促进湿地资源可持续利用，推进生态文明建设，根据《浙江省湿地保护条例》等有关规定，经省政府同意，现就加强湿地保护管理工作提出以下意见：

一、总体要求

以党的十八届三中全会精神为指导，认真执行国家和省有关湿地保护的法律法规，结合"五水共治"行动，从维护湿地生态系统结构完整性和发挥湿地改善水环境、提供生物栖息地、保障生态安全、传承生态文明的基本功能出发，依法加强管理，健全保护管理体制机制，采取抢救性保护、修复与治理、污染控制等人工适度干预措施，恢复与重建湿地生态系统，遏制湿地面积减少和功能退化的趋势，逐步促成布局合理、类型齐全、层次清楚、重点突出、面积适宜的湿地自然保护生态体系。至2017年，建立省级以上湿地公园30个、湿地合理利用示范区50个、湿地生态教育基地50个；划定全省湿地保护红线，确定县级以上湿地保护名录，自然湿地保护率达到60%；90%以上的重点野生动植物物种得到有效保护；水环境明显好转，区域水质在现有基础上提高一个标准。至2020年，全面提高湿地保护管理和综合利用水平，使全省湿地保护与合理利用进入有序的良性循环，充分发挥湿地生态系统的各种功能和效益，实现全省湿地生态保护、生态产业、生态文化协调发展，推进美丽浙江建设。

二、主要任务

（一）科学划定湿地保护红线。根据国家《推进生态文明建设规划纲要（2013—2020年）》提出的有关湿地红线要求，结合我省实际开展湿地红线划定工作，并制订相应的湿地红线管理办法与保障措施。各地要根据当地湿地资源现状、生态安全与经济社会可持续发展需要，于2014年底前完成湿地红线划定工作，并严守湿地红线，严格控制对现有湿地的占用和破坏。

（二）开展湿地保护规划编制工作。各级林业部门要会同有关部门根据《浙江省湿地保护条例》规定，抓紧开展湿地保护规划编制工作，确保在 2015 年 6 月底前完成。湿地保护规划应当与土地利用总体规划、城市总体规划、县(市)域总体规划、生态环境功能区规划、海洋功能区划、流域综合规划等相衔接。湿地保护规划报送审批前，要通过论证会、听证会等形式广泛征求意见。修改、调整湿地保护规划要按照规划制定程序报原审批机关批准。

(三)确定和公布湿地保护名录。列入保护名录的湿地是需实施抢救性保护、生态修复、生态补偿的重点领域。各地要根据《浙江省湿地保护条例》的规定，依据全省湿地资源调查成果，结合本地湿地资源状况，尽快开展县级湿地保护名录的确定、公布工作和省重要湿地名录的申报工作，确保在 2015 年 6 月底前完成。其中，对已批准的各种湿地类型的保护区(包括自然保护小区)、湿地公园(包括城市湿地公园)；面积 8 公顷以上的湿地；面积 8 公顷以下但具有特殊保护价值的湿地，包括具有典型湿地类型、野生动植物集中分布区、位于鸟类重要迁徙路线、有特殊历史或文化意义、与当地居民生产生活密切相关(如水源保护区、温泉)等的湿地，应列入县(市、区)级湿地保护名录。

(四)加大湿地的抢救性保护、修复和示范力度。要有计划、有重点地恢复和重建已被破坏的湿地。县级以上人民政府要以抢救性保护湿地生态类型多样性和生物多样性为重点，加强对列入名录的重要湿地的保护。对已建立的湿地自然保护区(小区)、湿地公园，要强化管理措施，确保湿地生态修复工程取得实质性进展，生物多样性得到有效保护，生态环境得到明显改善。对因自然灾害或人类活动影响导致湿地面积急剧下降、海洋生物和候鸟栖息地大幅度减少、水质污染严重、水土流失严重的重点区域，要通过划定保护区域、限制开发、建立自然保护区(小区)或湿地生态保育区、湿地公园等措施进行抢救性保护；对出现生态功能退化或生物多样性减少但不显著的区域，要通过管控措施，有效减少人为干扰，减轻自然承载压力；湿地周边建有堤坝的，要视实际情况进行生态化改造。要充分利用我省湿地资源丰富的特点，积极科学推进湿地生态旅游以及不同类型的湿地特色旅游示范区、湿地风景名胜区建设，积极探索湿地农业、渔业、水利等合理利用示范区和促淤增涂试点工程建设，加大力度推进湿地对工业污水、生活污水净化处理示范区建设。

(五)提升湿地科研监测水平。县级以上林业部门要抓紧抓好湿地资源监测体系建设，建立动态管理平台，组织协调有关部门、科研机构及时开展湿地资源、湿地利用状况、湿地生态系统结构与功能的调查和评估，实时掌握湿地资源的动态变化，定期向社会公布，为政府决策提供依据。省里建立省湿地保护研究中心和专家库，整合科研力量，大力开展新技术试验示范，推广湿地生态修复、治理新模式，提高湿地保护管理科技水平。

(六)加强依法管理。各地要强化对湿地开发利用的管理，对涉及向湿地区域排污或改变湿地自然状态，以及建设项目占用湿地的行为，行政审批部门要会同相关部门按照相关法律法规进行严格审批。要加强监管，依法制止违法占用、开垦、填埋以及污染湿地行为，依法追究严重破坏湿地生态的单位和个人的责任。凡列入湿地保护名录的湿地，未经批准不得开垦、占用或随意改变用途；一旦发现违法行为，应立即责令停止，并采取有效的补救措施，努力恢复湿地的生态结构与功能。因保护湿地给湿地利益相关者合法权益造成损失的，应当按照有关规定予以补偿。

三、保障措施

（一）加强组织领导。各地要把湿地保护管理工作列入重要议事日程，切实加强组织领导，完善管理体制和工作机制，加大政策扶持力度，确保湿地保护管理各项措施落到实处。省政府从 2014 年起把湿地保护工作列入生态省建设的考核体系。要建立和完善综合协调、部门联动的湿地保护管理体制，各市、县（市、区）要根据需要建立湿地保护联席会议机制，及时研究解决湿地保护管理工作中的重大问题。要加强队伍建设，各级林业部门要尽快建立健全湿地保护队伍；批准建设的湿地自然保护区、省级湿地公园必须落实相应的机构和人员，切实履行湿地保护管理职责。

（二）加大投入力度。各地要按照《浙江省湿地保护条例》，将湿地保护工作纳入国民经济和社会发展规划，把湿地保护管理经费、湿地生态效益补偿经费列入财政预算。加大湿地保护区（小区）、湿地公园、湿地合理利用示范区等重要湿地的必要基础设施建设、生态修复和治理、生物多样性保护、科研和监测工作等的项目资金投入，保障湿地保护管理工作经费。各级财政部门要统筹整合相关资金，对省级以上湿地自然保护区（小区）、湿地公园等重点保护建设项目给予适当补助。省林业厅、省财政厅要积极探索湿地生态效益补偿办法，尽快开展湿地生态效益补偿的试点工作，逐步建立分级、分类补偿相结合以及政府补偿、市场补给有机统一的湿地生态补偿机制。

（三）加强部门配合。林业部门要做好湿地保护工作的组织、协调、指导和监督等工作；编制部门要加强湿地保护管理机构和人员编制的管理、指导；发展改革部门要加强湿地保护规划衔接、审核审批和国家及省级湿地建设项目的审批；财政部门要加大湿地保护资金的投入；国土资源部门要严格湿地征占用审批；环保部门要加强对湿地水污染的综合治理；建设部门要加强城市建设发展中湿地管理的力度，确保不占或少占原生湿地资源；水利部门要加强河道、溪滩、湖泊等湿地水资源的保护和管理；农业部门要加强对农用湿地的保护；海洋与渔业部门要加强水生生物、海洋自然保护区、海洋特别保护区等的保护；旅游部门要加强湿地生态旅游活动的规范化管理。

（四）加强宣传引导。要把学习宣传湿地保护科普知识作为生态文明建设的重要内容，广泛动员各类媒体加强对《国际湿地公约》《中华人民共和国野生动物保护法》《浙江省湿地保护条例》《湿地保护管理规定》等法律法规规章的宣传，普及湿地保护知识，增强全社会的湿地保护意识，自觉履行湿地保护义务，合力推进湿地保护工作。

浙江省人民政府办公厅

2014 年 2 月 19 日

浙江省人民政府办公厅
关于加强林业有害生物防治工作的意见

（浙政办发〔2015〕47 号）

各市、县（市、区）人民政府，省政府直属各单位：

为进一步抓好林业有害生物防治，促进林业健康可持续发展和生态文明建设，根据《国务院办公厅关于进一步加强林业有害生物防治工作的意见》（国办发〔2014〕26号）精神，经省政府同意，现就加强林业有害生物防治工作提出如下意见：

一、总体要求

围绕"五年绿化平原水乡，十年建成森林浙江"的总体部署，坚持"因地制宜、多措并举，标本兼治、以防为主，依法防控、科学除治，政府主导、社会参与"的原则，健全林业有害生物防控管理体系，加强防控能力建设，强化防控责任和措施落实，努力减轻林业有害生物灾害损失，为林业现代化建设提供有力保障。到 2020 年，全省林业有害生物灾害防控能力得到显著提升，松材线虫病等主要林业有害生物危害得到有效控制，成灾率控制在 4‰以下，无公害防治率达 85%以上，测报准确率达 90%以上，种苗产地检疫率达到 100%。

二、主要任务

（一）提高监测预警水平。林业主管部门要加强对林业有害生物防治的技术指导、生产服务和监督管理，组织编制林业有害生物防治发展规划。完善监测预警机制，加强县、乡、村基层测报站（点）和测报员体系建设，每个乡镇至少确定 1 名技术人员负责病虫情监测工作，每个村至少确定 1 名兼职病虫情测报员，每 1 万亩林地要落实 1名护林员负责病虫情监测。全面推行林业有害生物监测网格化管理，落实责任人。建立有奖举报制度，鼓励公众参与。加快建立地面监测与空中监测相结合的立体监测平台，开展测报趋势分析，及时发布短、中期灾害预警预报信息。全省每 5 年组织开展1 次林业有害生物普查。

（二）增强防灾减灾能力。各地要进一步完善松材线虫病等检疫性林业有害生物灾害防控方案，组建专业人员和群众相结合的防治队伍，增加必要的应急防治设备、药剂储备，增强应急防治能力。对重大检疫性、危险性有害生物，实行严格检疫、重点监测，集中力量进行除治，防止扩散蔓延；对发生面积较大、危害严重或重大的危险性、检疫性林业有害生物，实施工程治理。大力推广应用无公害防治技术以及航空作业防治、地面远程施药等先进技术措施，提高防治水平。

（三）严格检疫监管。加强产地检疫和境外引种监管，重点做好检疫性、补充检疫性和危险性有害生物寄主植物及其产品在调出疫情发生区之前的检疫。省内调运林业植物及其制品的，依法实行林业检疫植物及其制品目录管理，未列入检疫目录的，不再办理《植物检疫证书》。林业检疫植物及其制品目录由省林业厅根据林业有害生物疫情制订、调整和公布。探索通过政府购买服务的方式，委托中介机构实施产地检疫技术服务。加强松木及其制品的管理，松材线虫病发生区内采伐的松木必须依法经过定点除害处理方可利用；未取得疫木定点加工行政许可的，不得加工利用松木及其制品。

（四）加快林相改造步伐。各地要结合森林抚育、"四边三化"、阔叶林发展、景观森林建设等，以交通主干道两侧、景区周围、城镇周边、松材线虫病发生区前沿为重点，加快林相改造步伐，大力发展珍贵树种、彩色树种，改善树种结构，促进森林健康。在造林过程中，严禁使用携带林业检疫性、危险性有害生物的苗木，大力推广应用良种壮苗，优先选用乡土树种和抗性较强的品种，营造混交林，增强森林抵御有害生物侵害的能力。

（五）推进社会化防治。林业主管部门要及时发布病虫信息，加强技术服务。大力扶持和发展林业有害生物社会化、专业化防治组织，支持其开展统防统治服务。对检疫性、重大林业有害生物和公益林病虫害的防治，要推行政府向社会化防治组织购买病虫除治、监测调查等服务。落实"谁经营、谁防治"的林业有害生物防治责任制度，从事森林、林木经营的单位和个人要积极开展林业有害生物防治。

（六）加强人才队伍建设。各级政府要根据林业有害生物防治工作需要，加强防治检疫组织建设，合理配备人员力量，强化基础设施和技术装备。加强森林保护、植物保护等相关专业学科建设，积极引进和培养高层次、高素质的专业人才，增强林业有害生物防治专业技术力量。加强防治队伍业务能力和作风建设，强化培训教育，提高人员素质、业务水平和依法行政能力。

三、保障措施

（一）切实加强组织领导。建立健全林业有害生物防治目标责任制，将林业有害生物成灾率、松材线虫病等重大林业有害生物防治目标完成情况列入政府考核评价指标体系。各级政府要按照属地管理的原则，切实加强组织领导，层层落实防治工作责任，及时研究解决防治工作中的重大问题。建立健全联防联治机制，相邻地区、相关部门要加强协作配合，开展疫情信息通报和会商，并联合开展执法检查、防治作业等。对重大林业有害生物疫情严重扩散、新发现面积较大、未完成年度除治任务的县（市、区），省政府将给予通报批评并按有关规定追究责任。

（二）加大政策扶持力度。各级政府要将林业有害生物普查、监测预报、植物检疫、疫情除治和基层测报站（点）建设等资金纳入财政预算，增加资金投入。将防治所需、符合规定的机具列入农机购置补贴范围。按规定落实防治作业人员接触有毒有害物质的岗位津贴和相关福利待遇。

（三）增强科技支撑能力。针对林业有害生物防控需求，加大力度支持防治技术研究和产学研协同攻关，重点支持外来林业有害生物防控技术、灾害预警、抗性树种培育、快速检验检测技术、空中和地面相结合的立体监测技术等实用技术研究，着力解决监测预警、重大林业有害生物持续控制中存在的关键性技术问题。加强防灾减灾教育宣传和科普工作，提高群众防治林业有害生物的意识和技能水平，营造全社会支持、参与林业有害生物防治的氛围。

（四）加强部门协作配合。各有关部门要切实加强沟通协作，各负其责、依法履职。财政部门要加强资金预算安排，监督预算执行。建设（园林）、交通运输、民航、铁路、林业等部门要做好所辖领域的林业有害生物防治和管理相关工作。工商部门要监督木材加工、经营企业贯彻落实《浙江省松材线虫病防治条例》等法律法规，配合林业部门开展对木材加工企业的检查。通信、电力、广电等部门要加强对本系统相关建设活动中松木包装材料的管理。农业、质监、林业部门要按照职责分工和"谁审批、谁负责"的原则，严格植物检疫审批和监管工作，建立疫情信息沟通机制。出入境检验检疫部门要加强和完善外来有害生物防控体系建设，强化境外重大植物疫情风险管理，严防外来有害生物传入，切实保障林业生态安全。

浙江省人民政府办公厅

2015 年 5 月 8 日

浙江省人民政府办公厅关于加强"十三五"期间年森林采伐限额管理的通知

各市、县（市、区）人民政府，省政府直属各单位：

根据《国务院关于全国"十三五"期间年森林采伐限额的批复》（国函〔2016〕32号）、《国家林业局关于切实加强"十三五"期间年森林采伐限额管理的通知》（林资发〔2016〕24号）精神，经省政府同意，现将"十三五"期间年森林采伐限额分解下达，并就有关事项通知如下：

一、严格执行森林采伐限额制度

此次下达给各地、各有关单位的森林采伐限额总量和各分项指标，是每年采伐林地上胸径5厘米以上林木蓄积的最大限量，必须严格执行，不得突破。不同编限单位的采伐限额不得挪用，同一编限单位分别权属、起源、森林类别、采伐类型的各分项限额不得串换使用。建设、交通运输、水利、铁路部门以及驻浙部队等管理和经营的林木，统一纳入采伐限额管理。各地、各有关单位要严格执行《中华人民共和国森林法》等法律法规的有关规定，切实加强天然林保护工作，严禁移植天然大树进城，严禁天然林商业性采伐，禁止对天然林实施皆伐改造。

二、合理分解落实森林采伐限额

采伐总限额2000立方米以上的县（市、区），原则上要及时将采伐限额分解下达到乡镇（街道）；因自然灾害、林业重点工程等需集中采伐林木的，可单列不超过采伐限额的5%；已制定相应采伐限额分配制度的县（市、区），集体林采伐限额可由县级林业行政主管部门统一调配使用。因松材线虫病除治等需要采伐林木且在采伐限额内无法解决的，市、县（市、区）政府可向省林业厅申请追加，省林业厅在松材线虫病除治等专项指标中统筹解决；松材线虫病除治专项指标有结余的，其采伐限额按比例分解下达给各地、各有关单位。

三、进一步简化林木采伐审批管理

各地要按照便民高效的原则，进一步简化采伐许可证办理程序，落实网上发证和委托乡（镇）政府（街道办事处）或县级林业行政主管部门派出机构核发采伐许可证。个人采伐原则上实行一户一证；对于同一相连采伐地块，林权所有人申请联合采伐的，可联户发证。对于同一建设工程、同一林业有害生物除治项目及其他因自然灾害

---

* 2015年11月19日浙江省第十二届人民代表大会常务委员会第二十四次会议通过。

需要采伐林木的，在同一行政村范围内，可跨小班联户发证。采伐非林地和征占用林地上的林木，凭林木采伐许可证采伐，不纳入采伐限额管理。因征占用林地需要采伐林木的，凭县级以上林业行政主管部门作出的使用林地许可决定书，办理相应的林木采伐许可证。人工商品林主伐年龄由经营者根据实际情况自主决定。列入省级以上林业工程项目的，其抚育采伐可以占用主伐或更新采伐限额。

四、积极稳妥推进林木采伐管理改革

各地(嘉兴市、舟山市除外)要按照全国深化林业综合改革试验示范区总体部署的要求，开展公益林抚育采伐管理改革试点，省级以上公益林中的松林、人工杉木林列入省级以上抚育改造工程项目的，抚育采伐强度不得超过40％。严格执行《浙江省公益林管理办法》，省级以上公益林林木可以进行更新性质的采伐，但采伐强度不得超过伐前林分蓄积的25％，且一次连片皆伐面积不得超过1公顷。积极探索林木采伐迹地更新造林的管理举措，各地可根据本区域林木采伐管理实际，制定迹地更新保证金等管理制度，确保采伐迹地按时保质保量更新。

五、加强受灾林木采伐管理

对防治松材线虫病需要采伐受害松木的，按照谁经营、谁防治的原则，由县级林业行政主管部门或乡(镇)政府(街道办事处)告知林木所有者申请办理林木采伐许可证；逾期不申请办证的，村集体可以直接申请办理林木采伐许可证。对部分松材线虫病危害严重的天然松类商品林，确需皆伐改造的，可以县级政府批准的除治方案为依据，核发林木采伐许可证。因发生森林火灾、林业有害生物等重大自然灾害，确需对受害枯死木进行清理的，其采伐限额可不分采伐类型、起源用于受害枯死木清理，采伐期限可延长至次年3月31日。实行林木采伐公示制度，由县级林业行政主管部门组织对林木采伐申请、许可等情况进行公示。

六、建立健全森林资源管理长效机制

实施森林采伐限额管理，是加强森林资源保护、推进生态文明建设的重要举措。各级政府要牢固树立绿色发展理念，全面落实森林资源保护发展目标责任制，把森林覆盖率、林木蓄积量、林地保有量、天然林保护等指标纳入政府年度目标考核体系，确保森林资源持续稳定增长。不断健全森林经营管理机制，积极引导和鼓励森林经营者编制森林经营方案，科学开展森林培育和采伐。加快推进全省森林资源二类调查和一体化监测体系建设，积极探索编制森林资源资产负债表，完善党政领导干部生态环境损害责任追究等管理办法，对因保护不力致使森林资源受到严重破坏的要进行问责处理。研究制定采伐限额执行情况检查制度，林业行政主管部门要定期开展采伐限额执行情况检查，并将采伐限额年度执行结果报告同级政府和上一级林业行政主管部门。

附件：浙江省"十三五"期间年森林采伐限额汇总表(略)

浙江省人民政府办公厅
2016年7月15日

浙江省新植 1 亿株珍贵树五年行动计划
（2016—2020 年）

为提高森林质量，美化人居环境，促进农民增收，根据《中共浙江省委浙江省人民政府关于加快推进林业改革发展全面实施五年绿化平原水乡十年建成森林浙江的意见》（浙委发〔2014〕26 号）精神，制定本行动计划。

一、总体要求

（一）指导思想。以"绿水青山就是金山银山"科学论断为指导，贯彻创新、协调、绿色、开放、共享发展理念，以提高森林质量、增加珍贵树种资源战略储备为目标，以发展材质优良、经济价值高、发展前景好的珍贵乡土树种资源为重点，坚持科学规划、分年实施，政府主导、市场引导，适地适树、科学推进的原则，深入实施珍贵树种赠苗造林、基地建设、补植培育、"四旁"（宅旁、村旁、路旁、水旁）植树、发展示范等五大行动，加大投入力度，强化科技支撑，充分发挥森林综合效益，为推进森林浙江、美丽浙江建设提供强有力支撑。

（二）主要目标。到 2020 年，全省栽植珍贵树 1 亿株以上，其中发展珍贵树种基地 12 万亩以上，植树造林 1200 万株以上，补植培育 4600 万株以上，"四旁"植树 4200 万株以上。

（三）树种选择。重点发展南方红豆杉、红豆树、花榈木、浙江楠、紫楠、桢楠、闽楠、毛红椿、降香黄檀、银杏等珍贵树种。

二、重点行动

（一）实施珍贵树种赠苗造林行动。加强珍贵树种良种选育，积极构建省市县三级林业保障性苗圃体系，进一步提升种苗繁育基地基础设施水平。到 2020 年，建成以珍贵树种容器苗培育为主的省级林业保障性苗圃 19 家、面积 4000 亩、育苗 2500 万株以上，建设市县珍贵树种繁育基地 6000 亩、育苗 7500 万株以上。继续开展珍贵树种进校园、进公园、进园区、进万村和进军营等活动，结合平原绿化、义务植树和美丽乡村建设，形成发展珍贵树种的良好氛围。加强珍贵树种赠苗造林监督，完善赠苗造林机制，建立健全赠苗调苗、植树信息卡等档案，做到来源可查、去向清晰。

（二）实施珍贵树种基地建设行动。充分利用杉木采伐迹地、退化竹林、荒芜坡耕地，以及其他立地条件较好、相对集中连片的山地，建设一批材质好、经济价值较高的高标准珍贵树种基地。珍贵树种基地建设以国有林场、乡村林场、国乡合作造林、林业专业合作社和林业大户为主体，积极鼓励工商企业投资发展珍贵树种。坚持因地制宜、因树而宜,科学选用造林模式,大力推广针阔混交、常绿落叶混交或选择短期内能有经济效益的混交伴生树种等成熟技术模式。浙西的临安、富阳、建德、桐庐、淳安、安吉、开化等县(市、区),以及浙南的天台、仙居、永嘉、文成、泰顺等县和丽水市为珍贵树种基地建设重点区域。

(三)实施珍贵树种补植培育行动。结合森林抚育经营、珍贵彩色森林建设和松材线虫病防治,实施珍贵树种补植造林和目标树培育。以铁路、公路、河道两侧和城镇周边山体为重点,通过减针促阔、抽针补阔、林缘补植等措施,调整树种结构,增加珍贵树种比重,打造以阔叶林和针阔混交林为主的稳定森林群落。以次生阔叶林为基础,以国有林场、集体林场为重点,选择具有培育价值和一定龄级的珍贵树种,采取目标树经营模式,定向培育一批中大径材珍贵树种。

(四)实施珍贵树种"四旁"植树行动。结合平原绿化和"两路两侧""四边"绿化、"三改一拆"拆后绿化、"五水共治"植树治水,以平原地区为重点,在城市公园、城镇周边、通道两侧绿化和沿海防护林、农田林网等建设中,大力推广应用适生珍贵树种。在"四旁"空闲地块、荒滩荒地,鼓励和引导群众栽植珍贵树种。积极开展全民义务植树活动,大力提倡种植珍贵树种,努力提高全民义务植树活动的尽责率。

(五)实施珍贵树种发展示范行动。推进珍贵彩色森林示范县建设,科学编制实施方案,创新体制机制,抓好任务落实。通过示范建设一批精品亮点工程,总结一套可学、可看、可推广的珍贵树种发展建设模式,到2020年全省建设珍贵彩色森林示范县12个。推进珍贵树种示范林建设,建立健全珍贵树种示范林领导联系制度,到2020年全省建成面积超过100亩的示范林1000片以上。结合森林村庄和绿化模范单位创建,开展珍贵树种示范点、示范单位建设,到2020年全省建成珍贵树种示范点1000个以上、示范单位1000个以上。

三、保障措施

(一)加强组织领导。大力发展珍贵树种,是实现蓄宝于山、藏富于民的重要途径,也是推进生态文明、建设美丽浙江的重要内容。各地、各有关单位要切实加强组织领导,精心组织实施,创新体制机制,确保完成目标任务。各级政府是实施新植1亿株珍贵树五年行动计划的责任主体,要加大投入,创新举措,强化考核,狠抓落实。各级林业主管部门要积极谋划,当好参谋,加强规划引导、技术指导和管理服务。

(二)强化种苗保障。加大珍贵树种苗培育力度,建立以林业保障性苗圃为主、社会化育苗为补充的种苗保障体系,积极推广容器化、工厂化、标准化的育苗新技术,推进种苗精准调剂,加强种苗质量监管,优化种苗供应结构,加大多年生大苗培育力度,夯实珍贵树种发展基础,确保良种壮苗供应。

(三)加强质量监管。加强珍贵树种植树造林技术指导,完善质量管理,认真执行《造林技术规程》(GB/T15776-2006)等技术标准,切实加强珍贵树种种植后抚育和经营管理,确保珍贵树种成林、成材。

（四）强化科技支撑。加强珍贵树种良种选育和高效栽培技术模式研究，缩短珍贵树种培育周期，提高珍贵树种的生长量和品质。研究推广新技术、新成果，为珍贵树种发展提供"快餐式""套餐化"的先进适用技术。加大对珍贵树种综合利用的研究，充分发挥珍贵树种应用价值。

（五）创新发展机制。坚持谁造谁有、合造共有的原则，出台扶持政策，加大财政资金投入力度，引导多渠道筹集资金投入珍贵树种发展。大力推进林业股份合作制改革，培育新型林业经营主体，引导工商资本与农户建立紧密型利益联结机制，鼓励投资者通过承包、租赁、股份合作等形式发展珍贵树种，推进林业适度规模经营，提高林业经营水平。

附件：浙江省新植1亿株珍贵树五年行动计划任务表（略）

浙江省人民政府办公厅

2016 年 4 月 27 日

长江

经济带 林业支持政策汇编：地方篇

安徽省

安徽省湿地保护条例

第一章　总　则

第一条　为了保护湿地，维护湿地生态功能和生物多样性，促进湿地资源可持续利用，根据有关法律、行政法规，结合本省实际，制定本条例。

第二条　本条例适用于本省行政区域内从事湿地保护、利用及其监督管理活动。

本条例所称湿地，是指常年或者季节性积水的地带和水域，包括河流湿地、湖泊湿地、沼泽湿地等自然湿地，以及重点保护野生动物的栖息地或者重点保护野生植物的原生地等人工湿地。

第三条　湿地保护应当遵循保护优先、统一规划、科学恢复、合理利用和可持续发展的原则。

第四条　县级以上人民政府应当将湿地保护工作纳入国民经济和社会发展规划，完善综合协调、分部门实施的湿地保护管理体制，加大湿地保护投入，将湿地保护行政管理工作经费纳入财政预算，建立湿地生态效益补偿机制。

乡（镇）人民政府、街道办事处应当做好本行政区域内湿地保护的有关工作。

第五条　县级以上人民政府应当建立湿地保护工作协调机制，统筹协调解决湿地保护的重大问题，落实湿地保护的目标和任务。

县级以上人民政府林业行政主管部门负责湿地保护的组织、协调、指导和监督等管理工作。

县级以上人民政府农业（渔业）、水利、住房城乡建设行政部门按照各自职责，做好湿地保护管理工作；发展改革、规划、财政、国土资源、环保、交通运输、科技、卫生、旅游等行政部门按照各自职责，做好湿地保护管理的有关工作。

村民委员会、居民委员会发现违反本条例行为的，有权予以制止，并向湿地保护管理部门报告。

第六条　每年的11月6日为安徽湿地日。

县级以上人民政府有关部门应当加强湿地保护宣传教育工作，普及湿地知识，增强全社会湿地保护意识。

---

*　2015年11月19日安徽省第十二届人民代表大会常务委员会第二十四次会议通过。

鼓励公民、法人和其他组织以志愿服务、捐赠等形式参与湿地保护。

第七条 县级以上人民政府及其有关部门应当鼓励、支持湿地保护科学技术研究、技术创新和推广，提高湿地保护科学技术水平。

第八条 任何单位和个人都有保护湿地的义务，对破坏、侵占湿地的行为有投诉、举报的权利。

县级以上人民政府林业行政主管部门应当建立投诉举报受理和查处制度，公布投诉举报受理方式，及时查处破坏、侵占湿地的行为。

第二章 规 划

第九条 县级以上人民政府林业行政主管部门应当会同有关部门，一般每五年组织一次湿地资源调查。湿地资源调查结果报本级人民政府批准后公布，并作为编制或者调整湿地保护规划的重要依据。

县级以上人民政府林业行政主管部门应当会同有关部门对湿地资源变化情况进行监测，建立湿地资源档案，实行信息共享。

第十条 省人民政府林业行政主管部门应当会同有关部门编制全省湿地保护规划。设区的市、县级人民政府林业行政主管部门应当会同有关部门，根据上一级湿地保护规划组织编制本行政区域湿地保护规划。

第十一条 县级以上人民政府林业行政主管部门编制或者调整湿地保护规划，应当通过座谈会、论证会、公布规划草案等形式，征求有关单位、专家和公众的意见。

第十二条 湿地保护规划报同级人民政府批准后组织实施，并向社会公布。

湿地保护规划的调整，应当报原审批机关批准。

第十三条 湿地保护规划应当包括下列内容：

（一）湿地资源分布情况、类型及特点、水资源、野生生物资源状况；

（二）保护和利用的指导思想、原则、目标和任务；

（三）湿地生态保护重点建设项目与建设布局；

（四）投资估算和效益分析；

（五）保障措施。

湿地保护规划，应当注重绿色发展，与经济社会发展相协调，并与土地利用总体规划、城乡规划、环境保护规划、流域综合规划、水资源综合规划等相衔接。

县级以上人民政府发展改革、林业、农业（渔业）、水利、交通运输、环保、住房城乡建设、规划、旅游等行政部门相关规划涉及湿地的，应当包括湿地保护相关措施。

第十四条 县级以上人民政府应当科学合理地划定湿地生态红线，确保湿地生态功能不降低、面积不减少、性质不改变。

城市总体规划及相关专项规划应当对规划区内的湿地进行规划控制，推进城市恢复既有湿地和建设人工湿地。

第三章 保 护

第十五条 湿地根据其重要程度、生态功能等，分为重要湿地和一般湿地。

重要湿地分为国际重要湿地、国家重要湿地和省重要湿地。申报列入国际重要湿地、国家重要湿地名录的，按国家有关规定执行。

第十六条 符合下列条件之一的，列为省重要湿地：

（一）国家级、省级湿地类型自然保护区和湿地公园；

（二）国家和省重点保护野生动物物种的栖息地、繁殖地、越冬地或者迁徙停歇地，重点保护野生植物的原生地；

（三）其他典型的、独特的，具有重要生态功能的，或者具有重大科学文化价值的湿地。

第十七条 省重要湿地的名录及其保护范围的划定与调整，由省人民政府林业行政主管部门会同有关部门提出方案，报省人民政府批准后公布。

一般湿地的名录及其保护范围的划定与调整，由所在地设区的市、县级人民政府林业行政主管部门会同有关部门提出方案，报本级人民政府批准后公布。

第十八条 县级以上人民政府林业行政主管部门提出划定或者调整湿地保护名录方案时，应当与相关权利人协商，征求所在地村民委员会、居民委员会意见。

因保护湿地给湿地所有者或者经营者合法权益造成损失的，应当依法给予补偿。

第十九条 县级以上人民政府林业行政主管部门应当在列入名录的湿地周边设立保护标志，标明湿地的名称、类型、保护级别、保护范围、管理单位及其联系方式。

任何单位和个人不得损毁、涂改、擅自移动湿地保护标志。

第二十条 具备《中华人民共和国自然保护区条例》规定条件的湿地，应当依法建立自然保护区。

不具备建立自然保护区条件，但生态景观优美、生物多样性丰富、人文景观集中、科普宣传教育意义明显的湿地，可以建立湿地公园、湿地保护小区或者湿地多用途管理区。

湿地公园、湿地保护小区和湿地多用途管理区的建立和管理，按照国家和省规定执行。

第二十一条 在重要湿地保护范围内禁止下列行为：

（一）擅自开垦、围垦、填埋等改变湿地用途或者占用湿地；

（二）擅自建造建筑物、构筑物；

（三）擅自采砂、取土、放牧、烧荒；

（四）擅自排放湿地水资源或者修建阻水、排水设施；

（五）排放或者倾倒有毒有害物质、废弃物，或者排放未达标的废水；

（六）破坏野生动物繁殖区和栖息地、鱼类洄游通道；

（七）毒杀、电杀或者擅自猎捕水鸟及其他野生动物，捡拾、收售动物卵，或者采用灭绝性方式捕捞鱼类及其他水生生物；

（八）擅自采挖重点保护野生植物；

（九）未经许可引进外来物种；

（十）法律、法规禁止的其他行为。

第二十二条　县级以上人民政府应当按照湿地保护规划，坚持以自然恢复为主、与人工修复相结合，采取退耕还湿、轮牧禁牧限牧、移民搬迁、平圩、植被恢复、构建湿地生态驳岸等措施，重建或者修复已退化的湿地生态系统，恢复湿地生态功能，扩大湿地面积。

县级以上人民政府应当在河流交汇处、入湖口、重点污染防治河段等区域，建设必要的人工湿地。

采矿塌陷区所在地县级以上人民政府应当综合治理塌陷区水面、洼地，有条件的地方可以利用塌陷区的积水区域建立湿地公园、湿地保护小区等。

第二十三条　恢复或者建设湿地，应当符合国家和本省湿地保护的标准和技术规范，建设生态保护带、隔离带，加强水土保持、水源涵养。防洪、抗旱、水系治理等涉及湿地的工程应当兼顾湿地生态功能，最大限度地减少采用影响湿地生态功能的工程措施。

恢复或者建设湿地，应当种植适宜当地生长的湿地植物，根据野生动物活动特点和规律，建设野生动物繁殖、栖息环境。

第二十四条　县级以上人民政府林业行政主管部门应当在本级人民政府的组织下会同有关部门，建立湿地生态补水协调机制，保障湿地生态用水需求。

第二十五条　县级以上人民政府农业（渔业）行政主管部门应当采取措施，加强农业面源污染防治，合理控制养殖规模、品种，减少围网养殖，保护湿地生态环境。

第二十六条　向重要湿地施放防疫药物的，防疫机构应当与湿地管理单位共同制定防疫方案。防疫机构按照方案组织实施，避免或者降低对湿地生态功能的影响。林业行政主管部门应当加强对施放药物的监督。

第四章　利　用

第二十七条　县级以上人民政府应当采取措施，引导、扶持湿地周边区域居民科学利用湿地资源，发展生态产业。

第二十八条　在湿地保护范围内从事生产经营活动的，应当符合湿地保护规划，与湿地资源的承载能力和环境容量相适应，不得破坏湿地生态系统的基本功能，不得超出湿地生物资源的再生能力，不得破坏野生动植物栖息和生长环境。

第二十九条　在湿地类型自然保护区开展参观、旅游活动的，湿地管理单位应当按照批准的方案进行；游客进入保护区参观、旅游的，应当服从湿地管理单位的管理。

第三十条　湿地保护范围内建筑物、构筑物不再使用的，原使用单位或者个人应当按照规定进行生态修复。

第三十一条 工程建设、土地开发应当不占或者少占湿地。确需占用湿地的，市、县人民政府国土资源行政主管部门在办理相关报批手续前，应当征求同级林业行政主管部门意见；占用重要湿地的，省人民政府国土资源行政主管部门应当征求同级林业行政主管部门的意见。

因防洪抢险等突发事件需要占用湿地的，依照有关法律、行政法规规定执行。

第三十二条 县级以上人民政府应当加强湿地保护和管理的队伍建设，建立湿地保护执法协作机制，可以根据湿地保护和管理工作的需要实施综合行政执法。

县级以上人民政府林业行政主管部门应当单独或者定期会同有关部门，对湿地保护情况进行监督检查。单独进行监督检查的，应当将监督检查结果通报有关部门。

第五章　法律责任

第三十三条 违反本条例第十九条第二款规定，损毁、涂改、擅自移动湿地保护标志的，由县级以上人民政府林业行政主管部门或者其他有关部门责令停止违法行为，限期恢复，可以处 500 元以上 2000 元以下的罚款。

第三十四条 违反本条例第二十一条第一项规定，擅自开垦、围垦、填埋等改变湿地用途的，由县级以上人民政府国土资源行政主管部门或者林业行政主管部门责令停止违法行为，没收违法所得；限期恢复，并处非法所得的百分之十以上百分之五十以下的罚款。

违反本条例第二十一条第一项、第三项规定，擅自开垦、围垦、填埋、采砂、取土等占用湿地的，由县级以上人民政府国土资源行政主管部门或者林业行政主管部门责令停止违法行为，限期治理或者恢复，并处非法占用湿地每平方米 10 元以上 30 元以下的罚款。

第三十五条 违反本条例第二十一条第二项、第四项规定，擅自建造建筑物、构筑物，修建阻水、排水设施的，由县级以上人民政府水行政主管部门或者林业行政主管部门责令停止违法行为，限期拆除违法建筑物、构筑物和违法的阻水、排水设施；逾期不拆除的，强行拆除，所需费用由违法者承担，并处 2 万元以上 10 万元以下的罚款。

第三十六条 违反本条例第二十一条第五项规定，排放或者倾倒有毒有害物质、废弃物的，由县级以上人民政府环境保护主管部门责令停止违法行为，限期采取治理措施，消除污染，处 5 万元以上 20 万元以下的罚款；逾期不采取治理措施的，环境保护主管部门可以指定有治理能力的单位代为治理，所需费用由违法者承担。

违反本条例第二十一条第五项规定，排放未达标的废水的，由县级以上人民政府环境保护主管部门按照权限责令限期治理，处应缴纳排污费数额 2 倍以上 5 倍以下的罚款。

限期治理期间，由环境保护主管部门责令限制生产、限制排放或者停产整治。限期治理的期限最长不超过一年；逾期未完成治理任务的，报经有批准权的人民政府批准，责令关闭。

第三十七条　违反本条例第二十一条第六项规定，破坏野生动物繁殖区和栖息地、鱼类洄游通道的，由野生动物行政主管部门责令停止破坏行为，限期恢复原状，并处以恢复原状所需费用2倍以下的罚款。

第三十八条　违反本条例第二十一条第七项规定，毒杀、电杀或者擅自猎捕水鸟及其他野生动物，采用灭绝性方式捕捞鱼类及其他水生生物，由野生动物行政主管部门或者其他有关行政部门没收猎获物、猎捕工具和违法所得，有猎获物的，处以相当于猎获物价值2倍以上8倍以下的罚款；没有猎获物的，处500元以上2000元以下的罚款。

违反本条例第二十一条第七项规定，捡拾、收售动物卵的，责令停止违法行为，没收违法所得，并处100元以上500元以下的罚款。

第三十九条　违反本条例第二十一条第八项规定，未取得采集证或者未按照采集证的规定采挖国家重点保护野生植物的，由野生植物行政主管部门没收所采集的野生植物和违法所得，可以并处违法所得10倍以下的罚款；有采集证的，并可以吊销采集证。

第四十条　县级以上人民政府林业行政主管部门和其他有关部门，违反本条例规定，有下列行为之一的，对直接负责的主管人员和其他直接责任人员，依法给予处分；构成犯罪的，依法追究刑事责任：

（一）未按照规定编制和组织实施湿地保护规划的；

（二）未依法采取湿地保护措施的；

（三）对造成湿地污染的违法行为未采取制止措施的；

（四）未按规定批准占用湿地的；

（五）未依法履行监督管理职责或者因保护利用不当，造成湿地生态系统损害的；

（六）其他滥用职权、玩忽职守、徇私舞弊的行为。

第四十一条　违反本条例的行为，法律法规已规定处罚的，从其规定。

林业、农业（渔业）、国土资源、环保、住房城乡建设、规划等行政主管部门，可以在其法定权限内委托湿地管理单位实施行政处罚。

第六章　附　则

第四十二条　本条例自2016年1月1日起施行。

中共安徽省委 安徽省人民政府
关于建立林长制的意见

（皖发〔2017〕32 号）

森林是陆地生态系统的主体和重要资源，林业建设是事关经济社会可持续发展的根本性问题。近年来，我省以千万亩森林增长工程建设为抓手，全面推进林业改革与发展，取得明显成效。但与人民群众对良好生态环境的期待相比还有差距，森林资源总量不足、结构不优、效益不高的问题仍然存在，保护和改善生态环境的任务依然艰巨。为贯彻落实习近平总书记视察安徽重要讲话和对塞罕坝林场所作的重要指示精神，持之以恒推进生态文明建设，把好山好水保护好，建设绿色江淮美好家园，打造生态文明建设安徽样板，努力形成人与自然和谐发展的新格局，省委、省政府决定在全省建立林长制。

一、指导思想和目标要求

全面贯彻党的十八大和十八届三中、四中、五中、六中全会精神，深入学习贯彻习近平总书记系列重要讲话精神和治国理政新理念新思想新战略，深入学习贯彻习近平总书记"7·26"重要讲话和视察安徽重要讲话精神，紧紧围绕统筹推进"五位一体"总体布局和协调推进"四个全面"战略布局，认真落实党中央、国务院决策部署，大力弘扬牢记使命、艰苦创业、绿色发展的塞罕坝精神，坚持严格保护、系统治理、合理利用、惠民富民，以保护修复林业生态、提升森林质量效益等为重点，咬定青山不放松，一代接着一代干，驰而不息，久久为功，不断开创生态文明建设新局面。

2017 年在合肥、安庆、宣城等地先行试点，2018 年在全省推开，建立省、市、县、乡、村五级林长制体系，构建责任明确、协调有序、监管严格、运行高效的林业生态保护发展机制，为实现森林资源永续利用、建设绿色江淮美好家园提供制度保障。到 2021 年，全面完成林业增绿增效行动计划，实现森林面积和蓄积量持续稳定增长，森林资源得到有效保护和合理利用，基本形成布局合理、结构优化、功能完善的林业生态体系。在此基础上，再经过十年努力，力争到 2030 年全省森林资源保护管理法规制度进一步健全完善，林业治理能力和治理水平显著提高，生态产品和林产品供给能力全面增强，更好实现绿水青山与金山银山有机统一，为子孙后代留下天更蓝、山更绿、水更清的优美环境。

二、基本原则

——坚持生态优先、绿色发展。牢固树立绿水青山就是金山银山的理念，加强生

态保护与修复，维护生物多样性，强化资源节约集约高效利用，全面增强林业生态系统的稳定

性和服务功能。

——坚持尊重自然、尊重科学。针对不同区域和林情特点，因地制宜、适地适树，分类保护、精准管理，全面提升林业生态、经济、社会三大效益。

——坚持创新发展、改善民生。深化各项林业改革，创新体制机制，进一步调动全社会发展林业的积极性。大力发展特色高效林业，促进绿色富民惠民，增进人民群众发展林

业的获得感。

——坚持党政同责、部门联动。建立健全以党政领导负责制为核心的责任体系，层层压实责任，协调各方力量，确保一山一坡、一园一林都有专员专管、责任到人。

——坚持严格考核、强化监督。依法治林管林，建立健全科学的考核指标体系和绩效评价制度，拓展公众参与渠道，营造全社会尊重自然、爱林护绿的良好氛围。

三、组织体系

(一)分级设立林长。省、市、县(市、区)设立总林长，由党委、政府主要负责同志担任；设立副总林长，由党委、政府分管负责同志担任。市、县(市、区)根据实际需要，分区域设立林长，由同级负责同志担任。

乡镇(街道)设立林长和副林长，分别由党委、政府主要负责同志和分管负责同志担任。村(社区)设立林长和副林长，分别由村(社区)党组织书记和村(居)委会主任担任。

省、市、县(市、区)设立林长制办公室。省级林长制办公室设在省林业厅。

(二)分级建立林长会议制度。省、市、县(市、区)建立林长会议制度，协调解决森林资源保护发展中的重大问题。林长会议由总林长、副总林长、林长、相关负责同志和成员单位主要负责同志组成。林长会议原则上每年召开不少于1次。

(三)工作职责。省级总林长、副总林长负责组织领导全省森林资源保护发展工作，承担全面建立林长制的总指挥、总督导职责。

市、县(市、区)总林长、副总林长负责本区域的森林资源保护发展工作，协调解决重大问题，监督、考核本级相关部门和下一级林长履行职责情况，强化激励与问责。林长按照分工，负责相关区域的森林资源保护发展工作。

乡镇(街道)、村(社区)林长和副林长负责组织实施本地森林资源保护发展工作，建立基层护林组织体系，加强林权人权益保护和责任监管，确保专管责任落实到人。各级林长会议成员单位工作职责，由本级林长会议确定

四、主要任务

(一)加强林业生态保护修复。实行严格的森林资源保护管理制度，严守生态保护红线。强化林木采伐限额和林地征占用定额管理。加强公益林管护，全面停止天然林商业性采伐，完善森林生态效益补偿制度，逐步提高公益林补偿标准。全面加强湿

地、野生动植物资源和古树名木保护，加大重点生态功能区、生态脆弱区的森林生态系统修复力度，构建以公益林为基础，自然保护区、森林公园和湿地公园为重点的自然保护体系，维护生物多样性。

（二）推进城乡造林绿化。广泛开展全民义务植树活动，深入推进森林城市（镇）、森林村庄、森林长廊和园林绿化建设。坚持人工造林、封山育林、见缝插绿相结合，实现应绿尽绿。实施长江、淮河、新安江流域防护林，皖南和皖西山区退耕还林、江淮分水岭地区绿化、平原地区农田林网、石质山地造林、矿山复绿等重点林业生态工程，加快建设皖江国家森林城市群和绿色生态廊道。到2021年，全省完成人工造林300万亩、封山育林300万亩，森林覆盖率达到31%以上。

（三）提升森林质量效益。深化集体林权制度和国有林场改革，增强林业发展活力和动力。全面推进森林抚育经营管理，积极推广优良乡土树种，调整优化森林结构，不断提升森林生态服务、林产品供给和碳汇能力。实行商品林集约经营，加快培育速生丰产、大径级和珍贵树种用材林，积极建设国家储备林，着力发展特色经济林、木本油料林、苗木花卉、林下经济、森林旅游康养和林产品精深加工，推进林业一二三产业融合发展，助力脱贫攻坚，促进农民致富。到2021年，全省森林蓄积量达到2.8亿立方米以上，林业总产值达到5000亿元以上。

（四）预防治理森林灾害。建立信息采集、信息处理、决策支持、应急处置系统，健全森林防灾减灾体系。加强森林防火宣传教育和野外火源管控，建立长效机制，确保不发生重特大森林火灾和重大人员伤亡事故，确保森林火灾受害率控制在0.5‰以内。加强预测预警预防，有效治理松材线虫病、美国白蛾等危害，突出重点、综合施策，确保主要林业有害生物成灾率控制在6‰以下。

（五）强化执法监督管理。加快完善地方林业法规体系。深入开展林业普法宣传教育，全面加强林业执法队伍建设和执法监督，稳步推进林业综合行政执法改革。严肃查处乱砍滥伐林木、乱占乱用林地湿地、乱捕滥猎野生动物、违法调运疫木等案件，严厉打击破坏林业生态资源违法犯罪行为。

五、保障措施

（一）加强组织领导。各级党委、政府是推行林长制的责任主体，要把建立林长制作为推进生态文明建设的重要举措，牢记使命担当，狠抓责任落实，细化工作进度安排，抓紧制定出台工作方案、相关制度措施和考核办法，保障必要的工作经费，明确承担办公室工作的部门及责任人员，做到组织体系和责任落实到位、相关制度和政策措施到位、督促检查和考核到位，确保全省林长制顺利实施。

（二）健全工作机制。建立信息公开制度，完善森林资源动态监测体系，定期公布森林资源保护发展情况；建立工作协调制度，督促相关部门单位履职尽责，合力推进林长制工作；建立工作督察制度，加强对林长制实施情况的检查监督；建立投入保障制度，完善公共财政支持林业的政策措施。

（三）严格考核问责。建立林长制考核指标体系，实行森林资源总量和增量相结合的绩效评价制度。省、市、县(市、区)总林长负责组织对下一级林长进行考核，考核结果作为党政领导班子综合考核评价和干部选拔任用的重要依据。对工作突出、成效明显的，予以通报；对工作不力的，责成限期整改。实行生态环境损害责任终身追究制，对造成生态环境损害的，严格按照有关规定追究责任。各市、省直有关部门每年12月底前将本年度贯彻落实林长制情况报省委、省政府。

（四）强化社会监督。建立森林资源保护管理信息发布平台，通过主要媒体向社会公告林长名单，在森林和湿地分布区显著位置竖立林长公示牌，标明林长职责、森林湿地概况、保护发展目标、监督电话等内容，接受社会监督。加强林长制实施情况第三方评估，强化评估结果运用。加强生态文明宣传教育，强化舆论。

安徽省人民政府关于
实施林业增绿增效行动的意见

（皖政〔2017〕62 号）

各市、县人民政府，省政府各部门、各直属机构：

为贯彻落实省第十次党代会精神和《安徽省五大发展行动计划》，进一步加快国土绿化步伐，全面提升林业质量效益，加快建设绿色江淮美好家园，打造生态文明建设安徽样板，省政府决定在全省组织实施林业增绿增效行动，现提出如下意见。

一、指导思想

全面贯彻党的十八大和十八届三中、四中、五中、六中全会精神，深入贯彻习近平总书记系列重要讲话特别是视察安徽重要讲话精神，牢固树立和落实创新、协调、绿色、开放、共享的发展理念，扎实推进林业供给侧结构性改革，全面提升森林资源总量和质量，全面加强自然生态系统保护，全面增强林业生态服务功能，加快发展绿色富民产业，实现绿水青山与金山银山的有机统一，为建设五大发展美好安徽、全面建成小康社会作出新贡献。

二、基本原则

——坚持保护优先。把保护生态作为首要任务，切实加强自然生态修复和生物多样性保护，全面增强森林、湿地生态系统的稳定性和服务功能。

——坚持改善民生。把改善民生作为根本目的，大力发展特色高效林业，促进绿色富民惠民，增进人民群众发展生态林业和民生林业的获得感。

——坚持绿色发展。把绿色发展作为重要途径，强化资源节约集约高效利用，加快推进产业生态化和生态产业化，全面提升林业的多种效益。

——坚持改革创新。把改革创新作为基本动力，充分发挥市场配置资源的决定性作用，完善体制机制，强化创新驱动，进一步调动全社会发展林业的积极性。

三、总体目标

到2021年，全省完成人工造林300万亩、封山育林300万亩、退化林修复300万亩，森林覆盖率达到31%以上，林木绿化率达到35%以上；完成森林抚育2000万亩，年均增加森林蓄积量1000万立方米，森林总蓄积量达到2.8亿立方米以上；实现林业一二三产业融合发展，林业总产值达到5000亿元以上，山区农民林业综合性收入年均增长10%。

四、主要任务

（一）实施生态保护修复工程。全面加强 2500 万亩公益林管护，提高公益林管护能力和水平。全面停止天然林商业性采伐，完善并落实天然林保护政策。加强古树名木保护。全面加强森林防火、病虫害防治等林业防灾体系建设，积极预防和治理松材线虫病和美国白蛾等重大林业有害生物灾害，提升林业灾害监控与应急处置能力。实施森林和湿地生态系统保护与修复工程，加强日常巡护和监测，筑牢生态安全屏障。新建一批国家和省级自然保护区、森林公园和湿地公园，有效保护野生动植物资源。划定生态保护红线，加强森林、湿地和生物多样性保护。大力开展生态文明示范区创建，加快创建大黄山国家公园，积极申报扬子鳄国家公园。

（二）实施造林绿化攻坚工程。坚持人工造林、封山育林、植树增绿相结合，深入开展全民义务植树活动，绿化美化国土空间。实施长江防护林、退耕还林等国家重点林业生态工程，加快构建皖江绿色生态廊道。重点推进江淮分水岭绿化、石质山地造林、废弃矿山复绿和提升"三线三边"绿化水平。完善皖北和沿淮、沿江平原地区的农田林网，构建高标准农田防护林体系，完成农田林网庇护面积 1000 万亩。深入推进森林城市（镇）、森林村庄和森林长廊创建活动，新增 4 个国家森林城市、20 个省级森林城市、200 个省级森林城镇、750 个森林村庄，着力创建皖江国家森林城市群，新建森林长廊示范段 3000 千米。

（三）实施森林质量提升工程。巩固千万亩森林增长工程建设成果，全面加强新造林保育养护，提高保存率和郁闭度。加大中幼林抚育间伐力度，促其健康生长，增加单位面积森林蓄积量。实行改造、培育、更新等多措并举，推进退化林修复，切实解决一些林分过密、过纯、过疏和老化等问题。加强林木良种选育，大力发展优良乡土树种、珍贵树种，积极培育混交林和异龄复层林，优化林种树种结构，全面增强森林的多种功能。精准采取速生丰产措施，积极发展用材林和国家储备林，加快培育大径级材，推进经济林园艺化经营。通过森林抚育经营示范，使林木生长率提高 20% 以上，带动全省森林质量整体提升。

（四）实施绿色产业富民工程。大力发展特色经济林，重点建设 50 个优质干鲜果、木本中药材、森林食品生产基地，重点培育 1000 万亩工业原料林、薪炭林基地。新建木本油料林基地 150 万亩，使全省木本油料林面积达到 500 万亩，木本食用油年生产能力达到 6 万吨左右。提升林产品精深加工水平，培育一批专精特新企业，延长产业链条，加快打造木竹资源综合利用优势产业集群。以林下种植、林间养殖、食用菌培植为重点，因地制宜发展林下经济。要以企业为龙头，发展订单生产、订单种植，形成"龙头企业十原料基地十专业合作社十林农"发展模式，打造产业链，推动规模化、专业化生产经营，促进林农增收。大力开展森林旅游康养，推动林业与旅游业融合发展，努力把安徽建设成为全国著名的森林旅游目的地。继续办好中国合肥苗木花卉交易大会和安徽省花卉博览会，打造全国中东部苗木花卉重要集散地。

五、保障措施

（一）加强改革创新。进一步完善集体林权制度改革，深入推进集体林地"三权"

分置，稳定农户林地承包权，拓展和完善林地经营权能，培育壮大家庭林场、股份合作林场、农民林业合作社、林业产业化龙头企业等规模经营主体，切实保护林权人合法权益。加快培育林业要素市场，建立健全林权交易平台和林业融资担保机制，统筹抓好林权抵押、森林保险、林权入股等工作，充分释放集体林权制度改革红利。完善政府主导、社会参与的林业生态补偿制度，稳步提高公益林补偿标准，争取国家在我省扩大湿地生态效益补偿试点范围。完善公益林分级经营保护、商品林多效经营利用等制度，改革森林采伐管理制度。健全林业社会化服务体系，探索通过政府购买服务，支持社会化服务组织提供多样化的林业生产性服务。探索政府与社会资本合作（PPP）发展林业机制。

（二）加强科技支撑。坚持创新驱动发展战略，完善林业科技创新和成果转化机制，充分调动广大林业科技人员的积极性和创造性。以国有林场和新型林业规模经营主体为载体，大力推广林业实用新技术、适生新品种和先进经营管理方式，加强林业职业技术教育和技能培训，提高广大林业经营者的科学素质和专业技能，加快培养专业林农、职业森林经理人。加强林业信息化建设和林产品电子商务平台建设，加快推进"互联网＋林业"。全面建成全省林地"一张图"，提升森林资源和林业生态监测能力。着力建设一批高产高效的省级现代林业示范区，争创一批国家级森林经营示范片。

（三）加强政策支持。完善公共财政支持林业的政策体系，争取中央林业资金项目，强化市县财政责任，省、市、县财政对林业增绿增效行动给予支持。加强林业公益性基础设施建设，加大对重点生态功能区的扶持力度。建立健全林权抵押贷款制度，推广"林权抵押＋林权收储＋森林保险"的贷款模式，鼓励市场主体对林权抵押贷款进行担保，并对出险的抵押林权进行收储。引导开发性金融加大支持林业发展的力度，引导金融资本、社会资本投资林业建设。扩大森林保险范围，推动森林保险试点全覆盖，鼓励创新差别化的商品林保险产品。

（四）加强组织领导。各级政府要把实施林业增绿增效行动作为打造生态文明建设安徽样板的重要抓手，作为扎实推进绿色发展的重要举措，建立和落实行政首长负责制，全面推进林长制。省政府与各市政府签订林业增绿增效行动目标责任书，将实施情况纳入市、县政府年度目标考核内容和领导干部绩效考评体系，每年考核1次，5年总考核，严格兑现奖惩。各级林业部门要加强规划引导、技术指导、督促检查和绩效考核工作。新闻媒体要大力宣传林业增绿增效行动，营造浓厚的舆论氛围。各有关部门要按照职责分工，齐抓共管，形成合力，共同推进林业增绿增效行动取得实效。

附件：重点任务分工

安徽省人民政府
2017 年 4 月 27 日

安徽省人民政府办公厅关于完善
集体林权制度的实施意见

（皖政办〔2017〕39 号）

各市、县人民政府，省政府各部门、各直属机构：

为深化集体林权制度改革，充分发挥集体林业在维护生态安全、实施精准脱贫、推动农村经济社会可持续发展中的重要作用，根据《国务院办公厅关于完善集体林权制度的意见》（国办发〔2016〕83 号）精神，经省政府同意，结合我省实际，提出如下实施意见：

一、明确目标任务

（一）发展目标。到 2020 年，全省集体林业良性发展机制基本形成，产权保护更加有力，承包权更加稳定，经营权更加灵活，林权管理服务体系更加完善；完成全省集体统一经营的林地林木股权量化到户改革，建立林权抵押贷款与担保收储机制，实现森林资源持续增长、林业经济活力日益增强、农民林业收入显著增加、国家生态安全得到保障的目标。

（二）主要任务。坚持农村林地集体所有制，巩固集体林地家庭承包基础性地位，继续完善确权发证，加强林权权益保护。积极开展集体林地所有权、承包权、经营权"三权"分置改革，培育壮大林业经营主体，推进集体林业适度规模经营。建立健全林权交易和林权融资市场体系，激发林业创新发展活力，促进一二三产业融合发展，为社会提供更多的优质林产品。开发利用森林多种功能，实现集体林业增绿、增质和增效，推动农村经济社会可持续发展。

二、稳定和完善集体林地承包关系

（三）进一步完善集体林地确权发证。已承包到户的集体林地，权属证书要发放到户，由农户持有，不得留存在村组或其他单位、个人。对采取联户发证的集体林地，要从方便经营流转抵押和农民愿望要求出发，做好联户发证的拆分工作，并将权属证书发放到户；确实不易拆分的，要将林权份额量化到户，鼓励建立股份合作经营机制。

（四）开展股份合作经营。对仍由农村集体经济组织统一经营管理的林地，要依法将股权量化到户，股权证发放到户，发展多种形式的股份合作。扩大资源变资产、资金变股金、农民变股东的"三变"改革试点，让集体经济组织成员长期分享集体资产等收益。根据农民意愿，可采取多种形式引导农户以承包林地、资金、技术、劳力等合作或入股入社入企发展林业规模化产业化经营，提高农民的财产性收入。

（五）加强林权权益保护。积极推进集体林地所有权、承包权与经营权分置改革，做到明晰所有权、稳定承包权、放活经营权。依法落实承包人对承包林地占有、使用、流转和收益等权利，并妥善处理各类承包、流转纠纷，切实维护林权权利人的合法权益。确因国家公园、自然保护区等生态保护需要，对已承包的森林、林木实行限制经营、协议停伐的，可探索采取市场化方式对林权权利人给予合理补偿，破解生态保护与林农利益间的矛盾。全面停止天然林商业性采伐后，对集体和个人所有的天然商品林，安排停伐管护补助。探索承包权依法自愿有偿退出机制，切实保障农户承包林地处置权。在承包期内，集体经济组织不得强行收回农村转移人口的承包林地。

三、放活集体林经营

（六）落实林业分类经营制度。优化林地资源配置，完善公益林、商品林分类经营管理制度。科学经营公益林，实行公益林分级经营管理，提高综合利用效益。推动公益林资产化经营，探索公益林采取合资、合作等方式流转。在不影响公益林整体生态功能、保持公益林相对稳定的前提下，允许对承包到户的公益林进行调整完善。进一步放活商品林经营，由经营者依法自主决定经营方向和经营模式；完善商品林采伐更新制度，改进集体人工用材林采伐管理，简化采伐审批程序，鼓励经营者按批准的森林经营方案实施森林采伐，推行集体林采伐公示制度，大力推进以择伐、渐伐方式实施森林可持续经营。

（七）引导集体林适度规模经营。通过市场推动、政府引导，促进适度规模经营。重视发挥林权证和不动产权属证书在林权流转、抵押和生产经营中的效用，鼓励和引导农户采取转包、出租、入股等方式流转林地经营权和林木所有权，促进林地资源转化。创新经营和流转方式，引导各类生产经营主体开展联合、合作，促进林业适度规模经营。引导工商资本投资林业，依法开发利用林地林木。农村集体经济组织统一经营的林权流转以及农户委托农村集体经济组织进行的林权流转，要依法履行程序，支持其到公开的农村产权流转交易市场交易。以黄山江南林业产权交易所为依托，建立全省统一、规范有序、公开透明、市县联网、服务高效的农村产权交易平台，提供林权交易线上线下服务。

（八）培育壮大林业经营主体。促进林业要素有序流动和有机组合，采取多种方式兴办家庭林场、股份合作林场和农民林业专业合作社，培育壮大林业经营主体。支持各类林业经营主体参与林业开发建设，逐步扩大其承担的涉林项目规模。鼓励各类林业经营主体自愿组织联合、合作，组建专业合作社联合社、现代林业产业化联合体等参与市场竞争。加强示范引导，开展争创示范合作社和示范家庭林场活动，到2020年，分别创建省级示范合作社和示范家庭林场各500个；对省级林业产业化龙头企业实行动态评价管理，建立和完善淘汰机制，保持稳定在1000家左右。有关部门要依法做好农民专业合作社、家庭林场等市场主体的登记和证照发放工作。

（九）加快林业产业发展。优先发展绿色富民产业，以生产绿色生态林产品为导向，增强争先进位意识，尽快让林业产业活起来、富起来、强起来。支持林下经济、特色经济林、木本粮油和竹藤花卉等规范化生产基地建设，到 2020 年，建立生态、产业和综合等不同类型的现代林业示范区 100 个，并实行动态管理。大力发展森林旅游休闲康养等绿色新兴产业，推进农村一二三产业融合发展，充分发挥林业生态和产业扶贫的作用，提高林业扶贫攻坚能力，带动农户从涉林经营中受益。建立健全龙头企业联林带户机制，为农户提供林地林木代管、统一经营作业、订单林业等专业化服务。加快林产品精深加工和林业现代物流业发展，实施品牌战略，促进产业集聚和转型升级。着力打造"一群、一区、两带"的林业产业发展格局。"一群"，即皖北用材林生产及木材精加工集群；"一区"，即沿江江淮木本油料及苗木花卉基地建设提升区；"两带"，即皖西大别山区森林旅游及特色经济林发展带、皖南山区森林旅游及特色林产品高效发展带。充分利用国内国际两个市场，发展外向型产业集群，扩大林业对外开放，拓展国际交流合作领域。

四、加强集体林业管理与服务

（十）加强林权流转管理。各地要依托林权管理服务中心，搭建全省互联互通的林权流转市场监管服务平台，全面完成县级林权管理服务体系规范化建设任务，并将服务功能向乡镇、村延伸，建立村级信息员制度和基层林权服务全程代理制，形成县、乡、村三级林权管理服务网络。适时发布林权流转交易信息，提供林权流转交易确认服务，加强林权流转事中事后监管，并纳入信用记录。林业部门会同工商部门制定林权流转合同示范文本，指导林权流转合同签订，推广使用示范文本，开展林权流转合同网签试点，完善合同档案管理。流转合同应明确规定当事人造林育林、保护管理、森林防火、林业有害生物防治等责任，促进森林资源可持续经营。

（十一）推进林权融资服务。建立健全林权抵质押贷款制度，鼓励银行业金融机构优先安排信贷资金投放，扩大林权抵押贷款规模。继续推进林权抵押一卡通贷款试点，推广"林权抵押＋林权收储＋森林保险"贷款模式和"企业申请、部门推荐、银行审批"运行机制。探索开展林业经营收益权和公益林补偿收益权市场化质押担保贷款。完善林业贷款贴息政策。扩大政策性森林保险试点范围，实现试点全覆盖，创新差别化森林保险产品，研究探索森林保险无赔付优待政策。充分发挥政策性保险融资服务功能，继续开展保单质押及林权抵押贷款直贷试点，探索林权权能实现的多种形式。引导和规范森林资源资产评估，加强评估收费监管，建立评估业绩年度通报制度。鼓励和引导市场主体对林权抵押贷款进行担保，并对出险的抵押林权进行收储。各地可通过规范市场运作，采取资本金注入、林权收储担保费用补助、风险补偿等措施支持开展林权收储工作，加强风险防范，促进林权抵押贷款良性循环。

（十二）完善社会化服务体系。加快林业部门职能转变，强化公共服务，提升林权管理服务机构能力和服务水平。发挥基层林业站、林业专业服务队伍和市场化服务组织的作用，逐步将适合市场化运作的林业规划设计、森林资源资产评估、市场信息、

技术培训等服务事项交由社会化服务组织承担。研究探索通过政府购买服务方式，支持社会化服务组织开展森林防火、林业有害生物统防统治、森林统一管护等生产性服务。鼓励有条件的地方加大对包括整地造林、抚育等关键环节在内的林业机械购置补贴力度。建立全省联网、实时共享的集森林资源、权属、生产经营主体等信息于一体的基础信息数据库和管理信息系统，积极发展林业电子商务，健全林产品交易市场服务体系。

五、落实保障措施

（十三）加强组织领导。各级人民政府要加强对集体林权制度改革工作的组织领导，巩固和完善改革成果，鼓励和支持改革中的探索，协调解决改革中遇到的突出困难和问题，并将集体林权制度改革成效作为各级领导班子及有关领导干部考核内容。各有关部门要按照职责分工，继续完善相关政策，形成支持集体林业改革发展的合力；各级林业部门要加强统筹协调，推动完善集体林权制度各项政策措施落到实处，促进和服务改革。要加强对集体林权制度改革的指导和督查，重大改革项目出台要实行试点引路，通过试验示范、典型宣传，建立交流推广激励机制，推进集体林业改革不断深化。按照国家有关规定，对在集体林业改革发展中贡献突出的单位和个人给予奖励。

（十四）建立多元化投入机制。鼓励各种社会主体投资集体林业，多渠道筹集资金投入造林绿化和生态建设。广泛调动农民和社会力量发展林业，引导工商资本、金融资本和社会资本投资特色经济林、木本油料、林下经济和森林旅游休闲康养等特色新兴产业发展。各级人民政府要进一步加大公共财政支持力度，加强引导与合作，在林业重大生态工程、国家储备林建设、林区基础设施建设、林业保护设施建设、野生动植物保护及利用等重点领域实施政府和社会资本合作（PPP）模式。完善林权抵押贷款贴息政策，吸引更多社会经营主体参与林业建设。

（十五）营造改革创新的良好环境。强化科技引领，加大科技创新力度，大力推广林业先进适用技术，推动大众创业、万众创新深入发展。健全林地承包经营纠纷调解仲裁机制，妥善处理各类纠纷，做好重大纠纷案件的应急处理工作，切实维护社会和谐稳定，为全省集体林业改革营造良好的发展环境。

附件：重点任务分工

安徽省人民政府办公厅
2017年4月26日

附件

重点任务分工

序号	工作任务	负责单位	时限要求
1	进一步完善集体林地确权发证。对采取联户发证的集体林地，做好联户发证的拆分工作。确实不易拆分的，要将林权份额量化到户	省林业厅 省国土资源厅 省农委 各市、县人民政府	2019 年
2	开展股份合作经营。对仍由农村集体经济组织统一经营管理的林地，要依法将股权量化到户，股权证发放到户，发展多种形式的股份合作。扩大资源变资产、资金变股金、农民变股东的"三变"改革试点，让集体经济组织成员长期分享集体资产等收益	省林业厅 省农委 省国土资源厅 省财政厅 各市、县人民政府	2020 年
3	加强林权权益保护。推进集体林地所有权、承包权与经营权分置改革。依法落实承包人对承包林地占有、使用、流转和收益等权利，并妥善处理各类承包、流转纠纷，切实维护林权权利人的合法权益。探索承包权依法自愿有偿退出机制，切实保障农户承包林地处置权	省林业厅 省财政厅 省发展改革委 各市、县人民政府	2018 年
4	落实林业分类经营制度。实行公益林分级经营管理。推动公益林资产化经营。进一步放活商品林经营。完善商品林采伐更新制度	省林业厅 省财政厅	持续推进
5	引导集体林适度规模经营。鼓励和引导农户采取转包、出租、入股等方式流转林地经营权和林木所有权。促进林业适度规模经营。建立全省统一、规范有序、公开透明、市县联网、服务高效的农村产权交易平台	省林业厅 省国土资源厅 省政府金融办 安徽银监局 省工商局 省发展改革委 各市、县人民政府	2019 年
6	培育壮大林业经营主体。采取多种方式兴办家庭林场、股份合作林场和农民林业专业合作社。支持各类林业经营主体参与林业开发建设。开展争创示范合作社和示范家庭林场活动	省林业厅 省工商局 省农委	2020 年
7	加快林业产业发展。支持林下经济、特色经济林、木本粮油和竹藤花卉等规范化生产基地建设。大力发展森林旅游休闲康养等绿色新兴产业，推进农村一二三产业融合发展，充分发挥林业生态和产业扶贫的作用，提高林业扶贫攻坚能力。着力打造"一群、一区、两带"的林业产业发展格局	省林业厅 省发展改革委 省财政厅 省旅游局 省农委 省商务厅 各市、县人民政府	2020 年
8	加强林权流转管理。依托林权管理服务中心，搭建全省互联互通的林权流转市场监管服务平台，全面完成县级林权管理服务体系规范化建设任务。提供林权流转交易确认服务，加强林权流转事中事后监管，并纳入信用记录	省林业厅 省工商局 省档案局 各市、县人民政府	2018 年

（续）

序号	工作任务	负责单位	时限要求
9	推进林权融资服务。建立健全林权抵质押贷款制度。扩大林权抵押贷款规模。继续推进林权抵押一卡通贷款试点。探索开展林业经营收益权和公益林补偿收益权市场化质押担保贷款。完善林业贷款贴息政策。研究探索森林保险无赔付优待政策。继续开展保单质押及林权抵押贷款直贷试点。引导和规范森林资源资产评估。鼓励和引导市场主体对林权抵押贷款进行担保，并对出险的抵押林权进行收储	省政府金融办 安徽银监局 安徽保监局 省财政厅 省林业厅	2020 年
10	完善社会化服务体系。提升林权管理服务机构能力和服务水平。发挥基层林业站、林业专业服务队伍和市场化服务组织的作用。鼓励有条件的地方加大对包括整地造林、抚育等关键环节在内的林业机械购置补贴力度。健全林产品交易市场服务体系	省林业厅 省发展改革委 省农委	2020 年
11	加强组织领导。将集体林权制度改革成效作为各级领导班子及有关领导干部考核内容。各有关部门要按照职责分工，形成支持集体林业改革发展的合力。要加强对集体林权制度改革的指导和督查。对在集体林业改革发展中贡献突出的单位和个人给予奖励	省政府督查室 省人力资源社会保障厅 省林业厅 各市、县人民政府	持续推进
12	建立多元化投入机制。鼓励各种社会主体投资集体林业，建立多元化投入机制。各级人民政府要进一步加大公共财政支持力度，加强引导与合作。完善林权抵押贷款贴息政策	省财政厅 省发展改革委 省政府金融办 安徽银监局 省林业厅 各市、县人民政府	持续推进
13	营造改革创新的良好环境。加大科技创新力度，大力推广林业先进适用技术。妥善处理各类纠纷，切实维护社会和谐稳定	省林业厅 省科技厅 各市、县人民政府	持续推进

安徽省人民政府办公厅
关于支持油茶产业扶贫的意见

（皖政办〔2017〕72号）

各市、县人民政府，省政府各部门、各直属机构：

产业扶贫是实现贫困地区、贫困人口稳定脱贫的根本途径。油茶适宜在我省江淮分水岭以南地区特别是大别山片区栽植，比较效益较高，大力发展油茶产业是我省推进产业扶贫的重要途径。为把油茶产业加快打造成为我省产业扶贫的重要力量，助推贫困地区、贫困人口稳定脱贫、持续增收，经省政府同意，现提出以下意见。

一、制定油茶产业扶贫规划

坚持适地适树，优先将适宜种植油茶树的贫困县（市、区）纳入全省油茶产业发展规划，予以重点支持。油茶产区要将油茶产业纳入本地脱贫攻坚规划，将油茶新造林纳入林业增绿增效行动计划，研究制定油茶产业扶贫实施方案，科学布局生产基地，培育完善产业体系，促进油茶产业持续较快健康发展。（牵头责任单位：省林业厅；配合单位：相关市、县政府）

二、支持油茶种植基地建设

按照"依法、自愿、有偿"原则，有序引导龙头企业、合作社、家庭林场等新型经营主体流转贫困户林地经营权，大力推广油茶产业"企业＋基地＋合作社＋农户"模式，发展适度规模经营。推广良种良法，科学栽培管护，打造高产稳产优产的油茶种植基地。推进油茶种植基地的基础设施建设，整合水利兴修、农村道路建设、国土整治、农电改造等有关项目，支持建设与油茶种植基地相配套的水、路、电等基础设施。（牵头责任单位：省林业厅；配合单位：相关市、县政府）

三、促进抚育经营和低产林改造

支持开展抚育经营管理，通过采取修枝整形、垦复土壤、水肥管理等措施，着力提升油茶林经营管理水平。对林分结构合理、立地条件好、有一定结果量的低产老油茶林进行改造修复，提高产量和效益。鼓励新型经营主体在开展油茶抚育经营和低产林改造时，优先吸纳贫困户劳务用工。（牵头责任单位：省林业厅；配合单位：省扶贫办，相关市、县政府）

四、增强新型经营主体扶贫带动力

用好集体林权制度改革成果，推进农村"三变"改革，引导贫困户通过林地经营权、土地经营权、扶贫资金配股等方式参股油茶新型经营主体，带动贫困户稳定增收。将财政投入油茶种植基地及其配套基础设施建设形成的资产折股量化，配置到村到户，推广"保底收益＋按股分红"等模式，增加贫困人口的财产性收入。鼓励通过"四带一自"等模式，密切龙头企业等新型经营主体与贫困户之间的利益联结，促进贫困户增强主动脱贫的内生动力。（牵头责任单位：省林业厅；配合单位：省财政厅、省农委、省扶贫办，相关市、县政府）

五、提升龙头企业品牌影响力

推动"三品一标"认证，强化油茶产品原产地标志管理和质量检测追溯，依法打击假冒伪劣，倾力打造油茶产品品牌。对首次获得中国驰名商标的油茶企业，省财政一次性奖励 50 万元。支持油茶龙头企业开展资源综合利用，提升生产加工工艺，建设仓储物流设施，构建营销网络，完善服务体系，扩大市场占有率。（牵头责任单位：省林业厅；配合单位：省农委、省工商局、省粮食局、省质监局、省食品药品监管局、省经济和信息化委，相关市、县政府）

六、鼓励开展科技创新

强化企业创新主体地位，整合有关科技资源，深化油茶企业与高等院校、科研院所的产学研合作，紧紧围绕产业发展需求开展科研攻关。鼓励开展油茶产业专用机械（具）、肥料、精深加工和副产品综合利用等技术研发。加强油茶优良品种选育，对选育并通过国家和省级审定的油茶优良品种，依据绩效给予选育人适当奖补。（牵头责任单位：省林业厅；配合单位：省科技厅、省财政厅、省经济和信息化委、省农委、省质监局，相关市、县政府）

七、积极开展技术技能培训

省级组织开展油茶种植加工实用技术培训，重点面向贫困地区和贫困农户，培养一批农村科技兴林能手。建立健全科技人员帮扶农户、服务企业的联系机制，强化技术服务支撑。贫困县要根据建档立卡贫困户的具体需求，精准开展油茶技术技能培训，并按有关政策给予补助。（牵头责任单位：省林业厅；配合单位：省农委、省扶贫办，相关市、县政府）

八、完善财政支持政策体系

对纳入林业增绿增效行动的新造油茶林，省财政按每亩 500 元的标准给予一次性奖补，在此基础上，再对国家级和省级贫困县（市、区）按每亩 100 元的标准给予一次性补助。各县（市、区）要结合本地脱贫攻坚规划和年度油茶产业扶贫计划，将油茶产业扶贫任务纳入贫困县涉农资金统筹整合试点项目任务清单，从专项扶贫资金或整合涉农资金中统筹安排油茶产业发展资金，对新造油茶林 1 亩以上的，按每亩 200 元的标准给予一次性补助；对油茶抚育经营，从新造林第二年起按照每年每亩 100 元的标准给予补助，连续补助不超过 4 年；对起始面积 30 亩以上、树龄 10 年以上的油茶低产林改造，按每亩 300 元的标准给予一次性补助；对建档立卡贫困户在房前屋后栽植 3 年生以上油茶大苗，按每株不高于 100 元的标准给予一次性补助。（牵头责任单位：

省财政厅；配合单位：省林业厅，省扶贫办，相关市、县政府）

九、加强产业基金支持

依托省农业产业发展基金，设立林特产业子基金，对符合条件的油茶等林业项目，通过投资参股等方式，支持油茶龙头企业和林业产业发展。各地要积极创造条件，按照政府引导、市场化运作的模式，尽快建立油茶产业发展投融资平台。（牵头责任单位：省财政厅、省林业厅；配合单位：省农委、省政府金融办，相关市、县政府）

十、加大金融支持力度

积极引导扶贫小额贷款参与，发挥农业政策性担保作用，深化与国家政策性银行的合作，鼓励银行业金融机构加大信贷投放，创新保单质押、订单质押、免评估可循环林权抵押贷款等产品，倾斜支持油茶产业发展，并完善财政贴息政策。鼓励贫困县将油茶纳入本地特色农产品保险范围，支持扩大保险覆盖面，省财政按照规定给予以奖代补等政策扶持。（牵头责任单位：省政府金融办、省财政厅；配合单位：省发展改革委、省扶贫办、省林业厅等）

薄壳山核桃产业扶贫可比照执行本《意见》相关政策。

附件：具体任务分解表

安徽省人民政府办公厅

2017 年 9 月 11 日

附件

具体任务分解表

序号	工作任务	牵头责任单位	配合单位	时限要求
1	油茶产区要将油茶产业纳入本地脱贫攻坚规划，将油茶新造林纳入林业增绿增效行动计划，研究制定油茶产业扶贫实施方案，科学布局生产基地，培育完善产业体系，促进油茶产业持续较快健康发展	省林业厅	相关市、县政府	2017 年 12 月
2	依托省农业产业发展基金，设立林特产业子基金。各地要尽快建立油茶产业发展投融资平台	省财政厅、省林业厅	省农委、省政府金融办，相关市、县政府	2018 年 6 月
3	鼓励贫困县将油茶纳入本地特色农产品保险范围，支持扩大保险覆盖面，省财政按照规定给予以奖代补等政策扶持	省政府金融办、省财政厅	省林业厅、省扶贫办	2018 年 3 月

中共安徽省委办公厅　安徽省人民政府办公厅
印发《关于推深做实林长制改革优化林业
发展环境的意见》的通知

（皖办发〔2018〕22 号）

各市、县委，各市、县人民政府，省直各单位，各人民团体：

《关于推深做实林长制改革优化林业发展环境的意见》已经省委、省政府同意，现印发给你们，请结合实际认真贯彻执行。

中共安徽省委办公厅
安徽省人民政府办公厅
2018 年 4 月 30 日

关于推深做实林长制改革
优化林业发展环境的意见

为全面贯彻落实习近平新时代中国特色社会主义思想和党的十九大精神，深入贯彻落实习近平总书记视察安徽重要讲话精神，打造生态文明建设安徽样板，现就推深做实林长制改革，进一步优化林业发展环境提出如下意见。

一、完善森林生态效益补偿机制

把加强林业生态保护作为林长制改革的优先任务，完善森林生态效益补偿机制，构建以公益林、自然保护区、森林公园为重点的自然保护地体系。

1. 提高公益林生态效益补偿标准。在落实现行中央及省补偿政策的基础上，按照分级负担、省级奖补的原则，市、县(市、区)根据当地实际情况，确定集体和个人所有的国家级和省级公益林具体生态效益补偿标准，省财政根据上一年度各地资金到位、公益林补偿政策落实、林业经济发展、带动林农增收等情况给予奖补。(牵头责任单位：省财政厅、省林业厅；配合单位：各市人民政府)

2. 对生态区位特别重要的非国有公益林和其他林木，尝试采用政府租赁或赎买的方式，委托临近的国有林场负责经营管护。按照依法、自愿、有偿原则，可选择在国家级和省级自然保护区内集体林地上的公益林，先行开展政府租赁或赎买试点，待积累经验后，再稳步推进。对国家级自然保护区核心区内的农村居民，确有必要迁出的，采取有效措施，逐步将居民集中安置到自然保护区以外的适宜地方居住。（牵头责任单位：省林业厅、省环保厅；配合单位：有关市人民政府）

3. 对农户所有的公益林，可在农户自愿基础上，将其森林经营管护权委托所在农村集体经济组织，同时鼓励各种社会主体通过租赁、承包、联合经营等多种方式参与农村集体和农户所有的公益林经营。鼓励整村推进森林抚育，精准提升森林质量，结合实施林业增绿增效行动和扶贫开发，在不破坏森林生态系统功能的前提下，科学发展林下经济、森林旅游康养等生态服务产业，拓展公益林的生态补偿途径。（牵头责任单位：省林业厅；配合单位：各市人民政府）

4. 对自然保护区、森林公园以外的公益林，可选择立地条件和生长状况良好的森林，纳入国家储备林建设规划，按照近自然森林经营的理念进行培育改造，建设大径级木材或珍贵树种用材资源储备基地。开展全省古树名木普查、登记造册工作，建立资源档案，加大保护力度，省级对全省一级古树和名木的保护修复给予奖补。（牵头责任单位：省林业厅；配合单位：省财政厅，各市人民政府）

二、保障林地经营权顺畅有序流转

把完善集体林权制度作为林长制改革的重要内容，深入推进"三变"改革，保障林地经营权顺畅有序流转。

5. 积极引导农户依法采取转包、出租、互换、转让及入股等方式流转林地经营权，促进林业适度规模经营。鼓励农户在自愿前提下采取互换并地的方式解决承包林地细碎化问题，引导部分不愿经营或不善经营林业的、农户流转承包的林地经营权，并指导和促进其转移就业。推广收益比例分成或"实物计价、货币结算"方式兑付流转费，建立利益共享机制，引导农户主动参与林权流转。（牵头责任单位：省林业厅；配合单位：各市人民政府）

6. 加强林权流转合同管理，依法妥善处理林权争议和林地承包经营权纠纷，切实维护林权权利人合法权益。对通过互换、转让取得林地经营权的，依法核发林权证；对采取转包、租赁等方式取得林地经营权的，完善与林权证制度相衔接的林地经营权流转制度，为其办理林木采伐行政审批事项等提供必要证明。（牵头责任单位：省林业厅；配合单位：省国土资源厅，各市人民政府）

7. 充分发挥县级林权管理服务中心的功能，发展乡镇、村林权信息员，完善林权信息系统，培育林权流转中介服务组织，开展流转信息沟通、居间、委托、评估等林权流转中介服务，规范林权流转和森林资源资产评估，健全省、市、县三级相贯通、全覆盖的林权流转管理服务体系。（牵头责任单位：省林业厅；配合单位：各市人民政府）

8. 建立林权流转征信制度，加强森林、林木、林地经营权流转市场的监管，完善信息公开，适时发布风险警示，防止恶意圈地炒作。（牵头责任单位：省林业厅；配合单位：省发展改革委、人行合肥中心支行）

三、加快推进林区道路建设

把国有林场作为推行林长制改革、维护生态安全的重要阵地，加快林区道路建设，更好地发挥国有林场保护、培育森林资源的重要功能。

9. 将通往国有林场中具有社会公共服务属性的道路，包括通往保留居民居住的林场场部、主要林下经济节点的道路等，纳入地方公路网规划，并结合"四好农村路"进行建设；将国有林场中具有林业专用属性的专用防火护育道路，包括通往管护站（含分场、工区和已搬迁撤并林场）以及木竹采运、森林防火、病虫防治等林区专用道路，纳入林业部门专用道路建设规划。（牵头责任单位：省交通运输厅、省林业厅；配合单位：有关市人民政府）

10. 对贫困县纳入地方公路网规划的通往国有林场场部、主要林下经济节点的道路，以及纳入林业部门国有林场专用属性道路规划的专用道路，省级予以定额补助，补助标准比照农村道路畅通工程县、乡、村分类补助标准执行，由省财政分年度统筹安排。对非贫困县纳入地方公路网的国有林场道路建设经费，省级通过争取中央资金和整合相关资金予以适当奖补。（牵头责任单位：省交通运输厅、省林业厅；配合单位：省财政厅，有关市人民政府）

11. 纳入地方公路网的国有林场道路养护经费，自竣工验收后第3年起，省级比照"四好农村路"补助标准统筹安排。国有林场道路建设和养护资金由交通、林业部门分别按职责管理、使用，并接受专项检查和审计监督。（牵头责任单位：省交通运输厅、省林业厅；配合单位：省财政厅，各市人民政府）

四、强化林业投融资服务

把探索林权权能有效实现形式作为林长制改革的关键环节，完善金融助力森林保护发展的机制，拓宽林业投融资渠道。

12. 鼓励银行业金融机构按照市场经营原则，结合林业经营主体特点和发展需求，实施差异化的信贷扶持措施，合理确定贷款额度、放款进度和回收期限，推动涉林贷款使用便利化。引导涉农金融机构主动对接林业经营主体，建立稳定的银企关系，对口开展金融服务；鼓励已开办林业金融服务的金融机构设立林业金融服务绿色通道，简化办贷流程，提高办贷效率。（牵头责任单位：省政府金融办、省林业厅；配合单位：人行合肥中心支行、安徽银监局，各市人民政府）

13. 银行业金融机构要因地制宜开发适合当地林业经营的贷款品种，适度提高林权抵押率，贷款期限与林业生产周期相适应。顺应农村"三变"改革需要，推广林权按揭贷款、林权直接抵押贷款、林权反担保抵押贷款和"林权＋林权收储＋森林保险"贷款等林权抵押贷款模式，引导降低综合信贷成本。（牵头责任单位：省林业厅、安徽银监局；配合单位：省政府金融办、人行合肥中心支行，各市人民政府）

14. 各地政府及有关部门要充分运用好国家财政贴息、森林保险保费补贴等政策，支持林业经营主体以林权证抵押融资，盘活林地上的林木及其他附着物资产。积极推广"经营主体申请、部门推荐、银行审批"的运行机制，帮助金融机构识别优质林业经营主体，推荐优质项目，提供林权流转、抵押、评估、担保、收储等一站式服务。（牵头责任单位：省林业厅；配合单位：省政府金融办、省财政厅，各市人民政府）

15．建立林权抵押价值评估制度，实行抵押林权资产价值评估分类管理。对贷款金额在 30 万元以上（含 30 万元）的林权抵押贷款项目，具备专业评估能力的银行业金融机构可以自行评估，也可以依照相关规定，通过森林资源调查和价格咨询等方式进行评估；对贷款金额在 30 万元以下的林权抵押贷款项目，由银行业金融机构自行评估，不得向借款人收取评估费。（牵头责任单位：省林业厅、省政府金融办、安徽银监局）

16．支持安徽省森林资源收储中心开展林权抵押收储业务，指导有条件的市、县（市、区）建立政策性林权收储担保机构，鼓励国有、民营等不同所有制经济主体设立林权收储担保机构，支持林业龙头企业、林业专业合作社开展林业经营主体间林权收储担保业务。林权收储担保机构可对林权抵押贷款方提供抵押林权收储担保，借款人还款出现问题时由收储机构代偿，并将抵押的林权按合同交由收储机构处置。（牵头责任单位：省林业厅；配合单位：省政府金融办，各市人民政府）

17．推动省农业信贷融资担保公司发挥政策性融资担保机构优势，为符合条件的林业适度规模经营主体提供融资担保。推进全省政策性森林保险全覆盖，探索商品林"政策性保险＋商业保险"模式，充分发挥森林保险保单质押功能。（牵头责任单位：省财政厅、省林业厅；配合单位：省政府金融办、安徽保监局，各市人民政府）

18．依托省农业产业化发展基金，设立林特产业子基金，鼓励有实力的企业参与林特产业子基金组建，按照市场化原则，专项投资林业特色产业。（牵头责任单位：省财政厅、省林业厅、省农委）

五、鼓励社会资本投入林业建设

把充分调动全社会力量促进森林保护发展作为林长制改革的重要着力点，优化林业发展环境，引导各种社会主体投入林业建设。

19．推动具备条件的林业企业分类对接多层次资本市场，在主板、中小板、创业板以及境外资本市场上市和再融资，鼓励林业企业在全国股转系统和省区域性股权交易市场挂牌。支持省股权托管交易中心开设林业板块，建立工商登记部门与省区域股权交易市场的信息资源共享交换机制，为企业股权质押融资提供便利。（牵头责任单位：省政府金融办、安徽证监局、省林业厅；配合单位：省工商局，各市人民政府）

20．按国家有关政策规定，对社会资本投资建设或运营管理的林业建设项目给予贷款贴息、税费减免、森林保险保费补贴等优惠。除新建需依法办理占用林地手续的工程外，各种社会主体在其经营林地范围内修建直接为林业生产服务的生产设施、保护设施、科技示范设施和相关配套设施等，在符合相关规划的前提下，由县级以上人民政府林业主管部门批准。（牵头责任单位：省林业厅；配合单位：各市人民政府）

21．鼓励林业经营主体编制森林经营方案，经县级人民政府林业主管部门批准后，按森林经营方案确定森林采伐限额，实行自主经营、凭证采伐；对于因林地经营权流转或者流转限期届满必须采伐林木的，尽可能满足采伐限额。（牵头责任单位：省林业厅；配合单位：各市人民政府）

22. 建立完善省级林业增绿增效行动综合奖补机制，支持各地统筹安排和使用资金，鼓励各地通过提高奖补标准，吸引更多社会力量投入造林绿化和森林抚育经营。鼓励社会资本参与森林旅游资源开发，发展森林生态旅游康养、林区休闲服务、花卉苗木观赏，开展森林文化教育基地与森林博物馆建设，并纳入相关产业发展规划予以支持。积极培育新型职业林农，加快家庭林场建设，发展多种形式林业专业合作组织。鼓励社会资本投资者通过股份式、合作式、托管式、订单式等运作模式，与农户建立紧密的利益联结机制，促进小农户和现代林业有机衔接。（牵头责任单位：省林业厅；配合单位：省农委，各市人民政府）

附件：具体任务分解表

附件

具体任务分解表

序号	工作任务	牵头责任单位	配合单位	时限要求
1	提高公益林生态效益补偿标准	省财政厅 省林业厅		2018 年底取得阶段性成果
2	对生态区位特别重要的非国有公益林和其他林木，尝试采用政府租赁或赎买的方式，委托临近的国有林场负责经营管护	省林业厅		2019 年底取得阶段性成果
3	对自然保护区、森林公园以外的公益林，有条件地纳入国家储备林建设规划	省林业厅		持续推进，2018 年底取得初步成效
4	开展全省古树名木普查、登记造册工作，建立资源档案，加大保护力度，省级对全省一级古树和名木的保护修复给予奖补	省林业厅	省财政厅	2018 年底取得初步成效
5	健全省、市、县三级相贯通、全覆盖的林权流转管理服务体系	省林业厅		持续推进，2018 年底取得初步成效
6	将通往国有林场中具有社会公共服务属性的道路，纳入地方公路网规划，分年度统筹安排和建设	省交通运输厅 省林业厅	省财政厅	2019 年底取得初步成果
7	依托省农业产业化发展基金，设立林特产业子基金，鼓励有实力的企业参与组建，按照市场化原则，专项投资林业特色产业	省财政厅 省林业厅 省农委		持续推进，2019 年取得初步成效

中共安徽省委办公厅
2018 年 4 月 30 日印发

安徽省财政厅　安徽省林业厅关于印发
《提高公益林生态效益补偿标准奖补办法》的通知

（财农〔2018〕517 号）

各市、县（市、区）财政局、林业局：

为全面贯彻实施林长制，根据《中共安徽省委办公厅 安徽省人民政府办公厅印发〈关于推深做实林长制改革优化林业发展环境的意见〉的通知》（皖办发〔2018〕22 号），省财政厅会同省林业厅制定了《提高公益林生态效益补偿标准奖补办法》。现印发给你们，请结合实际贯彻执行。

提高公益林生态效益补偿标准奖补办法

第一条　根据《中共安徽省委 安徽省人民政府关于建立林长制的意见》（皖发〔2017〕32 号）、《中共安徽省委办公厅 安徽省人民政府办公厅印发〈关于推深做实林长制改革优化林业发展环境的意见〉的通知》（皖办发〔2018〕22 号），为进一步完善全省森林生态效益补偿机制，结合我省实际，制定本办法。

第二条　基本原则

（一）政府主导，社会参与。加大对生态公益林补偿的投入力度，积极探索社会化、市场化生态效益补偿方式，拓宽公益林的生态补偿途径，激发林农和基层保护和利用生态公益林的积极性。

（二）先补后奖，综合奖补。市、县（市、区）财政和林业主管部门负责提高生态公益林的补偿标准并及时兑现补偿资金，省财政给予奖补，激励引导市、县（市、区）建立补偿机制、落实公益林保护主体责任，共同完善生态公益林补偿制度。

（三）绩效管理，强化监督。按照全面实施绩效管理要求，将市、县（市、区）落实生态公益林补偿政策和补偿资金绩效管理情况作为安排预算、分配资金的重要依据。加强对奖补政策和资金使用的监督检查，保障资金安全规范有效使用。

第三条　奖补范围。对集体和个人所有的国家级和省级生态公益林提高补偿标准的市、县（市、区），对国有生态公益林提高补偿标准的不纳入奖补范围。

第四条　奖补标准。在落实现行中央和省生态公益林补偿政策的基础上，市、县（市、区）财政和林业主管部门对集体和个人所有的国家级和省级生态公益林逐步提高

补偿标准。市级按照所属各县(市、区)提高补偿标准部分的 1/3 给予补助。省级按照一定比例给予奖补，最高不超过提高补偿标准部分的 1/3。

第五条　奖补程序。市级林业主管部门会同财政部门于每年 8 月 30 日前，向省林业厅、省财政厅报送全市本年度(附所辖县、市、区报告)生态公益林补偿政策落实情况报告，主要内容包括：生态公益林管护、执行现行国家和省生态公益林补偿政策情况，提高集体和个人所有的国家级和省级生态公益林具体补偿标准及补偿资金发放到位情况，主要做法及典型经验，市级补助资金落实和拨付到位情况，补偿资金绩效评价情况，提出省级财政奖补资金申请等。省林业厅对各市、县(市、区)的报告进行审核汇总，并将审核意见和全省奖补资金需求报送省财政厅。

第六条　资金拨付。省财政厅根据省林业厅的审核结果，在下一年度统筹重点生态功能区转移支付或森林植被恢复费切块资金，用于省级奖补，分配下达到市、县(市、区)。

第七条　资金使用。围绕全面推进林长制要求，提高公益林生态效益补偿标准省财政奖补资金由市、县(市、区)按规定使用，可用于公益林管护补助、公益林的政府租赁或赎买等公益林保护，不得用于楼堂馆所和形象工程建设、人员经费和机构运转经费、办公设备购置等。

第八条　绩效管理。市、县(市、区)财政和林业主管部门要加强对省级奖补资金安排、使用的管理，切实提高资金绩效。省级组织对各地生态公益林补偿政策落实情况检查，对补偿政策不落实、提高补偿标准资金未发放到位的，省财政按比例相应扣回奖补资金。

第九条　市、县(市、区)财政和林业主管部门可根据本办法，结合本地实际，制定具体实施细则。

第十条　本办法由省财政厅、省林业厅负责解释。

第十一条　本办法自印发之日起施行，有效期 5 年。

安徽省林业有害生物防治条例

为了有效防治林业有害生物，保护森林资源，维护生态安全，根据《中华人民共和国森林法》、国务院《森林病虫害防治条例》、《植物检疫条例》和有关法律、行政法规，结合本省实际，制定本条例。

第一章 总 则

第一条 为了有效防治林业有害生物，保护森林资源，维护生态安全，根据《中华人民共和国森林法》、国务院《森林病虫害防治条例》、《植物检疫条例》和有关法律、行政法规，结合本省实际，制定本条例。

第二条 本条例适用于本省行政区域内林业有害生物的预防、治理和森林植物及其产品的检疫等活动。

本条例所称林业有害生物，是指对森林植物及其产品构成危害或者威胁的动物、植物和微生物。

森林植物及其产品，包括乔木、灌木、竹类、花卉和其他森林植物，林木种子、苗木和其他繁殖材料，木材、竹材、药材、果品、盆景和其他林产品。

第三条 林业有害生物防治，遵循预防为主、综合治理、科学防控、分类施策、依法监管的原则，实行政府主导、部门协作、社会参与的工作机制，坚持谁经营、谁防治的责任制度。

第四条 县级以上人民政府应当加强对林业有害生物防治工作的领导，将林业有害生物防治纳入防灾减灾体系和林业发展规划，将林业有害生物防治经费纳入本级财政预算。

乡镇人民政府、街道办事处、风景名胜区管理机构等应当按照各自职责，组织开展林业有害生物防治相关工作。

村（居）民委员会应当协助县级人民政府有关部门、乡镇人民政府、街道办事处、风景名胜区管理机构做好林业有害生物防治工作。

---

* 2017 年 9 月 29 日安徽省第十二届人民代表大会常务委员会第四十次会议通过。

第五条　县级以上人民政府林业行政主管部门负责本行政区域内的林业有害生物防治工作。

县级以上人民政府农业、水行政、住房和城乡建设、环境保护、经济和信息化、交通运输等部门和出入境检验检疫机构以及电力、通信、邮政等单位应当按照各自职责，做好林业有害生物防治相关工作。

县级以上人民政府林业行政主管部门所属的林业有害生物防治检疫机构（以下简称林检机构）承担林业有害生物监测预警、检验检疫、防治督查以及相关技术服务、业务培训等工作。

第六条　森林植物及其产品生产者、经营者和利用者应当履行林业有害生物防治直接责任人的义务，采取有效措施，开展林业有害生物防治。

第七条　省人民政府及其林业行政主管部门应当组织开展松材线虫、美国白蛾等重大林业有害生物防治技术攻关，加强防治技术研究的交流与合作。

县级以上人民政府及其林业行政主管部门应当加大林业有害生物防治科学研究和技术推广力度，鼓励和支持高等院校和科研院所等开展林业有害生物防治技术研究活动，提高科学防治水平和能力。

第八条　县级以上人民政府及其林业行政主管部门应当采取多种形式，宣传普及林业有害生物防治知识，增强公众防治林业有害生物的意识和能力。

新闻媒体应当开展林业有害生物防治法律、法规和知识的宣传，进行舆论监督。

第九条　鼓励和支持公民、法人以及其他社会组织参与林业有害生物防治工作。

对在林业有害生物防治中及时报告疫情或者做出显著成绩的单位和个人，按照国家有关规定给予表彰和奖励。

第二章　预　防

第十条　县级以上人民政府林业行政主管部门应当每5年组织一次林业有害生物普查；对松材线虫病每年至少组织一次专项调查，重点区域不少于二次；对美国白蛾每年至少组织三次专项调查。普查和专项调查情况应当向本级人民政府和上级林业行政主管部门报告。

县级以上林业行政主管部门可以根据需要，及时组织其他重大林业有害生物的专项调查。

第十一条　县级以上人民政府林业行政主管部门应当会同有关部门根据森林资源分布状况、林业有害生物普查和专项调查结果，编制林业有害生物防治规划，报本级人民政府批准后组织实施。

第十二条　县级以上人民政府林业行政主管部门应当建立林业有害生物监测预警体系，加强林业有害生物防治基础设施建设，科学布局监测站点，确定监测对象，划定责任区，落实监测人员，推行监测网格化管理。

任何单位和个人不得破坏、偷盗、擅自占用或者移动林业有害生物防治设备设施。确因工程建设需要迁移林业有害生物防治监测站点的,应当征求当地林业行政主管部门的意见,迁移费用由建设单位承担。

第十三条 国有森林、林木由其经营管护单位组织开展林业有害生物情况调查;集体和个人所有的森林、林木由乡镇人民政府、街道办事处、风景名胜区管理机构等组织开展林业有害生物情况调查。调查情况及时报告上级林检机构。

单位和个人发现森林植物出现异常情况,应当及时向林业行政主管部门或者林检机构报告;林业行政主管部门或者林检机构应当及时调查核实。

第十四条 县级以上人民政府林业行政主管部门应当根据林业有害生物监测情况,向本级人民政府和上级林业行政主管部门报告林业有害生物预报预警信息,并按照规定向社会发布,不得迟报、漏报、虚报、瞒报。其他任何单位和个人不得向社会发布林业有害生物预报预警信息。

广播、电视、报刊等新闻媒体应当刊播当地林业行政主管部门发布的林业有害生物预报预警信息。

气象台(站)应当配合当地林检机构开展林业有害生物监测和防治所需的气象服务工作。

第十五条 县级以上人民政府林业行政主管部门应当组织建立无林业检疫性有害生物的苗圃和种子繁育基地,培育优质林木种苗。

第十六条 县级以上人民政府林业行政主管部门应当指导林业生产经营者将林业有害生物防治措施纳入造林绿化设计和森林经营方案,实施以营林措施为主的综合预防措施。

林业生产经营者应当优先选用乡土树种和良种壮苗,采用混交栽植模式,适地适树造林,避免营造大面积人工纯林,做好森林抚育和封山育林。

禁止使用带有林业危险性有害生物的林木种子、苗木和其他繁殖材料进行育苗或者造林。

第十七条 世界自然(文化)遗产保护区和国家级的自然保护区、风景名胜区、森林公园、湿地公园等需要特别保护的区域,由县级以上人民政府划定、公布为林业有害生物重点预防区,并督促有关部门和单位制定预防方案和应急预案。

第十八条 县级以上人民政府林业行政主管部门应当制定突发林业有害生物事件应急预案,报本级人民政府批准后实施。

县级以上人民政府林业行政主管部门应当按照应急预案的要求,储备防治物资,组建应急防治队伍,开展防治技能培训和应急演练。

第三章 检 疫

第十九条 下列森林植物及其产品应当实施检疫(以下简称应检物品):

(一)森林植物种子、种根、种条(含穗条)、苗木及其他繁殖材料;

(二)木材、竹材、薪炭材、枝桠、竹梢及可能带有林业检疫性有害生物的其他产品（不含经高温、高压等工艺生产的纤维板、胶合板、刨花板和木炭）和标本；

（三）乔木、灌木、花卉、药材、果树及果品；

（四）国务院和省人民政府林业行政主管部门规定的其他应检物品。

对可能被林业检疫性有害生物污染的包装铺垫材料、运输工具、场所等，也应当实施检疫。

林业、农业行政主管部门依照各自职责对森林植物及其产品实施检疫。

第二十条 生产、经营林木种子、苗木和其他繁殖材料以及木材、竹材的单位和个人，应当向县级人民政府林业行政主管部门所属的林检机构申请产地检疫。

县级人民政府林业行政主管部门所属的林检机构应当按照国家检疫技术规程，定期进行产地检疫。对检疫合格的，发放"产地检疫合格证"；检疫不合格的，发放"检疫处理通知单"，生产经营者应当按照"检疫处理通知单"要求进行除害处理。

第二十一条 应检物品运出发生疫情的县级行政区域，或者林木种子、苗木和其他繁殖材料调运，应当经过检疫。

省内调运的，调出单位和个人应当向县级人民政府林业行政主管部门所属的林检机构申请检疫；省外调入的，调入单位和个人应当报告县级人民政府林业行政主管部门所属的林检机构，向调出单位和个人提出检疫要求，取得对方省级人民政府林业行政主管部门所属的林检机构签发的"植物检疫证书"方可调入。调往省外的，调出单位和个人应当在调出前按照调入地的检疫要求，取得省人民政府林业行政主管部门所属的林检机构签发的"植物检疫证书"方可调出。

第二十二条 林检机构自受理之日起 20 日内实施检疫。经检疫未发现林业检疫性有害生物的，发放"植物检疫证书"；发现有林业检疫性有害生物、但能彻底除害处理的，托运人应当按照林检机构的要求，在指定地点作除害处理，经检疫合格后发给"植物检疫证书"；无法除害处理的，应当停止调运。

已办理"产地检疫合格证"的，在有效期内可以凭证换取"植物检疫证书"。

第二十三条 林业检疫性有害生物发生区和疫区内的应检物品，无论是否经过检疫，禁止调往林业有害生物重点预防区和其他未发生疫情的寄主林区、风景名胜区和自然保护区。

禁止将松材线虫寄主植物及其制品调入松材线虫病重点预防区。

禁止在每年的 4 月 1 日至 10 月 31 日将松材线虫寄主植物及其制品运经松材线虫病重点预防区。

第二十四条 调入应检物品的单位和个人，应当在调运物品到达之日起 3 日内，将"植物检疫证书"交调入地县级人民政府林业行政主管部门所属的林检机构查验。从疫区或者疫情发生区调入应检物品的，调入地林检机构应当在 3 日内进行复检。

第二十五条 出入境检验检疫机构应当加强对入境的应检物品的检疫，防止外来林业有害生物传入。

公路、铁路、水路、民航、邮政和其他从事运输的单位和个人，承运或者邮寄应检物品，应当凭"植物检疫证书"办理承运或者邮寄手续。无"植物检疫证书"或者货证不符的，不得运递。

第二十六条　电力、广播电视、通信以及其他工程建设的施工单位，在林区承载、包装、铺垫、支撑、加固设施设备涉及使用松木材料的，应当事先将施工时间、地点通报所在地县级人民政府林业行政主管部门所属的林检机构。

施工结束后，施工单位应当及时回收或者销毁用毕的松木材料，不得随意弃置。林检机构应当对施工单位的松木材料回收和销毁情况进行监督检查和技术指导。

第二十七条　从国外引进林木种子、苗木的单位和个人，应当向省人民政府林业行政主管部门所属的林检机构申请办理检疫审批手续，并按照国家有关规定进行隔离试种；隔离试种后，经检疫证明不带林业危险性有害生物的，方可分散种植。

第二十八条　发生林业有害生物疫情时，应当按照国家有关规定划定疫区。

林检机构应当加强对木材流通场所、苗木集散地、车站、港口和市场等重点场所的检疫检查；发生特大疫情时，经省人民政府批准，可以设立临时检疫检查站，开展检疫工作。

第二十九条　省人民政府林业行政主管部门应当建立应检物品检疫追溯信息系统，实行检疫标识管理，实现生产、运输、销售、使用全过程监管。

第四章　治　理

第三十条　县级以上人民政府应当落实林业有害生物防治的扶持政策，引导、支持林业生产经营者开展防治工作。

第三十一条　林业生产经营者或者管护单位发现林业有害生物危害的，应当及时报告，并按照林检机构的统一要求，及时开展林业有害生物除治。

鼓励和支持林业生产经营者建立联户合作防治、组内或者村内统一防治的防治联合体，开展群防群治。

县级以上人民政府林业行政主管部门应当加强对林业生产经营者开展林业有害生物灾害治理的技术指导和服务，对治理情况进行监督检查。

第三十二条　发生暴发性、危险性林业有害生物灾害时，实行政府行政领导负责制，按照应急预案启动应急响应，建立临时指挥机构，组织专业除治队伍，采取紧急除治措施，协调解决经费保障、物资采购等重大问题。

第三十三条　对新发现和新传入的林业有害生物，县级以上人民政府林业行政主管部门应当及时查清情况，组织有关部门、林业经营者采取封锁、扑灭等必要的除治措施，并报告上级人民政府林业行政主管部门。

第三十四条　对跨行政区域、危害严重的林业有害生物灾害，毗邻地区人民政府及其林业行政主管部门应当加强协作配合，建立联防联治机制，健全疫情监测、信息通报和定期会商制度，开展联合防治。

毗邻地区共同的上一级人民政府及其林业行政主管部门应当加强对跨行政区域林

业有害生物灾害联防联治的组织协调和指导监督。必要时，实行统防统治。

省人民政府根据实际需要，与相邻省建立林业有害生物联合防治协调机制，及时通报防治信息，定期会商应对措施，开展区域合作。

第三十五条　因防治暴发性、危险性林业有害生物灾害或者疫情，经县级人民政府林业行政主管部门所属的林检机构鉴定需要采伐疫木的，报请县级人民政府林业行政主管部门同意，可以先行采伐，再按照规定办理相关手续；林检机构应当指导相关单位或者个人进行除害处理。

采伐疫木的单位或者个人应当按照疫区和疫木管理规定作业，并做好采伐山场和疫木堆场监管。任何单位或者个人不得擅自捡拾、挖掘、采伐疫木及其剩余物。

疫木利用应当符合安全定点利用管理规定，在林检机构的监督下实施。

第三十六条　林业有害生物防治的措施、方法和技术应当符合国家相关技术规程，保护有益生物，保证人畜安全，防止污染环境。

林业有害生物除治作业应当优先选择生物、物理措施和施用无公害农药。

施用化学农药的，应当遵守国家农药安全使用规定，科学合理使用农药，并对农药包装废弃物进行无害化处理。

第三十七条　县级以上人民政府应当支持社会化防治组织开展林业有害生物调查监测、灾害鉴定、风险评估、疫情治理及其监理等活动。

县级以上人民政府可以向社会化防治组织购买疫情除治、监测调查等服务。

县级以上人民政府林业行政主管部门应当加强对社会化防治组织的监管，规范防治生产作业。

第五章　监督保障

第三十八条　县级以上人民政府应当建立林业有害生物防治工作协调机制，健全重大林业有害生物防治目标责任制，将控制林业有害生物成灾率和防治目标完成情况列入政府考核评价指标体系。

第三十九条　森林资源保护实行林长制。在林业有害生物防治工作中，林长应当落实林业有害生物防控责任，协调解决防治中的重大问题。

第四十条　县级以上人民政府应当加大资金投入，保障林业有害生物普查、专项调查、预防监测、检验检疫、灾害除治等工作开展。

自然(文化)遗产保护区和自然保护区、风景名胜区、森林公园、湿地公园和其他依托森林资源从事旅游活动的景区景点的管理者、经营者，应当安排专项资金用于林业有害生物防治。

第四十一条　县级以上人民政府应当加强林检机构队伍建设，合理配备专业技术人员，强化业务培训，提高防治业务水平。

对从事林业有害生物防治工作的人员，按照国家有关规定落实防治作业人员接触有毒有害物质的岗位津贴和相关福利待遇。

第四十二条　林检人员在执行监督检查任务时可以进入应检物品的生产、经营、存放场所，查验检疫证书，开展疫情调查，实施现场检疫或者复检，监督有关单位和个人进行除害处理、隔离试种和封锁、消灭等措施，查阅、摘录或者复制相关资料。有关单位和个人应当予以配合。

林检人员执行检疫任务时，应当穿着检疫制服、佩带林检标志和出示有效证件。

第四十三条　林业行政主管部门依照职责实施高速公路两侧林木防治活动或者发生特大疫情时，公安、交通运输等部门应当配合做好相关工作，协助林业行政主管部门在高速公路出入口设立临时检疫检查站点，开展检疫工作。

第四十四条　县级以上人民政府应当鼓励保险机构在林区推行林业有害生物灾害保险，支持林业生产经营者参加林业有害生物灾害保险。

第六章　法律责任

第四十五条　县级以上人民政府林业行政主管部门及其林检机构和其他相关单位的工作人员违反本条例规定，有下列行为之一的，对直接负责的主管人员和其他直接责任人员依法给予处分：

（一）未依法履行林业有害生物防治职责，造成严重后果的；

（二）迟报、漏报、虚报、瞒报或者违反规定向社会发布林业有害生物预报预警信息的；

（三）未按规定检疫或者违反规定核发"产地检疫合格证"或者"植物检疫证书"的；

（四）对暴发性、危险性林业有害生物灾害处置不力的；

（五）未及时报告新发现和新传入的林业有害生物或者未采取除治措施的；

（六）其他徇私舞弊、滥用职权、玩忽职守的行为。

第四十六条　违反本条例第十四条第一款规定，林业行政主管部门以外的单位和个人擅自向社会发布林业有害生物预报预警信息的，由县级以上人民政府林业行政主管部门责令改正，给予警告，可以处1000元以上5000元以下罚款；情节严重的，处5000元以上1万元以下罚款。

第四十七条　违反本条例第二十条第二款、第二十二条第一款规定，未按照规定进行除害处理的，由县级以上人民政府林业行政主管部门所属的林检机构责令限期除害；逾期未除害的，由林检机构依法组织代为除害，费用由林业生产经营者承担。

第四十八条　违反本条例第二十一条规定，未取得"植物检疫证书"调运应检物品的，由县级以上人民政府林业行政主管部门所属的林检机构责令改正，没收违法所得，可以处5000元以上2万元以下罚款，可以封存、没收、销毁应检物品或者责令改变用途。

第四十九条　违反本条例第二十三条规定，有下列行为之一的，由县级以上人民政府林业行政主管部门所属的林检机构封存、没收、销毁，或者责令停止调运、改变用途，处5000元以上2万元以下罚款：

（一）林业检疫性有害生物发生区和疫区内的应检物品，调往林业有害生物重点预防区和其他未发生疫情的寄主林区、风景名胜区和自然保护区的；

（二）松材线虫寄主植物及其制品调入松材线虫病重点预防区的；

（三）在每年的 4 月 1 日至 10 月 31 日将松材线虫寄主植物及其制品运经松材线虫病重点预防区的。

第五十条 违反本条例第二十五条第二款规定，无"植物检疫证书"或者货证不符运递应检物品的，由县级以上人民政府林业行政主管部门所属的林检机构责令承运人改正，可以处 1000 元以上 5000 元以下罚款。

第五十一条 违反本条例第二十六条第二款规定，施工单位未及时回收或者销毁松木材料，或者随意弃置的，由县级以上人民政府林业行政主管部门所属的林检机构责令限期回收或者销毁；拒不回收或者销毁的，处 1 万元以上 5 万元以下罚款；造成疫情扩散的，处 5 万元以上 10 万元以下罚款。

第五十二条 违反本条例第三十一条第一款规定，林业生产经营者或者管护单位未按照林检机构的统一要求，及时开展林业有害生物除治的，由县级以上人民政府林业行政主管部门责令限期除治；逾期仍未除治的，由林业行政主管部门依法组织代为除治，费用由林业生产经营者或者管护单位承担。

第五十三条 违反本条例第三十五条第三款规定，疫木利用不符合安全定点利用管理规定的，由县级以上人民政府林业行政主管部门责令改正，没收违法所得；拒不改正或者造成疫木流失的，处 1 万元以上 5 万元以下罚款。

第五十四条 违反本条例规定的行为，有关法律、行政法规已有行政处罚规定的，适用其规定；构成犯罪的，依法追究刑事责任。

第七章 附 则

第五十五条 本条例自 2018 年 1 月 1 日起施行。

长江经济带

林业支持政策汇编：地方篇

江西省

江西省血吸虫病防治条例

第一章 总 则

第一条 为了预防、控制、消灭血吸虫病，保障人体健康、动物健康和公共卫生，促进经济社会发展，根据《中华人民共和国传染病防治法》《中华人民共和国动物防疫法》和国务院《血吸虫病防治条例》等有关法律、行政法规的规定，结合本省实际，制定本条例。

第二条 血吸虫病防治（以下简称血防）实行预防为主的方针，坚持防治结合、分类管理、综合治理、联防联控，人与家畜同步防治，重点加强对传染源的管理。

血防工作实行政府领导、部门负责、社会参与的工作机制。

第三条 有血防任务的地区（以下简称血防区）县级以上人民政府应当加强对血防工作的领导，将血防工作纳入国民经济和社会发展规划。

血防区县级以上人民政府应当将血防工作纳入目标管理考核内容，督促有关部门和下级人民政府履行血防工作职责。

血防区县级以上人民政府血防领导小组负责协调、解决本行政区域内血防工作中的重大问题，并对有关部门、乡镇人民政府承担的血防工作进行考核、监督。

血防区县级以上人民政府血防领导小组办公室负责日常具体工作。

第四条 对有下列情形之一的单位或者个人，血防区人民政府、有关部门应当给予表彰、奖励：

（一）防治血吸虫病效果显著的；

（二）血防科研工作取得显著成绩的；

（三）在血防区从事血防工作满十五年的；

（四）在非血防区发现疫情并证实为新血防区的；

（五）其他需要给予表彰、奖励的情形。

第二章 管理和监督

第五条 血防区县级以上人民政府卫生主管部门负责本行政区域内的血防及其监

---

* 1992 年 12 月 20 日江西省第七届人民代表大会常务委员会第三十一次会议通过；1996 年 12 月 20 日江西省第八届人民代表大会常务委员会第二十五次会议第一次修正；2004 年 3 月 31 日江西省第十届人民代表大会常务委员会第八次会议第二次修正；2012 年 11 月 30 日江西省第十一届人民代表大会常务委员会第三十四次会议修订。

督管理工作，履行下列职责：

（一）宣传贯彻并组织实施有关血防工作的法律、法规和方针政策；

（二）组织起草本行政区域血防规划；

（三）对人的血吸虫病筛查、治疗、疫情监测、防治进行技术指导；

（四）组织、指导调查钉螺分布和实施药物杀灭钉螺；

（五）调查、处理血吸虫病疫情；

（六）受理有关血防工作的举报和投诉，负责调查处理血防违法行为；

（七）其他应当履行的职责。

第六条　血防区县级以上人民政府其他有关部门按照下列规定，履行相关的血防工作职责：

（一）发展改革部门负责将血防及其科研机构所需基本建设投资按照分级管理的原则列入基本建设计划。

（二）财政部门负责研究制定有关财政支持政策，加强对血防经费的监督管理。

（三）农业（包括畜牧兽医、渔业、农机，下同）主管部门负责结合农业生产及种植业、养殖业结构调整，改造疫区农业生态环境；负责家畜血吸虫病的筛查治疗、疫情监测、防治技术指导；推进农业机械化耕作；实施水田改旱地、沼气池建设等措施预防血吸虫病传播。

（四）水利主管部门负责将湖泊和河流治理、农村饮水安全、灌区改造等水利血防项目纳入水利建设规划，统筹建设。

（五）林业主管部门负责结合抑螺防病林、重点防护林、湿地及野生动植物自然保护区建设等林业血防项目，开展兴林抑螺工作，并监督、指导经营者开展血防项目林的管理和维护。

（六）国土资源主管部门负责结合土地整治工程等项目，改变钉螺孳生环境，抑制钉螺生长。

（七）民政部门负责将符合救助条件的血吸虫病人纳入救济救助范围。

（八）教育主管部门负责组织学校开展血防知识宣传教育活动。

（九）交通运输主管部门负责结合道路建设、航道清淤、新建或者改建航道船闸、修建码头等项目，落实血防措施。

（十）农业开发、扶贫工作部门负责结合相关项目的安排，改造有螺环境，有效阻断血吸虫病传播。

第七条　血防区乡镇人民政府、街道办事处负责本辖区内的血防工作。

血防区村（居）民委员会应当协助人民政府、有关部门组织村（居）民参与血防工作，落实防控措施。

第八条　血防区县级以上人民政府卫生、农业、水利、林业等有关部门应当按照国务院《血吸虫病防治条例》的规定，切实履行监督检查职责，及时纠正和查处违法行为。

血防区县级以上人民政府有关部门在履行血防监督检查职责时，有权进入被检查单位和血吸虫病疫情发生现场调查取证，查阅、复制有关资料和采集样本；被检查单位应当予以配合，不得拒绝、阻挠。

第九条 鼓励血防区的村民、居民积极参与血防有关活动。

血防区的部队、机关、团体、企事业单位，应当根据当地人民政府的血防规划和要求，承担血防任务。

第三章 预防和治疗

第十条 血防区县级以上人民政府应当制定血防规划并组织实施。

血防区县级以上人民政府卫生、农业、水利、林业等有关部门依据血防规划，制定血防专项工作计划并组织实施。

第十一条 血防区各级人民政府、有关部门应当组织开展血防宣传教育，普及血防知识，增强公民的自我防护能力。

血防区的报刊、广播、电视、网络等有关媒体应当开展公益性血防宣传教育，提高全社会的血防意识；在血吸虫病易感季节、暑假期间和较大洪涝灾害时期，集中开展血防宣传教育。

血防区学校应当将血防知识列入教学内容和教学计划，对学生进行血防知识教育。

血防区机关、团体、企事业单位、个体经济组织应当组织本单位人员学习血防知识，增强科学防护能力。

第十二条 血防区县级以上人民政府应当制定血吸虫病应急预案。急性血吸虫病暴发、流行时，应当根据应急预案，依法采取紧急应急处理措施控制疫情。

血吸虫病疫情的报告、通报和公布，依照《中华人民共和国传染病防治法》《中华人民共和国动物防疫法》的有关规定执行。

第十三条 血防区县级以上人民政府应当采取以控制血吸虫病传染源、阻断血吸虫病传播途径为重点的综合防治措施，加强联防联控，做好血吸虫病的预防控制工作；因地制宜，积极探索湖沼型、山丘型血防区血吸虫病的预防控制模式。

血防区县级以上人民政府应当根据国家血吸虫病预防控制标准，将血防区划分为重点防治区和一般防治区，实行分类指导、科学防治。在重点防治区，血防工作和项目建设应当整合资源、综合防治，实施区（流）域治理，整体推进；在一般防治区，血防工作应当做好疫情巩固和监测工作，进一步控制和阻断血吸虫病传播。

第十四条 血防区县级人民政府应当制定本行政区域的血吸虫病联防联控方案，组织乡镇人民政府、街道办事处同步实施。不同行政区域间的联防联控工作，由其共同的上一级人民政府制定联防联控方案，并组织同步实施。

任何单位和个人不得以行政隶属关系不同、存在权属纠纷等为由妨碍血防工作、推诿血防责任。

第十五条 鄱阳湖生态经济区的血防区各级人民政府应当结合鄱阳湖生态经济区建设，开展血吸虫病综合防治工作并结合血防工作特点，积极引进和推广符合国家和本省产业政策的建设项目，不断改善生态环境和提高居民生活质量。

第十六条 药物杀灭钉螺工作采取专业灭螺与群众灭螺相结合方式进行。血防区县级人民政府及其卫生主管部门应当根据药物杀灭钉螺工作规范，组织实施本行政区域内的药物杀灭钉螺工作，乡镇人民政府、村（居）民委员会应当予以协助。

血防区乡镇人民政府应当在实施药物杀灭钉螺七日前，公告施药的时间、地点、种类、方法、影响范围和注意事项。有关单位和个人应当予以配合。

第十七条 血防区县级以上人民政府应当在有钉螺地带的渔民、船民集中的码头和集散地，按照无害化要求和血防技术规范修建公共厕所。血防区公共厕所应当具备杀灭粪便中血吸虫卵的功能。

血防区县级以上人民政府卫生、农业主管部门组织实施的农村改厕、沼气池建设项目，应当按照无害化要求和血防技术规范，保证厕所和沼气池具备杀灭粪便中血吸虫卵的功能。

禁止在血防区施用或者向水体排放未经无害化处理的人、家畜粪便。

第十八条 血防区县级以上人民政府应当组织卫生、交通运输、农业、水利等主管部门按照职责分工开展对水上作业人员的血吸虫病的检查、治疗和健康咨询，免费向水上作业人员发放抗血吸基本药物；督促水上作业人员在运输船、渔船上配备和使用粪便收集容器并将收集的粪便送至公共厕所。

第十九条 血防区各级人民政府应当采取各种防范措施，加强生活用水管理。

第二十条 人、家畜血防应当同步进行。

血防区公民应当按照所在地县级人民政府卫生主管部门的要求接受血吸虫病的检查治疗，并配合同级农业主管部门对家畜进行血吸虫病的检查治疗。

第二十一条 血防区有钉螺的草洲实行封洲禁牧，任何单位和个人不得在封洲禁牧区放牧。

封洲禁牧所在地县级人民政府应当将封洲禁牧的范围、重点区域及时向社会公告。乡镇人民政府应当在有钉螺的草洲设立警示标志，会同县级人民政府卫生、农业等主管部门在封洲禁牧重点区域设立围栏、开挖隔离沟，防止人、家畜感染。

封洲禁牧所在地县级人民政府、乡镇人民政府应当建立封洲禁牧长效机制，制定封洲禁牧管理办法，明确目标任务、禁牧措施、监管职责和资金安排等事项。乡镇人民政府应当安排专人负责封洲禁牧工作。

血防区县级以上动物防疫监督机构对封洲禁牧区放养的家畜可予以暂扣并进行强制检疫。

第二十二条 封洲禁牧所在地县级人民政府应当积极探索草洲利用模式，发展绿色经济，引导和扶持当地农民产业转移，增加农民收入。

封洲禁牧所在地县级人民政府应当推进牛、羊、猪等家畜的舍饲圈养，实行家畜粪便无害化处理，引导养殖结构调整，发展家禽养殖。

第二十三条　建设单位在血防区兴建水利、交通、旅游、能源等大型建设项目，应当事先提请省级以上疾病预防控制机构对施工环境进行卫生调查，并根据疾病预防控制机构的意见，采取必要的血吸虫病预防、控制措施。施工期间，建设单位应当设专人负责工地上的血防工作；工程竣工后，应当告知当地县级疾病预防控制机构，由其对该地区的血吸虫病进行监测。

第二十四条　已经达到国家规定的血吸虫病传播控制、阻断标准和消灭标准的血防区，应当定期进行监测，采取措施，巩固防治成果，防止出现新疫情。

血防区和非血防区出现血吸虫病疫情的，卫生主管部门应当及时向本级人民政府和上级卫生主管部门报告。当地人民政府应当组织有关部门采取措施控制或者消灭疫情，并通过媒体等途径告知公众，增强防范意识。

第二十五条　血防区县级以上人民政府应当加大血防科研投入，组织有关部门和高等院校、科研机构开展血防应用技术研究，引进、推广血防新技术，提高血防技术水平。

第四章　保障措施

第二十六条　血防区县级以上人民政府应当根据血防规划，安排血防经费和基本建设投资，纳入本级财政预算。

鼓励单位和个人捐赠财物资助血防工作。

第二十七条　血防经费必须专款专用，任何单位和个人不得克扣、侵占、截留或者挪用。

血防区县级以上人民政府财政部门和审计机关应当依法加强对血防经费使用情况的监督检查。

血防专业机构应当加强对血防药品的监督管理，统一下发的血防药品必须保证用于血防。

第二十八条　已参加医疗保险或者新型农村合作医疗的血吸虫病人，其治疗费用按照规定纳入医疗保险或者新型农村合作医疗支付范围。

因工作原因感染血吸虫病的，依照国务院《工伤保险条例》的规定享受工伤待遇。因防汛、抗洪抢险感染血吸虫病的人员，未参加工伤保险、医疗保险的，由当地血防医疗机构免费进行检查和治疗，所需费用由同级财政承担。

按照有关规定，对晚期血吸虫病人和经济困难的血吸虫病人治疗费用给予减免，符合救助条件的，给予救济救助。

第二十九条　血防区各级人民政府、有关部门应当关心从事血防工作的人员，采取措施改善血防工作人员的工作条件和生活条件。

血防区县级人民政府卫生、农业主管部门应当配备专门人员承担血防现场工作、技术指导、人员培训、重大疫情处理等工作，加强对乡、村级血防工作人员的专业技术培训。

第五章 法律责任

第三十条 违反本条例的规定，各级人民政府、有关部门、有关机构利用职务便利索取或者收受财物，克扣、侵占、截留或者挪用血防经费，滥用职权、玩忽职守、徇私舞弊的，对直接负责的主管人员和其他直接责任人员依法给予处分；构成犯罪的，依法追究刑事责任。

第三十一条 违反本条例的规定，有关单位和个人在封洲禁牧区放牧的，由乡镇人民政府责令改正。拒不改正的，对单位处以2000元以上1万元以下罚款；对个人处以100元以上500元以下罚款。

第三十二条 违反本条例的规定，有关法律、行政法规已有处罚规定的，依照其规定。

第六章 附 则

第三十三条 本条例自2013年1月1日起施行。

江西省野生植物资源保护管理暂行办法

第一条 为了保护、发展和合理利用野生植物资源，改善自然环境，根据《中华人民共和国森林法》《中华人民共和国环境保护法》等法律法规有关规定，结合本省实际，制定本办法。

第二条 在本省境内从事野生植物采挖、经营、研究和其他涉及野生植物资源开发利用的单位和个人，必须遵守本办法。

本办法规定保护的野生植物，是指珍贵、稀有、濒危和有重要经济、科学研究价值的野生植物；所称野生植物产品，是指野生植物的任何部分及其衍生物。

水生野生植物的保护管理按《中华人民共和国渔业法》的有关规定执行。

城市规划区、风景名胜区内的野生植物资源和野生药材植物资源的保护管理，同时适用有关法律、法规和规章。

第三条 野生植物资源属国家所有。国家保护依法开发利用野生植物资源的单位和个人的合法权益。

各级人民政府应当鼓励和支持有条件的单位和个人引种、培育和发展野生珍稀植物。

第四条 县级以上人民政府林业行政主管部门负责对本行政区域内野生植物资源的保护实施统一监督管理。

各级林业行政主管部门应当定期组织野生植物资源调查，建立资源档案，掌握资源消长情况。

第五条 野生植物保护经费由县级以上人民政府统一安排。

第六条 对珍贵、稀有、濒危的野生植物实行重点保护。重点保护的野生植物分为三级：

一级重点保护植物是指数量极少或者濒于灭绝的野生植物；

二级重点保护植物是指数量较少而分布范围很狭的野生植物，或者需要保存野生种源的野生植物；

三级重点保护植物是指尚有一定数量，而分布范围在逐渐缩小的野生植物。

---

* 1994 年 6 月 7 日省人民政府第二十次常务会议审议通过，1994 年 6 月 21 日省人民政府令第 33 号发布；根据 1998 年 2 月 10 日省人民政府令第 64 号修正；根据 2004 年 6 月 28 日省人民政府第二十一次常务会议决定修正，2004 年 6 月 30 日省人民政府令 134 号公布。

省级重点保护植物名录及其调整，由省林业行政主管部门制订，报省人民政府批准公布并报国务院备案。

第七条 各级人民政府应当加强对古树的保护管理工作。500 年以上的古树，列为一级重点保护植物；200 年以上的古树列为二级重点保护植物。法律、法规另有规定的，从其规定。

第八条 县级以上人民政府可以根据需要，在下列地域建立自然保护区：

（一）不同自然地理条件有代表性的、天然植被保存较好的适当区域；

（二）国家级重点保护植物和省级重点保护植物自然分布集中的区域；

（三）已无天然植被，次生植被保存较好，通过各种管理措施，能够恢复原来植被的区域；

（四）重点的野生药用植物、野生经济植物集中分布地，有重要科学研究价值的植物品种野生种源的原产地，以及对保护野生植物资源有重要意义，适于划定自然保护区的其他区域。

自然保护区的划定和管理按国家有关规定办理。

第九条 零散分布的重点保护野生植物以及古树所在地人民政府应当划出保护区域，制定具体措施，负责管理。

第十条 严格防止工矿企业及城市生活的废水、废气、废渣、农药及其他有害物质对野生植物的污染和破坏。产生污染、可能造成野生植物资源破坏的单位要限期治理。已经造成了野生植物损害的，按本办法有关规定处理。

第十一条 禁止采集重点保护野生植物。因特殊情况需要采集一、二级重点保护野生植物的，须向省林业行政主管部门申请特许采集证。因特殊情况需要采集三级重点保护野生植物须向地（市）林业行政主管部门申请特许采集证。

第十二条 经营重点保护野生植物资源的应当持有许可证。许可证的管理办法由省林业行政主管部门会同有关部门制定。属于国家计划管理的野生药用植物由医药部门按计划统一收购。

第十三条 非重点保护野生植物的采集利用，由所在县林业行政主管部门根据资源情况，确定当年的采集限额，经上一级林业行政主管部门审核，报省林业行政主管部门批准，方可有计划地组织采集利用。

跨县采集非重点保护野生植物的，必须到采集地所在县的林业主管部门办理审批手续，并严格遵守当地有关规定，接受检查监督。

第十四条 野生植物采集者必须按照批准的种类、采集内容、数量、地点和期限进行采集。严禁超采和破坏野生植物资源及生存环境。

第十五条 进行森林采伐和造林、抚育等营林活动的单位和个人，必须注意保护重点保护野生植物。采挖野生植物，应当采大留小，适时采挖。禁止采用灭绝性的采集方法采集重点保护野生植物。

第十六条 任何人都有责任检举、揭发、监督、制止破坏野生植物资源的行为。

持有省林业行政主管部门颁发的自然保护检查证的工作人员有权对一切采集重点保护植物及其产品的交易和加工进行检查、监督，有权制止和扣留非法采集的野生植物。

第十七条　采集重点保护野生植物的单位和个人必须按批准采集的种类和数量向批准和发放特许采集证的部门交纳野生植物资源保护管理费。

野生植物的资源保护管理费的收费标准和管理办法由省财政、物价部门会同省林业行政主管部门另行制定。

第十八条　进出口野生植物及其制品，必须先向县以上林业行政主管部门提出申请，经省林业行政主管部门审核后，报国家主管部门批准。

野生植物及其制品的进出口，必须按国家有关规定交纳进出口管理费。

第十九条　外国人在本省旅游或进行其他活动时，不得采集和收购重点保护野生植物的标本、种子、苗木及其产品。因科学研究的需要，与国外进行重点保护植物的标本、种子、苗木及其产品的交换，须逐级上报国家主管部门批准，并按本办法第十八条的规定交纳出口管理费。

第二十条　有下列情况之一的单位和个人，县级以上人民政府或其林业行政主管部门应给予表彰和物质奖励：

（一）建立和管理自然保护区、树木园、植物园等，在保护和发展野生植物资源中做出显著成绩者；

（二）合理利用野生植物资源，做出显著成绩者；

（三）发现新的植物种和新的用途者；

（四）宣传保护野生植物资源做出显著成绩者。

第二十一条　对违反本办法的单位和个人，由县级以上林业行政主管部门

下列规定给予行政处罚，应当给予治安管理处罚的，由公安机关依据《中华人民共和国治安管理处罚条例》的规定予以处罚，触犯刑律的，提请司法机关依法追究刑事责任。

（一）破坏、毁损野生植物或违反本办法采集野生植物的，处以 100 元至 500 元罚款。造成损害的，应当承担赔偿责任，赔偿责任包括支付补偿损失和排除损害的各项费用。

（二）非法经营、运输重点保护野生植物及其产品的，对当事人处以 500 元至 3000 元罚款。

（三）阻碍自然保护区管理人员和林政管理人员执行任务或容留窝藏非法采挖野生植物人员的，除批评教育外，视情节轻重处以 200 元以下罚款。

第二十二条　当事人对行政处罚决定不服的，可以依据《中华人民共和国行政诉讼法》《行政复议条例》的规定申请行政复议、提起行政诉讼。当事人逾期不申请复议、不起诉，又不履行处罚决定的，作出处罚决定的部门可以申请当地人民法院强制执行。

第二十三条　野生植物资源管理部门工作人员玩忽职守、徇私舞弊造成野生植物资源重大损失的，按有关规定从重处罚。

第二十四条　本办法具体应用中的问题由省林业厅负责解释。

第二十五条　本办法自发布之日起执行。

江西省实施《中华人民共和国野生动物保护法》办法

第一章 总 则

第一条 根据《中华人民共和国野生动物保护法》和其他有关法律、行政法规的规定，结合本省实际，制定本办法。

第二条 在本省境内从事野生动物保护管理、疫源疫病监测、驯养繁殖、开发利用活动，必须遵守《中华人民共和国野生动物保护法》《中华人民共和国陆生野生动物保护实施条例》《中华人民共和国水生野生动物保护实施条例》《重大动物疫情应急条例》和本办法。

第三条 本办法规定保护的野生动物是指：

（一）国务院批准并公布的国家重点保护的陆生、水生野生动物；

（二）省人民政府批准并公布的省级重点保护的陆生、水生野生动物；

（三）省人民政府野生动物主管部门公布的有益的或者有重要经济、科学研究价值的陆生野生动物。

重点保护水生野生动物以外的其他水生野生动物的保护，适用渔业法律、法规。

第四条 县级以上人民政府应当制定保护、发展和合理利用野生动物资源的规划，建立健全野生动物保护管理体系，加强对野生动物资源的管理和保护。

野生动物保护管理所需经费，由县级以上人民政府列入本级财政预算，统一安排。

第五条 县级以上人民政府的林业、渔业主管部门（以下统称野生动物主管部门），分别主管本行政区域内陆生、水生野生动物保护、管理工作。

国家和省级自然保护区管理部门在自然保护区内，行使县级人民政府野生动物主管部门职权。

第六条 工商行政管理、公安、海关、城乡建设、卫生、检验检疫、交通运输、铁路、民航、邮政管理等部门，应当按照各自的职责，配合野生动物主管部门实施保护野生动物的法律、法规。

在自然保护区内的乡镇人民政府及其归属的县级人民政府，应当支持、协助自然

---

* 1994 年 11 月 30 日江西省第八届人民代表大会常务委员会第十二次会议通过；1997 年 8 月 15 日江西省第八届人民代表大会常务委员会第二十九次会议修正；2012 年 11 月 30 日江西省第十一届人民代表大会常务委员会第三十四次会议修订。

保护区管理部门依法查处侵占或者破坏野生动物资源的行为。

第七条　各级人民政府及有关部门应当利用网络、报刊、广播电视、录像、图片、橱窗展览等形式，加强对野生动物保护的宣传教育。

第八条　各级人民政府或者野生动物主管部门，对在野生动物资源保护、科学研究和驯养繁殖方面成绩显著的单位和个人，应当依照陆生、水生野生动物保护行政法规的有关规定，给予表彰奖励。

第二章　野生动物保护

第九条　省级重点保护野生动物名录的制定和调整，由省人民政府野生动物主管部门提出，报省人民政府批准公布，并报国务院备案。省保护的有益的或者有重要经济、科学研究价值的陆生野生动物名录，由省人民政府野生动物主管部门制定、调整并公布，报省人民政府备案。

省人民政府野生动物主管部门应当每5年组织开展一次野生动物资源调查，建立资源档案，并根据野生动物种群动态、栖息地变化，制定和调整野生动物保护名录。

第十条　每年的4月1日至7日为江西省爱鸟周，11月为江西省保护野生动物宣传月。

第十一条　县级以上人民政府应当加强野生动物栖息地保护，可以在重点保护野生动物的主要生息繁衍地区和水域，划定自然保护区，报省人民政府批准。

自然保护区的具体划定和管理办法，按国家及省人民政府有关规定执行。

第十二条　工程建设对国家或者省级重点保护野生动物迁徙或者洄游产生不利影响的，建设单位依法提交环境影响报告书后，应当按照国家有关规定采取相应措施保护野生动物迁徙或者洄游通道。

第十三条　县级以上人民政府野生动物主管部门应当在候鸟等野生动物迁徙、繁殖、越冬、停歇地以及野生动物养殖经营场所等重要区域，合理布设野生动物疫源疫病监测站点，定期巡护、检查，加强野生动物疫源疫病监测。

第十四条　县级以上人民政府野生动物主管部门建立的野生动物救护中心，负责野生动物的救护、治疗、饲养、放生和送交工作。

第十五条　县级以上人民政府野生动物主管部门可以设立野生动物保护发展专项资金。

专项资金包括下列经费：

（一）财政拨款；

（二）野生动物资源保护管理费；

（三）国内外捐款；

（四）猎枪、弹具销售的百分之十附加费；

（五）其他资金。

野生动物保护发展专项资金的使用、管理办法，由省人民政府野生动物主管部门

会同财政部门制定，报省人民政府批准。

　　第十六条　因保护重点保护野生动物，造成农作物和其他损失的，经所在地的县级人民政府野生动物主管部门调查核实，由当地人民政府予以补偿。具体补偿办法由省人民政府野生动物主管部门会同财政部门制定，报省人民政府批准后实施。

第三章　野生动物管理

　　第十七条　禁止猎捕重点保护野生动物。

　　因科学研究、驯养繁殖、展览或者其他特殊情况需要猎捕省级重点保护野生动物的，应当经申请人所在地和猎捕地的县级人民政府野生动物主管部门签署意见后，向省人民政府野生动物主管部门申请特许猎捕证。

　　动物园需要猎捕省级重点保护野生动物的，在向省人民政府野生动物主管部门申请特许猎捕证前，须经同级城乡建设主管部门审核同意。

　　取得特许猎捕证的单位和个人，必须按照特许猎捕证规定的种类、数量、地点、期限、工具和方法进行猎捕。

　　第十八条　猎捕省保护的有益的或者有重要经济、科学研究价值的陆生野生动物的，必须持有狩猎证，并按照狩猎证规定的种类、数量、地点、期限、工具和方法进行猎捕。

　　狩猎证由县级以上人民政府野生动物主管部门核发。不能识别重点保护野生动物的，不予核发狩猎证。

　　跨县狩猎，应当取得狩猎地的县级人民政府野生动物主管部门的同意，并接受其检查监督。

　　第十九条　误捕重点保护野生动物的，应当立即放回原生息场所；误伤的，应当及时救护，并及时报告所在地的野生动物主管部门。如不采取救护措施造成死亡的，视同违法捕杀行为。

　　第二十条　县级人民政府野生动物主管部门，应当根据本行政区域内省保护的有益的或者有重要经济、科学研究价值的陆生野生动物的资源现状，确定猎捕动物种类和年度猎捕量限额，经省人民政府野生动物主管部门批准，报国务院野生动物主管部门备案。

　　对种群稳定、数量较大、需要进行种群结构调整的省级重点保护野生动物可以实行年度猎捕量限额管理，具体名录由省人民政府野生动物主管部门制定、调整并公布。

　　第二十一条　严禁在自然保护区、风景名胜区、公园和由县级以上人民政府或者其野生动物主管部门划定的禁猎区狩猎。

　　县级以上人民政府或者其野生动物主管部门划定的禁猎区，应当向社会公布并在禁猎区边界处设立明显标志。

　　第二十二条　每年的 4 月至 11 月为省保护的有益的或者有重要经济、科学研究价值的鸟类、兽类野生动物的禁猎期。每年的 11 月至翌年的 7 月为省保护的有益的或者有重要经济、科学研究价值的两栖、爬行类野生动物的禁捕期。

第二十三条 禁止使用军用武器、汽枪、地枪、自制猎枪、排铳、毒药、炸药、捕猎夹、非人为直接操作并危害人畜安全的狩猎装置、夜间照明行猎、歼灭性围猎、火攻、烟熏、挖洞、陷井、捡蛋、捣巢以及其他禁止使用的狩猎工具和方法狩猎。

第二十四条 运输、携带、邮寄受保护的野生动物或者其产品出县境的，应当持有县级以上人民政府野生动物主管部门核发的野生动物或者其产品运输证明。

动物园之间因繁殖、展览需要运输重点保护野生动物的，可以由省人民政府野生动物主管部门授权同级城乡建设主管部门核发出省运输证明。

第二十五条 县级以上人民政府应当支持发展野生动物驯养繁殖产业，鼓励具备种源、技术、场地、资金等条件的单位和个人开展野生动物驯养繁殖。

第二十六条 驯养繁殖野生动物的，应当按下列规定申请驯养繁殖许可证：

(一)属于国家重点保护野生动物的，依照国家规定办理；

(二)属于省级重点保护野生动物的，由省人民政府野生动物主管部门批准发证；

(三)属于省保护的有益的或者有重要经济、科学研究价值的陆生野生动物的，由县级人民政府野生动物主管部门批准发证。

动物园驯养繁殖重点保护野生动物的，省人民政府野生动物主管部门可以委托同级城乡建设主管部门核发驯养繁殖许可证。

以营利为目的的，必须凭驯养繁殖许可证向工商行政管理部门申请登记注册。

第二十七条 禁止单位、个人非法收购、加工、销售重点保护野生动物或者其产品。

因科学研究、驯养繁殖、展览或者其他特殊情况，需要收购、加工、销售省级重点保护野生动物的，应当取得省人民政府野生动物主管部门核发的野生动物经营许可证。

第二十八条 从事收购、加工、销售省保护的有益的或者有重要经济、科学研究价值的陆生野生动物或者其产品的，必须向当地县级以上人民政府野生动物主管部门申请野生动物经营许可证，并持证向同级工商行政管理部门申请登记注册，方可进行收购、加工、销售等经营活动。

持有狩猎证的单位和个人需要销售依法猎获的省保护的有益的或者有重要经济、科学研究价值的陆生野生动物或者其产品的，应当凭狩猎证到集贸市场销售。

第二十九条 县级以上人民政府野生动物主管部门应当加强对车站、码头、机场、餐饮企业、制药企业、商店等涉及野生动物或者其产品经营利用场所的监督检查，依法查处非法经营利用野生动物或者其产品的行为。

经省人民政府批准设立的木材检查站在检查木材运输时，发现非法运输陆生野生动物或者其产品的，应当进行制止，并及时报县级以上人民政府野生动物主管部门依法处理。

第三十条　野生动物鉴定由设区的市人民政府野生动物主管部门或者省人民政府野生动物主管部门指定的单位负责。

第三十一条　依法猎捕、经营利用野生动物或者其产品的，应当按照省人民政府野生动物主管部门会同财政、价格主管部门制定的收费标准，交纳野生动物资源保护管理费。

第三十二条　县级以上人民政府野生动物主管部门应当加强对特许猎捕证、狩猎证、运输证明、驯养繁殖许可证、野生动物经营许可证等证件的核发管理，严格核发范围、条件、程序，具体管理办法由省人民政府制定。

第四章　法律责任

第三十三条　违反本办法规定，未取得特许猎捕证或者未按特许猎捕证规定，猎捕省级重点保护野生动物的，没收猎获物、猎捕工具和违法所得，有特许猎捕证的，吊销特许猎捕证，并按下列规定处以罚款：

（一）有猎获物的，处以相当于猎获物价值 3 倍以上 5 倍以下罚款；

（二）没有猎获物的，处以 200 元以上 1000 元以下罚款。

第三十四条　违反本办法规定，未取得狩猎证或者未按狩猎证规定，猎捕省保护的有益的或者有重要经济、科学研究价值的陆生野生动物的，没收猎获物和违法所得，并按下列规定处以罚款：

（一）有猎获物的，处以相当于猎获物价值 1 倍以上 3 倍以下罚款；

（二）没有猎获物的，处以 100 元以上 500 元以下罚款。

违反本办法规定，情节严重的，没收猎捕工具，有狩猎证的，吊销狩猎证。

第三十五条　违反本办法规定，在禁猎区、禁猎期或者使用禁止使用的工具、方法，猎捕省级重点和省保护的有益的或者有重要经济、科学研究价值的陆生野生动物的，没收猎获物、猎捕工具和违法所得，并按下列规定处以罚款：

（一）有猎获物的，处以相当于猎获物价值五倍以上八倍以下罚款；

（二）没有猎获物的，处以 200 元以上 2000 元以下罚款。

第三十六条　违反本办法规定，非法运输、携带、邮寄、收购、销售、加工重点保护野生动物或者其产品的，没收实物和违法所得，并处以相当于实物价值 3 倍以上 5 倍以下罚款；非法运输、携带、邮寄、收购、加工、销售省保护的有益的或者有重要经济、科学研究价值的陆生野生动物或者其产品的，没收实物和违法所得，并处以相当于实物价值 1 倍以上 3 倍以下罚款。

第三十七条　伪造、倒卖、转让本办法规定的运输证明、驯养繁殖许可证、野生动物经营许可证的，吊销证件，没收违法所得，并处 1000 元以上 3000 元以下罚款。

第三十八条　违反本办法规定，未取得驯养繁殖许可证或者超越驯养繁殖许可证规定范围驯养繁殖野生动物的，没收违法所得，情节严重的，并处没收野生动物；有驯养繁殖许可证的，吊销驯养繁殖许可证，并按下列规定罚款：

（一）属于重点保护野生动物的，处以 1000 元以上 3000 元以下罚款。

（二）属于省保护的有益的或者有重要经济、科学研究价值的陆生野生动物的，处以 500 元以上 1000 元以下罚款。

第三十九条 违反野生动物保护法律、法规的行为发生在集贸市场内的，由工商行政管理部门依法查处，野生动物主管部门予以配合；发生在集贸市场外的，由野生动物主管部门依法查处，工商行政管理部门予以配合。但对同一违法行为，不得给予两次以上罚款的行政处罚。

工商行政管理部门没收的实物和猎捕工具一律交由野生动物主管部门依法处理。

第四十条 违反本办法规定，情节严重，构成犯罪的，依法追究刑事责任。

第四十一条 违反本办法规定，县级以上人民政府野生动物主管部门、工商行政管理部门、城乡建设主管部门或者其他有关部门及其工作人员，有下列行为之一的，由其上级行政机关或者监察机关责令改正；情节严重的，对直接负责的主管人员和其他直接责任人员依法给予处分；构成犯罪的，依法追究刑事责任：

（一）不依法核发特许猎捕证、狩猎证、运输证明、驯养繁殖许可证、野生动物经营许可证等证件的；

（二）不依法移送野生动物违法案件的；

（三）其他玩忽职守、滥用职权、徇私舞弊的。

第五章 附 则

第四十二条 本办法所称猎捕，包括捕捉、捕捞、捕杀。

第四十三条 本办法自 2013 年 1 月 1 日起施行。

江西省鄱阳湖自然保护区候鸟保护规定

第一条 为加强对鄱阳湖自然保护区候鸟的保护，改善候鸟栖息环境，根据有关法律、法规，制定本规定。

第二条 本规定所称鄱阳湖自然保护区（以下简称保护区）是指国务院批准的鄱阳湖国家级自然保护区，其范围包括大汊湖、蚌湖、沙湖、常湖池、大湖池、中湖池、梅西湖、朱市湖、象湖及各湖湖边草洲。

第三条 凡在保护区范围内的单位、居民和进入保护区的人员均应当遵守《中华人民共和国野生动物保护法》《中华人民共和国自然保护区条例》《江西省实施〈中华人民共和国野生动物保护法〉办法》等法律、法规和本规定。

一切单位和个人都有保护候鸟及其栖息环境的义务，并有权对猎捕候鸟、破坏候鸟栖息环境的行为进行检举、控告。

第四条 保护区所在地及周边地区各级人民政府应当加强对候鸟保护工作的领导，采取切实有效的措施，增强辖区内公民保护候鸟的意识。

第五条 省林业行政部门负责对保护区候鸟的保护实施统一监督管理。

保护区管理机构负责保护区内的候鸟保护的日常工作。

保护区所在地及周边乡（镇）人民政府和县以上公安、工商、渔政、环保、水利、地矿等部门，应当在各自职责范围内，配合林业行政部门和保护区管理机构做好候鸟保护工作；支持、协助林业行政部门和保护区管理机构依法查处猎捕、买卖候鸟及破坏候鸟栖息环境的行为。

第六条 保护区所在地各级人民政府及其有关主管部门，应当安排合适的农业开发项目，妥善安排保护区内单位和居民的生产、生活；对因保护候鸟造成的经济损失，按有关规定予以适当补偿。

保护区内的单位和居民，应当自觉遵守保护区的各项管理规定，并在不破坏候鸟栖息环境的前提下，从事种植、养殖及其他生产活动。

第七条 保护区管理机构应当做好以下工作：

建立岗位责任制，完善各项管理制度；

组织候鸟资源及其栖息环境的调查和监测；并每年将调查情况和监测情况上报省林业行政部门，通报保护区所在地及周边地区各级人民政府；

---

* 1996 年 11 月 14 日省政府令第 49 号发布；2004 年 6 月 30 日省政府令第 134 号修正。

组织、协助有关单位开展候鸟的科学研究工作；

开展候鸟保护的宣传教育。

保护候鸟的各项专用资金和物资，应当全部用于候鸟保护工作，不得挪作他用。保护区内的湖泊不得承包或租赁给他人从事生产经营活动。

第八条 经省林业行政部门同意，保护区管理机构在保护区划定一定面积的核心区，予以公告，并在核心区内设立水位线标志桩，每年根据具体情况确定最低水位线。

任何单位和个人不得移动、损坏核心区水位线标志桩；当湖水低于最低水位线时，不得引水出湖。

第九条 除法律、法规另有规定外，禁止任何单位和个人猎捕、买卖候鸟。

第十条 严禁任何单位和个人向保护区排放污染物。

禁止在保护区内进行开矿、开垦、烧荒、挖沙等破坏湖泊地形地貌的活动。

第十一条 严禁任何单位和个人使用定置网、堑秋湖等法律、法规禁止使用的渔具和方法进行捕捞作业。

每年的 10 月 1 日至翌年 3 月 30 日为保护区禁渔期，禁止一切渔船和人员进入保护区进行捕捞。

第十二条 任何单位和个人发现受伤、病弱、饥饿、受困的候鸟，应当及时报告当地林业行政部门或保护区管理机构，由其采取救护措施。

省林业行政部门和保护区管理机构对保护候鸟有突出成绩的单位和个人，应当依照有关法律、法规的规定给予表彰、奖励。

第十三条 对违反本规定的行为，按下列规定予以处罚：

对违反第八条第二款规定的，由保护区管理机构责令其停止违法活动，并根据不同情节处 100 元以上 5000 元以下的罚款；

对违反第十条第二款、第十一条第二款规定的，除可以依照有关法律、法规规定给予处罚外，由省林业行政部门或者由其委托保护区管理机构没收非法所得，责令停止违法行为，限期恢复原状或者采取其他补救措施；对保护区造成破坏的，可以处 300 元以上 1 万元以下的罚款；

对违反本规定的其他行为，由有关主管部门按有关法律、法规的规定予以处罚。

第十四条 拒绝、阻碍保护区管理机构工作人员依法执行公务的，由公安机关依照《中华人民共和国治安管理处罚条例》进行处罚；构成犯罪的，由司法机关依法追究刑事责任。

第十五条 有关管理人员滥用职权、玩忽职守、徇私舞弊的，由其所在单位或者上级主管部门给予行政处分；构成犯罪的，由司法机关依法追究刑事责任。

第十六条 保护区外的候鸟，由当地人民政府和有关主管部门依法并参照本规定进行保护。

第十七条 本规定自发布之日起施行。

江西省森林病虫害防治办法

第一章 总 则

第一条 为了有效地防治森林病虫害，保护森林资源和生态环境，促进林业发展，根据国务院《森林病虫害防治条例》（以下简称《条例》），结合本省具体情况，制定本办法。

第二条 森林病虫害防治实行"预防为主、综合治理"的方针。

森林病虫害防治工作必须坚持以营林措施为基础，抓好预测预报和森林植物检疫，因地制宜地使用生物、化学和物理等防治方法，逐步改善森林生态环境，提高森林抗御病虫害的能力。

第三条 各级人民政府应当加强对森林病虫害防治工作的领导，积极支持林业行政主管部门开展森林病虫害防治，做好组织、协调、监督和检查工作。

第四条 县级以上林业行政主管部门主管本行政区域内森林病虫害防治工作。

县级以上林业行政主管部门应当加强对森林病虫害防治机构的管理，配备必要的专业技术人员和管理人员。

第五条 森林病虫害防治机构在同级林业行政主管部门领导下，履行以下职能：

（一）贯彻执行国家森林病虫害防治检疫的法律、法规、规章；

（二）组织实施森林病虫害预测预报；

（三）拟订辖区森林病虫害防治方案，制定预防和除治措施；

（四）对森林病虫害的预防和除治进行技术指导和技术服务，组织实施防治试验和推广新技术，建立技术档案；

（五）组织森林病虫害防治效果的检查验收；

（六）做好本辖区森林病虫害防治所需农药、器械的服务工作；

（七）培训专业技术人员，宣传普及森林病虫害防治检疫知识。

第六条 县级以上人民政府及其林业行政主管部门应当鼓励和支持森林病虫害防治的科学研究，推广和应用先进技术，普及森林病虫害防治检疫科学知识，支持农林院校培养森林病虫害防治检疫专业人才，开展森林病虫害防治的职业技术培训。

＊ 1997 年 4 月 19 日省政府令第 51 号发布；2002 年 1 月 17 日省政府令第 109 号修正；2010 年 11 月 29 日省政府令第 186 号修正。

第二章　预　防

第七条　森林经营单位和个人在森林的经营活动中应当遵守下列规定：

（一）植树造林应当适地适树，提倡营造混交林，合理搭配树种，依照国家规定选用林木良种；造林设计方案必须有森林病虫害防治措施；

（二）禁止使用带有危险性病虫害的林木种苗进行育苗或者造林；

（三）对幼龄林和中龄林应当及时进行抚育管理，清除已感染病虫害的林木；

（四）有计划地实行封山育林，改变纯林生态环境；

（五）及时清理火烧迹地，伐除受害严重的过火林木；

（六）采伐后的林木应当及时运出伐区并清理现场。

第八条　县级以上林业行政主管部门及其所属的森林病虫害防治机构应当组织和监督森林经营者，采取有效措施，保护好林内各种有益生物，并有计划地进行有益生物的繁殖和培养，发挥有益生物对森林病虫害的控制作用。

第九条　县级以上林业行政主管部门应当有计划地建立无检疫对象的林木种苗繁育基地。

森林病虫害防治机构应当依法开展森林植物产地检疫，并派检疫员在省际间木材检查站开展森林植物调运检疫。

第十条　森林病虫害防治机构应当根据实际需要对本辖区的森林病虫害进行普查，编制病虫害分布图，划分森林病虫害常发区、偶发区和安全区。

第十一条　国有森林和林木由其经营单位组织森林病虫害情况调查；集体和个人所有的森林和林木，由乡（镇）林业工作站组织森林病虫害情况调查，没有林业工作站的，由乡（镇）人民政府组织森林病虫害情况调查。

森林病虫害调查情况应当按规定向上一级林业行政主管部门或者其森林病虫害防治机构报告。

第十二条　森林病虫害防治机构必须配有专职测报员，乡（镇）林业工作站、国有林场和没有林业工作站的乡（镇）人民政府应当指派专人负责组织森林病虫害测报工作。

在森林病虫害常发区每1万亩林地设立一个测报点；偶发区每2万亩林地设立一个测报点。测报点由所在地县级林业行政主管部门规划设置。测报点应当配备测报员，对森林病虫害情况进行调查并及时报告。

第十三条　省森林病虫害防治机构制定全省森林病虫害的测报办法，综合分析各地测报数据，定期发布全省森林病虫害中、长期趋势预报。

设区市、县（市、区）森林病虫害防治机构综合分析基层单位测报数据，发布当地森林病虫害短、中期预报，并提出防治方案。

森林病虫害防治机构应当逐步建立和完善测报信息处理系统。

第十四条　县级以上林业行政主管部门应当对病虫害发生频繁、危害严重的林区建立综合防治基地，采用先进的科学技术和其他有效措施对森林病虫害进行治理。综合防治基地必须设立标牌，封山育林。禁止在综合防治基地从事损害有益生物的活动。

第三章　除　治

第十五条　发现森林病虫害的单位、个人，应当及时向当地人民政府或者林业行政主管部门报告。

当地人民政府及其林业行政主管部门接到报告后应当及时组织除治。

发现新传入的危险性病虫害，当地人民政府必须及时采取措施，严密封锁，及时除灭。

第十六条　防治森林病虫害所需要的劳力，由所在乡（镇）人民政府、村民委员会、林场或者有关经营单位按照有关规定动员和调配。

第十七条　森林病虫害发生面积超过1万亩时，当地县级人民政府应当成立临时指挥机构，研究制定紧急防治措施，组织指挥防治工作，协调解决工作中的重大问题。

第十八条　在森林病虫害常发区，乡（镇）人民政府、林场和其他经营单位，应当建立森林病虫害防治专业队，进行技术培训，配备除治工具，增强防治病虫害的能力。

鼓励各种经济组织建立森林病虫害防治专业队伍，对森林病虫害防治实行承包。

第十九条　在行政区域交界处的森林病虫害常发林区，上一级人民政府或者林业行政主管部门应当组织交界地的有关政府或者林业行政主管部门成立森林病虫害联防组织，实行联防联治，定期检查毗邻区域的防治情况。

第二十条　对森林病虫害在小面积发生时应当及时除治，避免扩散蔓延。

施药时必须遵守有关规定，防止环境污染，保证人畜安全，减少杀伤有益生物。

采取除治措施时应当注重生物防治。各级人民政府或者林业行政主管部门应当重视生物防治技术推广，支持生物农药的生产，加强产品质量监督，扩大生物防治的面积。

化学防治用于控制发生严重的森林病虫害，使用时必须掌握有利时机和配制适当浓度，禁止滥用化学农药。

使用航空器施药时，当地林业行政主管部门应当事先进行调查设计，做好地面准备；民航、气象部门应当密切配合，保证作业质量。

第四章　经　费

第二十一条　根据《条例》的规定，森林病虫害防治经费由县级以上财政部门根据森林病虫害防治工作的需要，适当安排必要的经费。

第二十二条　森林病虫害防治经费必须专款专用，不能挪作他用，但可以跨年度调剂使用。各级财政和审计部门应当加强监督检查。森林病虫害防治经费按下列项目列支：

（一）扶持公益林的经营者开展森林病虫害防治工作；

（二）补助无力全部负担森林病虫害防治费用的森林、林木经营者开展森林病虫害防治工作；

（三）购置防治农药、施药器械以及测报和防治所需试验仪器、交通和通讯工具；

（四）培训森林病虫害调查、测报、防治技术人员；

（五）奖励对防治工作有突出成绩的单位和个人。

第五章 奖励和处罚

第二十三条 有下列成绩之一的单位和个人，由县级以上人民政府给予奖励：

（一）严格执行森林病虫害防治法规，预防和除治措施得力，在本地区或者经营区域内，连续 5 年没有发生森林病虫灾害的；

（二）预报病情、虫情及时准确，提出森林病虫害防治的合理建议，被有关部门采纳，获得显著效益的；

（三）在森林病虫害防治科学研究中取得重大成果或者在应用推广中获得重大效益的。

第二十四条 有下列成绩之一的单位和个人，由县级以上林业行政主管部门给予奖励：

（一）在林业基层单位连续从事森林病虫害防治工作满 10 年工作成绩优秀的；

（二）在森林病虫害防治工作中有其他显著成绩的。

第二十五条 有下列行为之一的，由林业行政主管部门责令其限期除治，并可按下列规定予以处罚，造成他人损失的，责令其赔偿损失：

（一）用带有危险性病虫害的林木种苗进行育苗或者造林的，处以 100 元至 2000 元的罚款；

（二）发生森林病虫害不除治或者除治不力，造成森林病虫害集中连片成灾面积 100 亩以上 300 亩以下的，处以 100 元至 500 元罚款；超过 300 亩的，按每亩 5 元处以罚款，但罚款最高不得超过 2000 元；

（三）隐瞒或者虚报森林病虫情，造成森林病虫集中连片成灾面积 100 亩以上 300 亩以下的，处以 100 元至 500 元罚款；超过 300 亩的，按每亩 5 元处以罚款，但罚款最高不得超过 2000 元。

第二十六条 违反《植物检疫条例》和其他有关森林植物检疫法规调运林木种苗或者木材的，除依照植物检疫法规处罚外，林业行政主管部门可以并处 50 元至 2000 元的罚款。

第二十七条 在森林病虫害防治工作中有失职行为的国家工作人员，由其所在单位或者上级机关给予行政处分。

第二十八条　被责令限期除治森林病虫害者不除治的，林业行政主管部门或其委托单位可以代为除治，由被责令限期除治者承担全部除治费用。

代为除治森林病虫害的工作，不因被责令限期除治者申请复议或者起诉而停止执行。

第二十九条　当事人对行政处罚决定不服的，可以依法申请复议、提起诉讼。当事人在法定期限内既不申请复议、也不起诉、期满又不履行处罚决定的，由作出处罚决定的机关申请人民法院强制执行。

第六章　附　则

第三十条　城镇园林管理部门管理的森林和林木，其病虫害防治工作由城镇园林管理部门参照本办法执行。

第三十一条　本办法自发布之日起施行。

江西省征用土地管理办法

第一章 总 则

第一条 为加强征收土地管理，根据《中华人民共和国土地管理法》(以下简称《土地管理法》)等有关法律、法规的规定，结合本省实际，制定本办法。

第二条 在本省行政区域内征收集体所有土地的，必须遵守本办法。

第三条 征收土地必须贯彻十分珍惜、合理利用土地和切实保护耕地的基本国策。

征收土地必须符合土地利用总体规划，在城市规划区内的，必须符合城市总体规划；在基本农田保护区内的，必须符合国务院和省有关基本农田保护的规定。

耕地被征收后，各级人民政府应当依法组织土地开发、整理和复垦。

第四条 征收土地应当按照国家《建设用地计划管理办法》的有关规定，实行总量控制和指令性计划管理。

第五条 征收土地应当遵循统一规划、统一征收的原则，实行由土地行政主管部门审查、人民政府审批的制度。

用地者不得直接与土地所有者签订征收土地补偿协议。

第六条 征收土地应当服从国家建设需要，正确处理国家、集体和个人三者之间的利益关系，依法给予被征地单位合理补偿，妥善安置因征收土地造成的多余劳动力。

用地者除应支付征收土地的补偿安置费外，还应当依法交纳征收土地的税费。

第七条 国家和省重点工程以及国家兴建公路征收土地的各项工作和经费，由县级以上人民政府实行包干。其他建设项目征收土地的各项工作和经费可以由土地行政主管部门按照非盈利原则实行包干。

第八条 县级以上人民政府应当加强征收土地工作的领导。土地行政主管部门负责征收土地工作的实施。

乡(镇)人民政府协同土地行政主管部门依法做好征收土地工作，其他有关行政部门、企业、事业单位、街道办事处、村民委员会、村民小组应当支持、配合征收土地

---

* 1997年12月27日江西省第八届人民代表大会常务委员会第三十一次会议通过；2001年12月22日江西省第九届人民代表大会常务委员会第二十七次会议修正；2010年11月26日江西省第十一届人民代表大会常务委员会第二十次会议修正。

工作的实施。

第二章　征收土地的程序

第九条　按建设项目征收土地的，用地者应当持下列文件向被征收土地所在地的市、县土地行政主管部门提出用地申请：

（一）按照国家和省有关基本建设程序批准的设计任务书以及其他批准文件；

（二）建设资金落实证明；

（三）城市规划区内的，还必须持建设用地规划许可证。

土地行政主管部门应当自收到用地申请之日起 10 日内作出是否受理的答复。凡不符合土地利用总体规划、城市总体规划以及未纳入年度建设用地计划的建设项目用地申请，土地行政主管部门不得受理。

第十条　土地行政主管部门按下列规定实施征收土地工作：

（一）建设项目用地申请经审查受理或者成片土地征收方案经批准后，发出征收土地通知书或者征收土地公告；

（二）组织调查勘测，确认土地权属及利用状况，初步确定拟征土地的面积、界址，提出征收土地补偿安置方案；

（三）拟征土地依法必须经有关部门审查同意的，土地行政主管部门应当将有关征地材料送有关部门征求意见，有关部门应当在 30 日内提出意见，逾期视为同意；

（四）与拟被征地单位协商征收土地补偿安置方案，签订征收土地协议；

（五）依法逐级报请有权批准的人民政府审批；

（六）根据依法批准的征收土地文件及征收土地协议，落实征收土地补偿安置方案等有关事项，并在用地者交清有关征收土地的税费后，填发建设用地批准书；

（七）建设用地批准书发出之日起 15 日内进行实地划地；

（八）依法办理土地登记手续，核发国有土地使用证。

法律、行政法规另有规定的依照其规定。

第十一条　下列建设项目征收土地的补偿安置方案，经上一级土地行政主管部门审查认定后，拟被征地单位拒不签订征收土地协议的，土地行政主管部门可以按照征收土地的审批权限将征收土地的有关材料先行报批。用地申请经依法批准，并按上级土地行政主管部门认定的补偿安置方案给予了补偿安置后，拟被征地单位仍阻挠征收土地工作的，可以强制征收：

（一）国家和省重点工程建设以及其他公路、邮电、水利、电力生产建设项目。

（二）城市规划区内的市政和公共公益建设项目。

第十二条　县级以上人民政府及其土地行政主管部门在审查、批准征收土地时，应当遵守下列规定：

（一）用地指标控制标准按国家颁发的《工程项目建设用地指标》执行。

（二）按照国家和省有关基本建设程序批准为一个建设项目的，其所需土地应当根据总体设计一次申请批准征收，不得化整为零，其中，属于分期建设的项目，应当分期征收，不得先征待用。

前款第(二)项所称一个建设项目，包括集贸市场、住宅小区、街道建设等项目。

第十三条 县级以上人民政府当年征收土地的总量必须控制在经上一级人民政府批准下达的建设用地年度计划内。因特殊情况需要多征收的，应当事先向上一级人民政府申请追加用地指标，未经批准，不得超计划征收。

第十四条 建设项目竣工验收时，土地行政主管部门应当核查实际用地。城市规划区内的建设项目竣工后，由城市规划行政主管部门会同土地行政主管部门核查实际用地。

第三章 征收土地的补偿安置

第十五条 征收土地应当给被征地单位支付土地补偿费、安置补助费，其支付标准按下列规定确定：

(一)以建设项目征收土地的，按《江西省实施〈中华人民共和国土地管理法〉办法》(以下简称《实施办法》)第二十七条和第二十八条规定执行。其中大中型水利、水电工程建设征收土地，按国务院《大中型水利、水电工程建设征地补偿和移民安置条例》的有关规定执行。

(二)征收土地用于出让土地使用权的，按《实施办法》第二十七条和第二十八条规定的标准提高10%进行补偿。

征收土地补偿中的地类划分和面积计算，由土地行政主管部门根据有关规定确定和组织实地测量。征收土地补偿安置中的年产值，按市、县、市辖区统计年报表所列被征地单位前3年平均每亩年产量乘以当地的市场价格计算；无统计年报资料的，由土地行政主管部门会同有关部门核定年产值。

第十六条 征收的土地有地上附着物和青苗的，应当给其所有者予以补偿，其补偿标准按《实施办法》第二十九条第(一)项规定执行。青苗补偿的面积按实际测量面积计算。

第十七条 征收土地涉及房屋拆迁的，必须给被拆迁房屋的所有者支付房屋拆迁补偿费。

城市规划区外的房屋拆迁安置办法和补偿标准，由县级人民政府根据当地的实际情况和国家有关城市房屋拆迁补偿办法和标准制订，报设区的市人民政府批准后执行；城市规划区内的房屋拆迁安置办法和补偿标准，按国家和省政府有关城市房屋拆迁的规定执行。

第十八条 房屋拆迁户重建房屋的用地，按下列情况办理：

(一)统一安排了还建地的，必须在还建地上建房；除一次性付给拆迁户房屋拆迁补偿费外，不再支付宅基地的补偿费用。

(二)未统一安排还建地的，除一次性付给拆迁户房屋拆迁补偿费外，还应对拆迁户新建房屋所占用土地按《实施办法》的有关规定给予补偿，但不得重复计算征收土地面积。

（三）拆迁户重建房屋的用地标准按《实施办法》第四十一条的规定执行。

第十九条 省人民政府可以在《土地管理法》和《实施办法》规定的各项征地补偿费幅度之内，对国家和省重点工程以及国家兴建公路征收土地的补偿制定具体标准。

第二十条 被征地单位应当在当地金融机构设专户存储征收土地的各项补偿费。

征收土地的各项费用由实施征收土地的土地行政主管部门在规定的时间内向用地者统一收取，需支付给被征地单位的各项征收土地补偿费，应当按征收土地协议约定的期限汇入被征地单位开设的征收土地补偿费专户，不得以现金支付，逾期支付的，土地行政主管部门应当按日支付万分之三的违约金。

第二十一条 支付给被征地单位的各项征收土地补偿费应当按以下规定管理使用：

（一）属于个人或者承包经营者所有的青苗、附着物以及房屋拆迁的补偿费，被征地单位应当如数付给个人或者承包经营者。

（二）土地补偿费、安置补助费主要用于土地开发和农田基本建设。其中安置补助费经村民会议同意，可以按安置补助费除以农业人口数，分别拨给自谋职业者作为就业的补助、拨给不能就业的人员作为生活补贴，或者按已安置人员数量转拨给吸纳安置人员的就业单位抵交劳动力就业费。

（三）承包开发的土地被征收的，被征地单位应当对承包者未能回收的生产性投入作出适当补偿，补偿经费从土地补偿费中支付。

被征地单位使用土地补偿费和安置补助费时，必须报乡（镇）人民政府备案后执行。执行情况必须公布，接受群众监督。

第二十二条 被征收土地上有与经济建设和群众生活密切相关的水源、渠道、涵闸、管道、道路、电缆等设施的，用地者和施工单位应当在土地行政主管部门组织下，会同有关部门妥善处理，不得擅自阻断、损坏。发生阻断或者损坏的，应当及时加以修复或者建设相应的工程设施，造成损失的，应当给予补偿。

被征收土地上的坟墓，由土地行政主管部门公告坟主按国家和省有关殡葬规定迁移，并由用地者按每座100元至300元的标准支付迁坟费。无主坟墓，由用地者代迁或者深埋。

第二十三条 因征收土地造成的多余劳动力，县级以上土地行政主管部门应当会同有关部门组织被征地单位、用地者和其他有关单位采取切实可行的办法予以安置。

用地者有安置能力的，应当接收符合招工条件的被征地单位的多余劳动力就业。

需要征收被征地单位全部土地的，可以按人均20平方米至40平方米的标准，预留一定数量的土地作为农民生产就业用地和住宅用地。已取得生产就业安置用地的，不再予以就业安置。

第二十四条 安置农民就业用地可由被征地单位自筹资金进行开发建设，也可以土地资产作价入股，兴办企业。

第二十五条 被征收耕地单位农业户口人员符合《实施办法》第三十条规定的农业户口转为非农业户口（以下简称农转非）条件的，土地行政主管部门在上报征地材料时，应当将符合农转非条件人员的有关材料送同级计划部门报省计划部门审核，省发展改革主管部门应当在用地申请批准后 30 日内下达农转非指标。

征收土地农转非指标名额的分配，必须经村民会议或者户主会议讨论同意并张榜公布。

当地公安机关凭征收土地和农转非审批材料办理农转非人口的户籍关系。

第二十六条 征收土地补偿安置情况的落实，由土地行政主管部门会同有关部门进行指导和检查监督。被征地单位对征收土地补偿安置费的管理、使用以及收益、分配，由县级人民政府有关部门和乡（镇）人民政府进行指导和检查监督。

第四章　法律责任

第二十七条 违反本办法规定，有下列行为之一的，依据《土地管理法》及其实施条例和《实施办法》的有关规定给予处罚：

（一）未征先用、征而不用、少批多占等非法占用土地的；

（二）骗取批准用地或者越权批地以及其他非法批准用地的；

（三）克扣、截留、挪用、非法占用被征地单位的补偿费和安置补助费的。

第二十八条 违反本办法第十三条规定，超计划征收土地的，其超过部分由上一级发展改革主管部门在下一年度建设用地计划中抵扣，对主要责任人由其所在单位或者上级机关给予行政处分。

第二十九条 非法占用或者出具假证明骗取征收土地农转非指标和招工名额的，由县级以上人民政府责成公安机关取消城镇户籍，对主要负责人和直接责任人员由行政监察机关或者有关主管机关给予行政处分。

第三十条 拒绝、阻碍土地管理工作人员依法执行职务的，依照《中华人民共和国治安管理处罚法》的有关规定予以处罚；情节严重构成犯罪的，依法追究刑事责任。

第三十一条 国家机关工作人员违反本办法规定，徇私舞弊、滥用职权的，由行政监察机关或者有关主管机关给予行政处分；情节严重构成犯罪的，依法追究刑事责任。

第三十二条 当事人对行政处罚决定不服的，可以依法申请行政复议或者提起行政诉讼。当事人在法定期限内不申请复议、也不起诉又不履行行政处罚决定的，由作出行政处罚决定的行政机关申请人民法院强制执行。

第五章　附　则

第三十三条 本办法自 1998 年 2 月 1 日起施行。

本办法公布之前本省有关征收土地的规定与本办法不一致的，以本办法为准。

江西省公民义务植树条例

第一条 为增强公民绿化意识，推动公民义务植树活动的开展，保护和改善生态环境，根据国家有关法律、法规，结合本省实际，制定本条例。

第二条 本条例所称义务植树，是指按照绿化委员会统一安排进行的无报酬的植树、种花、种草及其管理抚育，或者其他与绿化有关的劳动。

第三条 本省行政区域内的适龄公民，除丧失劳动能力者外，应当参加义务植树。

前款所称适龄公民，是指男性年满 18 周岁至 60 周岁，女性年满 18 周岁至 55 周岁的公民。

年满 11 周岁不满 18 周岁的未成年人，根据实际情况，应当就近参加力所能及的义务植树劳动。

第四条 义务植树工作应当以绿化宜林荒山荒坡、改造残次林和疏林补植为重点，结合城乡绿化工程，发展义务植树基地和高效益的果木经济林；实行种植与管理抚育相结合，生态效益、经济效益与社会效益相结合的原则。

第五条 各级人民政府应当加强对义务植树工作的领导，将义务植树工作纳入国民经济和社会发展规划，实行领导干部任期绿化目标责任制。

第六条 县级以上人民政府绿化委员会（以下简称绿化委员会）负责指导、协调、监督本行政区域内的义务植树工作。绿化委员会办公室负责日常具体工作。

绿化委员会应当根据造林绿化总体规划，组织林业、农业、城市园林、铁路、公路、水利、煤炭、轻工等管理部门制定义务植树规划，确定义务植树重点和义务植树基地。

第七条 广播电视、新闻出版单位以及其他机关、团体、企业事业单位应当开展义务植树的宣传教育，增强公民履行义务植树的意识。中小学学校应当结合劳动课程，普及义务植树常识。

第八条 县级人民政府绿化委员会每年应当根据义务植树规划和当地实际情况，将义务植树的任务下达到本行政区域内的乡镇人民政府、街道办事处以及其他机关、团体、企业事业单位。

＊ 1997 年 8 月 15 日江西省第八届人民代表大会常务委员会第二十九次会议通过；2004 年 3 月 31 日江西省第十届人民代表大会常务委员会第八次会议修正。

义务植树任务采用《义务植树通知书》的形式下达，并应当写明植树数量、品种、地点和完成时间以及其他要求。

机关、团体、企业事业单位的职工由本单位负责组织参加义务植树。

城镇个体工商经营者和非农业户籍的待业公民，由镇人民政府或者街道办事处负责组织参加义务植树。

农民由其户籍所在地的乡镇人民政府或者村民委员会根据国家有关规定负责组织参加义务植树。

第九条 每个适龄公民每年应当义务植树4棵，或者义务完成相当于一个劳动日的种花、种草、育苗、整地、施肥以及其他与绿化有关的劳动。

本系统、本行业有植树造林生产任务的，不得免除绿化委员会下达的义务植树任务。

第十条 义务植树的地点应当坚持就地就近原则，由绿化委员会指定，也可以由承担义务植树任务的单位自行选定，但应当报经绿化委员会同意。

经绿化委员会认可，工矿、林场、铁路、公路以及大中型企业，可以在其管辖的场所建立义务植树基地，开展义务植树活动。

第十一条 参加义务植树的单位和个人，应当按照绿化委员会的要求，保质保量完成义务植树任务。

绿化委员会应当对本年度义务植树任务的执行情况进行检查验收，并建立义务植树登记卡。

第十二条 义务植树所需的苗木、花草，由林权单位或者承包经营者无偿提供。

县级以上人民政府有关部门应当根据义务植树规划和年度任务，办好苗木基地，培育良种壮苗，保证义务植树的需要。

第十三条 在国有土地上义务栽植的树木、花草，归土地的使用单位所有，没有明确土地使用单位的，由县级以上人民政府依法确定。在集体土地上义务栽植的树木、花草，归集体土地所有者所有。另有合同约定的，从其约定。

林权确定后，由县级以上人民政府发给权属证书。

第十四条 对义务栽植的树木、花草，由林权单位负责管护，实行管护责任制。

采伐和更新义务栽植的林木的，应当按照《中华人民共和国森林法》和国家《城市绿化条例》的有关规定执行。

第十五条 每个公民应当爱护树木花草，保护义务植树成果；对破坏树木、花草的行为，有权制止，并向绿化委员会及其有关部门举报。

第十六条 有下列成绩之一的单位和个人，由县级以上人民政府或者绿化委员会给予表彰、奖励：

（一）在义务植树或者绿化工作中成绩显著的；

（二）保护绿化成果有突出贡献的；

（三）制止或者举报破坏树木、花草行为有功的。

第十七条　未按时完成当年义务植树任务的，由绿化委员会按每棵 3 元的标准向承担义务植树任务的单位收缴绿化费；逾期不缴纳的，每日按应缴绿化费加收 2‰的滞纳金，并可由行政监察机关对其主要负责人给予行政处分。

绿化委员会在收缴绿化费时，应当开具省财政部门统一印制的专用收费票据，否则当事人有权拒交。

绿化费由绿化委员会统一管理，必须用于与义务植树有关的雇用植树人员的劳动报酬和义务植树宣传教育，不得挪作他用。

第十八条　有下列行为之一的，由所在单位或者有关主管部门给予行政处分；构成犯罪的，依法追究刑事责任：

（一）在义务植树工作中玩忽职守、弄虚作假、徇私舞弊的；

（二）挥霍浪费、挪用、贪污义务植树绿化资金的。

第十九条　对侵占、毁坏、盗伐、滥伐、擅自砍伐树木，或者哄抢、侵占、盗窃、毁坏绿化设施的单位和个人，依照有关法律、法规规定处罚。

第二十条　驻本省行政区域内的人民解放军、武警部队，按照国务院、中央军委的有关规定参加义务植树。

第二十一条　本条例自 1997 年 10 月 1 日起施行。1982 年 2 月 19 日江西省第五届人民代表大会常务委员会第十次会议通过的《江西省人民政府关于开展全民义务植树的若干规定》同时废止。

江西省城市绿化管理办法

第一章 总 则

第一条 为促进城市绿化事业的发展，改善城市生态环境，加强城市文明建设，根据国务院《城市绿化条例》和有关法规，结合本省实际，制定本办法。

第二条 本办法适用于全省城市规划区内绿化的规划、建设、保护和管理。

第三条 本办法所称城市绿化是指在城市中进行的植树、种草、栽花、育苗、园林设施建设及其管护等活动。

本办法所称城市绿地包括：公园、广场、街旁绿地等公共绿地，单位附属绿地，居住区绿地，花圃、草圃、苗圃等生产绿地，防护绿地和风景林地。

第四条 省建设行政主管部门负责全省城市绿化行政管理工作。城市人民政府城市绿化行政主管部门负责本行政区域内的城市绿化工作。

第五条 城市公民都应当依法履行义务植树和城市绿化的义务，爱护绿化成果，有权制止损害绿化的行为。

第六条 对在城市绿化工作中作出显著成绩的单位和个人，城市人民政府以及城市绿化行政主管部门应当给予表彰和奖励。

第二章 规划和建设

第七条 城市人民政府应当根据建设部有关城市绿化规划建设指标的规定，组织城市规划行政主管部门、城市绿化行政主管部门等共同编制城市绿化规划，并纳入城市总体规划一并实施。

城市绿化规划的编制内容和审批办法由省建设行政主管部门另行制定。

第八条 城市人民政府绿化行政主管部门应当根据城市绿化规划的要求，结合城市详细规划，确定城市各地段和各种性质用地的绿地率和人均公共绿地等控制指标。

第九条 新建、改建、扩建工程建设项目，其绿化用地面积与总用地面积比率应当符合下列规定：

（一）新建居住区不低于30%，其中居住小区按居住人口人均不少于1平方米；

（二）工业企业、交通枢纽、仓储、商业中心不低20%；

（三）产生有害气体及污染的工厂不低30%，并根据国家标准设立防护林带；

---

* 1998年4月20日省政府令第79号发布；2004年6月30日省政府令第134号修正。

（四）学校、医院、休（疗）养院（所）、机关团体、公共文化设施、部队等单位不低于35%；

（五）城市主干道应20%以上，其他道路都应根据实际情况进行绿化。

城市内河、湖等水体岸边应当进行绿化，重点地段应当逐步建成河滨公园、湖滨公园。

属于旧城改造区的，可以将本条第一款规定的指标降低5个百分点执行。

第十条　单位和居住小区现有绿化用地低于第九条标准，尚有空地可以绿化的，应当自接到城市人民政府绿化行政主管部门通知之日起1年内进行绿化。

逾期拒不绿化的，由城市人民政府绿化行政主管部门指定的绿化施工单位代为补种，所需费用由违反规定者支付。

第十一条　因特殊情况，工程建设项目绿化用地面积达不到第九条规定标准又确需建设的，经城市人民政府绿化行政主管部门审核，报城市人民政府批准，并由建设单位在城市绿化行政主管部门指定的地点按所缺面积补足绿化用地。建设单位不能自行补足的，由城市人民政府绿化行政主管部门代为补足，所需费用由建设单位承担。

第十二条　新建、扩建、改建工程项目，需要绿化的，其基本建设投资中应当包括配套绿化建设投资。城市公共绿地、生产绿地、风景林地的建设和街道绿化由城市人民政府负责；居住小区绿化由开发建设单位负责；单位附属绿地和其他工程项目的配套绿化由各单位负责或者在主体工程中一并考虑。

第十三条　城市绿化工程的设计与施工，应当由依法取得相应资格证书的设计、施工单位承担。

第十四条　在城市给排水设施建设中，应当安排绿化用水的管网和设施。

第三章　保护和管理

第十五条　经城市总体规划和绿化规划确定的绿化用地，不得擅自改变用途。城市绿地不得随意侵占。

第十六条　因城市规划调整，确需占用城市规划确定绿地的，由城市规划行政主管部门制定调整规划，征得城市人民政府绿化行政主管部门同意后，报经原规划批准部门批准。

第十七条　因特殊原因，需占用绿地在1000平方米以内的，必须经所在城市人民政府绿化行政主管部门批准；超过1000平方米的，必须报城市人民政府审批；超过5000平方米的，必须报省建设行政主管部门审批。

经批准占用本单位附属绿地，且占用后本单位绿化用地面积达不到本办法第九条规定标准的和占用其他绿地的，占用单位必须按照本办法第十二条的规定易地进行绿化。

第十八条　在城市公共绿地内开设商业、服务摊点，必须经公共绿地管理单位同意后，持工商行政管理部门批准的营业执照，在公共绿地管理单位指定地点和范围内从事经营活动，并遵守公共绿地和工商行政管理的有关规定。

第十九条　严格控制砍伐或者移植城市树木。城市内任何树木不论其所有权归属，确需砍伐、移植的，必须按下列规定报经批准后，方可砍伐：

（一）一次一处砍伐或者移植乔木10株、灌木10丛或者绿篱10米以下的，由城市人民政府绿化行政主管部门审批；

（二）超过（一）项规定限度，一次一处砍伐或者移植乔木100株、灌木100丛或者绿篱100米以下的，由城市人民政府绿化行政主管部门审查同意，报城市人民政府批准；

（三）超过（二）项规定的，须报经省建设行政主管部门批准。

经批准砍伐树木的建设单位应当对树木所有者进行补偿，并按"伐一栽三"的比例就地补植树木。不能就地补植的，由城市人民政府绿化行政主管部门易地补植，其费用由建设单位承担。

第二十条　城市规划部门在审批划定建筑红线时，应当严格保护树木。新建建筑物和构筑物应当与树木主干保持4米以上的距离，保证树木生长不受影响。如确需砍伐或者迁移树木的，应当事先经城市人民政府绿化行政主管部门审核同意，再划定建筑红线。

第二十一条　城市树木所有权和收益权按下列规定处理：

（一）在公共绿地上和街道上种植的树木归国家所有；

（二）机关、部队、企事业单位和人民团体在其用地范围内植的树木，归单位所有；

（三）居住小区绿化所植树木，所有权归国家所有，树木管护的收益归管护部门；

（四）居民在庭院内种植的树木，归个人所有。

第二十二条　城市人民政府应当在预算内安排相应的城市绿化经费。在城市维护费和市政公用设施配套费中提取的绿化费比例应不低于15%。

第二十三条　境外的苗木、花卉、种子和其他绿化物种，须经植物检疫机构检疫合格后方可引进。

第四章　罚　则

第二十四条　有下列行为之一的，由城市绿化行政主管部门责令停止侵害，赔偿损失，并可处以10元至100元的罚款：

（一）攀、摘树枝、花果，在树上剥皮；

（二）损坏护树桩架，踩踏绿篱、花坛和封闭管理的草坪；

（三）其他损坏公共绿地和园林设施的行为。

第二十五条　未经批准擅自砍伐、移植和非正常修剪城市树木的，责令停止侵害，赔偿损失，并可处赔偿额2倍以下的罚款；擅自砍伐，迁移古树名木或者因养护不善致使古树名木受到损伤或者死亡的，可处赔偿额3倍以下的罚款；应当给予治安

管理处罚的，依照《中华人民共和国治安管理处罚条例》的有关规定处罚；构成犯罪的，依法追究刑事责任。

第二十六条 擅自改变城市绿化用地性质，或者擅自占用城市绿化用地的，由城市人民政府绿化行政主管部门责令限期退还绿化用地，恢复原状、赔偿损失，并可处以每平方米 20 元至 100 元的罚款。

第二十七条 本办法第二十五条、第二十六条的罚款限额为：

（一）在非经营活动中，属处罚公民的，不得超过 200 元；属处罚法人或者其他组织的，不得超过 1000 元。

（二）在经营活动中，没有违法所得的，罚款不得超过 1 万元；有违法所得的，罚款不得超过 3 万元。

第二十八条 对不服公共绿地管理单位管理的商业、服务摊点，由城市人民政府绿化行政主管部门给予警告，可处以 10 元至 100 元的罚款；情节严重的，取消其设点批文，并可提请工商行政管理部门吊销营业执照。

第二十九条 对拒绝或者阻碍园林绿化管理人员依法执行公务的，由公安部门按照有关规定处理；构成犯罪的，依法追究刑事责任。

第三十条 城市人民政府绿化行政主管部门和城市绿地管理单位的工作人员玩忽职守、滥用职权、徇私舞弊的，由其所在单位或者上级主管机关给予行政处分；构成犯罪的，依法追究刑事责任。

第五章 附 则

第三十一条 本办法所称居住区指城市居民聚居地。本办法所称居住小区指由城市道路或者自然分界线所围合、具有一定规模、配建有一套能满足该区居民日常生活所需的公共服务设施的城市居民聚居地。

第三十二条 各城市人民政府可以依照本办法制定本地的赔偿标准。

第三十三条 本办法自 1998 年 6 月 1 日起施行。

江西省植物检疫办法

第一章 总 则

第一条 为了加强植物检疫工作，防止危险性病、虫、杂草传播蔓延，保护农业、林业生产安全，根据国务院《植物检疫条例》和有关法律、法规，结合本省实际，制定本办法。

第二条 本办法适用于本省行政区域内的农业植物检疫和森林植物检疫。

进出境植物及其产品的检疫，按照《中华人民共和国进出境动植物检疫法》及其实施条例的规定执行。

第三条 省农业行政主管部门主管全省的农业植物检疫工作，省林业行政主管部门主管全省的森林植物检疫工作，设区的市（行政公署）、县（市、区）农业、林业行政主管部门分别主管本行政区域内的农业植物检疫和森林植物检疫工作。

县级以上农业、林业行政主管部门所属的植物检疫机构分别负责执行本行政区域内的农业植物检疫和森林植物检疫任务。

第四条 各级人民政府应当加强对植物检疫工作的领导，交通、铁路、邮政、民航等部门应当配合植物检疫机构做好植物检疫工作。

第二章 植物检疫机构

第五条 各级植物检疫机构必须配备专职植物检疫人员，逐步建立健全相应的检疫实验室和检验室。

各级植物检疫机构可以根据需要，聘请具有植物检疫资格的兼职植物检疫人员，协助开展植物检疫工作。

第六条 各级农业、森林植物检疫机构应当按照《植物检疫条例》及有关规定履行职责。

植物检疫人员依法执行农业植物检疫和森林植物检疫任务时可以行使下列职权：

（一）进入车站、机场、港口和植物及其产品的生产、经营、存放等场所，依照规定实施现场检验或者复检，查验植物检疫证书和进行疫情监测调查；

（二）监督有关单位或者个人进行消毒、除害处理、隔离试种和采取封锁、消灭等

＊ 2000 年 4 月 20 日省政府令第 92 号发布，2012 年 1 月 21 日；省政府令第 199 号修正；2015 年 12 月 16 日省政府令第 219 号修正。

措施；

（三）查阅、摘录或者复制与检疫工作有关的资料，收集与检疫工作有关的证据；

（四）法律、法规和规章规定的其他职权。

第七条 植物检疫人员在执行植物检疫任务时，应当穿着检疫制服、佩戴检疫标志并依法出示有效执法证件，有关单位或者个人必须协助，不得阻挠。

第八条 植物检疫机构执行检疫任务可以收取检疫费，具体收费标准和办法，按国家和省有关规定执行。

第九条 各级植物检疫机构对本行政区域内应施检疫的植物、植物产品的生产经营单位或者个人实行植物检疫登记制度。

在植物、植物产品流通、调运量大的集贸市场、车站、港口，植物检疫机构可以设置植物检疫室，执行植物检疫任务。

第三章　检疫对象

第十条 农业、森林植物检疫机构，应当依照国务院农业和林业行政主管部门统一制定的农业植物、森林植物检疫对象，以及经省人民政府批准发布的应施检疫的植物、植物产品的补充检疫对象名单实施检疫。

农业、林业行政主管部门应当及时将应施检疫的植物、植物产品名单通报有关部门，并向社会公布。

第十一条 农业和森林植物检疫机构应当按下列分工实施检疫：

（一）农业植物检疫范围是：粮、棉、油、麻、桑、茶、菜、烟、果（干果除外）、花卉（野生珍贵花卉除外）、盆景、药材、牧草、绿肥、食用菌、热带作物等植物、植物的各部分，包括种子、块根、块茎、球茎、鳞茎、接穗、砧木、试管苗、细胞繁殖材料；以及来源于上述植物、未加工或者虽经加工但仍有可能传播疫情的植物产品。

（二）森林植物检疫范围是：林木种子、苗木和其他繁殖材料，乔木、灌木、竹类、野生珍贵花卉和其他森林植物，木材、竹材、干果和其他林产品。

第四章　植物检疫对象的控制和消灭

第十二条 局部地区发生植物检疫对象的，应当划为疫区，采取封锁、消灭措施，防止植物检疫对象传出；发生地区已比较普遍的，应当将未发生地区划为保护区，防止植物检疫对象传入。疫区和保护区的划定，由县以上农业、林业行政主管部门提出，按程序报省人民政府批准发布，并报国务院农业、林业行政主管部门备案。疫区和保护区的改变与撤销程序与划定程序相同。

疫区和保护区一经划定，凡能传带植物检疫对象的植物、植物产品严禁运出或者进入保护区。特殊情况必须调运的，应当经省植物检疫机构批准。调出省外的，应当经国务院农业、林业行政主管部门批准。

第十三条 各级农业、林业行政主管部门及其所属的植物检疫机构应当每隔三至五年进行一次检疫对象的普查。重点对象应当每年调查，并编制疫情分布资料逐级上报。疫情分布资料编制的要求按省植物检疫机构的规定执行。本省的农业、林业植物检疫对象的疫情，分别由省农业、林业行政主管部门发布。

第十四条 任何单位或者个人对植物检疫对象的研究，均不得在非疫情发生区进行。因教学、科研等特殊需要，确需在非疫区进行的，必须事先征得省植物检疫机构的同意，报经省农业、林业行政主管部门批准；属全国植物检疫对象、国外新传入和国内突发性的危险性病、虫、杂草，报国务院农业、林业行政主管部门批准，并采取严密有效的措施，防止疫情扩散。

第十五条 各级植物检疫机构应当加强对检疫对象和其他危险性病、虫、杂草的监测，必要时应当设立监测站（点），实施监测。

对新发现的检疫对象和其他危险性病、虫、杂草，植物检疫机构应当及时查明情况，提出消灭方案，并立即报告当地人民政府和上级农业、林业行政主管部门，当地人民政府和农业、林业行政主管部门应当及时采取措施，彻底消灭。

第十六条 植物检疫对象的普查、重大疫情的控制和消灭由地方各级人民政府组织，所需的经费或者紧急防治费可由各级财政和农业、林业行政主管部门给予专项资金补助。

第十七条 在发生疫情的地区，植物检疫机构可以派人参加当地的道路联合检查站或木材检查站；发生特大疫情时经省人民政府批准，可以设立临时植物检疫检查站，开展植物检疫工作。

第五章 产地检疫

第十八条 各级植物检疫机构应当根据生产季节，对本地区原种场、良种场、苗圃、林场、母树林基地和其他繁育基地的植物和植物产品实施产地检疫。发现检疫对象的，应当立即采取封锁、消灭措施。在检疫对象未消灭之前，所繁育的种子、苗木或者其他繁殖材料不准调入无病区；经过严格除害处理并经植物检疫机构检疫合格的，可以调运。

已经实施产地检疫的种子、苗木和其他繁殖材料，调运时不再收取植物检疫费。

第十九条 种子、苗木和其他繁殖材料的繁育单位或个人必须有计划地建立无植物检疫对象的种苗繁育基地、母树林基地。繁育基地的选址，应当征求所在地的植物检疫机构的意见。植物检疫机构应当帮助其选择符合检疫要求的地方建立繁育基地。

第二十条 试验、推广的种子、苗木和其他繁殖材料，必须事先经所在地植物检疫机构产地检疫合格后，方可扩大试验和推广。

农业、林业行政主管部门和作物品种审定部门在审定推广农、林植物品种前，必须事先征求省农业、林业植物检疫机构的意见。带有检疫对象的种子、苗木及其他繁殖材料不得推广。

第六章　调运检疫

第二十一条　调运植物、植物产品属于下列情况的必须实施检疫：

（一）列入全国和本省应施检疫名单的植物、植物产品，运出发生检疫对象的县级行政区域前，必须经过检疫；外省调入本省的，按要求检疫；

（二）凡种子、苗木和其他繁殖材料，不论是否列入应施检疫的植物、植物产品名单和运往何地，在调运前必须经过检疫；

（三）列入调入省应施检疫名单植物、植物产品，按调入省的要求进行检疫；

（四）可能受植物检疫对象污染的包装材料、运载工具、场地、仓库等应当实施检疫。

第二十二条　省际间调运应施检疫的植物、植物产品，按下列规定办理：

（一）调往外省的，调出单位或者个人应当按照调入省提出的检疫要求书，向省植物检疫机构或者其委托的植物检疫机构报检；符合调入省要求的，即发给"植物检疫证书"，准予调出。

（二）外省调入的，调入单位或者个人必须事先向省植物检疫机构或者其委托的植物检疫机构提出申请，根据植物检疫机构开出的"调运植物检疫要求书"向调出地省植物检疫机构或者其委托的植物检疫机构申请检疫，取得"植物检疫证书"后，方可调入。

第二十三条　省内调运应施检疫的植物或者植物产品，调出单位或者个人可向所在地的植物检疫机构报检，未发现植物检疫对象的，当即发给"植物检疫证书"，准予调运。

第二十四条　交通、铁路、邮政、民航等承运部门和其他从事运输的单位或者个人，承运或者邮寄植物种子、苗木和其他繁殖材料及应施检疫的植物、植物产品，应凭"植物检疫证书"正本（随附运递单证同行）和一份副本（运、递单位留存）办理承运或者邮寄手续。无"植物检疫证书"或者货证不符的不得运递，并及时通知所在地的植物检疫机构查处。

到货地点的运输、邮政部门如发现包裹单、托运单上未附有"植物检疫证书"正本或货证不符时，不予提货，并及时通知所在地的植物检疫机构查处。

第二十五条　在运输、邮寄途中查获未经检疫或者持无效证书调运的应施检疫的植物、植物产品，由最先查获的植物检疫机构实施补检或处理；在调入地查获的，由调入地植物检疫机构实施补检或处理。补检合格的，签发"植物检疫证书"。

第二十六条　实施调运检疫发现检疫对象或者其他危险性病、虫、杂草的，托运人必须按照所在地植物检疫机构的要求在指定的地点进行除害处理，处理后检疫合格的，准予调运；无法达到处理要求的应停止调运，植物检疫机构有权予以封存、没收、销毁或者责令改变用途。

对调入或者引进的应施检疫的植物、植物产品，所在地植物检疫机构应当查验检疫证书，必要时可以进行复检。复检发现问题的，依照《植物检疫条例》及国家有关规定处理。

第二十七条 "植物检疫证书"由省植物检疫机构按国务院农业、林业行政主管部门制定的格式统一印制。"植物检疫证书"应当加盖植物检疫机构植物检疫专用章，并由专职植物检疫员署名签发；调往外省的还应当盖有省植物检疫机构的植物检疫专用章。

禁止涂改、转让、伪造、复印、买卖植物检疫单证、印章、标志、封识。

禁止擅自开拆检讫的植物、植物产品的包装，调换或者夹带其他植物、植物产品，或者改变规定的用途。

第二十八条 因依法实施植物检疫的车船停留、搬移、开拆、取样、存放、除害、消毒和采取扣留、封存、改变用途、销毁等措施的费用损失，由托运人承担。在调运途中托运人不在现场的，由其委托的代理人承担。

第七章 国外引种检疫

第二十九条 凡从国外（含境外，下同）引进（含交换、赠送）植物种子、苗木或者其他繁殖材料，引种单位（个人）或者代理引种单位（个人）必须在对外签订贸易合同、协议之前30日向省植物检疫机构提出申请，并提供引进植物原产地的疫情资料、引进后隔离试种计划、地点等材料，办理国外引种检疫审批手续后，方可与国外联系引种事宜，并将审批单中的检疫要求和由输出国官方植物检疫机构出具"植物检疫证书"的条款列入贸易合同或协议文本。

属国家引种检疫审批权限的，报国务院农业、林业行政主管部门所属的植物检疫机构审批。

从国外引进农业植物种子、苗木和其他繁殖材料，必须事先向省和国务院农业行政主管部门办理进出口种苗审批手续后，方可办理国外引种检疫审批手续。

第三十条 引进的种子、苗木和繁殖材料入境后，货主或者代理人必须及时报告省植物检疫机构。出入境检验检疫机构在实施进境植物检疫后，应及时将检疫审批单回执寄回给国外引种检疫审批的植物检疫机构。

农业植物检疫机构的引进种子、苗木检疫审批单回执由出入境检验检疫机构统一返回国务院农业行政主管部门所属的植物检疫机构。

第三十一条 引进的种子、苗木和繁殖材料必须按检疫审批植物检疫机构的要求和确认的地点进行隔离试种。一年生植物试种期不少于一个生育周期；多年生植物不少于两年。试种期满，经省植物检疫机构认可，方可分散种植或者引种。

试种期间，所在地植物检疫机构应当做好疫情监测工作，发现检疫对象或者其他危险性病、虫、杂草，应当及时采取封锁、消灭措施，并及时报省植物检疫机构，所需费用或者造成的经济损失由引种单位或者个人承担。

第八章　奖励与处罚

第三十二条　在植物检疫工作中作出显著成绩的植物检疫机构、有关单位和个人由县级以上人民政府或者农业、林业行政主管部门给予表彰或者奖励。

第三十三条　有下列行为之一的，植物检疫机构应当责令其改正，并可以按照下列规定处以罚款；造成损失的，应当责令其负责赔偿：

（一）未依照规定办理"植物检疫证书"和植物检疫登记或者在报检过程中弄虚作假的，处 100 元至 1000 元罚款；

（二）未依照规定处理应施检疫的植物、植物产品、包装材料、运载工具、场地、仓库的，处 1000 元至 5000 元罚款；

（三）违反规定，擅自开拆检讫的植物、植物产品的包装、调换或者夹带其他植物、植物产品，或者改变规定用途的，处以 1000 元至 4000 元罚款；

（四）涂改、转让、伪造、买卖检疫单证、印章、标志、封识的，处 1500 元至 6000 元罚款；

（五）违反规定调运或者擅自从国外引种或者引种后不按要求隔离试种的，处 2000 元至 8000 元罚款；

（六）违反规定试验、生产、推广带有植物检疫对象的植物、植物产品，未经批准在非疫区进行检疫对象活体试验研究的，处 3000 元至 1 万元罚款；

（七）违反规定引起疫情扩散的，处 5000 元至 1 万元罚款。

有前款第（一）、（二）、（三）、（四）、（五）、（六）项所列行为之一的，植物检疫机构可以没收非法所得。

第三十四条　植物检疫机构和交通、铁路、邮政、民航等部门的工作人员在植物、植物产品的检疫、运输、邮寄工作中，玩忽职守、徇私舞弊、滥用职权、索贿受贿的，由其所在单位或其上级主管部门给予行政处分；造成损失的，依法给予赔偿，构成犯罪的，由司法机关依法追究刑事责任。

第九章　附　则

第三十五条　本办法自发布之日起施行。

江西省林木种子管理条例

第一章 总 则

第一条 为了保护和合理利用林木种子资源，规范林木品种选育和林木种子生产、经营、使用行为，维护林木品种选育者和林木种子生产者、经营者、使用者的合法权益，提高林木种子质量水平，推动林木种子产业化、良种化，促进林业的发展，依据《中华人民共和国种子法》（以下简称《种子法》）等有关法律、法规的规定，结合本省实际，制定本条例。

第二条 凡在本省行政区域内从事林木品种的选育、林木种子的生产、经营、使用、管理以及林木种子进出口和对外合作等活动，必须遵守《种子法》和本条例。

第三条 县级以上人民政府林业行政主管部门主管本行政区域内林木种子工作。主要职责是：

（一）贯彻执行有关林木种子管理的法律、法规和规章；

（二）拟定并组织实施林木种子发展规划，实施林木种子工程、体系建设；

（三）核发林木种子生产、经营许可证；

（四）监督检查林木种子生产、经营活动，对林木种子质量进行监督，查处违法生产、经营林木种子的行为；

（五）负责林木种质资源及植物新品种（林业部分，下同）的保护和管理；

（六）负责组织林木品种的选育、引进、试验、审定、登记和良种繁育、推广；

（七）有关林木种子管理的其他工作。

县级以上人民政府林业行政主管部门所属的林木种子管理机构负责林木种子管理的具体工作。

科技、工商、质量技术监督等有关部门应当在各自的职责范围内，协助做好林木种子的管理工作。

第四条 县级以上人民政府应当根据林业发展的需要制定林木种子发展规划，并将林木种子管理工作经费列入同级财政预算。林木种子管理机构应当与林木种子生产、经营单位在人员和财务上分开。

禁止林木种子管理机构及其工作人员从事林木商品种子的生产和经营活动。

第五条 县级以上人民政府及有关部门应当鼓励研究、试验、推广和使用植物新

＊ 2002 年 7 月 29 日江西省第九届人民代表大会常务委员会第三十一次会议通过。

品种、新技术，优先扶持林木良种的选育、推广和使用，保护和繁育珍稀品种。对在林木种子工作中成绩显著的单位和个人，应当给予表彰和奖励。

第二章　林木种质资源保护

第六条　林木种质资源按其林木所有权性质分别归国家、集体、单位和个人所有，林木所有者和经营者应当履行保护义务，任何单位和个人不得乱采滥收、强采强卖。

第七条　县级以上人民政府林业行政主管部门应当对下列种质资源根据需要确定保护范围，设立保护标志，加强保护管理：

（一）优树、良种采穗圃、种子园、母树林、科学实验林、省级采种基地；

（二）优良林分、优良种源等种质资源；

（三）珍稀、濒危树种的林木种质资源；

（四）其他具有保护价值的林木种质资源。

第八条　省林业行政主管部门应当根据不同的生态区域，建立林木种质资源库、种质资源保护区或者种质资源保护地，加强对特有林木种质资源的管理与保护。

对本省特有的林木种质资源，没有国家标准和行业标准的，应当制定本省地方标准。

第九条　县级以上人民政府林业行政主管部门应当定期组织林木种质资源调查，建立林木种质资源档案。

第三章　林木品种选育和审定

第十条　县级以上人民政府林业行政主管部门应当根据林木种子发展规划，组织有关科研、教学和生产单位开展林木品种的选育工作。选育林木品种必须遵守国家和本省制定的技术规程。

第十一条　省林业行政主管部门设立由专业人员组成的省林木品种审定委员会，负责主要林木品种的审定工作。

主要林木品种按国务院和省林业行政主管部门公布的目录执行。

第十二条　主要林木品种在推广应用前应当通过国家级或者省级审定，申请者可以直接向省林木品种审定委员会或者国家林木品种审定委员会申请审定。省林业行政主管部门确定的主要林木品种由省林木品种审定委员会审定。

应当审定而未审定或者经审定未通过的，不得作为林木良种经营、推广。如生产确需使用，应当经省林业行政主管部门审核，报省林木品种审定委员会认定。

第十三条　经省林木品种审定委员会审定通过的可以推广的主要林木品种，由省林木品种审定委员会发给林木良种审定证书，并经省林业行政主管部门公告后，可以在本省适宜的生态区域推广。

经省林业行政主管部门同意，外省（自治区、直辖市）通过审定的属于同一适宜生态区域的品种可以引种，并由设区的市以上林业行政主管部门公告。

第十四条 在地理、气候等条件差异明显的地区，经省林业行政主管部门委托，设区的市林业行政主管部门可以设立林木品种审定小组，承担适宜于该区域内的主要林木品种的审定工作。

第十五条 申请主要林木品种审定的单位和个人，应当按照有关规定及时将申请材料报林木品种审定委员会。

省林木品种审定委员会应当自收到申请材料之日起 20 日内，作出受理或者不受理的决定，并书面通知申请人；对决定受理的，应当自决定受理之日起 1 年内完成审定工作。

第十六条 林木品种的审定结果，由省林木品种审定委员会自审定之日起 20 日内书面通知申请人。

申请人对审定结果有异议的，可以自接到通知之日起 30 日内向原审定委员会或者上一级审定委员会申请复审。

申请复审的品种由林木品种审定委员会核查后，1 年内作出复审结论，并通知复审申请人。

第十七条 非主要林木品种的选育和引进实行登记管理。登记的内容包括品种的来源、特征特性、生产试验情况及植物检疫情况等。具体登记办法由省林业行政主管部门制定。

第四章　林木种子生产

第十八条 主要林木的商品种子生产实行许可制度。从事主要林木种子生产的单位和个人应当依法取得主要林木种子生产许可证。

申请主要林木种子生产许可证的单位和个人，应当提交下列材料：

（一）主要林木商品种子生产许可证申请表；

（二）生产用地使用证明，采种林分证明；

（三）单位主要负责人或者个人身份证明；

（四）林木种子生产地检疫证明；

（五）林木种子检验人员和生产技术人员资格证明；

（六）生产主要林木种子目录。

生产林木良种的，还应当提供林木品种审定委员会颁发的林木良种审定证书。

生产具有植物新品种权品种的，还应当提供品种权人的书面同意证明或者品种转让合同。

第十九条 设区的市人民政府和县级人民政府林业行政主管部门应当自收到申请材料之日起 20 日内，完成对生产者生产用地、检验设施、生产设备、技术条件等实地考察和申请材料的审核工作，并按照《种子法》第二十条、第二十一条规定的审批权限和条件决定是否批准发放林木种子生产许可证，或者决定是否报省林业行政主管部门批准；对不符合《种子法》规定的，应当书面告知申请人不予批准或者不予上报的理由，并退回申请材料。

省林业行政主管部门应当自收到上报的审核材料之日起 15 日内，完成审批工作。对符合《种子法》第二十条、第二十一条规定的，发给林木种子生产许可证；对不符合规定的，应当书面告知申请人不予批准的理由，并退回审核材料。

第二十条 从事林木种子生产的单位和个人，必须按照许可证规定的地点和种类进行生产；禁止无证或者不按许可证的规定生产林木种子。

第二十一条 县级以上人民政府林业行政主管部门应当根据当地气候条件和林木生长规律，确定具体林木种子的采摘期和采摘范围。采收林木种子必须在规定的采摘期和采摘范围内进行。

禁止抢采掠青、损坏母树，禁止在劣质林内和劣质母树上采种。

第二十二条 从事林木种子生产的单位和个人应当建立林木种子档案卡，载明林木种子生产地点、时间、质量等级及其流向等内容；是苗木的，还应当载明接穗的品系、砧木的品种和苗龄。

第二十三条 生产的林木种子交付使用时，应当附有林木种子检疫证明和林木种子质量检验合格证书。

第五章　林木种子经营

第二十四条 林木种子经营实行许可制度。

从事林木种子经营的单位和个人，必须向所在地县级以上人民政府林业行政主管部门申领林木种子经营许可证，凭林木种子经营许可证向工商行政管理机关申请办理或者变更营业执照后，方可从事林木种子经营活动。

农民个人自繁、自用的常规林木种子有剩余的，可以在集贸市场上出售、串换，不需办理林木种子经营许可证。具体管理办法由省人民政府制定。

第二十五条 对符合《种子法》第二十九条规定条件的单位和个人，按下列权限审核发放林木种子经营许可证：

（一）主要林木良种的种子经营许可证，由林木种子经营者所在地县级人民政府林业行政主管部门审核，报省林业行政主管部门核发；

（二）实行林木种子选育、生产、经营相结合并达到国务院林业行政主管部门规定的注册资本金额的种子公司和从事种子进出口业务的公司的林木种子经营许可证，由省林业行政主管部门审核，报国务院林业行政主管部门核发；

（三）其他林木种子经营许可证由林木种子经营者所在地县级以上人民政府林业行政主管部门核发。

第二十六条 申请林木种子经营许可证的单位和个人，应当提交下列材料：

（一）林木种子经营许可证申请表；

（二）经营场所使用证明；

（三）林木种子加工设备、包装设备、仓储设施和林木种子检验仪器清单；

（四）林木种子检验人员和加工、保管等技术人员资格证明或者培训证明；

（五）资金证明；

（六）单位主要负责人或者个人身份证明；

（七）经营的林木种子目录。

第二十七条　设区的市人民政府和县级人民政府林业行政主管部门应当自收到申请材料之日起 20 日内，完成对经营者经营场所、仓储设施、包装设备、检验仪器、技术条件等实地考察和申请材料的审核工作，并按照《种子法》第二十六条、第二十九条规定的审批权限和条件决定是否批准发放林木种子经营许可证，或者决定是否报省林业行政主管部门批准；对不符合规定的，应当书面告知申请人不予批准或者不予上报的理由，并退回申请材料。

省林业行政主管部门应当自收到申请材料和上报的审核材料之日起分别在 20 日和 10 日内完成审核和审批工作。对符合《种子法》第二十六条、第二十九条规定的，发给林木种子经营许可证或者上报国务院林业行政主管部门；对不符合规定的，应当书面告知申请人不予批准或者不予上报的理由，并退回申请材料或者审核材料。

第二十八条　经营的林木种子，必须达到国家或者本省制定的质量标准，附有林木种子质量检验合格证和标签，无质量检验合格证和标签的林木种子不得经营和流通。林木种子经营者必须对种子质量负责。

林木种子的标签应当注明：树种、世代、特征特性（栽培要点）、产地、采种日期、适用范围、净含量、质量标准、保质期、生产者和经营者的地址等项内容。

第六章　林木种子质量

第二十九条　林木种子的质量应当符合国家制定的质量标准，国家尚未制定质量标准的，应当符合本省制定的质量标准。

第三十条　县级以上人民政府林业行政主管部门负责对林木种子质量的监督。林业行政主管部门可以委托林木种子质量检验机构对林木种子质量进行检验。

林木种子质量检验机构应当具备以下条件，并经省级以上人民政府林业行政主管部门考核合格：

（一）有相应的林木种子质量检验、检测设备、设施；

（二）有 3 名以上符合《种子法》第四十五条规定条件的林木种子质量检验员；

（三）法律、法规规定的其他条件。

第三十一条　依法设立的林木种子质量检验机构应当经过计量认证合格，并经省级以上人民政府林业行政主管部门公告后方可从事林木种子质量检验活动。

第三十二条　检验林木种子质量应当按照法定的检验规程进行。

林木种子质量检验主要包括林木种子的籽粒质量检验和林木种子的苗木质量检验。

林木种子的籽粒质量检验内容包括：树种、检验时间、检验书证号、净度、发芽率、生活力、含水量、质量等级、有效期等。

林木种子的苗木质量检验内容包括：树种、种子来源、苗龄、出圃日期、苗高、地径、根系、苗木等级等。

经检验合格后，应当发给林木种子质量检验合格证。

第三十三条 依法设立的木材检查站，可以查验途经本站的林木种子的检验、检疫证明，发现有违法行为的，应当及时向林业行政主管部门报告。

第三十四条 林业行政主管部门为实施《种子法》和本条例，可以进行现场检查。

林木种子行政执法人员依法执行公务时应当出示合法有效的行政执法证件。

县级以上人民政府林业行政主管部门工作人员对生产、经营、使用的林木种子质量进行抽查时，应当依照林木种子检验的有关规定进行抽样，样品由被抽查者无偿提供，抽取样品的数量不得超过检验的合理需要。

第七章 法律责任

第三十五条 对违反本条例规定的行为，《种子法》和其他有关法律、法规已有处罚规定的，依照其规定。

第三十六条 县级以上人民政府林业行政主管部门对违反本条例第十三条第二款规定擅自引种的单位和个人，情节轻微未造成危害的，责令其改正；情节严重的，就地查封或者销毁其引种材料；造成损失的，依法承担赔偿责任。

第三十七条 违反本条例规定，林业行政主管部门工作人员在规定期限内未完成林木种子生产、经营许可证核发工作的，依法予以行政处分；造成损失的，依法承担赔偿责任。

第三十八条 林木种子行政管理人员徇私舞弊、滥用职权、玩忽职守的，或者违反《种子法》和本条例规定从事林木种子生产、经营活动的，依法给予行政处分；构成犯罪的，依法追究刑事责任。

第八章 附 则

第三十九条 本条例下列用语的含义是：

（一）林木种子，是指用于林业生产和国土绿化的乔木、灌木、木质藤本等植物的籽粒、果实、根、茎、苗、穗条、芽等种植材料和繁殖材料。

（二）林木种质资源，是指用于林业生产和国土绿化的乔木、灌木、藤本、竹类和森林植物中具有不同遗传基础并可用于选育、生产良种的基础材料。

（三）优树，是指在生长量、树形、抗性或者在其他性状上，显著地优越于周围林木的树木。

（四）采穗圃，是指提供优良穗条的母本种植园。

（五）种子园，是指用优树无性系或者家系按设计要求营建，实行集约经营，以生产优良遗传品质或者播种品质种子为目的的特种人工林。

(六)母树林，是指在优良天然林或者确知种源的优良人工林的基础上，通过留优去劣的疏伐，为生产遗传品质较好的林木种子而营建的采种林分。

(七)科学实验林，是指利用种子园、母树林或者优良母树生产提供的家系或者无性系，选择适当地段进行规范性种植试验。包括用于良种推广需要而营建的示范林和用于对优树或者其他育种材料进行遗传品质评估而营建的测定林等。

(八)优良林分，是指在同等立地条件下，速生、优质、结实、抗性等方面优于同龄林分。通过自然稀疏或者疏伐，优良木可占林内绝对优势，能完全排除不良木和绝大部分中等木的林分。

(九)种源，是指取得种子或者其他繁殖材料的原产地理区域。优良种源，是指将分布各地的不同种源的同一树种集中在一地栽植并进行对比试验，对该树种各种源表现出的生产率和适应性进行测定，其中表现最好的一个或者几个种源。

(十)林木良种，是指经省级以上林木品种审定委员会审定并发给林木良种审定证书的林木种子，在一定的区域内，其产量、适应性、抗性等方面明显优于当前主栽品种的繁殖材料和种植材料。

第四十条 由林业行政主管部门管理的木本观赏植物(包括木本花卉)、果树(干果部分)及木本油料、饮料、调料、木本药材等植物品种的种子生产经营，适用本条例。

第四十一条 本条例自 2002 年 9 月 1 日起施行。

江西省森林资源转让条例

第一章 总 则

第一条 为规范森林资源转让行为，保障森林资源转让当事人的合法权益，保护森林资源，促进林业可持续发展，根据《中华人民共和国森林法》等有关法律、行政法规的规定，结合本省实际，制定本条例。

第二条 本条例所称的森林资源，是指《中华人民共和国森林法实施条例》规定的森林、林木、林地以及依托森林、林木、林地生存的野生动物、植物和微生物。

森林，包括乔木林和竹林。

林木，包括树木和竹子。

林地，包括郁闭度 0.2 以上的乔木林地以及竹林地、灌木林地、疏林地、采伐迹地、火烧迹地、未成林造林地、苗圃地和县级以上人民政府规划的宜林地。

第三条 本条例所称的森林种类是指《中华人民共和国森林法》规定的以下五类：

（一）防护林：以防护为主要目的的森林、林木和灌木丛，包括水源涵养林，水土保持林，防风固沙林，农田、牧场防护林，护岸林，护路林；

（二）用材林：以生产木材为主要目的的森林和林木，包括以生产竹材为主要目的的竹林；

（三）经济林：以生产果品，食用油料、饮料、调料，工业原料和药材等为主要目的的林木；

（四）薪炭林：以生产燃料为主要目的的林木；

（五）特种用途林：以国防、环境保护、科学实验等为主要目的的森林和林木，包括国防林、实验林、母树林、环境保护林、风景林，名胜古迹和革命纪念地的林木，自然保护区的森林。

第四条 本条例所称森林资源转让，是指森林资源所有权人或者使用权人将其可以依法转让的森林、林木的所有权或者使用权和林地的使用权，按照法定程序以有偿或者互换的方式转移给他人的行为。

林地的所有权不得转让。

第五条 本条例适用于本省行政区域内依法取得权属证书的森林资源的转让及其

---

* 2004 年 9 月 25 日江西省第十届人民代表大会常务委员会第十一次会议通过，2010 年 9 月 17 日江西省第十一届人民代表大会常务委员会第十八次会议修正。

管理活动。

依法征收、征用或者占用林地致使林地所有权、使用权发生转移的，不适用本条例。

第六条 县级以上人民政府林业主管部门负责本行政区域内森林资源转让的管理工作。国有森林资源的转让由县级以上人民政府林业主管部门和国有资产管理部门共同管理。

县级以上人民政府的有关部门和乡（镇）人民政府应当依据各自的职责，协助林业主管部门做好森林资源转让的管理工作。

第七条 森林资源转让应当遵循下列原则：

（一）有利于保护、培育和合理利用森林资源；

（二）有利于保持水土、保护和改善生态环境；

（三）自愿、平等、公开、合法；

（四）不得将林地改为非林地；

（五）不得损害国家、集体和社会公共利益。

第八条 依照本条例转让取得的森林、林木的所有权或者使用权和林地使用权，可以依法继承、再转让。

第九条 森林资源转让后，依托森林、林木、林地生存的野生动物、重点保护的野生植物的保护义务和责任同时转移。

第二章 转让范围

第十条 下列森林、林木、林地使用权可以依法转让：

（一）用材林、经济林、薪炭林的所有权和使用权；

（二）用材林、经济林、薪炭林的林地使用权；

（三）用材林、经济林、薪炭林的采伐迹地、火烧迹地的林地使用权；

（四）国务院规定的其他森林、林木和其他林地使用权。

第十一条 有下列情形之一的森林资源不得转让：

（一）本条例第十条规定之外的森林、林木和其他林地使用权；

（二）山林权属有争议或者不明晰的；

（三）没有权属证书的。

第三章 转让管理

第十二条 国有、集体森林资源的转让应当依法采用拍卖、竞价、招标的方式并在依法设立的产权交易机构中公开进行，禁止私下协议转让。引导和支持家庭承包山在产权交易中心依法转让。

国有、集体森林资源以外的其他森林资源的转让除可以采用拍卖、招标的方式外，还可以采用其他方式进行。

第十三条 森林资源的转让应当按照本条例第十四条规定的权限，由转让人报经管理该森林资源的县级以上人民政府林业主管部门审核批准。

国有森林资源的转让，由管理该森林资源的县级以上人民政府林业主管部门审核同意后，转同级人民政府国有资产管理部门批准。

已依法实行承包经营的集体森林资源需要流转的，按《中华人民共和国农村土地承包法》的规定办理；未实行承包经营的集体森林资源的转让，在报管理该森林资源的县级以上人民政府林业主管部门审核批准前，还应当经本集体经济组织成员的村民会议三分之二以上成员或者村民代表会议三分之二以上村民代表的同意。

第十四条 林业主管部门按照下列权限对转让森林资源的申请进行审核或者审批：

（一）面积 500 公顷以下的，由县级人民政府林业主管部门审核或者审批；

（二）面积 500 公顷以上 1000 公顷以下的，由设区的市人民政府林业主管部门审核或者审批；

（三）面积 1000 公顷以上的，由省人民政府林业主管部门审核或者审批。

第十五条 转让人申请转让森林资源，应当按照本条例第十四条规定的审批权限向负责审核或者审批该森林资源转让的县级以上人民政府林业主管部门提交下列材料：

（一）书面申请；

（二）所有权或者使用权证书；

（三）林地类型、坐落位置、四至界址、面积及地形图、林种、树种、林龄等相关证明材料；

（四）受让的森林资源用途说明；

（五）法律、法规规定应当提供的其他材料。

转让共有或者合资、合作经营的森林资源的，还应当同时提交共有人或者合资、合作各方同意转让的书面意见。

转让国有森林资源的，还应当同时提交拟转让森林资源的资产评估报告。

转让集体森林资源的，还应当同时提交拟转让森林资源的资产评估报告及同意集体森林资源转让的村民会议或者村民代表会议决议。

第十六条 受理转让申请的林业主管部门应当自收到申请材料之日起 5 个工作日内，将申请转让的森林资源的基本情况，在转让的森林资源所在地及相邻乡镇，通过新闻媒体或者布告的形式予以公告，公告期不得少于 30 日。

第十七条 转让森林资源的公告期满无异议的，受理转让申请的林业主管部门应当在 10 个工作日内作出是否同意或者批准的决定，并书面通知申请人；其中转让国有森林资源的，应当在审核同意后 3 个工作日内向同级人民政府国有资产管理部门转交审核材料，国有资产管理部门应当在接到审核材料之日起 5 个工作日内作出是否批准的决定，并书面通知申请人和抄告同级林业主管部门。

对公告期内有异议的，由受理转让申请的林业主管部门进行复核后，再按前款规定办理；复核工作应当在公告期满后 30 日内完成。

第十八条 以拍卖和招标方式转让森林资源的，按照有关拍卖、招标投标的法律、法规的规定进行。

第十九条 转让森林资源必须签订转让合同。国有、集体森林资源的转让合同应当报同意或者批准转让该森林资源的县级以上人民政府林业主管部门备案。其中，国有森林资源的转让合同还应当报批准转让该森林资源的国有资产管理部门备案。

第二十条 森林资源转让合同的内容由转让人和受让人约定，一般包括下列内容：

（一）转让人和受让人的名称（姓名）和住所；

（二）转让的森林资源的林地类型、坐落位置、面积及四至界线地形图、林种、树种、林龄、蓄积量等；

（三）转让价款和支付方式；

（四）转让期限及起止时间；

（五）森林防火和病虫害防治责任；

（六）合同期满时森林资源存量的补偿；

（七）违约责任；

（八）解决争议的方法。

省人民政府林业主管部门可以制订森林资源转让合同的示范文本，供森林资源转让当事人在订立合同时参考。

第二十一条 受让人按照转让合同的规定支付转让金后，应当会同转让人向核发原森林资源所有权或者使用权证书的县级以上人民政府林业主管部门申请办理权属变更登记手续。

第二十二条 受让人应当按照经批准的用途，对转让的森林资源进行开发利用和管护。

第二十三条 森林、林木使用权和林地使用权的转让期限不得超过原承包经营剩余期限。

第二十四条 受让人再行转让森林资源的，应当告知原转让人，并不得超过合同的剩余期限，不得损害原转让人的合法权益；剩余期限低于转让林种的生长周期或者一个轮伐期的，不得再转让。

第二十五条 国有、集体森林资源的转让，其转让金应当以森林资源资产评估价值为基准。

第二十六条 国有森林资源的转让金应当实行财政专户管理，用于职工安置、清偿债务以及森林资源的培育和管护。

县级以上人民政府林业主管部门应当会同国有资产、财政、审计等部门加强对国有森林资源转让金使用情况的监督检查。

第二十七条 转让后的森林资源由转让前管理该森林资源的县级以上人民政府林业主管部门依法监督管理，其森林、林木的采伐按国家有关规定办理，采伐量纳入该县(市、区)的森林采伐限额。

第二十八条 森林资源转让后应当进行更新造林的，受让人应当于当年或者次年内，按照管理该森林资源的县级以上人民政府林业主管部门的规划设计，完成迹地更新造林，并通过该林业主管部门的造林质量验收和成林验收。

第二十九条 转让期限届满时，森林资源郁闭成林的，其郁闭度不得低于0.6；未郁闭成林的新造林地，其造林合格率和成活率不得低于85%。

第四章 森林资源资产评估

第三十条 国有、集体森林资源的转让应当进行森林资源资产评估，其他森林资源的转让是否进行资产评估，由转让人、受让人双方自行决定。

第三十一条 森林资源资产评估应当由依法成立的评估机构进行。

进行森林资源资产评估的机构必须具有3名以上森林资源资产评估专业技术人员。

第三十二条 森林资源资产评估机构应当按照国家和省有关森林资源资产评估的技术规程和办法进行评估，并出具评估报告。

在国家规定的森林资源资产评估报告有效期届满后转让的，应当重新进行森林资源资产评估。

第五章 法律责任

第三十三条 违反本条例规定，转让人转让森林资源有下列情形之一的，不准办理森林资源所有权或者使用权变更登记手续，不准核发林木采伐许可证，并由县级以上人民政府林业主管部门按下列规定处罚：

(一)违反本条例第十一条规定转让森林资源的，其转让行为无效，责令限期改正。

(二)违反本条例第十三条规定，未经批准转让森林资源的，其转让行为无效，责令限期改正，并处以1万元以上3万元以下罚款；有违法所得的，并没收违法所得。

(三)弄虚作假，骗取林业主管部门批准转让森林资源的，其转让行为无效，责令限期改正，并处以3万元以上5万元以下罚款；有违法所得的，并没收违法所得。

第三十四条 未实行承包经营的集体森林资源未经集体经济组织的村民会议或者村民代表会议讨论通过而转让的，其转让行为无效，由县级以上人民政府林业主管部门责令限期改正，并对其主管人员和直接责任人员处以3000元以上1万元以下罚款。

第三十五条 受让人违反本条例规定的，由县级以上人民政府林业主管部门按照下列规定处罚：

(一)违反本条例第七条第四项规定，擅自将林地改为非林地的，责令限期恢复原状，并处以改变林地面积每平方米 10 元以上 30 元以下罚款。

（二）未按本条例第二十八条规定完成迹地更新造林的，责令限期完成造林任务；逾期未完成的，可以处以应完成而未完成造林任务所需费用 1 倍以上 2 倍以下罚款。

（三）违反本条例第二十九条规定，转让期限届满时，森林资源未达到规定要求的，处以恢复该森林资源所需费用 1 倍以上 2 倍以下罚款。

第三十六条 进行森林资源资产评估的机构弄虚作假、徇私舞弊的，其评估行为无效，由县级以上人民政府国有资产管理部门对该评估机构处以收取的评估费用 3 倍以上 5 倍以下罚款，对直接责任人员处以 3000 元以上 1 万元以下罚款；造成损失的，应当依法承担赔偿责任。

第三十七条 从事森林资源保护、林业监督管理工作的林业主管部门工作人员在森林资源转让变更登记过程中，滥用职权、徇私舞弊、玩忽职守，对不具备转让条件的森林资源进行变更登记的，依法给予行政处分；构成犯罪的，依法追究刑事责任。

第六章　附　则

第三十八条 本条例实施前已经转让森林资源并办理了权属变更登记手续的，其转让继续有效。未办理权属变更登记手续的，转让人、受让人应当在本条例施行之日起 6 个月内，按本条例规定程序将有关材料报县级以上人民政府林业主管部门审核，符合法定转让条件的，可以补办权属变更登记。

第三十九条 本条例自 2004 年 11 月 1 日起施行。

江西省古树名木保护条例

第一条 为加强对古树名木的保护，促进生态环境建设和经济社会的协调发展，根据《中华人民共和国森林法》、《中华人民共和国野生植物保护条例》和《城市绿化条例》等有关法律、行政法规的规定，结合本省实际，制定本条例。

第二条 本条例所称古树，是指树龄在100年以上的树木。本条例所称名木，是指稀有、珍贵树木或者具有重要历史、文化、科学研究价值和纪念意义的树木。

第三条 本省行政区域内古树名木的保护管理，适用本条例。

第四条 县级以上人民政府林业、城市绿化行政主管部门依照人民政府规定的职责，负责本行政区域内古树名木的保护管理工作。

县级以上人民政府绿化委员会，统一组织、协调古树名木的保护管理工作。

第五条 古树名木实行属地保护管理。古树名木保护应当坚持专业保护与公众保护相结合、定期养护与日常养护相结合的原则。

第六条 各级人民政府应当加强对古树名木保护的宣传教育，鼓励和促进古树名木保护的科学研究，推广古树名木保护科研成果，对保护古树名木成绩突出的单位和个人予以表彰奖励。

第七条 任何单位和个人都有保护古树名木的义务，不得损害和随意处置古树名木，对损害古树名木的行为有批评、劝阻和举报的权利。

对损害古树名木的违法行为，林业、城市绿化行政主管部门应当及时查处。

第八条 县级以上人民政府应当每5年至少进行一次古树名木资源普查，对本行政区域内的古树名木进行登记、拍照、编号，建立资源档案，并及时向社会公布。

第九条 古树实行分级保护。树龄500年以上的古树实行一级保护，树龄300年以上500年以下的古树实行二级保护，树龄100年以上300年以下的古树实行三级保护。

名木均实行一级保护。

第十条 古树名木的保护级别按以下规定进行认定：

一级保护古树和名木由省人民政府林业、城市绿化行政主管部门组织鉴定，并报省人民政府同意后予以公布；

二级保护古树由设区的市人民政府林业、城市绿化行政主管部门组织鉴定，并报

---

* 2004年11月26日江西省第十届人民代表大会常务委员会第十二次会议通过。

设区的市人民政府同意后予以公布；

三级保护古树由县级人民政府林业、城市绿化行政主管部门组织鉴定，并报县级人民政府同意后予以公布。

第十一条 古树名木由所在地县级人民政府设立保护牌。古树名木保护牌应当标明中文名称、学名、科名、树龄、保护级别、编号等内容。

任何单位和个人不得擅自移动或者破坏古树名木保护牌。

第十二条 县级以上人民政府应当按照本条例第十条规定的权限，分别安排经费，专项用于古树名木的资源普查、建档挂牌、复壮、抢救、养护补助、人员培训。

鼓励单位和个人捐资保护、认养古树名木。

第十三条 对国家所有和集体所有的古树名木，县级人民政府在设立保护牌时应当明确养护责任单位，并予以登记和公告。养护责任单位按下列规定确定：

（一）生长在机关、团体、学校、企业事业单位等用地范围内的，所在单位为养护责任单位；实行物业管理的，所委托的物业管理企业为养护责任单位；

（二）生长在铁路、公路、江河堤坝和水库湖渠用地范围内的，铁路、公路和水利工程管理单位为养护责任单位；

（三）生长在林业场圃、森林公园、风景名胜区、自然保护区、自然保护小区用地范围内的，该园区的管理机构为养护责任单位；

（四）生长在文物保护单位用地范围内的，该文物保护单位为养护责任单位；

（五）生长在城市公共绿地的，城市绿化管理单位为养护责任单位；

（六）生长在城镇居住小区或者居民庭院范围内的，业主委托的物业管理企业或者街道办事处为养护责任单位；

（七）生长在农村的，该村民委员会或者村民小组为养护责任单位。个人所有的古树名木，由个人负责养护。

第十四条 养护责任单位和个人应当加强对古树名木的日常养护，防止对古树名木的损害行为。

第十五条 省绿化委员会应当组织制定古树名木养护技术规范。林业、城市绿化行政主管部门应当加强对古树名木养护技术规范的宣传和培训，指导养护责任单位和个人按照养护技术规范对古树名木进行养护，并向他们无偿提供技术服务。

林业、城市绿化行政主管部门应当组织对古树名木的专业养护和管理，对古树名木每年至少组织一次检查，发现病虫害或者其他生长异常情况时，应当及时救治。

第十六条 禁止下列损害古树名木的行为：

（一）砍伐；

（二）擅自迁移；

（三）刻划钉钉、剥损树皮、掘根挖蔸、攀树折枝、采集叶片花果、缠绕悬挂物品或者以古树名木为支撑物等影响古树名木正常生长的；

（四）在古树名木树冠垂直投影外 5 米范围内进行建筑施工、挖坑取土、采石取砂，动用明火、排放烟气，堆放倾倒有毒有害物品等影响古树名木正常生长的；

（五）因硬化固化地面影响古树名木正常生长的。

第十七条　建设项目影响古树名木正常生长的，应当采取避让和保护措施。

建设单位提交的环境影响评价文件中应当包括对古树名木生长影响及避让保护措施等内容。环境保护行政主管部门在审批环境影响评价文件时，应当征求林业、城市绿化行政主管部门的意见。

第十八条　建设项目依法征占用古树名木生长地的土地的，应当按照本条例的规定对古树名木进行保护和养护，并给原古树名木的所有者以适当补偿。

第十九条　因重点工程项目建设，需要迁移古树名木的，应当按照下列规定向林业、城市绿化行政主管部门提出申请：

（一）迁移一级、二级保护古树和名木的，向设区的市人民政府林业、城市绿化行政主管部门提出申请；

（二）迁移三级保护古树的，向县级人民政府林业、城市绿化行政主管部门提出申请。

第二十条　提出迁移古树名木申请时，必须同时提交下列文件：

（一）申请书；

（二）建设项目批准文件；

（三）迁移方案，其中古树名木属集体或者个人所有的，方案中还必须附有迁移补偿协议。

第二十一条　林业、城市绿化行政主管部门自受理迁移申请之日起，应当在20个工作日内对有关申请文件和迁移方案进行初审，并将初审意见和申请材料报上一级人民政府林业、城市绿化行政主管部门审核。

上一级人民政府林业、城市绿化行政主管部门应当在20个工作日内进行审核，审核时必须就迁移方案的可行性组织召开专家论证会和听证会，经审核同意的，报本级人民政府审批；审核不同意或者不予批准的，应当书面告知申请人并说明理由。

第二十二条　迁移古树名木必须符合下列条件，方可批准迁移：

（一）因重点工程项目建设无法避让，或者避让成本过高；

（二）迁移方案可行，迁移技术成熟；

（三）迁移费用已经落实。

第二十三条　迁移古树名木的全部费用以及5年以内的恢复、养护费用由申请迁移单位承担。

第二十四条　古树名木发生病虫害，或者遭受人为和自然损伤，出现了明显的生长衰弱、濒危症状的，养护责任单位和个人应当及时报告当地林业、城市绿化行政主管部门。

林业、城市绿化行政主管部门接到报告后5个工作日内，应当组织专家和技术人员进行现场调查，并采取相关措施对古树名木进行复壮和抢救。

江西省人民代表大会常务委员会关于加强森林资源保护和林业生态建设的决议

江西省第十届人民代表大会常务委员会第十八次会议听取并审议了省人民代表大会环境与资源保护委员会《关于开展2005年环保赣江行活动情况的报告》。会议同意这个报告，并就加强我省森林资源保护和林业生态建设作出决议。

会议认为，改革开放以来，我省各级人民政府和有关部门高度重视森林资源培育和保护工作，实施了一批林业生态保护和建设工程，全省森林面积、活立木蓄积量和森林覆盖率逐年增加，林业工作取得了可喜成绩。但我省森林资源总量不足、质量不高、生态功能下降的状况并未根本改变，林业生态形势日益严峻。按照党的十六届五中全会关于全面落实科学发展观的"六个必须"，以及"加快建设资源节约型、环境友好型社会，大力发展循环经济，加大环境保护力度，切实保护好自然生态，认真解决影响经济社会发展特别是严重危害人民健康的突出的环境问题，在全社会形成资源节约的增长方式和健康文明的消费模式"的要求，针对我省森林资源保护和林业生态建设中存在的突出问题，依据《中华人民共和国森林法》和《中共中央　国务院关于加快林业发展的决定》及有关法律法规，特作如下决议：

一、充分认识加强森林资源保护和林业生态建设的重要性和紧迫性

森林是陆地生态系统的主体，是维护国土生态安全的屏障，是经济社会可持续发展的战略性资源。江西是我国南方重点林区之一，在贯彻落实科学发展观、建设资源节约型和环境友好型社会、实现人与自然和谐发展、推进江西在中部地区崛起的战略中，林业具有不可替代的基础性地位和作用。随着工业化、城镇化的加快，人口的增长，以及人们消费水平的提，森林资源保护和林业生态建设与经济社会发展的矛盾日益突出，主要表现在：有的地方领导干部没有坚持科学发展观，对生态环境盲目乐观，危机意识不强，片面追求一时的经济增长忽视森林资源保护和林业生态建设，特别是法律意识淡薄，干预林业执法，致使破坏森林资源的违法犯罪活动得不到应有的查处；有的不顾当地森林资源的承受能力，盲目上马木竹加工项目，导致加工企业过多过滥，给森林资源带来严重破坏，使森林资源总量不足的供需矛盾更加尖锐；有的过量采伐天然阔叶林，导致森林的生态功能下降，涵养水源减少，生物多样性受到严重损害，使森林资源质量不高的问题更加突出；有的非法侵占林地，致使林地面积逐

---

* 2015年12月1日江西省第十届人民代表大会常务委员会第十八次会议通过。

年减少，等等。各级政府要认真贯彻落实党的十六届五中全会精神，坚持科学发展观，树立正确的政绩观，把思想统一到党中央关于林业发展要由以木材生产为主向以生态建设为主的历史性转变上来，按照省委提出的"既要金山银山，更要绿水青山"、"绿水青山就是金山银"的发展思路，加强森林资源保护和林业生态建设，正确处理生态保护和建设与经济发展、局部利益与全局利益、眼前利益与长远利益的关系，增强紧迫感、责任感和使命感，进一步加强领导，强化措施，落实责任，切实保护森林资源，不断改善生态环境，实现森林资源的永续利用，为促进全省富民兴赣大业、建设和谐平安江西提供良好的生态保障。

二、实施天然阔叶林禁伐政策，建立森林生态效益补偿机制

天然阔叶林是森林中最基础、最核心的部分，其生物多样性最丰富、结构最稳定，涵养水源、保持水土、净化空气等生态功能最完备。为使我省濒临枯竭的天然阔叶林得以休养生息，从 2006 年 1 月 1 日起，对全省按国家标准划定的生态公益林区域范围内的阔叶林实行全面禁伐，并逐步扩大全省其他区域天然阔叶林禁伐和天然阔叶次生林封育面积。对容易造成水土流失的坡耕地有计划地实施退耕还林。要积极引导群众营造薪炭林，大力发展沼气，改善农村燃料结构。要在不同自然地带的典型森林生态地区、珍稀濒危野生动植物分布区、具有特殊保护价值的天然林区、重要湿地区域以及赣江、抚河、信江、饶河、修水五大河流及其主要支流源头等重点生态地区设立自然保护区，使全省自然保护区面积在"十一五"期间达到并力争超过全国平均水平。风景名胜区、森林公园要切实搞好森林资源保护，不得超过森林资源和生态环境的承受能力搞旅游开发。在保护和封育天然阔叶林的同时，积极鼓励各地大力营造人工阔叶林和针阔混交林，逐步改变我省人工造林针叶纯林化的状况，不断增加全省阔叶林的比重，提高森林质量。各级政府和有关部门要在涉林项目和资金的安排上，向营造阔叶林倾斜。

建立森林生态效益补偿机制，是保护和建设生态公益林的一项根本措施。特别是全省林业产权制度改革后，建立生态公益林补偿基金尤为迫切。各级政府必须根据《中华人民共和国森林法》和《中共中央国务院关于加快林业发展的决定》中关于"建立森林生态效益补偿基金"的有关规定和"谁开发谁保护、谁受益谁补偿"的原则，加快建立森林生态效益补偿机制。生态保护和建设是政府公共财政投入的重要方面，要加大生态效益补偿的财政转移支付力度，逐步使我省生态公益林补偿与国家生态公益林补偿同步到位。要通过多种渠道筹集生态公益林补偿资金，水电、旅游、矿山、水利等生态效益的直接受益单位，应当从其经营收入中提取一定比例的资金，用于生态公益林的保护、建设以及对生态公益林所有者的补偿。要建立健全生态环境损害经济赔偿制度，提高生态补偿能力。

三、调整林产工业布局，加快工业原料林基地建设

用材料的消耗量不能大于其生长量，是林业建设的一项重要原则，也是林业可持续发展的基本要求，林产工业布局必须合理。县级以上人民政府应当根据当地用材林资源状况，结合"十一五"规划的制定，编制森林资源利用总体规划。新上林产工业项目，必须符合当地森林资源利用总体规划，并按有关规定审批。省人民政府应当组织相关部门，对现有林产工业企业进行全面清理整顿，依法关闭一批技术落后、污染严重、消耗大的小型企业，在全省形成低投入、低消耗、低排放和高效率的节约型林产工业发展格局。现有企业要限期完成原料林基地建设任务，大力发展平原林业，尽快实现原料基本自给。木材加工企业特别是大中型企业，要建立与其生产规模相适应的工业原料林基地，加快实现"林—纸"、"林—浆"、"林—板"、一体化经营的步伐；今后新上林产工业项目必须先建原料林基地后办厂。企业采伐林木后，必须按照有关规程规定对采伐迹地进行及时更新，凡未及时更新或者更新不符合要求的，暂停审批该企业的采伐，直至其完成更新造林为止。要切实加强松树采脂管理，严禁全林采割松脂。

四、严格林业执法，切实保护和管理好森林资源

保护森林资源是《中华人民共和国森林法》赋予各级政府的一项重要职责，也是林业执法的主要内容。各级政府要建立健全领导干部保护森林资源目标责任制，加强森林资源监管，对乱砍滥伐森林、乱捕滥猎野生动物、乱采滥挖珍稀野生植物的违法犯罪活动予以坚决打击。要坚持并完善森林限额采伐制度，坚持凭证采伐、凭证运输和凭证经营加工木竹，对无证采伐、非法运输、无证收购和无证经营加工木竹的违法行为，要坚决依法查处。对破坏自然保护区和森林公园资源的违法行为要依法严惩。要加强对大树移植的管理，严格控制大树运输出省。要加强森林植物检疫工作，严格防范外来危险性林业有害生物侵入我省，防止省内危险性林业有害生物扩散。要落实森林防火行政领导负责制，加强野外火源管理，强化森林火灾预防预警机制建设，积极预防森林火灾的发生。要切实加强林地保护管理，与土地利用总体规划相衔接，制定林地利用总体规划，实行林地利用总量控制。进行基础设施建设、开采矿产资源等，应当尽可能少占林地，确需征收、征用的，必须经林业行政主管部门依法审核同意后，再按照土地管理的有关规定办理建设用地审批手续。未经林业主管部门审核同意的，其审批无效，并应追究有关责任人的责任。

五、加强林业队伍建设，提高林业行政执法能力

认真贯彻落实国务院发布的《全面推进依法行政实施纲要》，深化林业行政执法体制改革，加快建立权责明确、行为规范、监督有效、保障有力的林业行政执法体制。按照"相对集中行政处罚权"的要求，进一步推进林业行政综合执法改革，整合执法力量，形成执法合力，不断提高林业部门依法行政的能力，做到"执法有保障、有权必有责、用权受监督、违法受追究、侵权须赔偿"。各级政府要认真落实国务院办公厅（2005）42 号《关于解决森林公安及林业检法编制和经费问题的通知》精神，进一步理顺森林公安管理体制，积极推进森林公安队伍的正规化建设。森林公安编制统一纳入政法专项编制序列，森林公安经费列入各级财政预算。省政府在安排中央财政对地方一般性转移支付时应当考虑森林公安。为遏制高速公路非法运输木材，防止我省大量

木材非法外流，省人民政府要采取有效措施，妥善解决高速公路木材运输检查问题。要根据实际需要，调整全省木材检查站的布局，建立以固定检查为主、流动检查为辅的木材运输检查体系，对无证运输木材的，除依法对货主实施处罚外，还应依法追究承运人的法律责任。要切实加强基层林业工作站、木材检查站、森林病虫害防治（检疫）站、野生动植物保护管理站和森林消防专业队伍建设，不断增加基层站所有的基础设施建设投入，改善工作条件，完善执法手段，确保队伍稳定。要加强林业执法队伍的自身建设，做到严格执法、文明执法，进一步强化森林资源源头管理，切实解决林业执法不作为和乱作为的问题。

六、加强林业法制建设，提升林业生态建设的整体水平

增强各级领导干部的法制观念和生态忧患意识，是加强森林资源保护和林业生态建设的根本之举。要建立健全行之有效的森林资源保护和林业生态建设监管体系，尽快完善地方性林业法规和规章，为森林资源保护和林业生态建设提供更加有力的法律保障。各级人大要加大林业执法检查的力度，实施有效的法律监督和工作监督。要充分发挥人大代表的作用，组织人大代表深入基层进行视察和调研，对林业生态建设和保护提出有针对性的建议、批评和意见。各级政府发改、经贸、财政、林业、环保、建设、国土、交通、水利、科技、旅游等部门，应各司其职，密切配合，齐抓共管，形成合力，不断提升我省森林资源保护和林业生态建设的整体水平。

七、加强宣传教育，形成全社会参与林业生态保护和建设的新风尚

保护森林资源、改善生态环境是全社会的共同责任，必须动员方方面面的力量参与。要按照建设和谐社会的要求，结合公民道德建设，进一步加大森林保护和林业生态建设的宣传教育力度，普及林业和生态知识，提高全社会的生态建设、生态安全和生态文明意识。要依法坚持和完善义务植树制度，积极引导全社会植树造林。各级教育行政部门要加强各级各类学校学生的生态知识教育和文明素质培养。宣传、旅游、文化、新闻、出版等部门要结合各自的职能，加大森林资源保护和林业生态建设的宣传力度，利用多种形式积极宣传森林资源保护和林业生态建设的重大意义，宣传保护森林资源、改善生态环境的先进事迹和典型经验。各级工会、妇联、共青团及其他社会团体要发挥各自的作用，动员社会力量参与森林资源保护和林业生态建设，在全社会形成"保护森林就是保护人类"、"珍惜环境就是珍惜生命"的良好舆论氛围和社会风尚，为积极推进我省社会主义新农村建设进程，确保我省走上生产发展、生活富裕、生态良好的文明发展道路尽职尽责，作出应有的贡献。

八、省人民政府应当根据本决议，制定保护森林资源、加快林业生态建设的实施办法，使本决议的各项规定得到全面实施

江西省人大常委会

2005 年 12 月

江西省生态公益林管理办法

（江西省人民政府令第172号）

第一条 为了加强生态公益林的建设、保护和管理，改善生态环境，促进经济和社会可持续发展，维护生态公益林所有者、经营者的合法权益，根据《中华人民共和国森林法》《中华人民共和国森林法实施条例》和《江西省森林条例》等有关法律、法规的规定，结合本省实际，制定本办法。

第二条 本办法所称生态公益林，是指生态区位重要、生态状况脆弱，对国土生态安全、生物多样性保护和经济社会可持续发展具有重要作用，以提供公益性、社会性产品或者服务为主要利用目的，并按照国家有关规定和标准划定的防护林和特种用途林。

本省行政区域内的生态公益林，分为国家重点生态公益林、省级生态公益林、设区市级生态公益林和县级生态公益林。

第三条 本省行政区域内生态公益林的建设、保护和管理等活动，适用本办法。

第四条 生态公益林的建设、保护和管理应当遵循政府主导、社会参与、统一规划、分步实施、依法保护、严格管理、分类补偿和分级负责的原则。

第五条 县级以上人民政府应当将生态公益林建设纳入国民经济和社会发展规划，将生态公益林补偿、森林防火、森林病虫害防治等经费纳入同级财政预算。

第六条 县级以上人民政府林业主管部门主管本行政区域内生态公益林管理工作。

县级以上人民政府发展改革、财政、国土资源、建设、水利、交通、环境保护、旅游等有关部门应当按照各自职责，做好生态公益林管理相关工作。

第七条 各级人民政府及有关部门和广播、电视、报刊等新闻媒体，应当加强生态公益林保护和相关法律、法规、规章的宣传，增强全社会的生态公益林保护意识。

第八条 任何单位和个人都有保护生态公益林的义务，有权检举和制止破坏生态公益林的行为。

在生态公益林建设、保护和管理工作中成绩显著的单位和个人，各级人民政府应当给予表彰、奖励。

第九条 本省行政区域内国家重点生态公益林，由省人民政府林业主管部门会同财政部门按照国家有关规定提出方案，经省人民政府同意后，报国家有关部门批准后实施。

省级生态公益林，由省人民政府林业主管部门会同财政部门提出方案，报省人民政府批准后实施。

设区市级和县级生态公益林方案分别由设区市和县（市、区）林业主管部门会同有关部门编制，经本级人民政府批准后实施，并报省林业主管部门备案。

第十条 下列区域的防护林和特种用途林未列入国家重点生态公益林的，应当优先列入省级生态公益林：

（一）赣江、抚河、信江、饶河、修河源头和上游沿岸；

（二）东江源头和上游沿岸；

（三）长江九江段沿岸；

（四）鄱阳湖、仙女湖、柘林湖等重要湖泊和中型以上水库周围；

（五）自然保护区、世界自然遗产地、名胜古迹和革命纪念地、国家级和省级风景名胜区、国家级和省级森林公园；

（六）水土流失严重地区；

（七）其他应当优先列入省级生态公益林的防护林和特种用途林。

第十一条 县级以上人民政府林业主管部门应当根据生态公益林方案，按照国家有关技术标准和技术规程，组织人员将生态公益林划定到山头地块，并与林权所有者签订现场界定书。划定的生态公益林，其原来的权属保持不变。

经批准划定的公益林不得擅自调整和变更。确需调整或者变更的，应当经原批准机关批准。

第十二条 县级以上人民政府林业主管部门应当在生态公益林区域周边明显位置设置标志牌，向社会进行公示。

生态公益林标志牌的式样由省人民政府林业主管部门统一制定。

任何单位和个人不得毁坏或者擅自移动生态公益林标志牌。

第十三条 县级以上人民政府林业主管部门应当建立生态公益林管护责任制，逐级签订责任书，落实管护责任。

第十四条 县级人民政府林业主管部门应当与生态公益林经营者签订生态公益林管护合同，明确双方的权利和义务，并以此作为获得森林生态效益补偿的依据。生态公益林管护合同的格式由省人民政府林业主管部门统一制定。

生态公益林经营者可以根据不同地类、不同区域生态公益林管护的难易程度，按照人均管护面积不少于 3000 亩左右的标准划定管护责任区，落实管护人员，履行管护职责；也可以采取承包管护或者委托管护等方式进行管护。

县级以上人民政府林业主管部门应当加强本行政区域内生态公益林管护人员的业务指导。

第十五条 生态公益林的建设应当利用原有地形、地貌、水系、植被，并符合国家有关技术标准。

生态公益林区域内的荒山荒地、火烧迹地等宜林地，经营者应当在 3 年内实施造林，恢复森林植被。

生态公益林区域内的疏林、残次林等生态功能低下的林地，经营者应当在 3 年内进行封育改造，逐步提高生态公益林的生态保护功能。

第十六条　各级人民政府应当鼓励、支持单位和个人以认种、认养等方式参与生态公益林建设。公民义务植树造林年度计划，应当优先安排生态公益林建设。

第十七条　县级以上人民政府应当加强生态公益林林地管理，严格实施生态公益林林地用途管制，采取措施稳定生态公益林林地面积。

对因占用或者征用所减少的生态公益林林地面积，根据"占一补一"的原则，由县级人民政府在本行政区域内补足。

第十八条　禁止商业性采伐生态公益林。因抚育、更新或者森林火灾等自然灾害因素影响，需要采伐国家重点生态公益林和省级生态公益林中的毛竹或者非天然阔叶林的，应当报省人民政府林业主管部门或者其委托的设区市人民政府林业主管部门审批；需要采伐其他生态公益林中的毛竹或者非天然阔叶林的，应当报设区市或者县级人民政府林业主管部门审批。

第十九条　生态公益林抚育、更新性质的采伐应当遵守下列规定：

（一）抚育性质的采伐适用于封山育林、飞播造林形成的幼龄林，以及坡度25度以下的中龄林等。抚育采伐后，天然混交林及国防林、风景林、环境保护林的郁闭度不低于0.7；人工林和天然针叶林的郁闭度不低于0.6；科学实验林、母树林的郁闭度不低于0.5。

（二）更新性质的采伐主要树种的年龄应当按同树种用材林的主伐年龄增加一个龄级。更新采伐分为择伐、小块状皆伐或者带状皆伐等方式，择伐后的郁闭度不低于0.5；皆伐的伐区面积不大于5公顷。更新采伐后形成的迹地、林中空地、稀疏林地等应当在当年或者次年完成造林。

（三）毛竹林伐后每亩立竹数不得低于120株。

第二十条　经批准占用或者征用生态公益林林地需要采伐林木的，由用地单位或者个人向所在地县级以上人民政府林业主管部门申领林木采伐许可证，纳入当年的森林采伐限额。

因埋设、架设输水、输电、通信、广播等管道、线路需要采伐生态公益林林木的，应当经林木所有者同意后依法办理林木采伐许可证。

应急处置自然灾害等突发公共事件，需要采伐生态公益林林木的，可以先行采伐，但应当在应急处置结束之日起30日内补办林木采伐许可证。

第二十一条　各级人民政府应当加强对生态公益林防火工作的领导，落实森林防火行政领导责任制，保障森林火灾预防和扑救经费。县级以上人民政府林业主管部门应当在生态公益林分布区和外围设置森林防火宣传牌、营造防火林带或者开设林火阻隔道，组建扑火队伍。

第二十二条　县级以上人民政府林业主管部门负责组织生态公益林的森林病虫害检疫和防治工作，根据森林病虫害测报中心和测报点对测报对象的调查和监测情况，定期发布长期、中期、短期病虫害预报，并及时提出防治方案。

生态公益林发生严重森林病虫害时，当地人民政府应当采取紧急除治措施，消除隐患，防止蔓延。

第二十三条　各级森林公安机关应当依法履行职责，加强对森林资源的保护，依法打击破坏森林资源的违法犯罪行为，维护林区治安秩序。

第二十四条　在生态公益林区域内进行采种、采脂等经营活动，应当体现保护优先原则，不得毁坏生态公益林内的森林、林木。

对国家重点生态公益林或者省级生态公益林内的森林旅游、休闲等非木质资源开发利用建设项目，有关部门在审批前应当征求省人民政府林业主管部门的意见；对其他生态公益林内的森林旅游、休闲等非木质资源开发利用建设项目，有关部门在审批前应当征求设区市或者县（市、区）人民政府林业主管部门的意见。

第二十五条　县级以上人民政府林业主管部门应当加强生态公益林的监督管理，组织监管人员对本行政区域内生态公益林的管护情况经常进行检查；设立生态公益林资源监测点，监测本行政区域内生态公益林资源和生态功能变化情况。

县级以上人民政府林业主管部门应当建立生态公益林资源档案制度，掌握生态公益林资源变化情况。因自然和人为因素影响，造成生态公益林资源变化的，应当及时进行档案更新。

第二十六条　生态公益林实行森林生态效益补偿制度。按照事权划分的原则，森林生态效益补偿资金由各级人民政府共同分担。

森林生态效益补偿资金主要用于生态公益林的营造、抚育、保护和管理等费用支出。森林生态效益补偿资金的拨付、使用和管理按照国家和省有关规定执行，任何单位和个人不得截留、挤占、挪用、贪污森林生态效益补偿资金。

县级以上人民政府财政、林业和审计部门应当加强对森林生态效益补偿资金使用情况的监督检查，保证资金及时足额拨付。

第二十七条　违反本办法第十二条第三款规定，擅自移动或者毁坏生态公益林保护标志牌的，由县级以上人民政府林业主管部门责令限期恢复原状；逾期不恢复原状的，由林业主管部门代为恢复，所需费用由违法者承担，并对个人处 200 元以下，单位处 1000 元以下的罚款。

第二十八条　违反本办法第二十四条第一款规定，在生态公益林区域内进行采种、采脂等经营活动，致使森林、林木受到毁坏的，依照《中华人民共和国森林法》第四十四条的规定，赔偿损失；由县级以上人民政府林业主管部门责令停止违法行为，补种毁坏株数 1 倍以上 3 倍以下的树木，可处毁坏林木价值 1 倍以上 5 倍以下的罚款；拒不补种树木或者补种不符合国家有关规定的，由林业主管部门代为补种，所需费用由违法者支付。

第二十九条　县级以上人民政府有关主管部门及其工作人员有下列行为之一的，由有关单位依法给予处分；构成犯罪的，依法追究刑事责任。

（一）违反本办法第十一条第二款规定，擅自调整或者变更经批准划定的生态公益林的；

（二）截留、挤占、挪用、贪污森林生态效益补偿资金的；

（三）其他滥用职权、玩忽职守、徇私舞弊造成生态公益林毁坏的。

第三十条　本办法自 2009 年 8 月 1 日起施行。

江西省森林条例

第一章 总 则

第一条 为了保护、培育和合理利用森林资源，充分发挥森林的生态效益、经济效益和社会效益，促进林业全面、协调、可持续发展，根据《中华人民共和国森林法》（以下简称《森林法》）、《中华人民共和国森林法实施条例》（以下简称《森林法实施条例》）等法律、行政法规的规定，结合本省实际，制定本条例。

第二条 在本省行政区域内从事森林、林木的培育、保护、利用和森林、林木、林地的经营管理活动，应当遵守本条例。

第三条 林业建设实行以营林为基础，普遍护林、大力造林、采育结合、科学经营、永续利用的方针，加强丘陵山区林业建设，发展平原林业，建立森林生态体系和林业产业体系。

第四条 各级人民政府应当组织编制本行政区域的林业长远规划，并将其纳入国民经济和社会发展规划。

各级人民政府应当逐步增加用于林业发展的资金，并将公益林补偿、森林防火、森林病虫害防治、林地和野生动植物保护、林木良种选育、林业科学研究与推广等经费纳入同级财政预算。

各级人民政府应当加强对林业工作的领导，实行林业建设任期目标责任制，对森林覆盖率、森林蓄积量、植树造林、森林防火、森林病虫害防治、林地保护、野生动植物保护等林业建设的主要指标，实行任期目标管理。

第五条 县级以上人民政府林业主管部门主管本行政区域内的林业工作。

林业工作站按照国家规定的权限履行林业行政管理职责。

县级以上人民政府林业主管部门及其事业单位的行政事业经费按照国家有关规定纳入同级财政预算。

乡镇人民政府应当指定专职或者兼职人员负责林业工作。

第六条 植树造林、保护森林是公民应尽的义务。各级人民政府应当组织全民义务植树，开展植树造林活动，加强森林资源保护和生态建设。

鼓励采取利用外资等渠道筹集资金发展林业，开展林业对外合作与交流。

---

* 2007 年 3 月 29 日江西省第十届人民代表大会常务委员会第二十八次会议通过；2010 年 9 月 17 日江西省第十一届人民代表大会常务委员会第十八次会议修正。

第二章　森林经营管理

第七条　县级以上人民政府林业主管部门应当根据有关法律、法规和本行政区域的林业长远规划，对森林资源的保护、利用和更新实行管理和监督，定期组织森林资源调查和监测，建立森林资源档案、森林资源管理信息系统和森林资源统计、公告制度，并逐级上报森林资源消长和森林生态环境变化的情况。

第八条　国有林场、森林公园和自然保护区等单位应当根据林业长远规划，编制森林经营方案，并按隶属关系报上级主管部门批准后组织实施。

县级以上人民政府林业主管部门应当指导农村集体经济组织和经营森林、林木的有关单位，编制森林经营方案。

第九条　利用森林资源建设森林公园、风景名胜区或者从事森林旅游的，不得超过森林资源和生态环境的承受能力，并做好森林资源保护工作。

森林公园的设立、变更和撤销，应当依法办理审批等相关手续。

新设立的自然保护区、森林公园、风景名胜区不得重合或者交叉；已设立的风景名胜区与自然保护区、森林公园重合或者交叉的，风景名胜区规划应当与自然保护区、森林公园规划相协调。

第十条　对森林资源实行公益林和商品林分类经营管理制度。公益林包括防护林和特种用途林；商品林包括用材林、经济林、薪炭林。

县级以上人民政府林业主管部门应当根据林业长远规划，提出公益林和商品林划定方案，报本级人民政府批准后公布。

经批准划定的公益林不得擅自调整和变更。确需调整或者变更的，应当经原批准机关批准，并报上一级人民政府备案。

第十一条　公益林实行森林生态效益补偿制度。按照事权划分的原则，森林生态效益补偿资金由各级人民政府共同分担。森林生态效益直接受益单位，应当从其经营收入中提取一定比例的资金，用于公益林的保护、建设以及对公益林所有者的补偿。

森林生态效益补偿资金的筹集和补偿的具体办法，由省人民政府制定。

第十二条　建立林业产权交易中心、木竹及林产品交易市场，应当遵循合理布局、方便流通的原则。林业产权交易中心和木竹及林产品交易市场应当及时发布有关信息，为林业产权交易、木竹及林产品交易提供服务，做到公开、公平、公正交易。

林业、工商行政管理、税务等部门应当密切配合，共同做好林业产权交易、木竹及林产品交易监督管理工作。

禁止垄断和封锁木材市场，禁止对木竹及林产品实行地方保护和限价经营。

第十三条　县级以上人民政府林业主管部门应当建立林业社会化服务体系，培育木竹检量、采伐作业设计、森林资源资产评估等林业社会中介组织，帮助林农发展林业。

依法建立林业担保制度，开展林权抵押贷款业务，为发展林业提供资金支持。

第十四条　县级以上人民政府应当加强林地管理，严格实施林地用途管制，实行占用或者征收、征用林地定额管理和总量控制，采取措施稳定林地面积。

县级以上人民政府林业主管部门应当会同国土资源等有关部门编制林地保护利用规划，报本级人民政府批准后实施，并报上一级人民政府林业主管部门备案。

使用林地的单位和个人，应当按照县级以上人民政府批准的林地保护利用规划使用土地。未经批准，任何单位和个人不得擅自改变林地用途。

第十五条　勘查、开采矿产资源或者进行其他工程建设，应当不占或者少占林地；必须占用或者征收、征用林地的，由用地单位提出申请，经县级以上人民政府林业主管部门按照《森林法》《森林法实施条例》的有关规定审核同意后，按照国家规定的标准预交森林植被恢复费，领取使用林地审核同意书，凭使用林地审核同意书依法办理建设用地审批手续。占用或者征收、征用林地未经林业主管部门审核同意的，国土资源主管部门不得办理建设用地审批手续。

按前款规定申请占用或者征收、征用林地的，应当向县级以上人民政府林业主管部门提交下列材料：

（一）法人或者非法人其他组织资格证明、公民个人身份证复印件；

（二）建设项目批准或者核准文件；

（三）与被占用或者征收、征用林地的所有者或者使用者签订的补偿协议；

（四）拟占用或者征收、征用的林地的权属证明材料；

（五）建设项目使用林地可行性报告；

（六）法律、法规规定的其他相关材料。

县级以上人民政府林业主管部门应当在受理申请及相关材料之日起 15 个工作日内办理审核手续。

第十六条　建立占用、征收、征用林地补偿制度。具体补偿标准由省人民政府林业、国土、财政和价格主管部门拟订，报省人民政府批准后实施。

第十七条　县级以上人民政府及其林业主管部门应当根据资源条件、市场需要和产业基础，编制林业产业发展规划。鼓励对森林资源进行综合利用，提高森林资源综合利用率，引导林业产业健康发展。

各级人民政府应当引导群众营造薪炭林，改灶节柴，使用沼气等其他能源，改善农村燃料结构。

第三章　森林保护

第十八条　各级人民政府应当组织有关部门和单位建立护林组织，负责护林工作；督促有林的和林区的基层单位订立护林公约，组织群众护林，划定护林责任区。

在行政区域交界的林区，有关人民政府及村民委员会应当建立护林防火联防组织，共同负责森林防火、扑火和护林工作。

乡镇人民政府和国有林场，应当根据需要配备专职或者兼职护林员，负责巡护森林、检查森林火灾隐患和林业有害生物、维护林业管理秩序、制止破坏森林资源的行为。

第十九条　各级人民政府应当编制森林防火应急预案，根据国家和省有关规定组织划定森林防火责任区，落实森林防火行政领导责任制，保障森林火灾预防和扑救经费。林区县应当组建专业森林消防队。森林火警电话应当向社会公布。

每年 10 月 1 日至次年 4 月 30 日为全省森林防火重点期。县级人民政府可以根据当地实际情况，划定重点防火区域，决定提前或者延长本地区的森林防火重点期，并予以公告。

加强对林区野外用火的管理。在森林防火期内，禁止在林区野外用火。因特殊情况需要用火的，应当经县级人民政府或者其委托的机关批准，并落实防火措施。

第二十条　县级以上人民政府应当编制重大外来林业有害生物预防应急预案，划定一般预防区和重点预防区，落实重大外来林业有害生物防治责任。

县级以上人民政府林业主管部门负责组织森林病虫害防治工作和病虫害预测预报体系建设，严格森林植物检疫，防止有害生物的侵入。发生严重森林病虫害时，当地人民政府应当采取紧急除治措施，消除隐患，防止蔓延。

森林植物检疫对象和应施检疫的植物、植物产品名单，按国务院林业主管部门的规定执行；省人民政府林业主管部门可以根据本省实际制定本省的补充名单，并报国务院林业主管部门备案。

森林植物检疫对象的疫区、保护区的划定和撤销，由省人民政府林业主管部门提出方案，报省人民政府批准后实施。发生重大疫情时，经省人民政府批准可以设立临时性森林植物检疫检查站，防止疫情扩散蔓延。

第二十一条　有森林景观的经营单位，应当负责辖区内的森林防火、森林病虫害防治和森林管护工作。

县级以上人民政府林业主管部门应当加强对风景区、旅游景点的森林防火、森林病虫害防治和森林管护工作的指导、检查和监督。

第二十二条　依法建立森林保险制度，开展森林火灾等相关保险业务，提高林业经营者抵御森林火灾、森林病虫害以及其他自然灾害风险的能力。

第二十三条　县级以上人民政府应当加强以森林资源为依托的自然保护区的管理，保护自然环境和自然资源。

下列区域可以依法设立自然保护区：

（一）不同自然地带的典型森林生态地区；

（二）珍稀濒危野生动植物分布区；

（三）具有特殊保护价值的天然林区；

（四）赣江、抚河、信江、饶河、修河五大河流及其主要支流源头；

（五）法律、法规规定的其他区域。

第二十四条　对自然保护区以外珍贵树木和林区内具有特殊价值的植物资源，未经省人民政府林业主管部门或者其委托的设区的市人民政府林业主管部门批准，不得采伐和采集。珍贵树木和林区内具有特殊价值的植物资源的认定，依照国家和省有关规定执行。

第二十五条 县级以上人民政府林业主管部门应当按照森林采伐、木材运输管理的规定，加强对活立木采挖、移植、运输的监督管理，依法处理非法采挖、移植、运输活立木的行为。

第二十六条 任何单位和个人不得从事下列活动：

（一）违反规定采伐公益林区域内的天然阔叶林；

（二）违反规定利用天然阔叶林烧制木炭；

（三）违反技术规程采割松脂；

（四）毁林开垦、采石、采砂、取土、种果以及其他毁林行为。

第二十七条 各级森林公安机关应当依法履行职责，加强对森林资源的保护，依法打击破坏森林资源的违法犯罪行为，维护林区治安秩序。

第四章　植树造林

第二十八条 各级人民政府应当制定植树造林规划，确定森林覆盖率奋斗目标，组织各行各业和城乡居民完成植树造林规划确定的任务。

鼓励单位或者个人通过承包、租赁、转让、招标、拍卖等方式，利用国家所有或者集体所有的宜林荒山、荒沟、荒滩、荒丘植树造林。营造的林木，由造林者所有，并可以依法继承和流转。

鼓励营造人工阔叶林和针叶阔叶混交林，逐步增加阔叶林的比例，不断改善森林质量，提高森林效益。

第二十九条 造林绿化实行部门和单位负责制。依法负有植树义务的部门和单位应当完成当地县级人民政府绿化委员会分配的植树任务。未履行植树义务的部门和单位，应当按照规定交纳绿化费，用于植树绿化。

第三十条 铁路公路两旁、江河两岸、水库湖泊周围由各有关单位因地制宜营造防护林。

新建、扩建道路、水利等建设工程，应当将绿化建设纳入工程规划，列入工程概算，并与所建工程同步设计、同步建设、同步验收，验收合格后依法明确管护责任。

第三十一条 有母树或者有足量目的树种等具备天然更新成林条件的林地、新造幼林地和飞机播种的林地，应当实行封山育林。封山育林可以采取全封、轮封等方式。

封山育林区域应当设立标志。封育期间内，禁止在封育区域砍柴、采挖药材、挖取树苑和其他不利于森林植被恢复的活动。

封山育林由县级人民政府林业主管部门编制设计方案，乡镇人民政府负责公布实施；跨乡镇行政区域的，由县级人民政府负责公布实施。

第三十二条 林地权利人对采伐迹地、火烧迹地、森林病虫害除治迹地，应当在当年或者次年内完成更新造林，并采取有效措施加强管护。

第三十三条 鼓励单位和个人植树造林，建立人工商品林基地。

单位投资营造人工商品林面积1000公顷以上、个人投资营造人工商品林面积50公顷以上需要采伐的，可以单独编制年度森林采伐限额计划，县级以上人民政府林业主管部门应当对其林木采伐计划实行单列。

人工商品林基地由省人民政府林业主管部门按照国家有关规定认定。

第三十四条 植树造林的设计、施工和监理，应当遵守造林技术规程，使用良种壮苗，提高林木成活率。

植树造林成活率不足百分之八十五的，不得计入年度造林完成面积，并应当在当年或者次年补植。

第五章 森林采伐

第三十五条 森林采伐实行限额采伐制度。县级以上人民政府应当根据用材林的消耗量低于生长量的原则，批准森林采伐限额，并严格控制本地区的森林采伐量。

省人民政府应当将国家下达本省的年森林采伐限额，下达到县（市、区）和限额编制单位。

省人民政府林业主管部门应当根据年森林采伐限额制定年度木材生产计划，并下达到县级人民政府林业主管部门，县级人民政府林业主管部门或者其委托的乡镇人民政府应当将木材生产计划分配给林木所有者。木材生产计划的分配应当在所在地进行公示，公示时间不得少于七个工作日。

第三十六条 森林年采伐限额每五年核定一次。在一个采伐限额执行期内，上年度采伐限额有节余的，经省人民政府林业主管部门认定后可结转下一年度使用。

省人民政府林业主管部门预留采伐限额不得超过年森林采伐限额的百分之十。

人工短轮伐期工业原料林采伐限额不足的，从省预留限额中解决或者向国家申请解决。

第三十七条 禁止商业性采伐公益林。因抚育、更新或者森林火灾等自然灾害因素影响，需要采伐国家重点公益林和省级公益林中的毛竹或者非天然阔叶林的，应当报省人民政府林业主管部门审批；需要采伐其他公益林中的毛竹或者非天然阔叶林的，应当报设区的市或者县级人民政府林业主管部门审批。

第三十八条 采伐林木应当依照《森林法》和《森林法实施条例》的规定申领林木采伐许可证，但农民采伐自留山上个人所有的薪炭林和自留地、房前屋后个人所有的零星林木除外。

第三十九条 负责核发林木采伐许可证的部门和受委托的乡镇人民政府，应当按照《森林法》《森林法实施条例》的有关规定，在受理采伐林木申请之日起10个工作日内作出是否批准的决定。批准采伐的，核发林木采伐许可证；不批准采伐的，应当说明理由并书面告知申请人。

对年采伐限额内胸径 10 厘米以下的间伐材、成过熟人工用材林、定向培育的工业原料林的采伐申请，县级以上人民政府林业主管部门应当予以批准。

在非林地上营造的商品林，县级人民政府林业主管部门应当登记造册，林权所有者可以自主采伐。林权所有者需要核发林木采伐许可证的，应当向县级人民政府林业主管部门申请，县级人民政府林业主管部门应当在 7 个工作日内核发林木采伐许可证。

第四十条 经批准占用或者征收、征用林地需要采伐林木的，由用地单位或者个人向所在地县级以上人民政府林业主管部门申领林木采伐许可证，纳入当年的森林采伐限额。

因埋设、架设输水、输电、通信、广播等管道、线路需要采伐林木的，应当经林木所有者同意后依法办理林木采伐许可证。

应急处置自然灾害等突发公共事件，需要采伐林木的，可以先行采伐，但应当在应急处置结束之日起 30 日内补办林木采伐许可证。

第四十一条 商品毛竹林，由生产经营者自主采伐，但不得超过核定的年采伐限额，不得采伐 4 年生以下的毛竹，采伐后的毛竹林每公顷立竹数不得少于 1500 株。

第四十二条 单位或者个人在林区经营（含加工，下同）木材，应当向县级人民政府林业主管部门提交下列材料：

（一）申请书；

（二）法人或者非法人其他组织资格证明、公民个人身份证复印件；

（三）申请经营木材的规模证明以及相关资信证明；

（四）具有相应资质的单位出具的森林资源利用可行性论证报告；

（五）项目核准或者备案文件。

年消耗木材 5000 立方米、毛竹 10 万根以上的，还应当提供与之规模相适应的自建工业原料林基地证明。

第四十三条 县级人民政府林业主管部门在受理木材经营许可申请后，按下列规定办理：

（一）年加工消耗毛竹 10 万根以下的，依法直接作出行政许可决定，并书面通知申请人；

（二）年加工消耗毛竹 10 万根以上 30 万根以下的，报设区的市人民政府林业主管部门依法直接作出行政许可决定，并书面通知申请人；

（三）年加工消耗非毛竹类木材、毛竹 30 万根以上的，逐级报省人民政府林业主管部门依法作出行政许可决定，并书面通知申请人。

各级人民政府林业主管部门对受理的木材经营许可申请，应当在受理之日起 15 个工作日内作出行政许可决定。

第四十四条 禁止涂改、倒卖、出租、出借木材经营许可证件，或者以其他形式

非法转让木材经营许可证件。

第四十五条 运输木材应当依法办理木材运输证件，凭证运输。

申请木材运输证件，应当提交采伐许可证或者其他合法来源证明、检疫证明和省人民政府林业主管部门规定的其他文件。县级以上人民政府林业主管部门应当自受理申请之日起三个工作日内依法作出行政许可决定。

第四十六条 任何单位和个人不得收购、销售、加工无林木采伐许可证或者其他合法来源证明的木材。

木材经营企业应当建立原材料收购台账、木材运输证登记台账和产成品销售台账。

第四十七条 木材检查可以采取固定检查和流动检查相结合的方式。经省人民政府批准设立的木材检查站，负责检查木材运输；无证运输木材的，木材检查站应当予以制止，可以暂扣无证运输的木材，并由县级以上人民政府林业主管部门或者其委托的木材检查站依法处理。

省人民政府应当根据道路变化情况，适时调整木材检查站站址。

禁止以伪装、藏匿等方式逃避检查或者拒不接受检查强行运输木材。

第六章 森林、林木和林地权属及纠纷处理

第四十八条 森林、林地依法属国家、集体所有；林木依法属国家、集体和个人所有。

国家所有和集体所有的森林、林木、林地，个人所有的林木和使用的林地，其所有者或者使用者应当依法向县级以上人民政府林业主管部门提出登记申请，由县级以上人民政府登记造册，发放国务院林业主管部门统一式样的权属证书，确认所有权或者使用权。

依法登记的森林、林木、林地的所有权和使用权受法律保护，任何单位和个人不得侵犯。

第四十九条 国家所有的林地上自然生长的森林、林木，国有林场、森林公园经营的森林、林木，以及依照法律规定或者合同约定属于国家所有的林木，其所有权属于国家，由经营单位按照国家有关规定支配林木收益。

国有企业事业单位、机关、团体、部队，在其管理使用的土地上自行营造的林木，以及依照法律规定或者合同约定属于上述单位所有的林木，其所有权属于该单位。

第五十条 集体森林、林木和林地，按照下列规定确定权属：

（一）依法划定的自留山归农户长期无偿使用，山上的林木归其所有，自留山可以依法继承。

（二）依法确定的家庭承包山，承包期限为 30 年至 70 年，可以依法继承，山上林木归家庭承包户所有。

（三）自留山、依法确定的家庭承包山抛荒3年以上的，由农村集体经济组织实施造林，但不得改变其使用权的归属，所造林木的收益可以由农村集体经济组织与林地权利人协商分成比例；农村集体经济组织的分成比例不低于百分之七十，林木采伐后，林地交还林地权利人经营管理。

（四）由农村集体经济组织统一经营的森林、林木和林地，可以按人口折算人均面积，实行承包经营，也可以折股分配给集体内部成员均等持有；以其他方式承包经营的，应当进行评估，依法转让。折股收益的百分之七十和转让费的百分之七十以上，由农村集体经济组织内部成员平均分配，其他部分用于林业发展和公益事业。本条例实施前，已依法以其他方式承包经营的集体森林、林木和林地，其经营权和林木所有权依当时约定。

确定集体森林、林木和林地权属时，应当经本集体经济组织的村民会议三分之二以上成员或者村民代表会议三分之二以上代表同意，并依法签订承包（流转）合同，依法发放林权证。

第五十一条 森林、林木的所有权或者使用权和林地的使用权的转让，依照《江西省森林资源转让条例》的规定执行。

县级以上人民政府林业主管部门应当加强林权管理工作，引导和支持家庭承包山在林业产权交易中心依法流转。

第五十二条 调解处理山林权属争议，按照有关法律、法规和规章的规定执行。

在调解处理山林权属争议过程中，发现有下列情形之一，经查证属实的，原发证机关应当撤销所发的山林权属证书，并依法重新确定山林权属：

（一）伪造发证依据或者一方当事人隐藏、毁灭有关证据的；

（二）发证机关工作人员在发证时徇私舞弊的；

（三）有足够的证据证明该证属错误发放的；

（四）违反法定程序发证的；

（五）违反法律、法规规定的其他情形。

第七章　法律责任

第五十三条 县级以上人民政府林业主管部门工作人员和其他国家机关工作人员滥用职权、玩忽职守、徇私舞弊，构成犯罪的，依法追究刑事责任；尚不构成犯罪的，依法给予行政处分；造成损失的，应当依法承担赔偿责任。

第五十四条 违反本条例规定，未经县级以上人民政府林业主管部门审核同意，擅自办理建设用地审批手续的，该审批无效，对审批单位直接负责的主管人员和直接责任人员，依法给予行政处分；造成损失的，应当依法承担赔偿责任。

第五十五条 违反本条例规定，利用天然阔叶林烧制木炭的，由县级以上人民政府林业主管部门责令改正，没收非法烧制的木炭和违法所得；情节严重的，并处非法烧制的木炭价值1倍以上3倍以下的罚款。

第五十六条　违反本条例规定进行毁林开垦、采石、采砂、取土、种果，或者封育期间在封育区域内砍柴、采挖药材、挖取树蔸，以及有其他毁林或者不利于森林植被恢复的行为，致使森林、林木受到毁坏的，应当依法赔偿损失；县级以上人民政府林业主管部门应当责令其停止违法行为，补种毁坏株数 1 倍以上 3 倍以下的树木，可以处毁坏林木价值 1 倍以上 5 倍以下的罚款。

第五十七条　违反本条例规定，未经批准取得木材经营许可证，在林区擅自经营木材的，由县级以上人民政府林业主管部门没收非法经营的木材和违法所得，并处违法所得 1 倍以上 2 倍以下的罚款。

第五十八条　违反本条例规定，非法收购、销售、加工无林木采伐许可证或者无其他合法来源证明的木材的，由县级以上人民政府林业主管部门没收非法收购、销售、加工的木材或者违法所得，并处没收木材价值 1 倍以上 3 倍以下的罚款；情节严重的，可以吊销其经营许可证。

第五十九条　违反本条例规定，涂改、倒卖、出租、出借木材经营许可证件，或者以其他形式非法转让木材经营许可证件的，由县级以上人民政府林业主管部门责令其停止违法行为，没收证件和违法所得，并处 2000 元以上 1 万元以下罚款；构成犯罪的，依法追究刑事责任。

第六十条　违反本条例规定，木材经营企业没有建立原材料收购台账、木材运输证登记台账和产成品销售台账的，由县级以上人民政府林业主管部门责令改正；拒不改正的，可以处 2000 元以上 1 万元以下的罚款。

第六十一条　违反本条例规定，以伪装、藏匿等方式逃避检查或者拒不接受检查强行运输木材的，由县级以上人民政府林业主管部门没收运费，并对承运人处运费 1 倍以上 3 倍以下的罚款。

第八章　附　则

第六十二条　本条例自 2007 年 5 月 1 日起施行。

江西省森林公园条例

第一章 总 则

第一条 为了规范森林公园的建设和管理，有效保护和合理利用森林资源，发展森林旅游业，建设生态文明，根据《中华人民共和国森林法》等法律、行政法规的规定，结合本省实际，制定本条例。

第二条 本省行政区域内森林公园的设立与规划、资源培育与保护、利用与管理，适用本条例。

本条例所称森林公园，是指以森林资源为依托，具有一定规模和质量的森林风景资源和环境条件，可供人们游览、休闲或者进行科学、文化、教育等活动，并按照法定程序申报批准划定的地域。

第三条 森林公园的保护和管理属于社会公益性事业。县级以上人民政府应当将森林公园建设纳入本地区国民经济和社会发展规划，并为森林公园的保护和管理提供必要的条件和经费保障。

第四条 建设森林公园应当保持森林风景资源的完整性，坚持严格保护、科学管理、统筹规划、合理开发、可持续发展的原则，促进生态效益、社会效益和经济效益相统一。

第五条 省人民政府林业主管部门负责全省森林公园的监督管理工作，具体工作由其所属的省森林公园管理工作机构负责。

设区的市和县级人民政府林业主管部门负责本行政区域内森林公园的监督管理工作。

县级以上人民政府发展改革、财政、公安、交通运输、旅游、国土资源、环境保护、住房和城乡建设、质量技术监督、水利、文化等有关部门依照各自职责，负责森林公园的有关监督管理工作。

森林公园管理机构负责森林公园的日常管理活动。

第六条 在森林公园内从事建设、经营、游览等活动的单位和个人，都有保护森林公园内资源与环境的义务。任何单位和个人都有权制止、检举破坏森林公园内资源与环境的行为。

＊ 2010 年 9 月 17 日江西省第十一届人民代表大会常务委员会第十八次会议通过。

第二章 设立与规划

第七条 省人民政府林业主管部门应当根据全省森林资源状况，编制全省森林公园发展规划，经征求有关部门和社会公众意见，报省人民政府批准后实施。

设区的市和县级人民政府林业主管部门可以根据全省森林公园发展规划和本行政区域森林资源状况，编制市、县森林公园发展规划，经征求有关部门和社会公众意见，报本级人民政府批准后实施。

森林公园发展规划应当符合国民经济和社会发展规划纲要、林业长远规划、土地利用总体规划和城乡规划，并与旅游发展规划、自然保护区发展规划等有关规划相衔接。

第八条 设立森林公园应当有利于保护和合理利用森林风景资源。新设立的森林公园与风景名胜区、自然保护区不得重合或者交叉。已设立的森林公园与风景名胜区、自然保护区重合或者交叉的，森林公园规划应当与风景名胜区、自然保护区规划相协调。

第九条 森林公园划分为国家级森林公园、省级森林公园和市、县级森林公园。

设立国家级森林公园，按照国家规定的条件和程序执行。

第十条 申请设立省级和市、县级森林公园应当具备下列条件：

（一）符合全省森林公园发展规划；

（二）省级森林公园面积不少于400公顷，市、县级森林公园面积不少于100公顷，但是，在城区和有特殊保护、开发价值的森林公园可以适当放宽面积限制；

（三）森林覆盖率在百分之七十以上；

（四）省级森林公园风景资源质量等级达到国家森林风景资源质量等级评定二级以上标准，市、县级森林公园风景资源质量等级达到国家森林风景资源质量等级评定三级以上标准；

（五）森林、林木、林地权属清楚，界线明确；

（六）有相应的森林公园管理机构和技术、管理人员；

（七）法律、法规、规章规定的其他条件。

第十一条 申请设立省级和市、县级森林公园，应当提出申请报告，并提交下列材料：

（一）可行性研究报告和森林公园总体规划纲要，以及重要资源的图表、影像等资料。

（二）森林、林木和林地及其他土地的权属证明材料。

（三）与森林公园涉及的森林、林木、林地及其他土地等自然资源和房屋等财产的所有权人、使用权人签订的协议。

（四）森林公园管理机构及技术、管理人员配置情况等说明材料。

（五）拟设立省级森林公园的，应当提交所在地设区的市人民政府的书面意见；拟设立市、县级森林公园的，应当提交所在地市、县人民政府的书面意见。

（六）法律、法规、规章规定的其他材料。

第十二条　设立省级和市、县级森林公园，应当向省人民政府林业主管部门提出申请。省人民政府林业主管部门应当在 20 日内会同省发展改革、交通运输、国土资源、环境保护、住房和城乡建设、旅游、文化等有关部门组织论证，提出审查意见。

设立省级森林公园的，由省人民政府批准公布，并报国家林业主管部门备案；设立市、县级森林公园的，由省人民政府林业主管部门批准公布，并报省人民政府备案。

第十三条　森林公园内的森林、林木、林地及其他土地等自然资源和房屋等财产的所有权人、使用权人的合法权益受法律保护，因设立森林公园造成其财产损失的，应当依法给予补偿。

第十四条　森林公园设立后，需要合并、分立、撤销或者改变地域范围的，应当按照设立程序报原审批机关批准。

第十五条　省级和市、县级森林公园自批准设立之日起 18 个月内，设区的市和县级人民政府林业主管部门应当组织编制完成森林公园总体规划。森林公园总体规划应当按照国家规定的设计规范要求，委托具有相应资质的单位编制。

第十六条　森林公园总体规划应当注重森林风景资源的培育、保护与可持续利用，突出地方特色。

森林公园总体规划应当包括下列主要内容：

（一）森林风景资源质量评价和重要景点的确定；

（二）森林公园的核心景观区、生态恢复区、游憩区和接待服务区等功能分区；

（三）森林风景资源培育和保护措施、建设项目布局、开发利用强度；

（四）环境容量与游客规模；

（五）生态文化建设。

第十七条　森林公园总体规划，报省人民政府林业主管部门审批。省级森林公园总体规划需报省人民政府备案，国家级森林公园总体规划需报国家林业主管部门备案。

编制和审批森林公园总体规划，应当组织专家、有关部门进行论证，并听取公众意见。

森林公园总体规划经批准后，应当向社会公布。

第十八条　经依法批准的森林公园总体规划是森林公园建设和管理的依据，任何单位和个人不得擅自调整；确需调整的，应当报原批准机关批准。

第十九条　森林公园有下列情形之一的，由批准机关予以撤销：

（一）未按照要求编制总体规划或者未按照总体规划进行建设，造成森林风景资源严重破坏且无法恢复的；

（二）森林风景资源质量下降，达不到相应森林公园风景资源质量等级标准且无法恢复的；

（三）法律、法规规定的其他情形。

第三章 资源培育与保护

第二十条 省人民政府林业主管部门应当编制重要森林风景资源保护目录，明确保护对象和范围，并采取措施加强保护和管理。

第二十一条 森林公园管理机构负责森林风景资源的培育和保护。

县级以上人民政府林业行政主管部门应当加强对森林风景资源培育和保护工作的指导、检查和监督。

第二十二条 森林公园管理机构应当根据森林风景资源状况，采取植树造林、林相改造等措施，培育具有地方特色的风景林木、植被，形成多层次、多样性的森林景观和生态环境，提高观赏价值和综合功能。

森林公园管理机构可以引进与当地生态环境相适应的优良生物物种。对非本土生物物种的引进，应当进行科学论证，依法办理检疫等相关手续，防止有害生物入侵。

第二十三条 森林公园内天然阔叶林严禁采伐。非天然阔叶林及其他林木仅限于景观培育和旅游活动的需要，可以进行抚育性或者更新性采伐，并应当依照法律、法规的规定办理林木采伐手续。

第二十四条 森林公园管理机构应当配合有关主管部门对森林公园内的古树名木、古建筑、历史遗迹等进行调查、鉴定、登记，建立档案，并设置标记和保护设施。

第二十五条 森林公园管理机构应当配合林业主管部门加强对森林公园内濒危、珍稀和具有独特观赏、科研、经济价值的野生动植物的保护，定期组织调查，建立管理档案；森林公园管理机构应当在林业主管部门指导下，对野生动植物主要栖息地、原生地，设立保护地带或者设置保护设施。

因科学研究需要在森林公园内猎捕、采集国家级和省级保护野生动植物，应当经省人民政府林业主管部门依法批准，并在指定的区域进行。

第二十六条 森林公园管理机构应当组织专业技术人员对森林公园内林业有害生物进行监测；发现林业有害生物危害严重的，应当立即报告县级以上人民政府林业主管部门，并在林业主管部门指导下，采取紧急除治措施，控制灾情。

第二十七条 森林公园管理机构应当建立健全森林防火制度，设立森林防火组织，配备森林防火设施与设备，设置森林防火安全警示标识。

森林公园内由县级以上人民政府依法划定的防火区，禁止燃放烟花爆竹、焚烧香纸蜡烛以及其他野外用火。

第二十八条 森林公园内的地形地貌应当严格保护。因维护森林公园内道路、设施，确需在森林公园内挖砂、取土的，应当经县级以上人民政府国土资源、水利主管部门批准，国土资源、水利主管部门批准前应当征得林业主管部门同意。

森林公园内的居民因自用确需在森林公园内挖砂、取土的，由森林公园管理机构指定地点采挖。

因挖砂、取土造成植被破坏的，应当负责恢复。

第二十九条 森林公园内的河床、溪流、瀑布、沼泽、湖泊等，除按照森林公园总体规划的要求进行整修、利用外，应当保持原貌，不得截流、改向、填堵或者进行其他改变。

第三十条 在森林公园核心景观区和重要景点内，禁止新建、改建坟墓和采挖花草、树根(兜)。

第三十一条 森林公园的各项建设应当符合森林公园总体规划，并依法办理建设用地等相关审批手续。建设单位在施工中应当采取措施，保护施工现场周围环境和森林资源。

在森林公园内不得进行商品房开发，不得修建破坏景观、污染环境的工程设施。在森林公园核心景观区和重要景点内，除必要的保护和辅助设施外，不得修建其他工程设施。对在森林公园设立前或者总体规划实施前已建的破坏景观、污染环境的建筑物和设施，应当按照森林公园总体规划的要求进行改造、拆除或者搬迁。

第四章 利用与管理

第三十二条 森林公园管理机构开发利用森林风景资源，应当做好森林公园的环境保护和管理工作。

第三十三条 森林公园管理机构可以森林资源为依托，开展生态旅游活动。有条件的森林公园可以举办登山、探险、漂流等特色森林旅游项目。

第三十四条 森林公园管理机构应当依法建立旅游安全责任制度和事故报告制度，制定旅游安全事故应急预案和旅游旺季疏导游客的方案。

第三十五条 森林公园管理机构应当依法在森林公园出入口、游览区、重要景点、游径端点，设置明显的游览导向标志。游览导向标志应当与景观、环境相协调。

森林公园管理机构应当在森林公园内的危险地段和游客可能遭受伤害的区域设置安全保护设施和警示标识，任何单位和个人不得毁损或者擅自移动。

第三十六条 森林公园管理机构应当根据园区资源特点，建设自然科普教育基地，加强自然科普宣传教育活动，向公众普及自然科学和文化知识。

第三十七条 森林公园管理机构应当引导森林公园内的居民在不破坏自然资源的前提下，从事与森林公园保护、开发、利用相关的生产经营活动，发展具有地方特色的绿色产业。

第三十八条 在国有森林资源为主体建立的森林公园内开发经营性项目，应当采取招投标等方式确定经营者，其经营性项目需要进行流转的，应当依法进行评估和审批。

鼓励单位和个人按照国家有关规定以独资、合资、合作等方式参与森林公园的开发、建设和经营。

森林公园内森林、林木和林地及其他土地等自然资源的所有者、使用者，可以其所有权或者使用权入股、联营、租赁等形式，参与森林公园的开发、建设和经营。

第三十九条　森林公园经营者应当在林业主管部门的指导下，依法做好其经营区域内的动植物保护、森林防火和病虫害防治等工作。

森林公园经营者应当对森林公园内的经营设施进行定期检查维修，及时消除事故隐患。

第四十条　县级以上人民政府林业主管部门应当建立定期巡查制度，加强对森林公园资源保护与利用的监督、检查工作。

第四十一条　省森林公园管理工作机构应当建立森林公园管理信息系统，对森林公园总体规划实施情况进行动态监测，并将森林公园内森林资源增长或者减少、森林生态环境变化、负氧离子含量等情况定期向社会公布。

第五章　法律责任

第四十二条　违反本条例第二十七条第二款规定的，由县级以上人民政府林业主管部门责令停止违法行为，给予警告，对个人并处 200 元以上 3000 元以下罚款，对单位并处 1 万元以上 5 万元以下罚款。

第四十三条　违反本条例第三十条规定，新建、改建坟墓的，由县级以上人民政府林业主管部门责令停止违法行为，可以处 1000 元以上 1 万元以下罚款。

违反本条例第三十条规定，采挖花草、树根（兜）的，由县级以上人民政府林业主管部门责令停止违法行为，可以处 50 元以上 200 元以下罚款；造成损失的，依法予以赔偿。

第四十四条　违反本条例第三十一条第二款规定的，由县级以上人民政府建设、规划主管部门责令停止违法行为，限期恢复原状或者采取其他补救措施，并依法给予处罚。

第四十五条　违反本条例第三十五条第二款规定，未设置安全保护设施或者警示标识的，由县级以上人民政府林业主管部门责令限期改正，逾期不改正的，处 5000 元以上 1 万元以下罚款；毁损或者擅自移动安全保护设施和警示标识的，由县级以上人民政府林业主管部门责令停止违法行为，可以处 200 元以上 1000 元以下罚款，造成损失的，依法予以赔偿。

第四十六条　县级以上人民政府林业主管部门和其他有关部门及其工作人员滥用职权、玩忽职守、徇私舞弊，造成森林资源和森林公园财产重大损失或者重大安全事故的，对直接负责的主管人员和其他直接责任人员依法给予处分；构成犯罪的，依法追究刑事责任。

第四十七条　违反本条例规定，有关法律、行政法规另有处罚规定的，适用其规定。

第六章　附　则

第四十八条　本条例自 2011 年 1 月 1 日起施行。

鄱阳湖生态经济区环境保护条例

第一章 总 则

第一条 为了保护和改善鄱阳湖生态经济区环境，发挥鄱阳湖调洪蓄水、调节水资源、降解污染、保护生物多样性等多种生态功能，促进环境保护与经济社会的协调发展，根据《中华人民共和国环境保护法》等有关法律、行政法规的规定，结合本省实际，制定本条例。

第二条 在鄱阳湖生态经济区范围内从事影响环境的生产、经营、建设、旅游、科学研究、管理等活动，应当遵守本条例。

第三条 鄱阳湖生态经济区分为湖体核心保护区、滨湖控制开发带和高效集约发展区。

鄱阳湖生态经济区包括南昌、景德镇、鹰潭三个设区的市，以及九江、新余、抚州、宜春、上饶、吉安六个设区的市的部分县（市、区），共38个县（市、区），具体范围按照国务院批准的《鄱阳湖生态经济区规划》界定。

第四条 鄱阳湖生态经济区环境保护应当坚持统筹规划、生态优先、科学发展的原则，以水资源、水环境、湿地资源和生物多样性保护为目标，以鄱阳湖体、沿湖岸线和长江江西段岸线资源保护与生态廊道建设为重点，加强宏观管理和综合协调，统筹湖区及其流域上下游、干支流的生态建设和环境保护，提高环境容量和生态功能，增强可持续发展能力。

第五条 在鄱阳湖生态经济区内，鼓励发展循环经济和低碳经济，促进清洁生产，推进生态工业园建设，建设资源节约型、环境友好型社会。

鼓励环境科学技术研究和先进适用的环境保护技术的推广应用。

第六条 各级人民政府及其有关部门和单位，以及广播、电视、报刊、网络等媒体，应当加强鄱阳湖生态经济区环境保护宣传，增强全民环境保护意识。

鼓励社会组织和个人开展形式多样的鄱阳湖生态经济区环境保护宣传活动。

第七条 单位和个人都有保护鄱阳湖生态经济区环境的义务，并有权对破坏鄱阳湖生态经济区环境的行为进行批评、检举和控告。

第八条 对在鄱阳湖生态经济区环境保护工作中做出显著成绩的单位和个人，各级人民政府及有关部门应当给予表彰和奖励。

---

* 2012年3月29日江西省第十一届人民代表大会常务委员会第三十次会议通过。

第二章 管 理

第九条 省人民政府领导鄱阳湖生态经济区的环境保护工作，成立由环境保护、发展改革、财政、工业和信息化、农业、林业、水利、国土资源、住房和城乡建设、交通运输、科技、旅游、统计等主管部门组成的鄱阳湖生态经济区环境保护综合协调机构（以下简称综合协调机构）。综合协调机构履行下列职责：

（一）宣传贯彻环境保护有关法律法规；

（二）组织拟定鄱阳湖生态经济区环境保护相关制度，协调鄱阳湖生态经济区环境保护中的重大事项和行政执法争议；

（三）组织拟定鄱阳湖生态经济区环境保护工作计划，检查和督促鄱阳湖生态经济区内各设区的市、县（市、区）人民政府和有关部门依法开展环境保护工作；

（四）组织拟定鄱阳湖生态经济区环境保护实绩考核目标责任，并组织对鄱阳湖生态经济区内各设区的市、县（市、区）人民政府和有关部门目标责任的完成情况进行检查、督促和考核。

综合协调机构办公室设在省人民政府环境保护主管部门。

第十条 鄱阳湖生态经济区内县级以上人民政府应当将环境保护工作纳入国民经济和社会发展规划，采取有利于环境保护的政策和措施，加大对环境保护的投入，促进环境保护、经济建设和社会发展相协调。

第十一条 鄱阳湖生态经济区内县级以上人民政府环境保护主管部门对鄱阳湖生态经济区环境保护工作实施统一监督管理，指导、协调、监督环境保护和污染防治工作，负责环境监测和环境信息发布工作。

第十二条 鄱阳湖生态经济区内县级以上人民政府有关主管部门对鄱阳湖生态经济区环境保护主要履行下列职责：

（一）发展改革主管部门负责产业布局规划和权限内建设项目的审批、核准、备案，指导工业园区污水处理设施的建设和管理，负责循环经济和资源综合利用工作，推进生态工业园建设，会同有关部门负责城镇生活污水处理设施、污水管网配套设施、生活垃圾处理设施的规划布局工作，鄱阳湖生态经济区建设办公室负责鄱阳湖生态经济区建设的综合协调及建设专项资金的筹集、安排和管理；

（二）财政部门负责办理本级财政涉及鄱阳湖生态环境保护方面的支出和有关政策性补贴、专项资金的监督管理；

（三）工业和信息化主管部门负责工业和信息化技术改造投资项目的审批、核准、备案，会同有关部门根据产业政策组织实施落后生产能力、工艺和设备的淘汰工作，推进工业清洁生产；

（四）农业主管部门负责农业面源污染控制、耕地质量保护、草地资源建设与保护和农业动植物资源的保护；

（五）林业主管部门负责植树造林，森林资源、陆生野生动植物资源及相关湿地资源的保护，自然保护区、湿地公园和森林公园的建设管理；

（六）水利主管部门负责水资源保护和管理、水域及岸线防洪安全管理、河道采砂监管和水土流失防治；

（七）国土资源主管部门负责土地资源的保护和合理利用、矿产资源勘查开采及地质环境保护的监督管理；

（八）住房和城乡建设主管部门负责指导城乡规划的实施和指导城乡生活污水处理设施、管网配套设施、生活垃圾处理设施的建设及风景名胜资源的保护和监督管理；

（九）交通运输部门负责正常的航道疏浚养护、防治船舶污染水域环境的监督管理；

（十）旅游主管部门负责旅游资源的开发、监督管理和保护；

（十一）统计主管部门负责国民经济核算制度和经济、社会、科技和资源环境统计调查，定期发布国民经济和社会发展情况的统计信息；

（十二）科学技术主管部门负责组织环保技术研究和环保技术成果推广。

其他有关部门和自然保护区、风景名胜区、森林公园、湿地公园管理机构依照相关法律、法规的规定履行鄱阳湖生态经济区环境保护职责。

第十三条 省发展改革主管部门会同省环境保护主管部门负责编制鄱阳湖生态经济区环境保护专项规划，经征求相关主管部门意见后，报经省人民政府批准后实施。

鄱阳湖生态经济区环境保护专项规划的内容应当包括：构建区域生态功能保护结构体系、保护水环境安全、保护湿地资源、改善区域环境空气质量、合理处理处置固体废物、加强土壤污染防治、加强核与辐射安全监管、加强环境监管能力建设等。

环境保护专项规划是鄱阳湖生态经济区环境保护、自然资源开发利用和管理的依据。

鄱阳湖生态经济区内的土地利用、矿产资源勘查开发利用、农业发展、防洪抗旱与水资源利用、城乡建设、旅游发展、自然保护区发展等规划应当与环境保护专项规划相协调。

第十四条 省人民政府应当建立健全鄱阳湖生态经济区生态补偿机制，设立生态补偿专项资金。

生态公益林按照国家和省人民政府有关规定实行生态补偿。

因鄱阳湖生态经济区内国家级湿地自然保护区湿地以及野生动植物保护的需要，使湿地资源所有者、使用者的合法权益受到损害的，应当给予补偿。具体补偿办法由省林业主管部门会同省财政部门制定，报省人民政府批准后实施。

湖区专业渔民因禁渔期造成生活困难的，应当给予必要的生活补助。具体补助办法由省农业主管部门会同省财政部门制定，报省人民政府批准后实施。

第十五条 在鄱阳湖生态经济区内应当逐步建立绿色国民经济核算考评机制，提高生态指标考核权重系数。湖体核心保护区生态指标考核的权重系数，应当大于经济指标权重系数；滨湖控制开发带生态指标考核的权重系数，应当大于高效集约发展区生态指标考核的权重系数。

对鄱阳湖生态经济区内设区的市、县(市、区)人民政府及有关部门的环境保护实绩考核结果,应当作为其主要负责人任职、奖惩的重要依据。

第三章　保　护

第一节　湖体核心保护区保护

第十六条　湖体核心保护区范围为鄱阳湖水体和湿地,以吴淞高程湖口水位22.48米为界线。

沿鄱阳湖各级人民政府应当采取有效措施,改善鄱阳湖生态环境,增强鄱阳湖湿地涵养水源、休养生息的能力,稳定鄱阳湖水质。鄱阳湖水质总体按国家地表水环境质量Ⅲ类水标准保护。

第十七条　湖体核心保护区内的下列区域应当建立湿地自然保护区:

(一)代表不同类型的典型天然湿地;

(二)具有生物多样性丰富特征或者珍稀、濒危野生生物物种集中分布的湿地;

(三)候鸟主要繁殖地、栖息地,以及迁徙路线上的主要停歇地;

(四)对主要水生动物的洄游、栖息、繁殖、越冬有典型或者重要意义的湿地;

(五)具有重要生态价值、经济价值或者重大科学文化价值及其他特殊保护意义的湿地。

湿地自然保护区及其管理机构的设立和职责,按照《中华人民共和国自然保护区条例》的规定执行。

对有特殊保护价值但不具备建立湿地自然保护区的湿地,应当因地制宜,采取建立湿地公园、湿地保护小区、湿地多用途管理区或者划定野生动物栖息地和野生植物原生地等多种形式加强保护和管理。

第十八条　沿鄱阳湖县级以上人民政府及其有关主管部门应当制定和实施鄱阳湖生态移民、产业转移计划,减少人为活动对鄱阳湖生态环境的影响。

第十九条　沿鄱阳湖县级以上人民政府应当组织农业、渔业、环境保护、水利、林业等主管部门,按照鄱阳湖生态经济区规划和防洪抗旱、供水和水资源保护、湿地生态保护、野生动植物保护等要求,在湖体核心保护区内科学划定用于种植、养殖、捕捞的区域。

农业、渔业主管部门应当根据划定的种植、养殖、捕捞区域,依法编制种植、养殖、捕捞规划,确定具体的种植、养殖面积、种类、密度、方式和布局以及禁渔期、禁渔区等。控制围网养殖和水禽养殖规模,禁止投饵性网箱养殖。

种植、养殖项目,应当按照种植、养殖规划实施,并服从湖泊蓄水调洪、湿地生态保护和野生动植物保护的需要。

第二十条　在湖体核心保护区有螺洲滩实行封洲禁牧,控制血吸虫病的传播。因封洲禁牧影响湖区农民生产活动的,沿鄱阳湖县级以上人民政府应当采取措施,扶持湖区农民发展其他产业。

第二十一条　省林业主管部门应当加强鄱阳湖候鸟保护区的建设和管理，限制和减少候鸟主要生息繁衍场所的人为活动，保护候鸟及其赖以生存的自然环境。

省渔业主管部门应当加强鄱阳湖白鳍豚、中华鲟、江豚、鳜鱼、翘嘴红鲌等国家级水产种质资源保护区建设和管理，为水生动物洄游、繁殖、生息提供优良场所。

省林业、渔业主管部门应当加强鄱阳湖珍稀濒危野生动物救护与繁育中心的建设，加强珍稀濒危物种的保护。

第二十二条　省人民政府水行政主管部门在制定鄱阳湖采砂规划时，应当会同省交通运输、林业、渔业、国土资源、环境保护等主管部门确定可采区、可采期、禁采区和禁采期，并予以公告。

在鄱阳湖内从事采砂活动，应当依法办理采砂许可证。依法取得采砂许可证的单位和个人必须按照批准的开采时间、种类、作业方式以及开采范围、深度和开采量进行开采。

在鄱阳湖内从事采砂活动不得危害水利、交通等工程设施安全，不得破坏河湖岸线和生态环境；造成损害的，应当依法承担赔偿责任。

在鄱阳湖禁采期内，采砂船舶应当按照所在地县级人民政府指定的地点集中停放。无正当理由，不得擅自驶离指定停放地点。禁采区内不得滞留采砂船舶。

第二十三条　在鄱阳湖停泊或者航行的机动船舶，应当按照标准配备相应的防止污染设备和污染物集中收集存储设施。

在鄱阳湖从事港口、码头作业等活动的单位和个人，应当依法配备防治污染的设备、设施，及时处理作业、经营过程中产生的污染物、废弃物，防止污染生态环境。

第二十四条　湖体核心保护区内禁止下列行为：

（一）围湖造地、围湖养殖；

（二）非法围（开）垦、填埋湿地，烧荒，采矿，排放湿地水资源，或者修建阻水、排水设施；

（三）向鄱阳湖水体排放、倾倒工业废渣、城镇垃圾或者其他废弃物，或者在鄱阳湖最高水位线以下的滩地、岸坡堆放、存贮固体废弃物或者其他污染物；

（四）破坏鱼类等水生动物洄游通道，采用炸鱼、电鱼、毒鱼、耙网、定置网、机动底拖网等破坏渔业资源的方式和渔具捕捞鱼类、螺蚌及其他水生动物和底栖动物，或者在禁渔区、禁渔期内进行捕捞；

（五）投放无机肥、有机肥和生物复合肥进行水产养殖；

（六）采用天网、投毒、强光、仿声等方式非法猎捕以及非法出售、收购、运输、携带候鸟及其他受保护的野生动物；

（七）种植有碍湿地保护或者阻碍行洪的林木和高秆作物。

第二节　滨湖控制开发带保护

第二十五条　滨湖控制开发带范围为沿湖岸线邻水区域，以吴淞高程湖口水位

22.48 米为界线，原则上向陆地延伸 3 公里。

省发展改革主管部门应当会同环境保护、交通运输、国土资源、水利等主管部门负责编制沿湖岸线资源保护与利用规划，经征求沿湖各设区的市、县（市、区）人民政府的意见后，报省人民政府批准。岸线资源保护与利用规划应当明确岸线的划定、保护、利用和管理等要求。

第二十六条 在滨湖控制开发带内，各级人民政府应当因地制宜植树造林，构建生态屏障；保护鄱阳湖入湖河道的自然生态，适时进行尾闾疏浚，提高行洪和供水能力。

第二十七条 在滨湖控制开发带内，各级人民政府应当加强坡耕地、沿湖沙山及交通沿线侧坡等水土流失重点预防区和治理区的治理。禁止在 25 度以上的陡坡地进行土地开发，防治水土流失，减少泥沙入湖，改善生态环境。

第二十八条 在滨湖控制开发带内，各级人民政府应当推广使用生物农药和非化学绿色防控技术，减少化学农药使用量。禁止使用高毒、高残留化学农药，限制使用除草剂，引导和鼓励农民科学施肥，减少农业面源污染。

第二十九条 滨湖控制开发带内建设项目应当符合国家和省产业政策以及沿湖岸线资源保护与利用规划。禁止新建、改建、扩建化学制浆造纸、印染、制革、电镀等排放含磷、氮、重金属等污染物的企业和项目。

鼓励滨湖控制开发带内现有工业企业搬迁异地改造、扩建。对滨湖控制开发带内搬迁异地的企业，有关部门应当在投资、信贷、土地使用、能源供应和税收等方面给予支持。

第三十条 在滨湖控制开发带内，县级以上人民政府应当科学规划旅游业，防止超环境承载能力过度发展。鄱阳湖周边度假村、旅游宾馆、饭店等应当安装污水处理设施，并确保达标排放。

第三节　高效集约发展区保护

第三十一条 高效集约发展区范围为湖体核心保护区和滨湖控制开发带以外的鄱阳湖生态经济区内其他区域。

在高效集约发展区内，县级以上人民政府应当科学划分生态保护、农业发展、城镇建设和产业集聚区域。在高效集约发展区内进行开发建设活动，不得影响自然保护区、自然和文化遗产、风景名胜区、森林公园、湿地公园、地质公园以及饮用水源地、水源涵养区的生态环境和安全。

本省长江沿线有关市县人民政府应当按照长江江西段岸线利用管理规划，保护和合理开发利用岸线资源，推进沿江有关基础设施和重大产业项目建设，引导物流和产业向沿江布局。

第三十二条 在高效集约发展区内，县级以上人民政府应当根据鄱阳湖生态经济区规划和国家的产业政策，将节能、节水、节地、节材、资源综合利用、可再生能源、可循环利用项目列为重点投资领域；鼓励发展低能耗、高附加值的高新技术产业，控制高耗能、高污染、资源性项目；鼓励对废水、废气、固体废弃物等的循环利用，推进传统产业升级改造，优化产业结构。

新建工业项目应当进入工业园区。工业园区应当加强环境保护设施建设及绿化工程建设。

第三十三条 高效集约发展区内的各级人民政府及有关部门，在进行开发建设决策或者建设项目审批时，应当优先考虑自然资源条件、生态环境的承载能力和上级人民政府核定的主要污染物排放总量控制指标，以法律、法规及鄱阳湖生态经济区规划、环境影响评价文件为依据。

建设项目需要配套建设的环境保护设施，必须与主体工程同时设计、同时施工、同时投入使用。

第三十四条 在高效集约发展区内进行城市建设和改造，县级以上人民政府应当保护和规划各类重要生态用地，保护江河洪水调蓄区、湿地保护区、自然保护区、风景名胜区、森林公园、湿地公园等区域内的自然生态系统，做到生态保护与经济建设相结合，防止生态环境的破坏和生态功能的退化。

第四节 其他保护规定

第三十五条 鄱阳湖生态经济区内县级以上人民政府应当组织环境保护等有关部门编制突发环境事件应急预案，做好突发环境污染事件的应急准备、应急处置和事后恢复等工作。

可能发生环境污染事故的单位，应当依法制定本单位环境污染事故应急方案，报所在地市、县人民政府环境保护主管部门备案，并定期进行演练。

第三十六条 因发生事故或者其他突然性事件，造成或者可能造成环境污染事故的单位，应当立即启动本单位的应急方案，采取应急措施，并向事故发生地的县级以上人民政府或者环境保护主管部门报告事故发生的时间、地点、类型以及人员伤亡等情况；可能危及居民生命健康和财产安全的，应当立即通知周边单位和居民。

环境保护主管部门接到报告后，应当及时向本级人民政府报告。有关人民政府应当组织有关部门做好应急处置工作，根据环境污染事故的具体情况，及时启动突发环境事件应急预案，采取应急措施，疏散人员，并责令停止导致环境污染事故的有关活动。

第三十七条 对汇入鄱阳湖的主要河流，实行行政区界上下游水体断面水质交接责任制。主要河流断面水质控制目标由省环境保护主管部门会同省水行政主管部门制定。主要河流市界断面水质的监测由省环境保护主管部门负责，县界断面水质的监测由设区的市环境保护主管部门负责。交接断面水质监测结果作为环境保护实绩考核的重要指标。

省人民政府环境保护主管部门应当定期向社会公布鄱阳湖生态经济区水环境质量监测信息。

第三十八条 县级以上人民政府环境保护主管部门应当会同水利、林业、农业等主管部门建立生态环境保护监测体系，加强对水环境、大气环境、声环境及土壤等其他生态环境的监测。

县级以上人民政府环境保护主管部门应当加强对鄱阳湖沿岸直接入湖的排污口和主要河流入湖河口上溯三十公里范围内的排污口的监测；发现排污口附近水域水质有异常变化时，应当及时进行调查，依法予以处理，并及时报告本级人民政府和上级环境保护主管部门。

第三十九条　在鄱阳湖生态经济区内，按照湖体核心保护区、滨湖控制开发带、高效集约发展区的功能分区，逐步提高污染物排放标准。具体标准由省人民政府环境保护主管部门会同同级质量技术监督等主管部门制定，报省人民政府批准后实施。

第四十条　在鄱阳湖生态经济区内逐步建立排污权有偿使用和交易机制。鼓励排污者削减污染物排放，降低污染治理成本。

第四十一条　重点排污单位应当按照有关规定，在环境保护主管部门的指导和监督下，安装、使用在线监测装置或者视频监控系统，且不得擅自拆除、闲置、改变或者损毁。

重点排污单位和在线自动监控运营单位应当定期对在线监测装置或者视频监控系统进行维护校验，确保数据、图像等信息的实时准确传输。在线监测装置或者视频监控系统出现故障的，重点排污单位和在线自动监控运营单位应当立即向环境保护主管部门报告，并及时修复。

第四十二条　县级以上人民政府环境保护主管部门应当建立排污者环境保护信用档案，记录其环境保护信用信息，将遵守环境保护法律、法规，承担环境保护社会责任等情况载入信用档案，并向社会公开。

排污者的环境保护信用信息应当作为环境监督管理、财政支持、政府采购的参考依据，并按照国家有关规定作为银行信贷、外贸出口、企业信用评定和企业上市等方面的参考依据。

鼓励排污者主动将自身的环境信息通过广播、电视、报刊、网络等媒体向社会公开或者发布企业年度环境报告。

第四十三条　在鄱阳湖生态经济区内，县级以上人民政府应当统筹安排建设城镇污水集中处理设施及配套管网，提高本行政区域城镇污水的收集率和处理率。鄱阳湖生态经济区内新建、在建城镇污水处理厂，应当同步配套建设脱氮除磷设施；已建的城镇污水处理厂没有脱氮除磷设施的，应当增设脱氮除磷设施，控制氮、磷等污染物的排放。

鄱阳湖生态经济区内污水处理厂出水应当达到国务院环境保护主管部门发布的《污水处理厂污染物排放标准》一级标准的 B 标准，对排放湖泊水库的执行 A 标准。

第四十四条　在鄱阳湖生态经济区内，各级人民政府应当加强农村生活污水处理设施建设，结合生态乡、镇、村创建活动，实施河塘清淤，改造和完善水利设施，利用河塘沟渠的自净能力处理生活污水。鼓励有条件的地方建设污水人工湿地处理设施、生物滤池设施及接触氧化池处理设施。

第四十五条　在鄱阳湖生态经济区内，县（市、区）、乡镇人民政府应当统筹安排建设城乡垃圾收集、运输、处置设施，在村庄逐步设置垃圾收集点，对垃圾分类收集，对化肥、农药、除草剂等包装物分类处理，提高垃圾处理的减量化、无害化和资源化水平。

第四十六条　在鄱阳湖生态经济区内，各级人民政府应当根据当地农业资源和农业生态环境状况，制定生态农业发展规划，设立生态农业试验区、示范区，推广先进适用的农业生产技术，因地制宜发展高效生态农业。

第四十七条　在鄱阳湖生态经济区的核心保护区和滨湖控制开发带内新建、改建、扩建畜禽养殖场（区）的，应当按照建设项目环境保护法律、法规的规定，编制环境影响报告书，并办理相关审批手续。

在鄱阳湖生态经济区的高效集约发展区内新建、改建、扩建畜禽养殖场（区）达到下列规模标准的，应当按照建设项目环境保护法律、法规的规定，编制环境影响报告书，并办理相关审批手续：

（一）猪常年存栏量 3000 头以上；

（二）肉牛常年存栏量 600 头以上；

（三）奶牛常年存栏量 500 头以上；

（四）家禽常年存栏量 10 万只以上。

未达到前款规定标准的畜禽养殖场（区），兴办者应当按照建设项目环境保护法律、法规的规定，编制环境影响报告表，并办理相关审批手续。

畜禽养殖场（区）应当建设与其养殖规模相适应的畜禽粪污无害化处理和综合利用设施，并保证正常运行。鼓励通过发展沼气、生产有机肥料和还田方式实现资源化循环利用。禁止向水体或者其他环境直接排放畜禽粪便、沼液、沼渣等废弃物。对现有未达标排放的规模化畜禽养殖场，应当限期整改、搬迁或者关闭。

第四十八条　在鄱阳湖生态经济区内实行矿产资源勘查、开采规划分区制度。在禁止勘查、开采规划区内，不得新设固体矿产探矿权、采矿权；已取得固体矿产探矿权、采矿权的采矿企业，应当逐步有序退出。

第四十九条　在鄱阳湖生态经济区内开发利用自然资源，应当采取有效措施防止环境污染和生态破坏。造成环境污染和生态破坏的，开发利用者应当承担整治恢复责任。拒不履行整治恢复责任或者整治恢复不符合要求的，由县级以上人民政府环境保护主管部门或者资源管理主管部门组织有治理能力的其他单位代为整治恢复，所需费用由开发利用者承担。开发利用者拒不承担所需费用的，由组织代为整治恢复的主管部门责令限期缴纳；开发利用者逾期仍不缴纳的，由组织代为整治恢复的主管部门依法申请人民法院强制执行。

第四章　法律责任

第五十条　违反本条例第二十二条规定，在鄱阳湖禁采区、禁采期进行采砂活动的，由县级以上人民政府水行政主管部门责令停止违法行为，没收违法所得，可并处二万元以上 10 万元以下的罚款；情节严重、危害堤防安全的，没收其采砂船舶、机具；造成损失的，责令其赔偿损失。

第五十一条 违反本条例第二十四条规定，有下列行为之一的，由相关主管部门依法处罚：

（一）围湖造地的，由县级以上人民政府水行政主管部门依照职权责令其停止违法行为，限期恢复原状，处 2 万元以上 5 万元以下的罚款。

（二）擅自围（开）垦、填埋湿地的，由县级以上人民政府湿地保护有关部门责令其停止违法行为，限期恢复原状，处每平方米 20 元以上 50 元以下的罚款；拒不恢复的，由县级以上人民政府湿地保护有关部门代为恢复，所需费用由违法者承担。擅自排放湿地水资源或者修建阻水、排水设施的，由县级以上人民政府水行政主管部门或者湿地保护有关部门依照职权责令其停止违法行为，限期恢复原状，处 3000 元以上 1 万元以下的罚款；造成严重后果的，处 2 万元以上 10 万元以下的罚款；拒不恢复的，由县级以上人民政府水行政主管部门或者湿地保护有关部门代为恢复，所需费用由违法者承担。

（三）向鄱阳湖水体排放、倾倒工业废渣、城镇垃圾或者其他废弃物，或者在鄱阳湖最高水位线以下的滩地、岸坡堆放、存贮固体废弃物或者其他污染物的，由县级以上人民政府环境保护主管部门责令停止违法行为，限期采取治理措施、消除污染，处 5 万元以上 20 万元以下的罚款；逾期不采取治理措施的，环境保护主管部门可以指定有治理能力的

（四）采用炸鱼、电鱼、毒鱼、耙网、定置网、机动底拖网等破坏渔业资源的方式和渔具捕捞鱼类、螺蚌及其他水生动物和底栖动物，或者在禁渔区、禁渔期内进行捕捞的，由县级以上人民政府渔业主管部门没收渔获物和违法所得，处 1 万元以上 5 万元以下的罚款；情节严重的，没收渔具，吊销捕捞许可证；情节特别严重的，可以没收渔船。

（五）向禁止投放区投放无机肥、有机肥和生物复合肥进行水产养殖的，由县级以上人民政府渔业主管部门责令改正，处 1 万元以上 5 万元以下的罚款。

（六）采用天网、投毒、强光、仿声等方式非法猎捕以及非法出售、收购、运输、携带候鸟及其他受保护的野生动物的，依照有关野生动物保护法律、行政法规的规定予以处罚。

（七）种植阻碍行洪的林木和高秆作物的，由县级以上人民政府水行政主管部门责令停止违法行为，限期清除障碍或者采取其他补救措施，处 3 万元以上 5 万元以下的罚款。

第五十二条 违反本条例第二十八条规定使用高毒、高残留化学农药的，根据所造成的危害后果，由县级以上人民政府农业行政主管部门给予警告，对单位处 1 万元以上 3 万元以下的罚款，对个人处 1000 元以上 1 万元以下的罚款。

第五十三条 违反本条例第四十一条规定，重点排污单位未按规定安装或者闲置在线监测监控装置的，由县级以上人民政府环境保护主管部门责令限期改正；逾期不改正的，处 1 万元以上 10 万元以下的罚款；擅自拆除、改变、损毁在线监测监控装置的，处 5 万元以上 10 万元以下的罚款；在线监测监控装置系统发生故障未在规定时间内报告的，处 5000 元以上 2 万元以下的罚款。

第五十四条 违反本条例第四十七条规定向水体直接排放畜禽粪便、沼液、沼渣等废弃物的，由县级以上人民政府环境保护主管部门责令停止违法行为，限期采取治理措施、消除污染；逾期不采取治理措施的，县级以上人民政府环境保护主管部门可以指定有治理能力的单位代为治理，所需费用由违法者承担，并处 5 万元以上 20 万元以下的罚款；向其他环境排放畜禽粪便、沼液、沼渣等废弃物的，由县级以上人民政府环境保护主管部门责令停止违法行为，限期改正；逾期不改正的，处 1 万元以上 5 万元以下的罚款。

第五十五条 行政机关及工作人员有下列行为之一的，由各级人民政府及有关部门予以问责，依法予以处分：

（一）对环境影响评价文件未经环境保护主管部门审查或者审查后未予批准的建设项目批准建设的；

（二）在禁止勘查、开采规划区内新设固体矿产探矿权、采矿权的；

（三）在鄱阳湖生态经济区生态环境保护工作中，玩忽职守、徇私舞弊、滥用职权等不依法履行职责的。

第五十六条 违反本条例规定的其他行为，法律、法规已有处罚规定的，从其规定。

违反本条例规定构成犯罪的，依法追究刑事责任。

第五章　附　则

第五十七条 鄱阳湖生态经济区的三十八个县(市、区)是指：南昌县、新建县、进贤县、安义县、九江县、彭泽县、德安县、星子县、永修县、湖口县、都昌县、武宁县、鄱阳县、余干县、万年县、东乡县、浮梁县、余江县、新干县、瑞昌市、共青城市、丰城市、樟树市、高安市、乐平市、贵溪市，南昌市东湖区、西湖区、青云谱区、湾里区、青山湖区，九江市浔阳区、庐山区，景德镇市珠山区、昌江区，鹰潭市月湖区、抚州市临川区、新余市渝水区。

第五十八条 本条例自 2012 年 5 月 1 日起施行。

江西武夷山国家级自然保护区条例

第一章　总　则

第一条　为了加强江西武夷山国家级自然保护区(以下简称江西武夷山保护区)的管理，保护珍稀濒危野生动植物种群及其栖息地，根据有关法律、行政法规的规定，结合本省实际，制定本条例。

第二条　江西武夷山保护区属森林生态系统类型自然保护区，位于上饶市铅山县境内，地理位置介于东经 117°39′30″~117°55′47″，北纬 27°48′11″~28°00′35″之间，面积 16007 公顷。江西武夷山保护区的具体范围、界线和功能分区以国务院批准的文件为准。

第三条　江西武夷山保护区按功能划分为核心区、缓冲区和实验区。江西武夷山保护区管理机构应当在核心区、缓冲区和实验区的界线上设立界碑、界桩等界标。

第四条　江西武夷山保护区的保护、管理和利用，适用本条例。

第五条　江西武夷山保护区的保护和管理应当坚持全面规划、严格保护、科学管理、合理利用、持续发展的原则。

第六条　省人民政府应当制定并组织实施有利于江西武夷山保护区保护和建设的政策措施，将保护、建设、管理经费纳入财政预算。

铅山县人民政府可以根据保护和管理需要，对江西武夷山保护区所在地乡镇建立有利于生态保护的考核评价机制。

第七条　江西武夷山保护区管理机构依法接受的国内外组织和个人的捐赠，用于江西武夷山保护区的保护。

第八条　对江西武夷山保护区内自然资源和自然环境，任何单位和个人都有保护的义务，并有权对破坏、侵占江西武夷山保护区的行为进行检举、控告。

第二章　保护管理机构与职责

第九条　省人民政府林业主管部门主管江西武夷山保护区的工作，江西武夷山保护区管理机构具体负责保护和管理工作。

第十条　江西武夷山保护区管理机构主要职责是：

(一)宣传贯彻有关法律、法规、规章和政策；

＊　2016 年 4 月 1 日江西省第十二届人民代表大会常务委员会第二十四次会议通过。

（二）编制江西武夷山保护区总体规划及其专项规划，在征求所在地县级以上人民政府意见后按程序报批，并组织实施；

（三）组织开展江西武夷山保护区内资源调查和环境监测，建立江西武夷山保护区自然资源档案；

（四）开展与江西武夷山保护区相关的科学研究、科学知识普及和宣传教育活动；

（五）组织开展江西武夷山保护区规范化建设；

（六）对江西武夷山保护区内的生产、旅游、经营等活动进行监督管理；

（七）依法查处破坏江西武夷山保护区内自然资源、自然环境、保护管理设施的违法行为；

（八）法律、法规规定的其他职责。

第十一条 江西武夷山保护区管理机构依法报经批准，可以在进出江西武夷山保护区的主要路口设立资源保护检查站。

资源保护检查站负责对运输进出江西武夷山保护区的动植物及其制品、动植物及其制品的检疫证和相关审批文件进行查验；对违法携带火种进入江西武夷山保护区等行为依法进行查处。

第十二条 江西武夷山保护区所在地县级以上人民政府林业、环境保护、发展改革、财政、交通运输、国土资源、住房和城乡建设、农业、水利、旅游、科学技术、公安、出入境检验检疫等有关部门，应当按照各自职责，做好江西武夷山保护区保护和管理相关工作。

江西武夷山保护区所在地县级以上人民政府应当组织协调有关部门和单位，按照各自职责，做好江西武夷山保护区的保护和管理相关工作。

第十三条 省森林公安机关应当根据需要在江西武夷山保护区设立派出机构，依法查处破坏江西武夷山保护区自然资源和财物的违法犯罪行为。

第十四条 省人民政府林业主管部门组织协调上饶市、铅山县人民政府及其有关部门、江西武夷山保护区管理机构、武夷山镇和篁碧畲族乡人民政府等有关单位，建立健全江西武夷山保护区联合保护机制，制定保护公约，开展宣传教育，落实保护责任，协调做好森林防火、林地管理、林业有害生物防治等保护和管理工作。

第三章　保护措施

第十五条 江西武夷山保护区面积、功能分区、界线和江西武夷山保护区总体规划及其专项规划，是江西武夷山保护区保护和管理的依据，不得擅自改变；确需改变的，应当报原批准机关批准。江西武夷山保护区的自然资源和自然环境，应当严格按照江西武夷山保护区的性质、范围、功能分区和总体规划进行保护。

江西武夷山保护区所在地镇、乡、村规划的编制，应当与江西武夷山保护区总体规划相衔接，并书面征求江西武夷山保护区管理机构的意见。

第十六条 江西武夷山保护区管理机构应当按照国家规定，完善江西武夷山保护区生态和资源监测体系，在江西武夷山保护区内的黄腹角雉、黑麂、南方铁杉等珍稀濒危野生动植物集中分布地域、典型植被群落所在地域，建设适当数量的固定样线、固定样地、站位断面或者永久性生态定位监测站，定期开展调查和监测，并建立江西武夷山保护区生态系统、植被和珍稀濒危物种分布数据库和监测档案；定期对江西武夷山保护区内生物多样性状况和保护成效进行评价，并根据评价结果，调整、完善保护和管理措施。

第十七条　核心区内，除依法履行保护、管理职责和经依法批准从事科学研究的人员外，禁止任何单位和个人进入。

第十八条　缓冲区内，除经依法批准从事科学研究、教学实习、调查观测和采集标本活动外，禁止任何形式的旅游、野外登山、探险、宿营和生产经营活动。

第十九条　实验区内，经依法批准可以从事科学研究、教学实习、参观考察、旅游以及驯化、繁殖繁育珍稀濒危野生动植物等活动。

第二十条　进入核心区、缓冲区内从事相关活动的单位和个人，应当按照《中华人民共和国自然保护区条例》规定，事先向江西武夷山保护区管理机构提交书面申请。书面申请应当包括活动的时间、人员、地点、内容、方式、安全措施等。

江西武夷山保护区管理机构应当自收到书面申请之日起3个工作日内予以批准，并告知铅山县人民政府林业主管部门；不予批准的，应当书面说明理由。

第二十一条　在江西武夷山保护区内开展科学研究、调查观测、教学实习以及采集野生动植物标本等活动的，应当及时清理活动产生的垃圾，并向江西武夷山保护区管理机构提交活动成果副本。

第二十二条　江西武夷山保护区内禁止下列行为：

（一）野外用火；

（二）盗伐、滥伐、毁坏林木或者破坏植被；

（三）采挖野生植物、药材，猎捕、打捞、收购、加工利用、出售野生动物；

（四）引入生物新品种；

（五）非法开垦、开矿、采石、挖沙、取土、占地；

（六）擅自移动或者破坏界碑、界桩以及其他保护管理设施；

（七）对河流进行截流、改向、填堵或者其他改变；

（八）法律、法规禁止的其他行为。

第二十三条　任何单位和个人发现江西武夷山保护区内生病、受伤、被困的珍稀濒危野生动物，都有救护和及时报告江西武夷山保护区管理机构或者当地人民政府的义务。

第二十四条　江西武夷山保护区内，江西武夷山保护区管理机构可以与由其使用、管理的森林、林木、林地之外的其他所有者或者使用者签订保护协议，按照江西武夷山保护区林地的功能，约定林地使用方向、林木保护方式。

省人民政府可以对江西武夷山保护区内由江西武夷山保护区管理机构使用、管理之外的森林、林木、林地，采取依法划拨、征收、征用、租赁及股份合作等方式，加强江西武夷山保护区内森林、林木、林地的保护和管理。

第二十五条 铅山县人民政府应当会同江西武夷山保护区管理机构加强对江西武夷山保护区内人口的管理，除因婚姻、收养关系外，严禁江西武夷山保护区以外人员迁入江西武夷山保护区。

江西武夷山保护区所在地人民政府应当结合生态移民，在尊重居民意愿的基础上，有计划地安排江西武夷山保护区内原有居民逐步迁出，对外迁的居民依法给予安置或者补偿。

江西武夷山保护区内的单位、居民和进入江西武夷山保护区的人员，应当严格遵守江西武夷山保护区的管理制度。

第二十六条 铅山县人民政府应当加强江西武夷山保护区森林防火工作，将江西武夷山保护区管理机构列为本级森林防火指挥机构成员单位，并将江西武夷山保护区森林防火纳入本级森林防火规划，加强对江西武夷山保护区森林防火工作的监督管理。

江西武夷山保护区管理机构负责江西武夷山保护区森林防火监测预警预报、巡护检查、火险监控等日常预防和监督管理工作。

第二十七条 江西武夷山保护区管理机构应当建立健全防护措施，做好外来物种入侵防控工作，并加强动植物疫源疫病的监测，严格按程序处置、报告疫情，严防动植物疫源体输入输出江西武夷山保护区。

第二十八条 江西武夷山保护区内村（居）民委员会应当配合所在地人民政府，做好森林防火和林业有害生物防控工作。

森林、林木和林地的经营单位和个人，在其经营范围内依法做好森林防火和林业有害生物防控工作。

第四章 合理利用

第二十九条 江西武夷山保护区自然资源的开发利用，应当服从保护的要求，并符合江西武夷山保护区总体规划及其专项规划。

第三十条 核心区内禁止建设任何生产设施。

缓冲区内，经依法批准，可以建设野外观测站、样线样地、巡护通道、森林防火等科研监测及保护设施。

实验区内严格控制建设用地。经依法批准，可以建设与保护管理、科研监测、科普教育、生态旅游等相关的设施。

实验区内严格控制居民住宅建设，确需新建、改建、扩建的，其房屋选址、建筑面积、层数、污水处理设施等应当符合江西武夷山保护区总体规划，严格遵守镇、乡、村规划，并依法办理相关审批手续。

第三十一条 实验区内开展参观、旅游活动的，由江西武夷山保护区管理机构提出方案，经省人民政府林业主管部门审核后，报国务院林业主管部门批准。

第三十二条　江西武夷山保护区管理机构应当配合所在地人民政府，做好保护区内居民就业培训、医疗教育、生态移民等民生和基本公共服务工作，促进保护区内居民生产生活条件的改善。

第三十三条　江西武夷山保护区管理机构可以会同铅山县人民政府，根据江西武夷山保护区总体规划和江西武夷山保护区内居民生产生活状况，在实验区内划定固定的生产区域，合理安排江西武夷山保护区内居民开展符合生态保护要求的毛竹、茶叶等生产经营活动。

省人民政府林业主管部门、江西武夷山保护区管理机构对江西武夷山保护区内的单位和个人发展生态林业，应当提供技术和信息服务，并可以给予资金扶持。

第三十四条　江西武夷山保护区内基础设施建设、资源管护、森林防火、科研监测、林产品采集加工、旅游服务、抢险救灾等需要劳动用工的，在同等条件下应当优先聘用江西武夷山保护区内林权所有者和江西武夷山保护区内居民。

江西武夷山保护区管理机构可以向江西武夷山保护区内林权所有者和江西武夷山保护区内居民购买服务。

第三十五条　江西武夷山保护区管理机构可以与高校、科研机构在森林生态系统监测、迁徙物种保护、外来物种入侵、发掘可持续利用自然资源、科技成果转化等领域开展合作研究。

第三十六条　江西武夷山保护区管理机构应当建立科普教育场馆，编制具有江西武夷山保护区特色的科普教材和视听资料，定期开展生态环境教育和科普教育活动。

第五章　法律责任

第三十七条　江西武夷山保护区管理机构和有关部门的工作人员有下列行为之一的，依法对直接负责的主管人员和直接责任人员给予处分：

（一）不执行或者擅自变更江西武夷山保护区总体规划及其专项规划的；

（二）违法批准进入江西武夷山保护区核心区、缓冲区从事相关活动的；

（三）不履行本条例规定职责的；

（四）其他滥用职权、玩忽职守、徇私舞弊的。

第三十八条　违反本条例规定，在江西武夷山保护区内盗伐、滥伐、毁坏林木或者破坏植被，采挖野生植物、药材，猎捕、打捞、收购、加工利用、出售野生动物及其他破坏自然资源的，由江西武夷山保护区管理机构依照有关森林、野生动植物的法律、法规予以处罚。

第三十九条　违反本条例规定，有下列行为之一的，由江西武夷山保护区管理机构责令改正，并处 300 元以上 1000 元以下罚款，情节严重的处 1000 元以上 5000 元以下罚款：

（一）未经批准进入核心区的；

（二）未经批准在缓冲区进行科学研究、教学实习、调查观测、采集标本等活动的；

（三）在缓冲区旅游、登山、探险、宿营和开展生产经营活动的；

（四）擅自移动或者破坏保护管理设施的。

违反前款第二项规定，除按前款规定进行处罚外，对未经批准进行科学研究、教学实习、调查观测、采集标本所得的资料和实物予以没收。违反前款第四项规定，破坏保护管理设施的，除按前款规定进行处罚外，对造成的损失依法给予赔偿。

第四十条　违反本条例规定的其他行为，由有关行政主管部门依照相关法律、法规予以处罚；有关行政主管部门可以在其法定权限内，委托江西武夷山保护区管理机构实施行政处罚。

第四十一条　违反本条例规定，构成犯罪的，依法追究刑事责任。

第六章　附　则

第四十二条　本省的马头山、九连山、官山、九岭山国家级自然保护区，可以参照本条例执行。

第四十三条　本条例自 2016 年 5 月 1 日起施行。

江西省人民政府贯彻落实国务院关于完善退耕还林政策通知的实施意见

（赣府发〔2007〕28号）

各市、县（区）人民政府，省政府各部门：

为认真贯彻落实《国务院关于完善退耕还林政策的通知》（国发〔2007〕25号）精神，进一步巩固退耕还林成果，切实解决退耕农户的生活困难和长远生计问题，结合我省实际，现提出如下实施意见：

一、完善退耕还林政策的指导思想、目标任务和基本原则

（一）指导思想。以邓小平理论和"三个代表"重要思想为指导，坚持以人为本，全面落实科学发展观，按照"生态立省、绿色发展"的战略要求，认真落实国家退耕还林政策，采取综合措施，加大扶持力度，努力改善退耕农户生产生活条件，逐步建立起促进生态改善、农民增收和经济发展的长效机制，巩固退耕还林成果，促进我省经济社会可持续发展。

（二）目标任务。一是切实巩固退耕还林成果，进一步加强林木后期管护，搞好补植补造，坚决杜绝毁林复耕；二是确保退耕农户长远生计得到有效解决，进一步调整农业产业结构，提高农业综合生产能力，从根本上解决农户当前生活和长远生计问题。

（三）基本原则。坚持巩固退耕还林成果与解决农民长远生计相结合，坚持国家支持与退耕农户自力更生相结合，坚持省政府负总责、各级人民政府层层负责相结合。

二、完善后的退耕还林补助政策内容

（四）国家继续对退耕农户进行补助。现行退耕还林粮食和生活费补助期满后，国家继续对退耕地还林给予现金补助。补助标准为：每亩退耕地每年补助现金105元。原每亩退耕地每年20元生活补助费，继续直接补助给退耕农户，并与管护任务挂钩。补助期为：还生态林补助8年，还经济林补助5年。

（五）建立巩固退耕还林成果专项资金。为集中力量解决影响退耕农户长远生计的突出问题，省政府根据中央财政安排的资金设立巩固退耕还林成果专项资金（以下简称专项资金）。专项资金按国务院文件有关规定，主要用于退耕还林补植补造、农村能源建设、生态移民、退耕还林生物防火和病虫害防治、发展接续产业。专项资金实行专户管理，专款专用，并与原有国家下达的各项扶持资金统筹使用。具体使用和管理办法待国家出台后，由省财政厅会同省发改委、省林业厅等部门制定细则，报省政府批准后施行。

三、认真兑现退耕还林补助政策

（六）开展历年退耕还林核查。为切实做好退耕还林接续补助资金的发改，确保补助资金使用安全，省林业厅要组织力量对全省各工程县历年退耕还林实施情况进行全面核查，对验收合格的面积，及时兑现补助；对造林质量和补助资金发放问题突出的，责令县级人民政府限期整改。对整改不合格的，将调整任务和资金。

（七）严格检查验收工作。从 2007 年度开始，各工程县必须在每年 10 月至 11 月开展退耕还林的秋季检查验收工作，并根据秋季验收结果兑现钱粮补助。秋季验收合格的，兑现验收年度的现金补助和生活补助费。不得将以前因验收不合格而滞留的补助一次性兑现给农户。对于验收不合格的退耕地，县级人民政府要督促、指导退耕农户加强管护，及时补植补造，确保秋季验收合格。对于连续 3 年验收不合格的退耕地，县级人民政府应追回该退耕地已兑现的钱粮补助，并按照规范程序重新落实退耕地还林。

（八）规范政策补助分配。对现行退耕还林粮食和生活补助，原则上仍按照承包户和退耕户已签合同进行分配。对原补助期满后，国家继续对退耕农户的补助，必须直接补助给原退耕土地承包经营权人。每亩退耕地每年 20 元生活补助费与管护任务挂钩，退耕户自退自管的，由退耕户享受生活补助费；退耕户委托或转让他人管护的，由退耕户与管护责任主体协商并签订管护合同，明确资金分配方式并落实管护责任。

（九）及时兑现政策。退耕还林补助政策根据验收结果兑现。凡 2006 年底前退耕还林粮食和生活费补助政策已经期满的，从 2007 年起发放补助；2007 年以后到期的，从次年起发放补助。

四、进一步完善退耕还林配套措施

（十）编制巩固退耕还林成果专项规划。省发改委、省财政厅、省林业厅等有关部门要按照因地制宜、突出重点、远近结合、综合整治的原则，综合考虑退耕农户近期生计和长远发展，制定省级巩固退耕还林成果专项规划，作为巩固退耕还林成果专项资金计划下达的依据。

（十一）做好退耕还林确权发证工作。退耕还林确权发证工作是巩固退耕还林成果，实现依法治林的重要基础性工作。退耕还林地区县级以上人民政府要按照《森林法》和《退耕还林条例》的有关规定，对退耕还林后的林地和林木进行登记造册、发放林权证，依法确认其所有权和使用权。对退耕地原承包经营权人发放林地使用权证和森林、林木所有权证。委托、转让他人退耕还林或者与他人合作退耕还林的，林权权利人有要求并提出申请，可以发给森林、林木所有权证或使用权证。对原属集体经营的退耕地，先要落实承包经营人，确权到户，然后发放林权证。

（十二）及时开展退耕还林补植补造。补植补造的重点安排在高速公路、国道、省道等主要交通干线两侧，经省林业厅核查后，由专项资金给予补助。

（十三）加强农村能源建设。各地要从实际出发，因地制宜，采取中央补助、地方配套和农民自筹相结合的方式，以薪炭林和节柴灶建设为重点，搞好退耕还林地区的农村能源建设。对薪炭林和退耕户的节柴灶建设，由专项资金给予补助。

（十四）继续推进生态移民。对居住地基本不具备生存条件的退耕农户，有计划逐步实行易地搬迁，重点是省级以上自然保护区、国家级森林公园、国家级风景名胜区内不具备生存条件的深山区群众。实行易地搬迁的，从专项资金给予补助。同时，对搬迁地开展植树造林、封山育林，由专项资金给予补助。

（十五）强化退耕还林生物防火和病虫害防治。做好退耕还林工程的护林防火和病虫害防治工作，是巩固退耕还林成果的重要举措。地方政府和林权人要积极筹措资金，开展退耕还林的生物防火和病虫害防治工程建设，专项资金给予补助。

（十六）编制退耕还林规划。进一步摸清仍需退耕的 25 度以上陡坡耕地和严重沙化耕地的实际情况，在深入调查研究、认真总结经验的基础上，由省发改委牵头，省林业厅、省农业厅、省国土资源厅等部门配合，实事求是地制订全省退耕还林工程建设规划。

（十七）落实好退耕还林工作经费。各级财政按退耕还林面积每年每亩 2 元的标准安排工作经费，其中省财政安排 1 元，市、县财政各安排 0.5 元。省级财政安排的工作经费主要用于省本级和县级退耕还林工作经费补助。省财政对各地退耕还林工作经费的补助与地方工作经费到位情况挂钩。

五、大力发展退耕还林接续产业

（十八）加大对退耕还林接续产业的资金扶持。坚持以促进农民增收为中心，大力调整农业生产结构，在退耕还林地区着力发展油茶、毛竹、果业、茶叶、木本药材、林下经济作物等接续产业，专项资金对退耕还林接续产业发展给予补助。

（十九）加大对退耕还林接续产业的金融支持。农业银行、农村信用社和农业发展银行等金融机构要加大对退耕还林接续产业发展的支持力度，扩大贷款规模。对符合国家产业政策和市场准入条件，对地区经济发展带动作用明显的林业龙头企业，专项资金对其贷款给予适当贴息补助。

六、切实做好退耕还林工程的组织实施

（二十）明确责任。退耕还林工程实行各级政府负责制，由各级人民政府对本地巩固退耕还林成果、解决退耕农户长远生计工作负总责，层层落实目标和责任，逐县、逐乡、逐村、逐户、逐地块狠抓落实。各级发改委负责退耕还林建设和巩固退耕还林成果专项资金规划的编制、审核和计划下达；财政部门负责资金的拨付、相关配套经费的落实和监督管理；林业部门负责退耕还林任务和巩固成果专项规划的组织实施及检查验收；国土、农业、审计、监察等有关部门要各司其职，各负其责，加强协调，密切配合，充分发挥部门优势，共同做好退耕还林工作。

（二十一）严格检查。各地要认真落实政策，严肃工作纪律，严格核实退耕还林面积，严格资金支出管理，严禁弄虚作假和截留挪用对农户的补助资金及专项资金。各

级监察、审计部门要加强对退耕还林工程全过程的监督检查。退耕还林补助资金兑现情况，要纳入村务公开的内容，张榜公布，接受群众监督。各地要畅通信访渠道，发现问题，及时整改。对于侵占退耕农户利益、退坏退耕还林成果的，要认真查处。

退耕还林工程是一项荫及子孙、惠及万民的德政工程。各地各有关部门要从事关国家生态安全、全面建设小康社会和构建社会主义和谐社会的高度，充分认识巩固退耕还林成果的重要性和紧迫性，采取有力措施，将政策贯彻好、执行好，确保政策落到实处，取得实效。

江西省人民政府关于进一步
加强森林防火工作的意见

（赣府发〔2008〕15 号）

各市、县（区）人民政府，省政府各部门：

我省森林资源丰富，森林覆盖率居全国前列，森林防火任务非常繁重。特别是近年来，一些地方森林火灾频发，并导致人员伤亡。森林火灾已成为影响我省安全的一个突出问题。为加快建立健全森林防火长效机制，切实提高预防和控制森林火灾的能力，切实保护森林资源和人民群众生命财产安全，特提出如下意见：

一、加强森林火灾预防，提高森林火灾防控能力

1. 加强森林防火宣传教育。各级政府要开展经常性的森林防火宣传教育，采取多渠道、多形式广泛宣传森林防火法律法规，普及安全用火知识，强化依法用火责任，提高全社会的森林防火意识。在持续干旱等高火险天气和元旦、春节、清明、冬至等重要时段，各级广播、电视、报刊等新闻媒体要加大森林防火宣传力度，及时发布火险预报，努力营造浓厚的舆论氛围。林区各村、组要安排人员鸣锣警示，提醒农户注意森林防火。各中小学校要加强对青少年的森林防火安全知识教育，林区中小学森林防火知识教育要经常化。

2. 加强野外用火管理。在森林防火重点期，严格控制烧荒、上坟烧纸等野外用火，严禁在林区和林缘地带开展生产性用火。确需用火的，须经县级以上人民政府或其授权的单位审批，领取用火许可证，明确安全用火责任人，落实防范措施，在低火险天气条件下有计划、有组织地进行。

3. 建立村级护林联防制度。以村为单位，结合林业"三防"协会，由村干部牵头，同林农一起组成护林联防队，在高火险天气开展野外用火巡查。省财政从 2008 年开始，对全省林区村村级防火经费实行转移支付补助，转移支付资金与林地面积和森林防火成效相挂钩。具体补助办法由省财政厅会同省林业厅制订。

4. 做好森林火险监测和预报工作。充分利用卫星遥感监测、飞机巡护、视频监控、高山瞭望、地面巡逻等手段，对森林火险进行全方位监控，做到火情早发现、早处置。加强森林火险气象等级预报，及时向社会发布森林火险气象等级。

5. 推进林火阻隔网建设。要对全省的生物防火林带、防火线建设进行科学规划，努力提高控制重大森林火灾发生的能力。省际边界、居民点、易燃易爆品仓库等相关工程设施周围，自然保护区、风景名胜区、森林公园的周边，以及农田、道路等林缘地带，应当营造生物防火林带或开设防火线。新造林要按标准建设生物防火林带，造林规划及林区各类工程设施建设，须征求同级森林防火部门的意见，确保各项防火设施与工程建设同步规划、同步设计、同步施工、同步验收。市、县政府每年要安排一定资金专项用于生物防火林带建设，省里每年给予一定补助。

6. 培育造林专业队伍。采取政府扶持、市场化运作的模式，加快建设造林专业队伍，为山林承包者提供专业化服务。造林专业队伍购置植树机械，争取纳入农业机械购置补贴范围。

二、加强应急体系建设，提高扑火抢险救灾能力

7. 建立森林防火应急平台。依托公共信息网，建立以地理信息系统为基础，集信息管理、远程办公、视频监控、指挥调度为一体的全省森林防火应急平台。

8. 完善森林防火无线电通信网。合理布设林区无线电台站，加强装备建设，减少通信盲区。按照有关规定，森林防火专用电台免收无线电通讯频率占用费。

9. 加强专业森林消防队伍建设。按照"以县建队、分散养兵、集中使用"原则，推进专业森林消防队标准化建设，落实机构编制、经费保障、营房和装备，建立优胜劣汰的队员选拔机制，加强训练，提高扑火能力。同时，为加强重点区域和跨区域森林火灾扑救工作，省里在现有专业森林消防队的基础上，重点补助建设30支机动专业队。重点林区乡镇要建立半专业森林消防队，配备必要的扑火机具，省里对半专业森林消防队购置扑火机具给予一定的补助，市、县也应给予适当补助。

10. 积极开展森林航空消防。加快航空护林站建设，适时开展航空护林工作，重点实施飞机吊桶洒水空中灭火作业。

11. 发挥人工增雨在森林防火中的作用。适时开展人工增雨作业，降低森林火险气象等级，努力预防和扑灭火灾。进一步加强庐山、井冈山、三清山、龙虎山、南昌西山等重点区域森林防火人工增雨作业能力建设，适当增配作业工具和设备。

12. 建立森林防火物资储备制度。林区县级政府每年要安排一定经费，用于购置必备的森林防火物资，确保森林防火工作需要。

13. 加强森林防火专用车辆管理。全省森林防火专用车辆统一外观标识，免征公路养路费，免设区市范围内收费公路车辆通行费。重点森林防火期（每年10月1日至次年4月30日），森林防火专用车辆执行预防和扑救森林火灾任务时，在全省范围内免收路桥通行费，具体办法由省林业厅会同省交通厅制定。

三、加强组织领导，提高森林防火工作管理水平

14. 全面落实森林防火行政领导负责制。各级政府对本辖区森林防火工作全面负责，政府主要领导为第一责任人，分管领导为主要责任人，林业部门主要领导为直接责任人。积极推行领导分片包干责任制，划分森林防火责任区。一旦发生森林火灾，县乡领导必须立即赶赴现场组织指挥扑救工作。

15. 进一步完善森林火灾报告制度。火灾发生后，必须在规定时间内上报，形成省、市、县、乡联动的快速反应机制。一般区域发生火灾，乡镇必须立即报告县级森林防火指挥部；明火 2 小时尚未扑灭的，县级森林防火指挥部应及时向设区市和省森林防火指挥部报告。敏感区域以及造成人员伤亡的火灾，必须立即向省森林防火指挥部报告。省森林防火总指挥部要加强火情调度，并及时向省政府报告。

16. 建立森林防火指挥长任职培训制度。各级森林防火指挥长须接受森林防火业务培训，熟悉掌握科学指挥和安全避险等基本知识，市、县两级指挥长由省组织培训，乡级指挥长和基层林业工作站站长由设区市组织培训，村委会主任由县组织培训。

17. 完善森林防火法规。抓紧组织修订《江西省森林防火条例》，建立森林火灾损失赔偿办法，完善扑火应急预案，严厉打击野外违规用火行为。

18. 积极开展林木火灾保险。按照"政府引导、林农自愿、市场运作"的原则，稳步推进林木火灾保险。从 2008 年起，省财政对全省范围内的林木火灾保险保费给予补贴。

19. 设立森林防火专项资金。省财政从 2008 年起设立基层森林防火专项资金，支持基层加强森林防火基础设施建设，提高扑救能力。有条件的市、县也要设立森林防火专项资金。

20. 建立森林防火工作奖励制度。对在森林防火工作作出突出成绩的单位和个人，由县级以上人民政府依据《森林防火条例》予以表彰和奖励。

江西省人民政府办公厅
关于加强林木种苗工作的意见

（赣府厅发〔2013〕21号）

各市、县（区）人民政府，省政府各部门：

林木种苗是生态建设和林业发展的重要基础。大力发展林木种苗事业，是实现我省向林业强省转变的有效手段，是实现森林面积和森林蓄积量快速增长的根本前提，是推进"森林城乡、绿色通道"工程，建设富裕和谐秀美江西的重要保障。为贯彻落实《国务院办公厅关于加强林木种苗工作的意见》（国办发〔2012〕58号），进一步加强我省林木种苗工作，现提出如下意见：

一、总体要求

（一）指导思想。大力实施"生态立省、绿色发展"战略，以"森林城乡、绿色通道"工程和国家木材生产战略储备基地建设为契机，坚持以科技为先导，以选育优良乡土树种为基础，以建设林木良种基地为重点，以提高林木种苗品质为核心，以加强执法监管为保障，进一步强化社会化服务，全面提升林木种苗生产供应能力和良种化水平，做大做强苗木花卉产业，推动林业产业快速发展，促进林农增收。

（二）基本原则。

1. 坚持科技兴种的原则。面向市场，加强林木种苗新品种和新技术的研发，加快科研成果转化，加强种苗生产和管理人员培训，提高运用科研成果的能力和水平。

2. 坚持因地制宜的原则。加强优良乡土树种的选育与推广，突出地域特色，科学组织种苗生产，提高我省种苗产业竞争力。

3. 坚持依法治种的原则。加强全省林木种苗队伍建设，严格执法，强化种苗质量监管，规范市场秩序，着力营造种苗发展的良好氛围。

4. 坚持机制创新的原则。创新林木种苗生产经营管理模式，实现生产专业化、经营主体多元化、质量标准化和"育繁销一体化"。

（三）发展目标。到2020年，健全林木种苗管理、行政执法和质量监督体系；完成全省林木种质资源调查，建立完整的种质资源地理信息系统，实现信息共享；加强优良种质资源的保护和利用，全省新建或改造一批林木种质资源保存库；加强优良乡土树种的选育和推广，建设一批高生产力的种子园和采穗圃，制定相关技术标准；加强品种审定工作，审定和推广一批适应性强、遗传增益高的主要造林树种新品种；建设一批生产规模化、管理精细化、设备现代化、人员专业化的种苗生产基地(保障性苗圃)。全省主要造林树种良种使用率达到80%以上，项目工程造林良种使用率达到100%；大力发展苗木花卉产业，全省苗木花卉种植面积达到200万亩，苗木花卉综合产值突破1000亿元。省政府办公厅文件。

二、重点任务

(四)加强林木种质资源保护和利用。制定全省林木种质资源调查与保存利用规划，加快林木种质资源收集保存工作。"十二五"期间，全省新建或改造6~10个种质资源异地保存库、20个种质资源原地保存库。依托自然保护区开展林木种质资源原地保存工作，划立保护范围，设立保护标志，逐步形成原地保存和异地保存为主，设施保存为辅的林木种质资源保存体系。建立健全全省林木种质资源地理信息系统和动态监测体系，公布江西省林木种质资源重点保护名录，实现信息共享。加强对珍稀、濒危树种和特有乡土树种的收集、保存、交流工作，为引种驯化、科学利用提供物质基础。加强优良林木种质资源的开发利用，培育具有地方特色的珍稀苗木花卉。

(五)加强林木良种基地建设。制定全省林木良种基地发展规划，完善良种基地管理制度，形成布局合理、树种丰富的良种生产格局，提高良种生产能力。高标准建设国家重点林木良种基地，加强省级林木良(采)种基地基础设施建设，新建一批珍贵阔叶用材林、经济林、能源林等树种良种基地。加强林木遗传测定，加快良种换代步伐。加强高生产力种子园、采穗圃及优良乡土树种母树林建设，不断提高良种品质。鼓励引导林业专业合作组织承担林木良种培育工作，鼓励社会资金参与林木良种选育与生产，逐步构建以国家、省级重点林木良种基地为主体，民营良种基地为补充的良种生产供应体系。

(六)完善种苗生产供应体系。加强林木良种采收、加工、检验、贮藏管理，国家和省级重点林木良种基地生产的良种由省级林木种苗管理机构统一调剂，保证良种来源清楚，促进良种推广和应用。建设一批省级保障性苗圃，实行定点育苗、定向供苗，重点培育林木良种苗木、珍稀树种苗木、能源林苗木及生态林苗木，满足国家重点工程项目造林和社会造林需求。园林绿化苗木的培育，以市场为导向，实行市场调节和政府宏观指导相结合，形成多种所有制共同发展的苗木生产供应体系。

(七)加大品种审定和推广力度。进一步完善林木品种审定制度，定期开展品种审定工作，定期公布主要造林树种良种名录。完善植物新品种保护制度，维护新品种权所有人的合法权益。规范林木良种区域试验和跨区引种行为。加强林木良种宣传和推广使用，国家投资和国有林业单位的造林项目必须使用良种壮苗，将林木良种使用率纳入造林实绩检查体系。引导林农和社会造林使用良种壮苗。

(八)强化科技支撑。制定主要造林树种、珍稀濒危树种和园林观赏树种的长期育种计划，并纳入各级各类科技计划，安排科研课题，长期进行研究。坚持常规育种与现代生物技术育种相结合，开展多方向、多目标的林木良种选育研究，尽快培育一批具有自主知识产权的高产、质优、高抗的新品种。大力推广轻基质容器育苗、组培育苗、滴水灌溉和测土配方施肥等新技术，推广标准化、专业化、机械化、工厂化生产方式，提高种苗品质。鼓励以主要造林树种为重点，有效整合科技资源，依托科研机构、高等院校、龙头企业，建立协同创新机制，开展共性技术和关键技术研究、集成试验和示范。充分发挥高等院校和科研机构的技术力量，依托国家和省级重点林木良种基地、省级保障性苗圃，构建种苗科研、教学、生产相结合平台。鼓励高等院校、科研院所和企事业单位的专家开展有偿指导服务，支持专家开展良种选育和推广、高生产力种子园和采穗圃营建、种子生产加工和检验等应用技术研究，加快科技成果转化进程。制定人才培养计划，采取多种方式，提高全省林木种苗生产和管理人员业务素质和能力。

（九）推进苗木花卉产业发展。因地制宜发展绿化苗木、木本油料、中药材和竹藤花卉等特色苗木花卉产业，打造优势品牌，形成苗木花卉科研、生产、交易、流通和售后服务产业链。加大苗木花卉生产龙头企业的扶持力度，推广"公司＋农户"等模式，充分发挥其示范辐射作用。大力招商引资，吸引国内外有实力的企业在我省发展苗木花卉产业，建设一批区域性苗木花卉交易市场，拓展互联网交易平台，创新流通方式，使我省成为南方地区重要的苗木花卉集散中心，成为苗木花卉输出大省。

（十）提高种苗质量与市场监管水平。严格执行林木种苗生产经营许可、检验检疫、标签、档案等管理制度。加强质量监管，及时发布采种公告和种苗质量检验信息，依法打击制售假劣种苗、植物新品种侵权和无证生产经营种苗等行为，健全种苗行政执法和质量监督体系。落实主要造林苗木生产单位自检制度，对使用未自检苗木的造林单位不予检查验收。各级林业主管部门要建立和完善种苗质量监督抽查制度。整顿和规范种苗市场秩序，打破地方保护，促进公平、有序竞争，为种苗产业发展创造良好的市场环境。

（十一）健全社会化服务体系。构建全省林木种苗信息网络平台，实现国家、省、市、县林木种苗管理部门四级联网。加强林木种苗生产供应预测预报和余缺调剂，引导种苗生产有序进行。指导扶持省、市、县成立林木种苗协会，大力发展林木种苗专业合作组织，充分发挥其协调、服务、维权、自律作用。

三、扶持政策

（十二）建立林木种子贮备制度。制定林木种子贮备办法，加强种子收购、检验、储存、更新及管理。建立省级林木种子贮备库。省林业主管部门根据林木种子结实丰歉规律及造林绿化任务，开展相应的种子贮备。

（十三）加大资金投入。各级财政要建立对林木种质资源调查及收集保存、良种选育、林木种子储备等长期稳定的投资渠道。省级财政统筹现有专项资金加大支持力度，重点支持林木良种补贴、省级林木良种基地建设等；各市、县（区）根据本地实际，逐步建立林木良种补贴制度，支持本地特色乡土树种选育和推广，加大保障性苗圃基础设施建设投入。各地政府要将属于公共服务范围的种苗管理和执法工作经费纳入同级财政预算。

（十四）强化政策支持。各地政府及其有关部门要大力支持种苗花卉生产及其交易市场建设，按规定落实税费减免等扶持政策，将大型苗木花卉交易市场建设纳入政府重点工程项目。对林木种苗生产经营所得，按有关规定免征企业所得税。经认定的高新技术林木种苗企业享受有关税收优惠政策。鼓励金融机构特别是政策性银行加强与林木种苗生产单位开展信贷合作。鼓励保险机构加大对林木种苗保险产品的研发，积极开展林木种苗保险试点，充分利用保险机制为林木种苗生产和经营提供风险保障。将林木种子采摘、加工、烘干、包装、播种等机械纳入农机具购置补贴范围。支持依法对种苗花卉生产基地发放林权证。简化苗木花卉销售放行手续，大力推行一站式服务，在苗木花卉重点乡镇和大型交易市场设立检疫、木材运输办证服务点，为苗木花卉经营者办理运输手续提供周到便利服务。

四、保障措施

（十五）加强组织领导。省林业厅负责林木种苗工作的统筹、规划、协调和具体实施，省发展改革、财政、编办、农业、科技、国土资源、工商、税务、金融、保险、农业开发等部门要齐心协力，密切配合，确保有关政策措施落实到位。各市、县（区）人民政府要加强对林木种苗工作的领导，强化各级林业主管部门的林木种苗管理职责，明确管理机构，落实工作责任，配备必要设施设备。加强全省林木种苗管理机构能力和标准化建设，加大从业人员培训力度。建立健全全省林木种苗质量监督检测体系建设，强化省、市、县三级林木种苗质量监督检验职能。

（十六）完善政策法规。适时修订《江西省林木种子管理条例》及其配套的规定；制定林木良种选育、生产和推广使用管理办法，制定良种补贴资金管理办法，建立审核、发放、验收制度，确保资金使用安全有效；制定省保障性苗圃管理办法和省级种苗质量标准。

（十七）创新发展机制。积极探索符合市场经济要求的种苗生产、经营和管理体制机制，分类经营和管理。对商品性和产业化特征明显的苗木花卉产业，坚持企业带动、社会参与，充分发挥苗木花卉龙头企业和大户的带动作用，建立"市场连基地，基地带农户"的产业发展机制。支持林木良种基地、科研单位和管理部门的技术人员组成团队开展良种选育和生产，鼓励有条件的良种生产基地开展苗木生产经营，形成良种选育、生产以及苗木繁推一体化的发展模式。加大国有苗圃改革力度，通过联合、兼并、股份制改造等形式，引入社会资本，实现规模经营。支持有条件的苗圃发挥自身优势，建设省级保障性苗圃。

长江

经济带 林业支持政策汇编：地方篇

湖北省

湖北省森林和野生动物类型自然保护区管理办法

  第一条 为加强森林和野生动物类型自然保护区的建设和管理，维护生物多样性和自然生态平衡，根据《中华人民共和国森林法》《中华人民共和国自然保护区条例》和《森林和野生动物类型自然保护区管理办法》以及国家其他有关规定，结合本省实际，制定本办法。

  第二条 在本省行政区域内建立和管理森林和野生动物类型自然保护区，以及在其范围内开展科研、生产、经营、旅游等活动，均须遵守本办法。

  第三条 省林业行政主管部门负责全省森林和野生动物类型自然保护区的管理工作。

  省环境保护行政主管部门负责监督检查全省森林和野生动物类型自然保护区的环境保护工作，以及与其他类型自然保护区的综合协调工作。

  第四条 本办法所称森林和野生动物类型自然保护区，是指县级以上人民政府在森林生态、湿地生态地区，珍贵野生动植物生长繁殖区，以及其他具有特殊保护价值的林区批准建立的自然保护区和自然保护小区（以下简称自然保护区）。

  前款所称自然保护小区，是指零星分布的具有重要保护和科研价值的野生动物栖息地、野生植物原生地和独特生态的区域。

  第五条 一切单位和个人都有保护自然保护区内自然环境和自然资源的义务，并有权对破坏、侵占自然保护区的单位和个人进行检举、控告。

  第六条 各级林业行政主管部门和自然保护区管理机构可以接受国内外组织和个人的捐赠，用于自然保护区的建设和管理。

  第七条 对在自然保护区管理、资源保护和科学研究工作中做出突出成绩的单位和个人，县级以上人民政府及其所属的林业行政主管部门应予以表彰和奖励。

  第八条 具备下列条件之一的，应当建立自然保护区：

  （一）完整的、典型的、有代表性的森林生态系统，包括原始森林、原始次森林；

  （二）国家和省重点保护的珍稀、濒危、有重要经济和科研价值的野生植物群落原生地，特有植被类型区域，物种种质基地；

  （三）国家和省重点保护的有经济和科研价值的野生动物栖息地；

  （四）具有特殊保护价值的湿地；

---

  * 2003 年 5 月 14 日湖北省人民政府常务会议审议通过。

（五）具有特殊保护价值的人文景观、历史遗迹地带、烈士陵园的林地和自然村落的绿化林、风景林；

（六）经县级以上人民政府批准，需要予以特殊保护的其他动植物生长繁殖区域。

第九条　自然保护区分为国家级、省级、市县级自然保护区和自然保护小区。

国家级自然保护区，由省人民政府提出设立方案报国务院审批。

省级自然保护区，由省林业行政主管部门会同所在市（州）人民政府提出设立方案，经省一级的自然保护区评审委员会组织评审，省环境保护行政主管部门提出审批建议后，报省人民政府批准，并报国务院环境保护和林业行政主管部门备案。

市县级自然保护区，由市（州）、县（市、区）林业行政主管部门提出设立方案，经市（州）、县（市、区）环境保护行政主管部门提出审批建议后，报市（州）、县（市、区）人民政府批准，并报省环境保护和林业行政主管部门备案。

自然保护小区，由所在地县级人民政府会同市（州）林业行政主管部门提出设立方案，经省林业行政主管部门审查同意，省环境保护行政主管部门提出审批建议后，报省人民政府批准。

跨行政区域的自然保护区的建立，由有关行政区域人民政府协商一致后提出申请，按本条第三、四、五款规定的程序审批。

第十条　申请建立自然保护区，必须提供下列材料：

（一）按照国家有关规定填报由省林业行政主管部门统一制定的自然保护区申报书；

（二）综合科学考察报告；（三）相应资质的设计单位编制的总体规划；（四）所在地县级以上人民政府的申报文件。

第十一条　自然保护区按照下列方法命名：国家级自然保护区：自然保护区所在地地名加"国家级自然保护区"。

省级自然保护区：自然保护区所在地地名加"省级自然保护区"。

市县级自然保护区：自然保护区所在地地名加"自然保护区"。

自然保护小区：自然保护小区所在地地名加"保护对象"加"自然保护小区"。

有特殊保护对象的自然保护区，可以在自然保护区所在地地名后增加特殊保护对象的名称。

第十二条　经批准设立的各级别的自然保护区，属于林地的，由所在地县级以上人民政府依照《中华人民共和国森林法》的有关规定，核发山林权属证书；属于湿地的，由所在地县级以上人民政府依照《中华人民共和国土地管理法》的有关规定，核发土地权属证书。

自然保护区范围和界线的确定，应当在不改变法定的行政区域界线的前提下，兼顾其完整性和所在地经济建设与居民生产生活的实际需要。

自然保护区的区界确定后，应设立界标，予以公告。

第十三条　除自然保护小区外，自然保护区内可以划分为核心区、缓冲区和实验区：

（一）核心区是自然保护区内保存完好的天然状态的生态系统以及珍稀、濒危动植物的集中分布地。

（二）缓冲区是自然保护区内天然性状态生态系统向人为影响下的天然性状态生态系统过渡地带，是隔离核心区和实验区之间的区域。

（三）实验区是自然保护区内探索可持续发展和适度合理利用的区域。

第十四条 自然保护区的范围、功能、名称不得随意调整和更改，确需调整和更改的，必须报请原批准设立自然保护区的人民政府批准。

第十五条 自然保护区内的标志、设施受国家法律保护，任何单位和个人不得移动、侵占和毁坏。

第十六条 自然保护区根据实际需要，经县级以上机构编制委员会审批，设立专门的管理机构，配备专业技术人员，负责自然保护区的具体管理工作。自然保护小区可不设专门管理机构。

未经设立该自然保护区的人民政府林业行政主管部门同意，任何单位不得在自然保护区内设立机构。

第十七条 自然保护区管理机构的主要职责是：

（一）贯彻执行国家和省有关自然保护区管理的法律、法规、规章和政策，开展保护自然环境和自然资源的宣传教育；

（二）组织编制并负责实施自然保护区总体规划；

（三）制定并负责实施自然保护区的各项管理制度；

（四）开展珍稀动植物的观察、监测和研究，探索自然资源的保护与适度合理利用途径；

（五）在不影响保护自然保护区的自然环境和自然资源的前提下，开展旅游等活动；

（六）法律、法规和规章规定的其他职责。

第十八条 自然保护区管理机构，要根据自然保护区规模、资源状况和保护、建设、管理的需要，拟订自然保护区发展规划，经县级以上林业行政主管部门审核后，报同级计划部门纳入国民经济和社会发展计划，并负责组织实施；涉及文物保护的自然保护区发展规划，应征求相应文化行政主管部门的意见。

第十九条 自然保护区所在地的公安机关，可根据需要在自然保护区内设置公安派出机构，维护自然保护区内的治安秩序。

第二十条 禁止在自然保护区内进行砍伐、放牧、狩猎、捕捞、采药、投毒、毁巢、取蛋、开垦、烧荒、开矿、采石（沙）等活动。

严禁在自然保护区内进行与保护无关的工程建设和从事其他妨碍自然环境和自然资源保护的活动。法律、法规另有规定的除外。

第二十一条 自然保护区的核心区实行封闭式管理，未经批准，任何人不得进入。因科学考察等确需进入核心区的，应向自然保护区管理机构提交申请和活动计划，报设立该自然保护区的人民政府林业行政主管部门批准。

第二十二条　经自然保护区管理机构批准，在自然保护区的缓冲区内，可以从事非破坏性的科学研究、教学实习、标本采集、拍照、录相等活动。从事该活动的单位和个人，应将其活动成果副本提交自然保护区管理机构。

第二十三条　自然保护区的实验区内可以开展适当的生产经营和旅游活动。在实验区内开展旅游活动的，须由自然保护区管理机构提出方案，经设立该自然保护区的人民政府林业行政主管部门批准，并遵守以下规定：

（一）旅游业务由自然保护区管理机构统一管理。

（二）对旅游区域必须进行规划设计，确定合适的旅游点和旅游线路；涉及文物的，应征求相应文化行政主管部门的意见。

（三）旅游点的建筑和设施应体现民族风格，同自然景观和谐一致。

（四）设置防火、卫生等设施，实行严格的巡护检查，防止造成环境污染和自然资源的破坏。

（五）不得开设与自然保护区保护方向不一致的旅游活动项目。

第二十四条　经批准进入自然保护区的人员，必须按照批准的计划进行活动，并严格遵守自然保护区的各项管理制度，服从自然保护区管理人员的管理。

第二十五条　凡经批准进入自然保护区从事考察、教学、科研、采集标本、拍摄影片等活动的，须按规定向自然保护区管理机构缴纳保护管理费。保护管理费的征收标准和管理办法，由省林业行政主管部门会同省财政、物价部门另行制定。

第二十六条　自然保护区管理机构应会同当地政府有关部门安排好区内居民生产生活，协助区内居民逐步转移出自然保护区。

第二十七条　自然保护区管理机构应当在所在地人民政府的统一领导下，做好自然保护区的防火及防止其他自然灾害工作。

第二十八条　违反本办法规定，有下列行为之一的单位和个人，由县级以上林业行政主管部门或其委托的自然保护区管理机构责令停止违法行为，限期改正或赔偿损失、恢复原状，并根据情节分别给予警告或100元以上5000元以下的罚款。

（一）破坏保护区设施、毁坏科研设备或擅自移动界标的；

（二）未经批准进入自然保护区进行旅游、科研、参观、考察、实习、摄影、登山等活动或不服从自然保护区管理人员管理的；

（三）经批准在自然保护区的缓冲区内从事科学研究、教学实习和标本采集的单位和个人，不向自然保护区管理机构提交活动成果副本的。

第二十九条　违反本办法规定，在自然保护区内砍伐、放牧、狩猎、捕捞、采药、投毒、毁巢、取蛋、开垦、烧荒、开矿、采石（沙）的，除可以依照有关法律、法规规定给予处罚以外，由县级以上林业行政主管部门或其委托的自然保护区管理机构没收违法所得，责令停止违法行为，并令其恢复原状；对自然保护区造成破坏的，可

处以 300 元以上 1 万元以下的罚款；情节严重，构成犯罪的，由司法机关依法追究刑事责任。

第三十条 自然保护区管理机构违反本办法规定，有下列行为之一的，由县级以上林业行政主管部门责令限期改正；对直接责任人，由其所在单位或者上级机关给予行政处分；情节严重，构成犯罪的，由司法机关依法追究刑事责任。

（一）未经批准或不按照批准的计划，在自然保护区内开展参观、旅游活动的；

（二）开设与自然保护区保护方向不一致的参观、旅游活动项目的；

（三）捕杀、盗窃、贩卖国家重点保护珍稀、濒危野生动植物的；

（四）破坏自然保护区内历史文物和人文景观的；

（五）玩忽职守造成国家财产重大损失的。

第三十一条 本办法自 2003 年 8 月 1 日起施行。

湖北省森林资源流转条例

第一章　总　则

第一条　为了促进森林资源保护和可持续利用，改善生态环境，规范森林资源流转行为，保护流转双方合法权益，根据《中华人民共和国物权法》《中华人民共和国环境保护法》《中华人民共和国森林法》《中华人民共和国农村土地承包法》等法律、行政法规，结合本省实际，制定本条例。

第二条　本条例适用于本省行政区域内森林资源流转及其管理活动。

第三条　本条例所称森林资源，是指森林、林木和林地。

本条例所称林权是指森林、林木的所有权、使用权和林地使用权。

本条例所称森林资源流转是指森林、林木的所有权人、使用权人或者林地的使用权人，不改变林地所有权性质和用途，依法将全部或者部分林权转移给他人的行为。

转移林权的单位或者个人为流出方，接受林权的单位或者个人为流入方。

第四条　森林资源流转应当有利于保护、培育和合理利用森林资源，依法保护流转双方合法权益，不得损害国家、集体、社会公共利益和公民、法人、其他组织的合法权益。

森林资源流转应当遵循依法、自愿、有偿、平等、公开、诚信原则。

第五条　县级以上人民政府应当培育林权流转市场，建立流转交易平台，健全流转制度，规范流转秩序，依法处理流转纠纷，提供高效便捷的公共服务。

第六条　县级以上人民政府林业主管部门负责本行政区域内森林资源流转监督管理工作，组织开展森林资源调查、监测、评价和流转服务，指导、支持有关调解组织和仲裁机构依法开展流转纠纷调处工作，健全流转服务体系。

县级以上人民政府其他有关部门按照职责分工，做好森林资源流转管理及服务工作。

乡(镇)人民政府、村民委员会应当开展森林资源流转法制宣传教育，指导、监督流转双方保护和合理利用森林资源，依法调解流转纠纷，维护流转双方合法权益。

第二章　流转范围和程序

第七条　下列森林资源可以依法流转：

---

*　2014 年 9 月 25 日湖北省第十二届人民代表大会常务委员会第十一次会议通过。

（一）用材林、经济林、薪炭林的所有权或者使用权；

（二）用材林、经济林、薪炭林的林地使用权；

（三）不属于特种用途林的灌木林地、疏林地、采伐迹地、火烧迹地、未成林造林地、苗圃地和县级以上人民政府规划的宜林地的使用权；

（四）法律、行政法规未禁止流转的其他森林资源。

鼓励宜林荒山、荒沟、荒丘、荒滩依法流转，开展林业生产经营活动。

生态公益林和其他法律、行政法规禁止流转以及权属不清的森林资源不得流转。

第八条 县级以上人民政府林业主管部门应当加强生态公益林保护与管理，在生态公益林所在区域设立标牌，标明四至边界、面积、林权权利人、管护责任人、保护管理责任和要求、监管单位、监督举报电话等内容。

县级以上人民政府林业主管部门应当将生态公益林范围及变化、保护管理及其质量效益等情况，及时向社会公开。

第九条 森林资源流转可以采取转让、转包、出租、互换、入股或者其他合法方式进行。

第十条 国有森林资源流转应当遵守国家关于国有森林资源流转的规定，按照管理权限，报经县级以上人民政府林业及其他相关主管部门批准，并将流转方案向社会公示不少于30日，依法公开进行招标或者拍卖。

集体统一经营的森林资源流转，应当将该森林资源基本情况、流转方式、最低保留价、收益分配方案等在本集体经济组织内公示不少于三十日，依法经本集体经济组织成员的村民会议三分之二以上成员或者三分之二以上村民代表同意。

农村集体经济组织成员通过家庭承包取得的林权的流转，应当经配偶及其他家庭成员协商一致。采取转让方式流转的，应当经发包方同意；采取转包、出租、互换或者其他方式流转的，应当报发包方备案。

合资经营、合作经营或者权属共有的森林资源流转，应当依法征得合资方、合作方或者权属共有方的同意。

第十一条 森林资源流转的期限一般不得超过30年，最长不得超过70年；法律、行政法规另有规定的，从其规定。

家庭承包经营的森林资源的流转期限不得超过承包期的剩余期限。

流入方对森林资源进行再流转，流转合同有约定的，从其约定；没有约定的，应当征得原流出方同意。再流转期限不得超过上一次流转合同确定的剩余期限。

同一森林资源两次流转的间隔期限，不得少于2年。

第三章 流转合同

第十二条 森林资源流转双方应当在协商一致的基础上依法签订书面合同，并接受林业主管部门的监督。

森林资源流转合同应当包括以下主要内容：

（一）流转双方的名称（姓名）、住所；

（二）流转森林资源的权属性质；

（三）流转森林资源的现状，包括地点、四至边界、面积（附地形图）、林种、树种、蓄积量或者株数等；

（四）流转的起止日期；

（五）流转森林资源的经营方向、林木采伐利用方式和造林责任；

（六）森林资源再流转的条件和程序；

（七）合同期满时地上附着物及相关设施的处置；

（八）森林资源保有量的要求；

（九）流转双方的权利和义务；

（十）流转价款、付款方式和时限；

（十一）违约责任；

（十二）争议解决方式。

省人民政府林业主管部门会同工商行政管理部门制定本省森林资源流转合同示范文本。

第十三条 流出方应当依照合同约定向流入方转移林权，协助流入方依法申请林权变更登记，监督流入方依法保护和合理利用森林资源，发现违法行为立即报告林业主管部门。

第十四条 流入方有权按照流转合同约定，依法自主开展林业生产经营活动。

第十五条 流入方应当依法保护和合理利用森林资源，保持森林资源数量不减少，提高森林生态质量，并遵守下列规定：

（一）依法采伐森林、林木；

（二）按照规定时限完成造林任务，开展森林资源培育；

（三）承担森林防火、林业有害生物防治等责任；

（四）不得擅自在林地兴建建筑物、擅自改变林地用途；

（五）不得从事开矿、采石、采砂、取土等毁林行为。

第十六条 流入方应当依法保护依托森林资源生存的珍贵、濒危和有益的或者具有重要经济、科学研究价值的野生动物，原生地天然生长的珍贵植物和原生地生长并具有重要经济、科学研究、文化价值的濒危、稀有植物以及古树、名木。

第四章　流转监督管理与服务

第十七条 县级以上人民政府林业主管部门应当依法对森林资源流转实行监督管理，监督检查流入方保护和合理利用森林资源情况，发现破坏林地、毁坏林木、不按照规定造林等违法行为的，依法予以处理。

县级以上人民政府林业主管部门应当完善公众参与途径，为公众参与森林资源保护工作提供便利；健全举报制度，及时核实举报情况，依法处理，并适时反馈处理情况。

第十八条 县级以上人民政府林业主管部门应当建立流转信息库，及时公布流转信息，指导和办理流转手续，为当事人提供业务咨询。

流转当事人有权查询、复制与其流转相关的登记资料，林业主管部门应当提供便利，不得拒绝或者限制。

第十九条 森林资源流转后，流转双方应当按照林权登记管理权限，及时向县级以上人民政府林权登记主管部门提出林权变更登记申请。

申请办理林权变更登记应当提交下列材料：

（一）林权变更登记申请表；

（二）所流转森林资源的林权证；

（三）流转双方依法签订的流转合同；

（四）依照本条例规定，有关主管部门或者集体经济组织成员、权属共有人同意流转的相关证明材料；

（五）法律法规规定的其他材料。

受理机关应当自收到申请材料之日起 7 日内审查完毕。符合法定条件且经公示无异议的，应当在一个月内报请本级人民政府登记造册，核发证书；不符合法定条件的，应当书面告知申请人不予办理变更登记的理由。

第二十条 本条例实施前已经流转森林资源，尚未办理林权变更登记的，流转双方应当在本条例施行之日起 6 个月内，依照本条例的规定，补办林权变更登记。

第二十一条 除法律、行政法规另有规定的外，国有和集体统一经营的森林资源流转，应当由具备国家规定相应资质的资产评估机构依法进行森林资源资产评估。森林资源资产评估结果有效期 1 年。

森林资源拍卖、招标的最低保留价和最终交易价格，一般不得低于森林资源资产评估价值的百分之九十；确需低于评估价值百分之九十进行交易的，应当按照本条例第十条的规定执行。

第二十二条 流转期间依法征收、征用和占用林地的，林权权利人有权依法获得补偿。

征收、征用和占用林地，应当依法足额支付林地补偿费、安置补助费、地上附着物和林木补偿费等费用，安排被征林地人员的社会保障费用。

第二十三条 森林资源流转发生争议，由当事人依法协商解决。协商不成的，可以按照自愿、平等的原则选择人民调解、行政调解的方法进行解决，也可以提起诉讼或者按照双方约定申请仲裁。

涉及农村土地承包经营权的森林资源流转争议，当事人协商、调解不成的，可以向农村土地承包仲裁机构申请仲裁，也可以直接提起诉讼。

协商、调解、仲裁、诉讼期间，双方当事人不得影响对方的正常生产经营，且不得采伐有争议的森林或者林木。

第二十四条　森林资源流转后，其森林、林木的采伐按照国家有关规定办理，采伐量纳入所在地的县（市、区）的年森林采伐限额。森林、林木采伐后，流入方应当于当年或者次年内完成更新造林，并通过造林质量验收。

第二十五条　鼓励通过森林资源流转发展林业专业合作社、家庭林场、合作林场等林业专业合作组织，引进和培育龙头企业，促进林业产业化、规模化、市场化、集约化经营。

第二十六条　县级以上人民政府应当按照规定落实林业补助、贷款贴息、森林保险补贴等扶持政策，支持流转双方依法开展林业生产经营活动，保护和合理利用森林资源。

鼓励银行、保险等金融机构拓展林权抵押贷款、林农小额信用贷款、森林保险等业务，加大林业信贷投入和保障支持。

第五章　法律责任

第二十七条　违反本条例，法律、行政法规已有处罚规定的，从其规定。

第二十八条　流入方两年内未按照国家规定完成造林任务的，由县级以上人民政府林业主管部门责令限期完成造林任务；逾期未完成的，不予核发林木采伐许可证，处应当完成而未完成造林任务所需费用2倍罚款。

第二十九条　流转期满时林木未达到规定森林资源保有量的，由县级以上人民政府林业主管部门对流入方处达到该保有量所需费用2倍以下罚款。

第三十条　流入方未履行森林防火责任的，由县级以上人民政府林业主管部门责令限期改正；逾期不改正的，对个人处1000元以上5000元以下罚款，对单位处2万元以上5万元以下罚款；造成森林火灾构成犯罪的，依法追究刑事责任。

第三十一条　流入方在生产经营过程中擅自改变林地用途的，由县级以上人民政府林业主管部门责令停止违法行为，限期恢复原状，并处非法改变用途林地每平方米15元以上30元以下罚款；逾期未恢复原状的，由县级以上人民政府林业主管部门依法确定有关单位或者个人代为恢复原状，所需费用由违法行为人承担。

第三十二条　流入方从事开矿、采石、采砂、取土等毁坏林木行为的，由县级以上人民政府林业主管部门责令停止违法行为，限期补种毁坏株数1倍以上3倍以下的林木，并处毁坏林木价值2倍以上5倍以下罚款；逾期不补种的，由县级以上人民政府林业主管部门依法确定有关单位或者个人代为补种，所需费用由违法行为人承担。

第三十三条　提供虚假材料骗取林权变更登记的，由县级以上人民政府林权登记主管部门撤销其变更登记，没收违法所得，并处5000元以上3万元以下罚款。

第三十四条　资产评估机构及其工作人员在森林资源资产评估中弄虚作假、徇私舞弊的，其评估结果无效；造成流转当事人损失的，应当依法赔偿；造成严重后果的，由有关部门依法吊销其资质证书；构成犯罪的，依法追究刑事责任。

第三十五条　国家工作人员在森林资源流转管理工作中收受贿赂、滥用职权、徇

私舞弊、玩忽职守的，由所在单位或者上级主管机关、监察机关责令改正，对直接负责的主管人员和其他直接责任人员依法给予行政处分；构成犯罪的，依法追究刑事责任。

第六章 附 则

第三十六条 本条例所称生态公益林，是指生态区位重要、生态状况脆弱，对国土生态安全、生物多样性保护和经济社会可持续发展具有重要作用，以提供公益性、社会性产品或者服务为主要利用方向和目的，并按照有关规定划定为生态公益林的森林、林木和林地，包括防护林和特种用途林。

第三十七条 本条例自 2014 年 12 月 1 日起施行。

中共湖北省委　湖北省人民政府
关于加快推进绿满荆楚行动的决定

（鄂发〔2014〕24 号）

为深入贯彻落实党的十八大、十八届三中、四中全会和习近平总书记关于生态文明建设系列重要讲话精神，加快推进绿满荆楚行动，尽快实现绿色全覆盖，作出如下决定。

一、树立绿色决定生死理念，增强紧迫感和责任感

建设生态文明，是关系人民福祉、关乎民族未来的长远大计。林业是生态建设的主战场，山水林是湖北最大的优势。省委、省政府历来高度重视生态建设和林业发展，全省上下坚持不懈开展国土绿化，林业生态建设取得了明显成效，为经济社会发展作出了重要贡献。但是，必须清醒地看到，我省森林资源还存在着总量不足、质量不高、功能脆弱等问题，林业生态建设与我省所处的特殊生态地位还不相适应，人居环境与人民群众期盼还有较大差距。加快推进绿满荆楚行动，实现绿色全覆盖，是贯彻落实党的十八大、十八届三中、四中全会精神和习近平总书记系列重要讲话的具体行动，是"着力在生态文明建设取得新成效"的重大举措，是改善人居环境和提升民生福祉的迫切需要。全省各级党委、政府必须从生态文明决定人类文明兴衰、良好的生态环境就是民生福祉、改善生态就是发展生产力的战略高度，充分认识加快推进绿满荆楚行动的重大意义，牢固树立绿色决定生死的理念，进一步增强紧迫感和责任感，敢于担当，勇于攻坚，积极谋划，主动作为，加快推进绿满荆楚，加强森林资源管护，加速实现绿色全覆盖。

二、明确目标任务，着力构建森林生态安全体系

（一）指导思想。以邓小平理论、"三个代表"重要思想和科学发展观为指导，认真贯彻落实党的十八大、十八届三中、四中全会精神和习近平总书记关于中国特色社会主义生态观，围绕实现绿色全覆盖目标，用改革的思想和市场的办法，全面深化国土绿化，增加森林资源总量，改善生态质量，增强生态功能，提升生态产品供给能力，为"建成支点、走在前列"提供强有力的生态支撑，努力建设美丽湖北。

（二）基本原则。

坚持生态效益、经济效益和社会效益相统一，以生态效益为优先目标，以经济和社会效益为根本保障。

坚持统筹规划与分类指导相结合，因地制宜，分区施策，体现区域特色。

坚持政府引导与市场主体相促进，全省动员、全民动手，鼓励各类市场主体参与国土绿化，形成强大社会氛围。

坚持造林绿化与资源管护相协调，扩大新造林，管好现有林，形成造管一体的良性机制。

坚持科教兴林与改革活林相一致，强化国土绿化的科技支撑和改革推动。

（三）总体目标。用3年时间，到2017年，实现全省宜林地、无立木林地、通道绿化地、村庄绿化地应绿尽绿，新增有林地面积56.84万公顷以上，森林覆盖率达到40.5%，森林蓄积量达到3.2亿立方米，林地保有量达到860.67万公顷。在此基础上，进一步优化生态空间布局，增加森林面积，提高森林质量，巩固绿化成果，提升生态承载能力和生态产品供给能力，初步形成六大森林生态安全体系。

山区森林生态屏障体系。以秦巴山、武陵山、大别山、幕阜山等重点山系为主，加快荒山造林，实施封山育林，推进陡坡耕地退耕还林（还草）、石漠化、水土流失等综合治理，坚决控制人为因素可能产生新的石漠化现象，加强天然林、自然保护区和野生动植物保护，实施生态修复，增强生态防护功能。

水源地森林生态防护体系。以长江、汉江、清江等大江大河沿岸和三峡库区、丹江口库区及大中型水库集雨区为主，大力营造水源涵养林、水土保持林和沿江防护林，提高水源涵养和水土保持能力。

通道景观生态网络体系。以高速公路、铁路、国省道等主要交通干道两侧宜林地为主，营造多树种、多层次、多色彩的生态景观林带，提升通道绿化质量和水平。

城乡人居生态保障体系。以县城、集镇、社区、行政村、自然湾为主，实施群众身边增绿，建设生态景观特色鲜明、人与自然和谐的森林城镇、绿色村庄，改善人居环境。

平原湖区湿地生态保护体系。以江汉平原和低丘地区湖泊、库塘、大沟大渠为主，加强滨水林带、农田林网、公共绿地建设，增加森林绿地总量，加强湿地保护，促进湿地生态系统恢复，提高平原湖区生态承载能力。

林业绿色生态产业体系。加强特色经济林基地建设，加快发展绿色生态产品，推进林业产业转型升级，形成绿色环保森林生态产业体系，提高林业在全面建成小康社会中的贡献率。

三、突出工作重点，统筹推进七大工程

（一）荒山造林工程。加快推进宜林荒山（地、滩）及采伐迹地、火烧迹地等无立木林地造林绿化，结合国家林业工程项目，大力发展生态防护林和速生丰产林，增加森林资源，提高生态安全保障水平。

（二）乡村绿化美化工程。采取连片绿化、整村推进的方式，统筹推进村旁、路旁、宅旁、水旁及零星闲置地绿化，大力开展房前有景、院中有果、屋后有林，常年绿树成荫、四季花果飘香的绿色示范乡村创建活动。建设环村绿化带、村庄风景林、水源涵养林、果木经济林，使森林入村、绕路、依水、围田，建设美丽乡村。

（三）生态景观林带工程。加快沿路、沿江、沿湖生态景观林带建设。新建高速公路、铁路等应与生态景观林带建设做到规划、施工、验收同步。到 2017 年，铁路、高速公路、国道、省道、县乡公路沿线，主要河流、湖泊沿岸宜林地全部实现绿色全覆盖。

（四）森林城镇创建工程。在城镇及其周边见空增绿、见缝插绿，建设环城绿带和公共绿地，全面加强街道、社区、单位、庭院绿化，积极开展森林城镇创建活动，不断提高城镇绿化、美化水平。

（五）绿色产业富民工程。因地制宜、适地适树发展优质高效经济林。优先发展油茶、核桃、板栗等木本粮油，积极发展花卉苗木、木本中药材、干鲜果类等特色经济林产业，大力发展林下经济、森林食品、森林旅游、生态疗养等新兴产业，增加农民收入。开展低产林改造，提高林地产出率。

（六）森林碳汇工程。扩大有林面积，提高林分质量，增加森林碳汇，应对气候变化。加快推进林业碳汇计量、监测、审核和交易，引导各类市场主体开发具有市场竞争力的林业碳汇产品，参与碳排放权交易。争取林业碳汇交易份额达到全省核证减排量 5% 以上。

（七）退耕还林（还草）工程。对 25 度以上非基本农田坡耕地，三峡库区、丹江口库区及上游县市 15～25 度非基本农田坡耕地，以及其他重要水源区 15～25 度非基本农田坡耕地，按照国家政策，在充分尊重农民意愿的基础上，实施新一轮退耕还林（还草）。

四、创新体制机制，建立政府引导与市场运作相促进的造林绿化新格局

（一）加强统筹规划、分类指导。各地按照山水林田湖综合治理的观念，统筹林业、农业、水利、交通、城镇和村庄基本建设，科学编制绿色全覆盖规划，使国土绿化与各项基本建设有机衔接、同步推进。各县（市、区）要根据工作量大小和难易程度，将"绿色全覆盖"的任务分解到年度，落实到山头地块，落实到责任单位和责任人。根据山区和平原、城市和乡村不同地理气候、土壤特性和立地条件，尊重自然规律，分类施策，坚持适地适树、以乡土树种为主，生态优先、生态与经济相结合的原则，合理选择树种结构和栽植方式，提高造林绿化的综合效益。

（二）加大资金投入力度。充分发挥财政资金的引导作用，带动社会资本、金融资本投入。2015 年至 2017 年，省政府根据各地推进绿满荆楚行动的进展情况，采取以奖代补的方式，给予转移支付补助，由县（市、区）政府统筹使用。县级政府要统筹发改、国土、交通、水利、农业、移民、扶贫、农业综合开发等部门资金，因地制宜确定造林补助标准、补助方式，实行先造后补。金融机构要加大对林业生态建设项目的信贷支持，探索创新信贷管理模式和林业信贷产品，支持开展金林搭桥、银企对接、小额担保、林权抵押等贷款业务。

（三）广泛吸纳市场主体、工商资本造林。鼓励各类工商企业、合作组织和自然人跨所有制、跨地区、跨行业投资造林。凡有能力的农户、城镇居民、私营业主、企事业单位人员等，都可参与林业开发，开展多种形式的造林绿化。积极推进森林资源有序流转，鼓励林木资源向工商企业、合作组织和造林大户集中，实行规模化、基地化造林。对宜林地和无立木林地3年没有造林绿化的，要限期造林或由村委会与林权当事人协商流转绿化。支持涉林企业投资建设原料林、商品林基地。稳步推进林木采伐改革，放活企业自建原料林、商品林采伐限制。统一造林补助政策、资源利用政策和投融资政策，依法保护造林主体的合法权益，为各种营林主体创造公平竞争的环境。

（四）建立健全造管结合的管护机制。加强新造林管理。坚持谁造林、谁所有，谁投资、谁受益，不造无主林，确保造一片、活一片、成一片，避免"年年造林不见林"的现象；加强现有林保护。严格实施林地定额管理、用途管制和林木限额管理、凭证采伐，强化生态红线约束。进一步加强封山育林、森林防火、林业有害生物防治，依法惩处盗伐滥伐林木、毁坏和非法占用林地、绿地、湿地的行为。

（五）建立造林与产业融合发展机制。在土壤和气候条件适宜地区，大力发展经济林和林下经济，提高林业产出效益。支持林业龙头企业按照"公司＋合作社＋农户＋基地"的模式，发展特色林业经济，不断增加农民收入，实现生态建设与产业发展、群众利益协调兼顾。

五、加强组织领导，确保取得实效

（一）强化领导责任。各级党委、政府要高度重视，把加快推进绿满荆楚行动摆上重要议事日程，建立分级负责、以县（市、区）为主体的工作机制，主要领导亲自抓、负总责，一级抓一级，层层抓落实。省政府与各市（州）人民政府、市（州）人民政府与县（市、区）人民政府签订目标责任书，做到责任到位、措施到位。

（二）实行部门联动。各部门按照职责分工，齐抓共管，上下联动，形成合力。宣传、林业等部门要加强宣传引导，提高全民爱绿、植绿、护绿意识。发展改革、财政等部门要完善扶持政策，加大对造林绿化的投入；国土、住建、教育等部门要做好矿山复绿，城镇街道、社区和校园绿化；交通、水利、铁路等部门要完成管辖范围内的道路、河堤绿化，加强各类通道、滨水区域生态修复，提升绿化水平；农业、移民、扶贫、农业综合开发等部门要结合涉林项目建设，大力开展植树造林；工会、共青团、妇联等群团组织发挥各自作用，扎实有效地动员和组织群众，通过捐资、认建、认养、义务植树等多种形式，开展造林绿化。

（三）加强检查督办。将3年绿满荆楚的任务分解落实到各市、州、县，每年开展一次专项督查，年终对照目标责任书进行考评。林业部门要加强能力建设，发挥协调作用，承担专业职能，牵头组织绿满荆楚行动的指导、检查、督办和考核。

（四）严格绩效管理。各级政府要将绿色全覆盖纳入政府政绩考核体系，实行导向鲜明、评价科学、奖惩分明、问责严厉的绩效管理。对政策措施不到位、工作进度缓慢、年度任务不能完成的地方和部门，进行通报；对不能如期实现绿色全覆盖的，要约谈问责。

2014 年 11 月 28 日

长江经济带 林业支持政策汇编：地方篇

湖南省

湖南省森林公园管理条例

第一条　为加强对森林公园的管理，保护和开发利用森林风景资源，发展旅游事业，根据有关法律、法规，结合本省实际，制定本条例。

第二条　本条例所称森林公园，是指森林资源丰富，自然景观集中，环境优美，具有一定规模和范围，经批准供人们旅游观光和进行科学文化教育活动的场所。

第三条　凡在本省行政区域内从事森林公园管理和在森林公园内进行旅游观光、生产经营和科学文化教育活动的单位、个人，均须遵守本条例。

第四条　县级以上人民政府应当加强对本行政区域内森林公园工作的领导，组织有关部门依法做好森林公园的规划、建设和保护工作。

县级以上人民政府林业行政管理部门主管本行政区域内的森林公园工作。

第五条　森林公园分为县级森林公园、省级森林公园、国家级森林公园。

设立森林公园，兴建单位应当提出申请。县级森林公园由所在地县级人民政府批准；省级森林公园由省人民政府批准；国家级森林公园，按国家有关规定上报审批。

第六条　森林公园管理机构统一负责森林公园的管理，保护森林风景资源，组织实施森林公园规划，建立有关制度，开展优质服务。

第七条　森林公园范围内的森林资源和其他旅游资源由森林公园管理机构依法管理、保护和合理利用；任何单位和个人不得擅自占用、出让、转让。

森林公园撤销、分立、合并、改变隶属关系、调整管理范围、变更总体规划，必须经原审批机关或者其委托的单位批准。

第八条　县级以上人民政府林业行政管理部门负责编制森林公园总体规划。

编制森林公园总体规划，必须坚持以保护为主，保护与开发利用相结合的原则，正确处理局部与整体、近期与远期的关系，突出地方特色。

森林公园总体规划实行分级审批，其审批权限按照设立森林公园的规定执行。

第九条　森林公园的建设，应当符合森林公园总体规划；公园及其外围的建设必须与景观相协调。不得兴建破坏景观、妨碍游览、污染环境的工程设施。

鼓励国内外单位和个人投资在森林公园内进行项目建设。

建设项目的定点和设计方案，必须报经林业行政管理部门审查同意，并按照规定

＊　1995 年 6 月 28 日湖南省第八届人民代表大会常务委员会第十六次会议通过；2010 年 7 月 29 日湖南省第十一届人民代表大会常务委员会第十七次会议修正。

报有关部门审批。

第十条 森林公园应当培育具有地方特色的风景林木植被，形成多树种、多层次、乔灌草相结合的区系植物群落，提高游览观光价值和综合功能。

第十一条 森林公园的树种调整和林相改造，应当符合总体规划。游览区内的林木，除抚育性或者更新性的采伐外，禁止采伐。

第十二条 森林公园管理机构应当建立护林防火组织，配备护林人员，加强森林防火宣传教育，消除火灾隐患；在重点防火地带应当设立防火标志，配备防火设施。

森林公园管理机构和相邻的单位及其他组织应当建立护林联防组织，订立护林防火公约，划定护林防火责任区。

第十三条 对森林公园森林病虫害的防治，应当以预防为主，实行生物防治与药物防治相结合。

第十四条 森林公园管理机构应当在林业行政管理部门指导下，加强对森林公园内野生动物的保护管理，定期开展野生动物资源调查，建立野生动物资源档案；对野生动物的主要栖息地，应当设立外围保护地带或者设置保护设施。

第十五条 森林公园管理机构和有关部门应当对森林公园范围内的古树名木、古园林建筑、历史遗迹等进行编号登记，建立档案，设置保护设施。

第十六条 森林公园管理机构应当在主要景区、景点设置卫生、环境保护设施或者标志，在危险地段设置安全设施或者标志。

在森林公园内设置的游览、游乐和交通设施，必须符合国家规定的技术标准，经有关监督管理部门验收合格后方可使用。

第十七条 对森林公园内的河溪、湖泊、瀑布，必须按照森林公园总体规划的要求进行保护和利用。禁止擅自填堵森林公园内自然水系。

第十八条 禁止在森林公园内擅自毁林开垦、开矿、采石、取土，破坏和蚕食林地，损害自然景观。

禁止向森林公园排放超标的废水、废气和生活污水；禁止在森林公园内乱倒垃圾及其他污染物。

第十九条 禁止擅自占用、征用森林公园林地。确需占用、征用的，用地单位应当提出申请，征得省林业行政管理部门或者其委托的单位同意后，按照土地管理法律、法规规定的审批权限，经土地管理部门审核，报县级以上人民政府批准。

第二十条 进入森林公园拍摄影片、采集标本，应当按照国家有关规定到林业行政管理部门办理审批和缴费手续。

第二十一条 进入森林公园从事经营活动，必须按照规定持有有关部门核发的证照，经森林公园管理机构同意，在指定的地点依法经营，并按照国家有关规定交纳费用。

在森林公园内的单位，均须服从森林公园管理机构的统一规划和管理，其隶属关系和资产所有权、使用权不得擅自改变。

第二十二条 在森林公园内从事导游的，必须经有关部门培训考核发证，并经森林公园管理机构同意。禁止随意抬高导游价格、坑害游客，禁止无证导游。

第二十三条 游客应当文明游园，爱护森林资源和设施，维护公共秩序，遵守森林公园制度。在森林公园内禁止下列行为：

（一）在禁火区内吸烟、取火、营火、烧烤食物；

（二）损毁花草树木及设施、设备；

（三）随意丢弃生活垃圾；

（四）伤害或者擅自猎捕国家保护的野生动物；

（五）擅自采集野生药材和其他林副产品；

（六）法律、法规禁止的其他行为。

第二十四条 公安机关设在森林公园的派出机构，应当维护社会治安和旅游秩序，保护森林资源及其他财产。

第二十五条 森林公园建设项目的定点和设计方案未经林业行政管理部门审查的，由林业行政管理部门责令改正；未经有关部门审批的，由有关部门依法处理。

第二十六条 违反本条例规定，有下列行为之一的，由林业行政管理部门或者由其委托的森林公园管理机构给予处罚：

（一）损毁花草树木及设施、设备的，责令赔偿损失，予以警告，可并处以50元至100元的罚款；

（二）在禁火区内吸烟、取火、营火、烧烤食物的，在森林公园内随意丢弃生活垃圾的，予以警告，可并处以50元至200元的罚款；

（三）擅自采集野生药材和其他林副产品的，予以警告，没收违法所得，可并处以50元至200元的罚款；

（四）擅自填堵森林公园内自然水系的，无证导游或者随意抬高导游价格、坑害游客的，未经森林公园管理机构同意或者不按照森林公园管理机构指定的地点从事经营活动的，予以警告，责令改正，可并处以200元至500元的罚款。

违反森林保护、野生动植物资源保护、环境保护、文物保护、建设、土地、水利、治安、工商管理等法律、法规的，由森林公园管理机构移送有关行政管理部门依法处理。

第二十七条 当事人对行政处罚决定不服的，可以按照《中华人民共和国行政诉讼法》和《行政复议条例》的规定，申请行政复议或者提起行政诉讼；逾期不申请复议、不起诉又不履行处罚决定的，作出处罚决定的机关可以申请人民法院强制执行。

第二十八条 森林公园管理机构工作人员玩忽职守、滥用职权、徇私舞弊、索贿受贿，尚未构成犯罪的，由其所在单位或者上级有关主管部门给予行政处分，构成犯罪的，由司法机关依法追究刑事责任。

第二十九条 本条例自公布之日起施行。

湖南省林业条例

第一条　根据《中华人民共和国森林法》(以下简称《森林法》)、《中华人民共和国森林法实施条例》(以下简称《森林法实施条例》)和其他有关法律、行政法规的规定，结合本省实际，制定本条例。

第二条　在本省行政区域内从事森林、林木的培育种植、采伐利用和木材流通及森林、林木、林地的经营管理活动，均须遵守本条例。

第三条　实行各级人民政府保护和发展森林资源任期目标责任制，其主要内容包括森林覆盖率、活立木蓄积量以及植树造林、限额采伐、林地保护、森林防火、森林病虫害防治和野生动植物保护。

省人民政府应当对民族自治地方和重点林区的林业生产给予重点扶持。

第四条　县级以上人民政府林业主管部门管理本行政区域内的林业工作。基层林业工作站是组织和指导农村集体经济组织、个人发展林业生产和开展林业社会化服务的基层事业单位，具体负责本辖区内的林业工作。

第五条　县级以上人民政府应当依法确认森林、林木和林地的所有权或者使用权，予以登记造册，核发国务院林业主管部门统一式样的权属证书。

自然保护区、省级以上森林公园的森林、林木和林地的权属证书，除依法由国务院林业主管部门核发的外，由省人民政府核发。设区的市、自治州国有林场、采育场的森林、林木和林地的权属证书，由设区的市、自治州人民政府核发。

改变森林、林木和林地所有权或者使用权的，应当向原发证机关提出变更申请，经审核同意后，依法办理变更登记手续。

第六条　各级人民政府应当采取措施，逐步增加对林业的投入。森林生态效益补偿基金的设立、筹集和使用办法，由省人民政府按照国家有关规定制定。

第七条　根据国家规定对森林实行生态公益林、商品林分类经营管理。生态公益林包括防护林、特种用途林。商品林包括用材林、经济林和薪炭林。

生态公益林应当经县级人民政府组织现场界定、制作界定书后，依照《森林法实施条例》的规定予以公布。

湘、资、沅、澧四水及其一级支流两岸和上游区域应当划定重点生态公益林区，

---

*　2001年1月8日湖南省第九届人民代表大会常务委员会第二十次会议通过；2012年3月31日湖南省第十一届人民代表大会常务委员会第二十八次会议修正。

实行重点保护。具体范围由省人民政府林业主管部门提出意见，报省人民政府批准后实施。

国有林场分为生态公益型和商品经营型，实行分类经营管理。

第八条 森林、林木和林地使用权依法流转的，应当由取得森林资源资产评估资格的评估机构进行资产评估，并按照管理权限报县级以上人民政府林业主管部门审批。

第九条 农村居民建房应当不占或者少占林地，确需占用林地的，应当经所在地县级人民政府林业主管部门审核同意后，依法办理用地审批手续。

第十条 临时占用林地的，不得占用防护林和特种用途林林地。确需占用的，面积在 5 公顷以下的报省人民政府林业主管部门审批；面积在 5 公顷以上的报国务院林业主管部门审批。

临时占用其他林地的，按照下列权限审批：

（一）占用 2 公顷以下的，由县级人民政府林业主管部门审批；

（二）占用 2 公顷以上、5 公顷以下的，由设区的市、自治州人民政府林业主管部门审批；

（三）占用 5 公顷以上、20 公顷以下的，由省人民政府林业主管部门审批；

（四）占用 20 公顷以上的，报国务院林业主管部门审批。

临时占用林地的应当按期归还，并依法缴纳森林植被恢复费；造成森林植被损坏的，应当对林地所有者或者经营者予以补偿。

第十一条 各级人民政府应当加强本行政区域内的护林、防火工作，组织林业、公安等部门建立护林、防火组织。国有林业企业事业单位应当配备专职护林员。乡（镇）人民政府和村民委员会应当建立群众性护林、防火组织，配备专职或者兼职护林员，制定护林、防火制度。行政区域交界的林区应当建立护林、防火联防组织。

第十二条 县级以上人民政府林业主管部门应当加强森林病虫害防治工作。在发生森林病虫害重大疫情时，经省人民政府批准，可以在发生疫情的地区设立临时性森林病虫害检疫检查站，采取紧急防治措施，遏制疫情扩散。

第十三条 跨县级行政区域移植胸径 5 厘米以上的林木进行交易的，除定向培育的林木种苗外，应当经移出地县级人民政府林业主管部门批准。

第十四条 树龄在 100 年以上或者珍稀名贵、具有历史价值、重要纪念意义的古树名木，由县级以上人民政府林业主管部门或者其他有关主管部门按照职责进行登记，建立档案，设立标志，落实管护责任单位。

禁止采伐、移植或者损毁前款规定的古树名木。确需进行保护性移植的，应当按规定权限报经县级以上人民政府林业主管部门或者其他有关主管部门审批。

第十五条 县级以上人民政府应当根据本行政区域的情况，确定森林覆盖率指标，组织各行各业和城乡居民完成植树造林任务。

县级绿化委员会根据植树造林规划划定造林绿化责任区，落实责任单位及造林绿化任务，报本级人民政府确认并下达通知书。

鼓励单位和个人采取承包、租赁、联营、合作等形式植树造林。鼓励组建各种林业联合体、林业专业队植树造林。鼓励农村居民在房前屋后植树造林。鼓励利用境外资金和社会资金植树造林。

第十六条 造林绿化责任单位在国有土地上造林的，林木所有权归该责任单位所有。在集体土地上造林的，林木所有权由该责任单位与土地所有者协商确定。

消耗木材为主的煤炭、造纸、木材加工等企业，应当依法提取一定数额的资金营造用材林，资金由该企业建立专门帐户储存，专款专用，不得挪作他用。

第十七条 植树造林应当因地制宜，培育多树种、多林种，推广混交林，保护和恢复天然阔叶林。鼓励发展果木林、药材林等多种经济林。

江河两岸和湖泊、水库周围应当营造防护林。

公路、铁路和水利设施建设应当把两旁的植树绿化与建设工程同步规划，同步施工，同步验收。

25 度以上的坡耕地，应当按照县级以上人民政府的规划有计划地退耕还林、还草。

第十八条 凡有母树、残次林等具备天然更新条件的林地和人工营造、飞机播种的林地，应当分别不同情况实行半封、轮封和全封。鼓励对残次林、低产林有计划地进行更新改造。

封山育林由乡级人民政府公布实施；跨乡镇行政区域的，由县级人民政府公布实施。

第十九条 采伐森林、林木应当依法编制年采伐限额。森林采伐限额经国务院批准后逐级下达。

森林采伐限额实行分级管理、分项控制，不得突破和串用。

采伐森林、林木作为商品销售的，应当按照《森林法实施条例》的规定纳入年度木材生产计划。年度木材生产计划由林业主管部门根据国家年度木材生产计划逐级分解下达。中幼龄抚育间伐指标优先保证。

第二十条 采伐森林、林木应当采用合理的采伐方式，防止水土流失。禁止皆伐天然阔叶林，禁止采伐石山裸露地和江河两岸、水库周围的险坡地以及容易发生崩塌、滑坡等地质灾害地的林木。

第二十一条 采伐林木，除农村居民采伐自留地和房前屋后个人所有的零星林木的外，应当申请林木采伐许可证。

铁路、公路的护路林和城镇林木的更新采伐，由有关主管部门审核发放省人民政府林业主管部门统一印制的林木采伐许可证。

第二十二条 国有林业企业事业单位申请林木采伐许可证，依照《森林法》的规定提出伐区调查设计文件。伐区调查设计文件应当由具有调查规划设计资质的单位制作。

第二十三条 架设输电线路、通讯线路、旅游索道和铺设管道等，确需采伐林木的，应当事先依法申请林木采伐许可证；损坏林木的，由建设单位给予林木所有者经济补偿。

第二十四条 进行木材经营、加工的单位或者个体经营户，应当向县级以上人民政府林业主管部门申请领取木材经营、加工许可证，并向工商行政管理部门申请领取营业执照。

禁止无证经营、加工木材或者经营、加工无证木材。农村居民采伐自留地和房前屋后个人所有的林木，可以凭基层林业工作站的证明销售。

第二十五条 运输非国家统一调拨的木材，应当持有起运地县级以上人民政府林业主管部门核发的木材运输证。木材运输证由省人民政府林业主管部门按照国务院林业主管部门规定的式样印制。木材运输证应当随货同行。

无木材运输证的木材，任何单位和个人不得承运。

第二十六条 设立木材检查站，必须经省人民政府批准。木材检查站有权检查无证运输或者与运输证不符合的木材，并查清事实，依法处理。

禁止以伪装、藏匿等方式逃避检查或者强行冲关运输木材。

第二十七条 从事森林资源经营的单位和个人，应当依照国家和省人民政府的规定，缴纳有关林业费用。任何单位和个人不得非法设置收费项目，提高收费标准，扩大收费范围。禁止向林农违法收费、集资、摊派和罚款。

森林保险应当坚持自愿投保的原则，任何单位和个人不得强制林农投保。

第二十八条 办理林木采伐许可证或者木材运输证，不得在国务院和省人民政府规定的收费以外代扣代收其他税费。

第二十九条 违反本条例第九条、第十条、第二十条、第二十一条、第二十三条、第二十四条、第二十五条规定的，依照《森林法》和《森林法实施条例》的规定处罚。违反其他法律、法规规定的，依照有关法律、法规的规定处罚。

违反本条例第十四条第二款规定，采伐、毁坏或者擅自移植古树名木的，由县级以上人民政府林业主管部门或者其他有关部门予以没收，并处古树名木价值五至十倍的罚款；构成犯罪的，依法追究刑事责任。

违反本条例第二十六条第二款规定，以伪装、藏匿等方式逃避检查或者强行冲关运输木材的，由县级以上人民政府林业主管部门处 200 元以上 1000 元以下的罚款；构成犯罪的，依法追究刑事责任。

偷漏、拒交育林基金、森林植被恢复费等林业费用的，责令限期补缴。

第三十条 县级以上人民政府林业主管部门可以委托基层林业工作站或者木材检查站依据《森林法》、《森林法实施条例》和本条例的规定实施行政处罚。

第三十一条 林业主管部门的工作人员和其他国家机关的有关工作人员滥用职权、玩忽职守、徇私舞弊的，依法给予行政处分；构成犯罪的，依法追究刑事责任。

第三十二条 木材的具体名录由省人民政府林业主管部门制定并公布。

第三十三条 本条例自 2001 年 3 月 1 日起施行。1985 年 9 月 8 日湖南省第六届人民代表大会常务委员会第十五次会议通过的《湖南省林业条例》同时废止。

湖南省湿地保护条例

第一条 为了加强湿地保护，维护湿地生态平衡，促进湿地资源可持续利用，根据本省实际，制定本条例。

第二条 本省行政区域内的湿地保护，适用本条例。

本条例所称湿地，是指适宜喜湿野生生物生存、具有较强生态调控功能的潮湿地域，包括湖泊、河流、水库、河口三角洲、滩涂、沼泽、湿草甸等常年积水和季节性积水的地域。

第三条 湿地保护工作遵循保护优先、突出重点、合理利用、持续发展的原则。

第四条 各级人民政府应当将湿地保护工作纳入国民经济和社会发展计划，制定和组织实施湿地保护规划，根据湿地保护需要安排专项资金，用于湿地保护工作。

其他规划涉及湿地的，应当有湿地保护的内容。

第五条 湿地保护工作实行综合协调、分部门实施的管理体制。

县级以上人民政府林业行政主管部门为湿地保护的行政主管部门，负责湿地保护的组织、协调和监督；县级以上人民政府农（渔）业、水利、国土资源、环境保护等行政主管部门按照各自的职责，做好湿地保护工作。

第六条 各级人民政府及其林业、农（渔）业、水利、国土资源、环境保护等行政主管部门，应当加强湿地保护的宣传教育，提高公民的湿地保护意识。

第七条 省人民政府林业等行政主管部门应当依照国家有关规定，加强湿地保护国际合作，做好国际援助项目的实施工作。

第八条 公民、法人和其他组织应当遵守国家湿地保护规定，对破坏、侵占湿地的行为有权检举和控告。

对因保护湿地而受到损失的个人或者单位应当依法给予补偿，具体办法由省人民政府另行制定。

第九条 湿地分为一般湿地和重要湿地。重要湿地包括国际重要湿地、国家重要湿地和省重要湿地。

省人民政府林业行政主管部门应当会同农（渔）业、水利、国土资源、环境保护等行政主管部门，对本省湿地资源进行普查，组织有关专家制定一般湿地和省重要湿地标准，提出一般湿地和省重要湿地名录报省人民政府批准并公布。

---

* 2005 年 7 月 30 日湖南省第十届人民代表大会常务委员会第十六次会议通过。

洞庭湖等国际重要湿地、国家重要湿地的保护范围按照国家有关规定划定；省重要湿地的保护范围，由所在地设区的市、自治州人民政府组织有关部门根据保护规划划定；一般湿地的保护范围，由所在地县级人民政府组织有关部门根据保护规划划定。

第十条 严格控制开垦或者占用湿地。因重点建设等原因需要开垦或者占用湿地的，必须依法进行环境影响评价；土地管理部门在办理用地审批手续前应当征求同级林业行政主管部门和其他相关部门的意见。

第十一条 县级以上人民政府应当采取措施，对退化的湿地进行恢复改造。

鼓励和支持自愿从事湿地恢复改造的活动。

第十二条 县级以上人民政府应当采取措施保护湿地水资源；制定水资源利用规划时，应当兼顾湿地生态用水的需要。

省人民政府林业行政主管部门应当会同省人民政府水利行政主管部门对可控水位的重要沼泽类型湿地确定合理的水位。当水位出现异常时，当地人民政府林业、水利行政主管部门应当采取恢复合理水位的相应措施。

除生活用水、农业生产用水和抢险、救灾外，在重要湿地取水或者拦截湿地水源，不得影响湿地保护最低用水需要或者截断湿地水系与外围水系的联系。

第十三条 县级以上人民政府环境保护、林业、农（渔）业、水利等行政主管部门，应当按照各自职责加强对湿地环境的监测。

禁止违反环境保护法律、法规向湿地排放废水和倾倒固体废弃物等污染物。对农用薄膜、农药容器、渔网等不可降解或者难以腐烂的废弃物，其使用者应当回收。造成湿地环境污染的，应当按照谁污染、谁治理的原则，依法采取治理措施。

第十四条 禁止在湿地狩猎、捕捞、采集国家和本省保护的野生动植物。

重要湿地所在地的县级以上人民政府或者有关部门应当依照有关法律、法规确定并公告湿地禁猎区、禁渔区、禁采区和湿地禁猎期、禁渔期、禁采期。

禁止捕杀候鸟。在候鸟越冬、越夏期，不得在候鸟主要栖息地进行捕鱼、捡拾鸟蛋等危及候鸟生存、繁衍的活动。候鸟主要栖息地和越冬、越夏期的起止日期，由候鸟主要栖息所在地的县级以上人民政府确定并公告。

第十五条 向湿地引进外来物种的，必须按照国家有关规定办理审批手续，并按照有关技术规范进行试验。

县级以上人民政府林业、农（渔）业行政主管部门应当对引进的外来物种进行动态监测，发现其有害的，及时报告同级人民政府环境保护行政主管部门和上一级林业或者农（渔）业行政主管部门，并采取措施，消除危害。

第十六条 开发利用湿地资源，应当坚持经济发展与湿地保护相协调，维护湿地生态平衡，严格按照湿地保护规划进行，不得超出湿地资源再生能力，不得破坏野生动植物的生存环境。

第十七条 对下列重要湿地，应当按照自然保护区法律、法规的有关规定建立湿地自然保护区并设立管理机构：

（一）有代表性的自然湿地生态系统的；

（二）生物多样性丰富、生物高度聚集或者珍稀、濒危物种集中分布的；

（三）国家和省重点保护鸟类的繁殖栖息地或者重要迁徙停歇地；

（四）其他有特殊保护价值或者重要科学研究价值的。

湿地自然保护区可以按照有关规定划分为核心区、缓冲区和实验区。

第十八条 未经批准，任何单位和个人不得进入湿地自然保护区核心区。因科学研究的需要，必须进入核心区从事科学研究观测、调查等活动的，应当事先向湿地自然保护区管理机构提交申请和活动计划，并经省级以上人民政府有关湿地自然保护区行政主管部门批准。

湿地自然保护区核心区禁止人口定居，原有居民由湿地自然保护区所在地县级以上人民政府限期迁出并妥善安置。

第十九条 因科学研究需要进入湿地自然保护区缓冲区从事科学研究、教学实习和标本采集等活动的，应当事先向湿地自然保护区管理机构提交申请和活动计划，经湿地自然保护区管理机构批准。禁止在湿地自然保护区缓冲区内开展不利于湿地保护的生产经营活动。

第二十条 在湿地自然保护区实验区开设参观、旅游项目的，由湿地自然保护区管理机构提出方案，经省级以上人民政府有关湿地自然保护区行政主管部门批准。禁止在湿地自然保护区的实验区开设不利于湿地保护的参观、旅游项目。

第二十一条 在湿地自然保护区的核心区和缓冲区内，不得建设任何生产设施。

在湿地自然保护区的实验区内，不得建设污染环境、破坏湿地资源的生产设施；建设其他项目，其污染排放不得超过国家和本省规定的污染排放标准。在湿地自然保护区的实验区内已建成的设施，其污染排放超过国家和本省规定的排放标准的，应当限期治理；造成损害的，必须采取补救措施。

第二十二条 因防治血吸虫病等向重要湿地施药，负责施药的单位在施药前应当通报当地人民政府林业、农（渔）业行政主管部门和湿地自然保护区管理机构，共同采取防范措施，避免或者减少对野生动植物和生态环境的破坏。

第二十三条 县级以上人民政府林业、农（渔）业行政主管部门和湿地自然保护区管理机构应当建立健全珍稀野生动物救护机制，及时受理有关救护报告，对受伤、搁浅或者被困的珍稀野生动物采取紧急救护措施。

第二十四条 对有特殊保护价值但不具备划定为湿地自然保护区条件的湿地，可以由湿地所在地县级或者设区的市、自治州人民政府批准建立湿地保护小区，或者由省人民政府林业行政主管部门会同有关部门批准建立湿地公园。

第二十五条 省人民政府林业行政主管部门应当会同农（渔）业、水利、国土资源、环境保护等行政主管部门建立全省湿地资源监测指标及技术规范，建立湿地资源档案，开展湿地资源动态监测和研究，发现湿地资源受到破坏时，应当及时采取

措施。

第二十六条　县级以上人民政府应当加强对湿地保护规划制定和实施情况的监督检查，督促林业、农（渔）业、水利、国土资源、环境保护等行政主管部门执行本条例。

县级以上人民政府林业行政主管部门应当于每年初向本级人民政府和上级主管部门报告上年度湿地保护情况。

第二十七条　违反本条例第十二条第三款规定，影响湿地保护最低用水需要或者截断湿地水系与外围水系联系的，由县级以上人民政府水行政主管部门会同林业行政主管部门责令改正，可以处 3000 元以上 1 万元以下罚款；情节严重的，可以处 1 万元以上 5 万元以下罚款。

违反本条例第十四条第三款规定，在候鸟主要栖息地进行危及候鸟生存、繁衍活动的，由县级以上人民政府林业行政主管部门责令改正；情节严重的，可以处 1000 元以上 1 万元以下罚款。

第二十八条　违反本条例的其他有关规定，法律、法规已规定处罚的，由有关行政主管部门依法处理。

第二十九条　县级以上人民政府林业、农（渔）业、水利、国土资源、环境保护等行政主管部门的工作人员在湿地保护工作中玩忽职守、徇私舞弊、滥用职权的，依法给予行政处分；构成犯罪的，依法追究刑事责任。

第三十条　本条例自 2005 年 10 月 1 日起施行。

湖南省植物保护条例

第一章　总　则

第一条　为了预防和减轻农业有害生物危害，加强植物保护，促进农业可持续发展，根据《中华人民共和国农业法》《中华人民共和国农业技术推广法》和其他有关法律、行政法规的规定，结合本省实际，制定本条例。

第二条　在本省行政区域内从事对农业有害生物实施监测、预报、预防、治理和控制的活动，应当遵守本条例。

第三条　植物保护遵循预防为主、综合治理的方针，坚持农业生物灾害治理与保护农业生态环境、保障农产品质量安全并重的原则。

第四条　县级以上人民政府应当将植物保护列入国民经济和社会发展计划，建立健全植物保护体系，将公益性植物保护所需经费列入财政预算。

乡镇人民政府应当组织村民委员会、农业生产经营者对农业有害生物实施综合治理，做好本辖区的植物保护工作。

第五条　县级以上人民政府农业行政主管部门主管本行政区域内植物保护工作，其所属的植物保护机构负责植物保护的具体工作。

气象、林业、出入境检验检疫、科学技术、广播电视等有关部门按照各自职责，做好植物保护工作。

第二章　监测与预报

第六条　县级以上人民政府组织编制农业有害生物监测预报网络建设规划。农业行政主管部门应当按照建设规划，加强农业有害生物监测预报站点和信息网络建设。

第七条　农业有害生物监测预报站点的监测设施和观测环境受法律保护。任何单位和个人不得擅自占用、移动、损毁监测预报站点的监测设施或者破坏其观测环境。

因实施城乡建设规划或者重点工程建设，需要迁移区域农业有害生物监测预报站点的，应当征求省人民政府农业行政主管部门的意见，并在省植物保护机构指导下重建；需要迁移其他农业有害生物监测预报站点的，应当征求设区的市、自治州人民政府农业行政主管部门的意见，并在当地县(市、区)植物保护机构指导下重建。迁建费用由建设单位承担。

---

*　2006年9月30日湖南省第十届人民代表大会常务委员会第二十三次会议通过。

因不可抗力造成监测预报站点或者监测设施损毁的，农业行政主管部门应当及时报告本级人民政府，并组织修复。

第八条　进行农业有害生物监测预报，需要在农田、果园或者其他农业生产场所安装监测预报设施，或者植物保护专业人员因监测和预报需要，进入农田、果园或者其他农业生产场所，农业生产经营者应当配合，不得阻挠；给农业生产经营者造成损失的，依法给予补偿。

第九条　县级以上人民政府农业行政主管部门应当组织做好本行政区域内农业有害生物发生的预测工作。

监测预报站点负责农业有害生物的调查监测，并及时准确地提供监测数据。各级植物保护机构负责综合分析各地测报数据，及时作出农业有害生物发生趋势预测。

第十条　农业有害生物预报、警报由植物保护机构负责发布；农业生物灾害信息由县级以上人民政府农业行政主管部门负责发布。其他任何单位和个人不得擅自向社会发布农业有害生物预报、警报或者农业生物灾害信息。

第十一条　气象部门应当向植物保护机构无偿提供植物保护所需的基本气象观测资料。植物保护机构不得将得到的基本气象观测资料提供给其他单位和个人。

广播、电视、报刊、网络等新闻媒体应当及时无偿刊播农业行政主管部门、植物保护机构提供的农业有害生物预报、警报和农业生物灾害信息。

第三章　预防与治理

第十二条　县级以上人民政府应当根据农业有害生物监测预报信息，组织开展农业有害生物的预防和治理工作。

县级以上人民政府农业行政主管部门应当制定具体的农业有害生物预防治理措施，组织植物保护机构开展植物保护技术及产品科学安全使用的宣传、培训和咨询服务。

乡镇人民政府和村民委员会应当及时向农业生产经营者传递农业有害生物监测预报信息，并组织农业生产经营者预防和治理农业有害生物；农业生产经营者应当及时进行预防和治理。

第十三条　鼓励、支持农业生产经营者采用农业防治、生物防治、物理防治和其他非化学防治技术预防和治理农业有害生物。

农业生产经营者采用化学防治技术时，应当使用高效、低毒、低残留农药。

禁止使用国家禁用的农药。

第十四条　县级以上人民政府农业行政主管部门根据农业有害生物的抗药性、防治技术的有效性和农产品质量安全的要求，可以提出特定农业区域或者特定时段内禁用和限用的农药名录，报省人民政府农业行政主管部门同意后公布。

第十五条　应施检疫的植物、植物产品在运出发生疫情的县级行政区域之前，或者种子、种苗和其他繁殖材料在调运之前，必须经过检疫。

从国外引进种子、种苗和其他繁殖材料，必须按规定办理检疫审批手续。对可能潜伏农业有害生物的种子、种苗和其他繁殖材料，必须隔离试种；经检疫不带农业有害生物的，方可分散种植。

对可能被植物检疫对象污染的包装材料、运载工具、场地、仓库等，应当实施检疫。

植物和植物产品的检疫，按照《中华人民共和国进出境动植物检疫法》《植物检疫条例》等法律、法规的规定执行。

第十六条 县级以上人民政府农业行政主管部门应当采取措施，严防外来农业有害生物入侵。

对拟引进的外来农业生物，省人民政府农业行政主管部门应当组织有关专家进行风险评估，并根据评估结果采取相应对策。

第十七条 对已经入侵的外来农业有害生物，县级以上人民政府农业行政主管部门应当及时组织查清发生区域，进行严密监测，作出风险评估，实施分级管理，进行有效控制和除害。

第四章 重大农业生物灾害控制

第十八条 县级以上人民政府应当组织制定重大农业生物灾害应急预案，并按照应急预案预备资金、储备物资。

发生重大农业生物灾害时，当地农业行政主管部门应当立即报告本级人民政府。人民政府应当及时启动应急预案，组织有关部门按照各自职责及时采取控制和除害措施，并及时报告上级人民政府，同时通报毗邻地区。

第十九条 重大农业生物灾害灾区内的农业生产经营者，应当按照当地人民政府及农业行政主管部门的要求采取有效措施，控制、消除灾害。

第二十条 预防、控制和消除重大农业生物灾害所需的资金、物资，由县级以上人民政府统一调配。调配的资金、物资应当用于抗灾救灾，任何单位和个人不得截留、挪用。

第二十一条 人民政府及有关部门为控制重大农业生物灾害组织实施的植物保护行为，给农业生产经营者或者其他单位、个人造成损失的，应当依法给予补偿。

第五章 植物保护技术与产品的研究和推广

第二十二条 县级以上人民政府及其有关部门应当鼓励、支持植物保护技术与产品的研究、开发和推广。

第二十三条 推广植物保护新技术、新产品，应当事先经过推广地区试验、示范，证明其具有先进性、适用性和安全性。

跨农业生态区组织推广植物保护新技术、新产品，应当经省人民政府农业行政主管部门组织示范，并通过专家论证。

第二十四条　进行当地未发生的农业有害生物活体试验、研究，应当采取有效的隔离措施，防止扩散。

第六章　监督管理

第二十五条　县级以上人民政府及其农业行政主管部门应当加强对植物保护工作的监督检查，督促有关单位和农业生产经营者按照规定做好农业有害生物的监测、预报和防治工作。

第二十六条　县级以上人民政府农业行政主管部门应当建立植物保护事故报告制度。发生植物保护事故，有关单位和个人应当立即采取控制措施，并向当地农业行政主管部门报告。发生重大植物保护事故，农业行政主管部门应当立即报告本级人民政府，并逐级上报至省人民政府农业行政主管部门。

第二十七条　县级以上人民政府农业行政主管部门应当组织有关专家对植物保护事故进行鉴定。鉴定结果可以作为事故处理的依据。

植物保护事故鉴定办法由省人民政府农业行政主管部门另行制定。

第二十八条　植物保护专业人员应当具有植物保护专业中专以上学历，或者经过县级以上人民政府有关主管部门的专业培训，达到相应的专业技术水平。

县级以上人民政府应当采取措施，保持乡镇植物保护专业人员的稳定，逐步改善其工作条件和生活待遇。

第七章　法律责任

第二十九条　违反本条例第七条第一款规定，擅自移动、占用、损毁监测预报站点的监测设施或者破坏其观测环境的，由县级以上人民政府农业行政主管部门责令限期改正；造成损失的，依法承担民事赔偿责任。

第三十条　违反本条例第十条规定，擅自发布农业有害生物预报、警报、农业生物灾害信息的，由县级以上人民政府农业行政主管部门责令停止违法行为；情节严重的，处 1000 元以上 1 万元以下罚款；给农业生产经营者造成损失的，依法承担民事赔偿责任。

第三十一条　违反本条例第二十三条规定，推广未经试验、示范或者未经专家论证的植物保护新技术、新产品的，由县级以上人民政府农业行政主管部门责令停止违法行为；给农业生产经营者造成损失的，依法承担民事赔偿责任。

第三十二条　违反本条例第二十四条规定，进行当地未发生的农业有害生物活体试验、研究，不依法采取隔离措施的，由县级以上人民政府农业行政主管部门责令改正；造成农业有害生物扩散的，由县级以上人民政府农业行政主管部门责令责任人立即进行除害处理，可以处 2000 元以上 2 万元以下罚款；责任人不进行除害处理的，由农业行政主管部门组织进行除害处理，所需费用由责任人承担。

第三十三条　违反本条例其他规定，有关法律、法规规定处罚的，从其规定。

第三十四条　农业行政主管部门、植物保护机构的工作人员违反本条例规定，在植物保护工作中滥用职权、玩忽职守、徇私舞弊的，由其所在单位或者上级主管部门给予行政处分；构成犯罪的，依法追究刑事责任。

第八章　附　则

第三十五条　本条例下列用语的含义：

（一）农业有害生物，是指对农作物及产品产生危害的病（病原物）、虫、螨、草、鼠、软体动物和其他生物。

（二）农作物，包括粮食、棉花、油料、麻类、糖料、蔬菜、果树（核桃、板栗等干果除外）、茶树、花卉（野生珍贵花卉除外）、桑树、烟草、中药材、草类、绿肥、食用菌等作物。

（三）公益性植物保护，是指面向社会提供农业有害生物的监测预报、防治指导、植物保护技术推广、植物检疫等公共服务的植物保护行为。

（四）重大农业有害生物灾害，是指对农作物及产品造成重大危害和严重损失的迁飞性、暴发性虫害和流行性植物病害及其他生物灾害。

（五）植物保护事故，是指因推广植物保护技术及产品，或者因实施植物保护措施，造成使用者或者他人经济损失、人身伤害及其他损失，或者造成环境污染的事件。

第三十六条　本条例自 2006 年 12 月 1 日起施行。

湖南省林产品质量安全条例

第一条 为了保障林产品质量安全，维护公众健康，促进林产品科学利用和林业可持续发展，根据有关法律、行政法规，结合本省实际，制定本条例。

第二条 在本省行政区域内从事林产品的生产、初级加工及林产品的质量安全监督管理，适用本条例。

第三条 本条例所称林产品，是指在林业活动中依托于森林、林木、林地生产的以及经过初级加工的植物、野生动物、微生物产品。林产品分食用林产品和非食用林产品。

本条例所称初级加工是指对食用林产品原料进行的干燥、浸泡、粉碎、提炼、熏制、保鲜、包装等操作，对非食用林产品原料进行的锯解、切削、干燥、防腐、胶合及对林化产品原料进行的提炼等操作。

林产品名录由省人民政府制定并向社会公布。

第四条 县级以上人民政府统一领导、协调本行政区域内林产品质量安全工作，应当将林产品质量安全管理工作纳入本级国民经济和社会发展规划，建立健全林产品质量安全管理、监督工作机制和服务体系，安排林产品质量安全经费，用于开展林产品质量安全工作。

第五条 各级人民政府及有关部门应当加强林产品质量安全知识的宣传，提高公众的林产品质量安全意识，引导林产品生产、加工者加强质量安全管理，保障林产品消费安全。

第六条 县级以上人民政府林业行政主管部门负责林产品生产、初级加工质量安全监督管理工作，林产品质量安全管理机构具体负责林产品生产、初级加工质量安全监督管理工作。

质量技术监督、工商行政管理、卫生行政、食品药品监督管理部门按照法律法规规定的职责分别对林产品的加工、流通、餐饮服务活动实施监督管理。

第七条 省人民政府林业行政主管部门应当加强林产品质量安全信息管理，适时向社会发布林产品质量安全日常监督管理信息。卫生行政部门负责食用林产品安全信息发布。

第八条 省人民政府及其有关部门应当引导、推广林产品标准化生产。

---

* 2009 年 11 月 27 日湖南省第十一届人民代表大会常务委员会第十一次会议通过。

食用林产品质量安全标准的制定应当遵守《中华人民共和国食品安全法》的规定。鼓励支持食用林产品生产、加工企业制定严于食品安全国家标准或者地方标准的企业标准。

非食用林产品质量安全地方标准的制定和发布，依照有关法律、行政法规的规定执行。

第九条 县级以上人民政府林业行政主管部门按照保障食用林产品质量安全的要求，根据食用林产品品种特性和食用林产品产地的土壤、水体中有毒有害物质状况等因素，认为不适宜特定食用林产品生产的，提出禁止生产的区域，报本级人民政府批准后公布。

禁止在有毒有害物质超过规定标准的区域采集、生产食用林产品或建立食用林产品生产基地。

第十条 鼓励、支持林产品质量安全科学技术研究，推行科学的生产技术、工艺和质量安全管理方法。

第十一条 食用林产品生产企业和农民专业合作经济组织应当建立生产记录，记载下列事项：

（一）使用肥料、农药、兽药等投入品的名称、来源、用量和日期；

（二）植物病虫害、动物疫病的发生和防治情况；

（三）采集、屠宰的日期。

食用林产品生产记录至少保存 2 年。

第十二条 食用林产品生产、加工企业和农民专业合作经济组织在林产品初级加工、保鲜、储存、运输过程中使用的保鲜剂、防腐剂等添加剂和包装材料，应当符合国家有关质量安全强制性技术规范。

第十三条 林产品生产、加工企业和农民专业合作经济组织应当建立林产品质量安全检测制度，自行或者委托检测机构对林产品质量安全状况进行检测，如实做好检测记录并按规定保存检测报告。经检测不符合林产品质量安全标准的，不得出售。

第十四条 林产品生产、加工企业和农民专业合作经济组织出售的食用林产品应当包装或者附加标识，包装物或者标识上应当按照规定标明产品的品名、产地、生产者、生产日期、保质期、产品质量等级等内容；使用添加剂的，还应当按照规定标明添加剂的名称。

林产品生产、加工企业和农民专业合作经济组织出售的非食用林产品，应当在包装物或者在产品、产品附着物上标识产品的品名、规格、质量等级、生产企业名称等内容。

第十五条 建立林产品质量安全监测制度。县级以上人民政府林业行政主管部门应当按照保障林产品质量安全的要求，制定并组织实施林产品质量安全监测计划，依法对林产品进行监督抽查。监督抽查结果由省人民政府林业行政主管部门予以公布。

对监督抽查不合格的食用林产品，责令生产、加工企业和农民专业合作经济组织予以销毁。对监督抽查不合格的非食用林产品，责令生产、加工企业和农民专业合作经济组织采取补救措施，经检验合格后，方可销售。

第十六条　监督抽查检验不得向被抽查人收取费用，并按国家规定抽取样品。监督抽查检验应当委托具备规定资质的林产品质量安全检测机构进行。上级林业行政主管部门监督抽查的林产品，下级林业行政主管部门不得另行重复抽查。

第十七条　林产品生产、加工企业和农民专业合作经济组织对林产品监督抽查检验结果有异议的，可以自收到检验结果之日起15日内，向监督抽查部门或者其上一级部门申请一次复检。监督抽查部门或者其上一级部门应当委托具备规定资质的其他检测机构进行检验，并在15日内将复检结论告知当事人。

第十八条　从事林产品质量安全检测的机构，应当具备相应的检测条件和能力。食用林产品质量安全检测机构由省林业行政主管部门会同省卫生行政部门按照国家有关规定考核合格，非食用林产品质量安全检测机构由省林业行政主管部门按照国家有关规定考核合格后，方可承担检测工作。

第十九条　县级以上人民政府林业行政主管部门在林产品质量安全监督检查中，可以实施现场检查，查阅、复制与林产品质量安全相关的记录和其他资料；对经检测不符合质量安全标准的食用林产品，有权查封、扣押，并依法作出相关处理决定。

第二十条　林产品购买者发现所购林产品有质量安全问题时，可以向县级以上人民政府林业行政主管部门或者其他相关部门投诉。受理投诉的部门应当及时处理。

第二十一条　发生林产品质量安全事故时，相关单位和个人应当采取控制措施，及时向所在地乡级人民政府和县级人民政府林业行政主管部门报告；收到报告的机关应当及时采取措施并报上一级人民政府和有关部门。

食用林产品质量安全事故的处理按《中华人民共和国食品安全法》的有关规定执行。

第二十二条　违反本条例第九条第二款规定的，由县级以上人民政府林业行政主管部门责令停止采集、生产，对已经采集、生产的产品予以销毁。

第二十三条　违反本条例第十一条、第十四条规定，食用林产品生产企业和农民专业合作经济组织未按规定建立和保存生产记录，林产品生产、加工企业和农民专业合作经济组织出售的林产品未按规定包装、标识的，由县级以上人民政府林业行政主管部门责令限期改正；逾期不改正的，可处以2000元以下罚款。

第二十四条　违反本条例第十二条规定，食用林产品使用的保鲜剂、防腐剂等添加剂和包装材料不符合国家有关质量安全强制性技术规范的，由县级以上人民政府林业行政主管部门责令停止销售，对被污染的食用林产品进行无害化处理，对不能进行无害化处理的予以销毁；没收违法所得，并处以2000元以上1万元以下罚款。

第二十五条　生产、初级加工、销售不符合保障人体健康和人身、财产安全的国家标准、行业标准和地方标准的非食用林产品的，由县级以上人民政府林业、工商行政主管部门按照法定职责，责令停止生产、初级加工、销售，没收违法生产、初级加工、销售的非食用林产品，并处违法生产、初级加工、销售产品（包括已售出和未售出的产品）货值金额等值以上 3 倍以下的罚款；有违法所得的，并处没收违法所得；情节严重的，吊销营业执照。

生产、初级加工、销售不符合前款所述标准的非食用林产品，给消费者造成损害的，依法承担赔偿责任。

第二十六条 林产品质量安全检测机构伪造检测结果的，由省林业行政主管部门会同有关部门责令改正，没收违法所得，并处 5 万元以上 10 万元以下罚款，对直接负责的主管人员和其他直接责任人员处 1 万元以上 5 万元以下罚款；情节严重的，撤销其检测资格；造成损害的，依法承担赔偿责任。

林产品质量安全检测机构出具检测结果不实，造成损害的，依法承担赔偿责任；造成重大损害的，除依法承担赔偿责任外，还应当撤销其检测资格。

第二十七条 林业行政主管部门和其他相关部门的工作人员在林产品质量安全监督管理工作中，滥用职权、玩忽职守、徇私舞弊的，依法给予行政处分；构成犯罪的，依法追究刑事责任。

第二十八条 本条例自 2010 年 3 月 1 日起施行。

湖南省植物园条例

第一条　为了加强植物园的规划、建设、保护和管理，推进资源节约型和环境友好型社会建设，根据本省实际，制定本条例。

第二条　本省行政区域内植物园的规划、建设、保护、管理及相关活动，适用本条例。

本条例所称植物园，是指拥有活植物收集区，并对收集区内的植物进行物种保育、科学研究、科普教育、开发利用等活动的园地。

第三条　县级以上人民政府应当加强植物园的规划、建设、保护和管理工作的领导，林业与农业、科学技术、住房和城乡建设、国土资源、环境保护等部门应当按照各自职责做好植物园有关监督管理工作；植物园管理单位应当做好植物园的日常工作。

第四条　省人民政府应当组织有关部门，根据全省植物资源的分布特点和经济社会发展的需要，编制全省植物园发展规划。

植物园发展规划应当符合城乡规划和土地利用总体规划。

第五条　设立植物园应当具备下列条件：

（一）具有区域性或者重要科学研究价值的植物种质资源；

（二）具有活植物收集、保育、展示的固定区域和适宜环境，能够实现园内主要功能分区建设；

（三）具有植物引种驯化、迁地保育工作基础和与之相适应的科研能力和科技水平；

（四）有符合面积要求且无权属争议的土地；

（五）法律法规规定的其他条件。

第六条　设立植物园，应当向所在地县级人民政府提交书面申请和可行性研究报告等相关材料。县级人民政府收到相关材料后，应当组织有关部门和专家学者进行论证，提出审核意见，按国家和省有关规定报上级人民政府批准。

第七条　建设植物园应当编制建设方案，并依法办理有关手续。

植物园内不得建设与植物园建设方案和植物保护要求不一致的建筑物和设施；已经建成的，应当逐步改造或者拆除。

＊　2012年9月27日湖南省第十一届人民代表大会常务委员会第三十一次会议通过。

第八条 县级以上人民政府及其有关部门应当对植物园开展物种保育、科学研究、科普教育等公益性活动予以扶持。

鼓励单位和个人采取合资、合作、捐赠、认养等形式，参与植物园的建设。

第九条 植物园管理单位应当做好植物资源的迁地保育工作，制定科学的引种计划，建立植物种质资源迁地保育平台和实验平台，对珍稀、濒危、极小种群等野生植物实行重点保育。

在引种过程中，采集国家一级、二级保护野生植物或者珍贵野生植物的，应当向野生植物行政主管部门申请采集证。

第十条 植物园管理单位应当加强植物科学研究，培育新的和优良的植物品种，推广植物新品种、新技术。

鼓励植物园建立植物资源信息平台，建设数字植物园，实现资源信息共享，为科学研究服务。

第十一条 植物园管理单位应当组织开展植物与人居环境、植物与人类健康、植物多样性保护、生态安全等科普教育活动，向公众传播植物知识和生态文化，提高公众的生态文明素质。

第十二条 植物园管理单位应当对园内的古树名木、珍稀濒危植物等国家、省级重点保护植物进行登记、标识，建立档案并制定保护措施。

第十三条 植物园管理单位应当按照预防为主、综合防治的原则，做好有害生物防治工作，防止外来物种入侵，编制防控应急预案，采取措施科学防治。

第十四条 植物园管理单位应当制定森林防火制度，划定禁火区、护林防火责任区，设置防火设施与防火标志，消除火灾隐患。

第十五条 植物园管理单位应当加强安全保护工作，设置警示标志，保障设施完好，维护园内秩序，保障人员安全。

第十六条 进入植物园从事科研、教学、考察、拍摄影视片等活动，应当经植物园管理单位同意。

第十七条 植物园管理单位经县级以上人民政府有关主管部门依法批准、利用园内植物资源开展观光游览等取得的服务收入，应当用于植物园的物种保育、科学研究和科普教育。

禁止在植物园内开展前款规定以外的有偿服务。

第十八条 禁止下列危害植物园的行为：

（一）在植物园内开山、采石、开矿、开荒、修坟立碑等破坏植被和地形地貌的活动；

（二）损毁植物园围墙、界址、标牌或者擅自移动界址、标牌；

（三）擅自采摘植物园内的种子、花草、苗木和药材等植物材料；

（四）在植物园内植物或者设施上涂写、刻划；

（五）在禁火区内用火；

（六）向植物园排放有毒有害废水、废气和生活污水或者倾倒固体废弃物；

（七）法律法规禁止的其他行为。

有前款规定行为之一的，由有关主管部门或者其委托的符合法定条件的管理公共事务的事业组织依法予以处罚。

第十九条 国家工作人员在植物园的规划、建设、保护和管理工作中玩忽职守、滥用职权、徇私舞弊的，依法给予处分。

第二十条 本条例自 2013 年 1 月 1 日起施行。

湖南省实施《中华人民共和国水土保持法》办法

第一条 根据《中华人民共和国水土保持法》和其他有关法律、行政法规的规定，结合本省实际，制定本办法。

第二条 在本省行政区域内开展水土保持工作，从事可能造成水土流失的自然资源开发利用、生产建设及其他活动，应当遵守本办法。

第三条 县级以上人民政府应当加强对水土保持工作的统一领导，将水土保持工作纳入国民经济和社会发展规划，建立水土保持目标责任制和考核奖惩制度，加大水土保持经费投入，督促水行政主管部门和林业、农业、国土资源、环境保护等其他有关部门按照各自职责做好水土保持工作，协调解决水土保持工作中的重大问题，定期向同级人民代表大会常务委员会报告水土保持工作。

乡级人民政府应当加大生产建设活动中水土流失防治的监督管理力度，受理群众举报，配合有关部门调查处理破坏水土资源的违法行为，按照本办法规定和县级人民政府水行政主管部门的委托，做好本行政区域内水土保持的具体工作。

村民委员会应当将水土保持纳入村规民约，督促村民履行保护水土资源、防治水土流失的义务，发现水土流失隐患和破坏水土资源的违法行为，应当及时制止，并报告乡级人民政府或者县级人民政府有关部门。

第四条 省人民政府水行政主管部门应当每5年对本行政区域内水土流失的分布、类型、面积、危害、变化趋势以及防治情况进行调查。

县级以上人民政府应当依据前款规定的水土流失调查结果，划定水土流失重点预防区和重点治理区。

第五条 县级以上人民政府水行政主管部门应当在水土流失调查结果及水土流失重点预防区和重点治理区划定的基础上，会同同级人民政府有关部门编制本行政区域的水土保持规划，报本级人民政府批准并公告。

编制水土保持规划，应当邀请有关单位和专家进行论证，征求所属地区公众意见，规划草案形成后，应当向社会公告。

水土保持规划一经批准，应当严格执行；确需修改的，应当按照规划编制程序报

＊ 1994年11月10日湖南省第八届人民代表大会常务委员会第十一次会议通过；1997年6月4日湖南省第八届人民代表大会常务委员会第二十八次会议第一次修正；2010年7月29日湖南省第十一届人民代表大会常务委员会第十七次会议第二次修正；2013年11月29日湖南省第十二届人民代表大会常务委员会第五次会议修订。

原批准机关批准。

第六条 编制基础设施建设、矿产资源开发、城镇建设、公共服务设施建设等方面的规划，组织编制机关应当提出水土流失预防和治理的对策和措施，在规划报请审批前征求本级人民政府水行政主管部门的意见。

第七条 下列区域应当划定为水土流失重点预防区并公告：

（一）湘、资、沅、澧四水及其他江河源头区、自然保护区、饮用水水源保护区、水源涵养林、水土保持林分布区；

（二）湘、资、沅、澧干流及流域面积 1000 平方公里以上的一级支流两岸第一层山脊线以内的区域；

（三）35 度以上的陡坡地和 20 度以上的风化花岗岩、紫色砂页岩、红砂岩、泥质页岩坡地；

（四）铁路、公路两侧座靠山坡；

（五）其他水土流失潜在危险较大，对区域防洪安全、水资源安全、生态安全或者生产、生活有重大影响的生态较为脆弱敏感的区域。

第八条 下列区域应当划定为水土流失重点治理区并公告：

（一）容易产生水土流失的岩石、土壤结构疏松区域；

（二）容易引起崩塌、滑坡、泥石流和沟蚀的区域；

（三）岩石裸露的山地和土层厚度小于 30 厘米的坡地；

（四）其他水土流失较为严重，对当地或者周边地区经济社会发展产生严重影响的区域。

第九条 禁止毁林开垦。禁止在水土流失重点预防区全垦整地造林、全垦抚育幼林；禁止在水土流失重点预防区、重点治理区挖山洗砂、铲草皮、挖树蔸或者滥挖中草药材。

第十条 禁止在崩塌滑坡危险区、泥石流易发区取土、采石或者开采零星矿产资源等可能造成水土流失的活动。

崩塌滑坡危险区、泥石流易发区具体范围的划定，由县级以上人民政府水行政主管部门会同同级人民政府国土资源部门提出方案，报本级人民政府批准公布。

第十一条 禁止在 25 度以上的陡坡地或者 20 度以上的风化花岗岩、紫色砂页岩、红砂岩、泥质页岩坡地开垦种植农作物；已经开垦种植农作物的，应当按照县级人民政府的规定，退耕还林还草，或者修成梯田、梯土，并采取拦水、蓄水、排水等其他有效措施防止水土流失。

第十二条 在 25 度以下、5 度以上的荒坡地开垦种植农作物，应当采取修建水平梯田、坡面水系整治、蓄水保土耕作等水土保持措施。

在 25 度以下、5 度以上水土流失严重的坡地上植树造林，应当采取修建水平台地、鱼鳞坑、竹节水平沟和等高水平条带等水土保持措施。

在原有植被条件好、水土流失轻微的 5 度以上的坡地上整地造林，应当尽量保留原有植被，并采取相应的水土保持措施。

第十三条 在林区采伐林木的，采伐方案中应当有水土保持措施；林业主管部门批准采伐方案后，应当将采伐方案抄送同级水行政主管部门，由林业主管部门和水行政主管部门共同监督实施。

第十四条 在山区、丘陵区以及水土保持规划确定的容易发生水土流失的其他区域开办下列生产建设项目，生产建设单位应当在环境影响评价编制阶段编制水土保持方案，报县级以上人民政府水行政主管部门审批，并按照经批准的水土保持方案，采取水土流失预防和治理措施：

（一）铁路、公路、机场、港口、码头、桥梁、通信、市政、水工程等基础设施项目；

（二）煤炭、电力、石油、天然气等能源设施项目；

（三）矿产、冶炼、建材等工业项目；

（四）城镇新区、开发区、工业园区（工业聚集区）等园区建设项目；

（五）房地产建设、土地开发整理、农业综合开发等开发项目；

（六）其他可能造成水土流失的生产建设项目。

第十五条 依法应当编制水土保持方案的生产建设项目，未编制水土保持方案或者水土保持方案未经水行政主管部门批准的，不得开工建设。

生产建设项目的地点、规模发生重大变化，未补充、修改水土保持方案或者补充、修改的水土保持方案未经原审批机关批准的，相关的建设工程不得施工。

水土保持方案实施过程中，未经原审批机关批准，不得对水土保持措施作出重大变更，不得降低水土流失防治标准，减少水土保持措施投资。

第十六条 依法应当编制水土保持方案的生产建设项目，应当遵守以下规定：

（一）在主体工程初步设计和施工设计阶段，生产建设单位应当按照水土保持方案及其批复规定，同时完成水土保持设施相应阶段的设计；

（二）在项目建设阶段，生产建设单位应当按照水土保持设施设计，将水土保持设施建设纳入工程实施计划，与主体工程同时建设；

（三）水土保持设施应当与主体工程同时投入使用。

依法应当编制水土保持方案的生产建设项目竣工后，生产建设单位应当向水行政主管部门申请水土保持设施验收；未经验收或者验收不合格的，生产建设项目不得投产使用。

第十七条 县级以上人民政府应当根据水土保持规划，有计划地对水土流失进行综合治理。以小流域为单元，实行植物措施、工程措施、保土耕作措施相结合，注重生态效益。

第十八条 县级以上人民政府应当制定资金补助、项目扶持等方面的优惠政策，加强技术培训推广，鼓励单位和个人采取投资入股、租赁土地使用权或者承包等方式，治理荒山、荒沟、荒丘、荒滩的水土流失。

第十九条　生产建设项目进行开挖、填筑、转运、堆存等土石方施工的，应当严格控制地表扰动范围，采用遮盖、拦挡、排导、沉沙、坡面防护等工程措施，减少施工范围地表径流，增加地表抗蚀性。生产建设活动结束后，应当及时恢复植被。

生产建设单位对生产建设活动占用的地表土应当进行分层剥离、保存和利用，有效保护地表土资源。

第二十条　水行政主管部门应当依照法律法规规定征收水土保持补偿费，确保应收尽收，任何单位和个人不得擅自减收、免收。

依法征收的水土保持补偿费，应当实行收支两条线管理，专项用于水土流失预防和治理，任何单位和个人不得挤占和挪用。

县级以上人民政府财政、审计和价格行政主管部门应当加强对水土保持补偿费的收取和使用的监督，确保资金的有效使用和安全。对不按规定征收、缴纳或者使用水土保持补偿费的行为，应当依法查处。

第二十一条　县级以上人民政府应当根据国家规定，多渠道筹集资金，加强江河源头区、饮用水水源保护区、水源涵养区水土流失的预防和治理，建立水土保持生态效益补偿机制，积极开展水土流失防治工作。

第二十二条　政府投资的水土保持工程项目，应当进行项目公示，强化资金监管，建立技术档案，设立工程标志。工程竣工后应当及时移交有关单位或者个人，其所有权人、使用权人应当加强管理和维护，确保工程正常发挥效益。

第二十三条　县级以上人民政府水行政主管部门应当加强水土保持监测工作，将水土保持监测工作纳入水土保持规划，完善监测网络，开展动态监测，发挥水土保持监测工作在生态环境建设和经济社会可持续发展中的作用。县级以上人民政府应当保障水土保持监测工作经费。

第二十四条　依法应当编制水土保持方案的生产建设项目，生产建设单位应当对生产建设活动的水土流失状况进行监测，并向当地水行政主管部门定期报告监测数据和结果。

水土保持监测应当符合国家有关技术标准、规范和规程，确保监测数据和结果的准确性和科学性。

第二十五条　县级人民政府水行政主管部门应当对本行政区域内的生产建设项目水土保持情况实施全程跟踪检查。在检查中发现水土保持措施不落实，水土保持设施设计、施工质量不符合规定，以及存在水土流失隐患的，应当及时处理。

第二十六条　违反本办法第九条、第十条第一款规定，从事挖山洗砂、取土、采石或者开采零星矿产资源等可能造成水土流失的活动的，由县级以上人民政府水行政主管部门责令停止违法行为，采取水土保持工程补救措施，没收违法所得，情节轻微的，对个人处 1000 元的罚款，对单位处 2 万元的罚款；情节严重的，对个人处 1000 元以上 3000 元以下的罚款，对单位处 2 万元以上 10 万元以下的罚款；情节特别严重的，对个人处 3000 元以上 1 万元以下的罚款，对单位处 10 万元以上 20 万元以下的罚款。

第二十七条 违反本办法第十五条规定的，由县级以上人民政府水行政主管部门责令停止违法行为，限期补办手续；逾期不补办手续的，按下列规定处以罚款：

（一）依法应当编制水土保持方案的生产建设项目，未编制水土保持方案或者编制的水土保持方案未经批准开工建设，情节轻微的，处 5 万元以上 10 万元以下的罚款；情节严重的，处 10 万元以上 30 万元以下的罚款；情节特别严重的，处 30 万元以上 50 万元以下的罚款；

（二）生产建设项目的地点、规模发生重大变化，未补充修改水土保持方案或者补充、修改的水土保持方案未经原审批机关批准，情节轻微的，处 5 万元以上 10 万元以下的罚款；情节严重的，处 10 万元以上 30 万元以下的罚款；情节特别严重的，处 30 万元以上 50 万元以下的罚款；

（三）水土保持方案实施过程中，未经原审批机关批准，对水土保持措施作出重大变更的，处 5 万元以上 10 万元以下的罚款；造成严重后果的，处 10 万元以上 30 万元以下的罚款；后果特别严重的，处 30 万元以上 50 万元以下的罚款。

第二十八条 违反本办法规定，县级以上人民政府水行政主管部门或者其他有关部门有下列行为之一的，对直接负责的主管人员和其他直接责任人员依法给予处分：

（一）不依法作出行政许可决定或者办理批准文件的；

（二）发现违法行为或者接到对违法行为的举报不予查处的；

（三）其他玩忽职守、徇私舞弊、滥用职权的。

第二十九条 本办法自 2014 年 1 月 1 日起施行。

湖南省人民政府办公厅
《关于进一步推动油茶产业发展的意见》

（湘政办发〔2015〕14 号）

各市州、县市区人民政府，省政府各厅委、各直属机构：

为进一步推动油茶产业健康有序发展，切实维护国家粮油安全，将油茶产业打造成我省特色优势产业和富民强省支柱产业，根据《国务院办公厅关于加快木本油料产业发展的意见》（国办发〔2014〕68 号）精神，经省人民政府同意，现提出如下意见：

一、总体要求

（一）指导思想。深入贯彻落实党的十八大及十八届三中、四中全会精神，紧紧围绕"巩固提高、绿色发展"目标，以资源培育为基础、市场需求为导向、科技创新为手段，大力扶持原料基地，着力打造湖南品牌，切实提升经济效益，做优做强油茶产业。

（二）基本原则。坚持政府引导、市场主导、社会参与，促进适度规模经营；坚持科学规划、合理布局、稳步实施，充分考虑资源环境承载，优化产业配置；坚持依靠科技，规范种苗管理，推广新技术，实现丰产、优质、高效；坚持因地制宜、适地适树，优化油茶良种区域配置，实行生态种植，注重环境保护；坚持创新机制、多元发展，加强市场监管，强化油茶品牌建设，确保产品安全。

（三）发展目标。高标准建设一批经济效益显著、科技支撑力强、配套设施完善、示范带动作用明显的标准化油茶产业园。培植 3 家左右经营机制完善、社会责任感强、市场化程度高、科研创新能力突出的油茶龙头加工企业。到 2020 年，实现全省油茶种植总面积达到 146.7 万公顷，茶油产量达到 50 万吨以上，油茶产业产值达到 400 亿元以上。

二、强化政策支持，推进产业发展

（四）加大财政投入。省财政农业产业等相关专项资金要支持油茶产业发展，各级财政要加大资金投入力度，建立和完善后续资金投入机制，重点支持基地建设、油茶垦复、抚育管护、标准制修订、科技攻关及产品深度研发、技术培训等。

（五）建立健全油茶优势产业扶持机制。油茶主产区要将油茶列为优势产业，统筹安排和有效整合退耕还林工程及其成果巩固项目、林业生态建设工程、农业及山区综合开发、土地治理、扶贫、农业产业化、以工代赈、移民专项、水土保持等项目资金，加大对油茶产业的扶持力度，推进油茶产业示范园建设。鼓励油茶生产全程机械化，对油茶生产中使用的农业机械积极创造条件纳入农机补贴范围。完善金融支持机制，拓展融资渠道，加大信贷支持力度，推进银企合作，完善银行贷款林权抵押、林权担保手续。

（六）推进适度规模经营。加快林地有序流转，鼓励各类市场主体通过承包、租赁、转让、股份合作经营等形式参与油茶基地建设，推进适度规模经营。培植油茶龙头企业，通过"企业＋专业合作组织＋基地＋农户"等经营模式建立油茶林基地，使企业和农户成为利益共享、风险共担的经济利益共同体。鼓励因地制宜开展复合经营，发展林下经济，提高林地综合生产能力。

三、突出科技进步，增强支撑能力

（七）加大科技研发力度。依托国家油茶工程技术研究中心，集中攻关油茶产业发展中的技术难题。加强优质、高产、高抗油茶新品种的选育，加快推进新品种、新技术标准化试点示范及推广应用。加强良种繁育，强化良种壮苗，提倡大苗造林。积极研发油茶生产垦复机、采果机、脱壳机、烘干机等机械设备。扶持有研发能力的企业开展科技攻关，加强油茶产品精深加工，开发油茶系列产品，有效利用油茶加工附加产品，不断提高综合利用率和效益。

（八）推进生产标准化。以创建现代农业产业园区为契机，整合现有油茶基地和资源，高规格谋划、高标准建设油茶产业示范基地。加强油茶产业标准体系建设，推进油茶生产标准化；加强油茶产地环境监测力度，提高监测水平，从源头上确保油茶产品质量安全；加大油茶新技术培训与推广力度，全面提高生产经营技术水平。

四、规范市场秩序，打造油茶品牌

（九）加强市场监督管理。出台湖南省茶油质量标准，规范茶油市场准入机制。推行联合执法，打击以次充好，严惩假冒伪劣，进一步净化油茶市场。加强油茶著名商标和地理标志产品保护。

（十）着力打造优质品牌。鼓励和支持龙头企业做大做强油茶产业，整合油茶品牌，改变油茶品牌散、多、弱的问题，着力打造湖南油茶品牌。规范行业自律，引导企业成立油茶产业联盟或协会，优化市场环境，防止不正当竞争。

五、加强组织领导，明确责任分工

（十一）加强组织领导。各级各有关部门要高度重视，切实加强组织领导，根据当地实际把油茶产业发展列入重要议事日程，出台有针对性的配套措施，推动油茶产业发展。省直有关部门要根据职责分工，密切配合，形成合力，共同推动油茶产业健康发展。发展改革部门要把油茶产业发展列入国民经济和社会发展中长期规划；财政部门要对油茶产业发展给予重点扶持，切实做好资金保障；林业部门要会同有关部门加强油茶产业发展系统性研究，及时解决产业发展中的困难和问题，加强督促检查，确保各项政策措施落实到位；科技部门要对油茶产业发展提供技术支撑。

（十二）加大宣传引导。各级各有关部门、单位要充分利用电视、广播、报刊、网

络等媒体，广泛宣传油茶产业和油茶产品的独特功能、综合效益、巨大潜力及发展油茶产业的政策、技术、典型，挖掘油茶产业的文化内涵，为油茶产业发展创造良好的氛围。

（十三）加强督促考核。各地要将油茶产业发展列入对市州、县市区农业和农村工作考核的重要内容，实行督查和通报制度，确保油茶产业发展规划、任务、资金、责任、成效"五落实"。

湖南省人民政府办公厅

2015 年 2 月 9 日

长江
经济带 林业支持政策汇编：地方篇

重庆市

重庆市长江防护林体系管理条例

第一章 总 则

第一条 为了加强长江防护林体系的建设和管理，充分发挥长江防护林保持水土、涵养水源、改善三峡库区生态环境的作用，根据《中华人民共和国森林法》等法律、法规，结合本市实际，制定本条例。

第二条 凡在本市行政区域内从事长江防护林体系规划、建设、保护、管理和经营利用活动，必须遵守本条例。

长江防护林体系，包括规划区内的防护林、用材林、经济林、薪炭林和特种用途林。

防护林，包括水源涵养林、水土保持林、农田防护林、护路林和护堤护岸林。

第三条 长江防护林体系建设，是指以长江为主线，以其流域水系为单元，通过恢复和增加森林植被，多林种、多树种合理配置，乔灌草并重，网带片点有机结合，建成以防护效益为主的生态公益型林业工程。

第四条 长江防护林体系建设应遵循统一规划，因地制宜，因害设防，分类指导的原则，依靠社会力量，实行山、水、田、林、路综合治理，以生态效益为主，兼与经济效益、社会效益相结合。

第五条 地方各级人民政府负责本行政区域内长江防护林体系建设的领导工作，组织动员广大人民群众积极投入长江防护林体系建设。

地方各级林业主管部门是本行政区域内长江防护林体系建设的行政主管部门，负责组织长江防护林体系的规划、建设、保护和管理。

农业、水利、土地、环保等部门按照各自的职责，做好长江防护林体系建设管理的有关工作。

第六条 在长江防护林体系规划、建设、保护、管理工作中做出显著成绩的单位和个人，由人民政府给予表彰和奖励。

第二章 规划管理

第七条 长江防护林体系建设应当制定规划。规划包括市总体规划和区县（自治

---

* 1998年5月29日重庆市第一届人民代表大会常务委员会第九次会议通过；根据2010年7月23日重庆市第三届人民代表大会常务委员会第十八次会议《关于修改部分地方性法规的决定》修正。

县）总体规划。

第八条 市总体规划由市林业主管部门依据国务院批准的《长江中上游防护林体系建设总体规划》编制，经市人民政府同意后，报国务院林业主管部门批准。

第九条 区县（自治县）总体规划由区县（自治县）林业主管部门依据市总体规划编制，经区县（自治县）人民政府同意后，报市林业主管部门审批。

第十条 区县（自治县）林业主管部门应当根据区县（自治县）总体规划和市林业主管部门下达的年度计划提前一年编制施工作业设计，报市林业主管部门审批。

第十一条 长江防护林体系建设应按照批准的总体规划和作业设计实施。因特殊情况确需调整变动的，必须报经原审批部门批准。

第三章　建设管理

第十二条 长江防护林体系建设包括人工造林、飞机播种造林、封山育林和低产低效林改造。

第十三条 长江防护林体系建设总体规划区内的宜林地，由区县（自治县）人民政府依照《重庆市绿化条例》的规定落实造林营林绿化责任。区县（自治县）林业主管部门提供技术指导。

第十四条 长江防护林体系建设以区县（自治县）为单位负责实施，以乡镇为单位实行项目负责人、技术负责人和施工负责人责任制，保证建设进度和质量。

第十五条 国家推行多种造林形式，鼓励单位和个人承包、租赁、购买宜林荒山的使用权造林。

国家鼓励以竹、木为原料的生产单位与农村集体经济组织联合造林，建立原料林基地。

第十六条 采用承包、租赁、拍卖等方式在宜林荒山造林的，应签定合同，并按照区县（自治县）人民政府确定的期限完成造林任务。

第十七条 已划给农村村民造林的自留山、责任山，可以在自愿互利的前提下实行合作造林，也可以经农村集体经济组织同意后转包他人造林。

农村村民在自留山、责任山上营造防护林，区县（自治县）林业主管部门应按照长江防护林施工设计要求给予技术指导。

第十八条 长江防护林体系建设应当达到以下质量标准：

（一）人工造林 3 年后，保存率达到百分之八十五以上；

（二）飞机播种造林，当年有苗面积占有效面积的百分之七十以上，每亩有苗四百株以上，飞播后第 5 年每亩保存幼树不得少于 200 株；

（三）封山育林区面积不得小于 300 亩，封山育林后 3 至 5 年郁闭度达到零点四以上；

（四）低产低效林改造 3 年后，目的树种株数占百分之八十五以上，乔灌草郁闭度不低于零点四。

第十九条　长江防护林体系建设实行阶段检查、年度检查、竣工验收制度。对检查、验收中发现的问题，应当限期改正。

第二十条　地方各级林业主管部门应当建立长江防护林体系档案，定期向上一级林业主管部门报告建设情况。

第四章　资金管理

第二十一条　长江防护林体系建设实行国家投资和群众投资、投劳相结合，鼓励社会团体、经济组织和民间筹资营造长江防护林。

第二十二条　地方各级人民政府应用好国家扶持资金。国家给予的扶持资金，地方各级人民政府应按照不低于国家规定的比例优先安排配套资金。市和区县（自治县）安排配套资金的比例，由市人民政府规定。

第二十三条　地方各级人民政府根据长江防护林体系建设的需要，每年应从各级财政收入中，安排适当比例的资金，用于长江防护林的营造、抚育、保护和管理。

第二十四条　煤炭、造纸、铁路、交通、水利等部门按规定提取的育林费和绿化资金，可用于长江防护林体系建设、保护和管理。

第二十五条　长江防护林体系建设资金实行专款专用，接受同级或上级财政、审计部门的检查监督；列入财政预算的资金，由审计部门负责检查监督。

第五章　林权管理

第二十六条　国家保护林地、林木所有者和使用者的合法权益。

第二十七条　国有宜林荒山由国有单位造林，或由国家提供资金单位或个人承包造林的，其林木所有权归国家所有。

国有宜林荒山由单位或个人自筹资金承包造林的，其林木所有权归承包者所有；以合作、合资等形式造林的，按合同约定执行。

国有宜林荒山由单位或个人租赁、购买使用权造林的，其林木所有权归租赁、购买者所有。

第二十八条　集体所有的宜林荒山由集体经济组织营造或由集体经济组织提供资金单位和个人承包造林的，其林木所有权归集体所有。

集体所有的宜林荒山由单位和个人自筹资金承包造林的，其林木所有权归承包者所有；以合作、合资等形式造林的，按合同约定执行。

集体所有的宜林荒山由单位和个人租赁、购买使用权造林的，其林木所有权归租赁、购买者所有。

第二十九条　村民在自留山造林的，其林木所有权归村民所有。已划给村民造林的自留山，在农村集体经济组织或者村民委员会决定的期限内未造林，由集体组织营造的，其林木所有权归集体所有。

第三十条　租赁、拍卖国有宜林荒山使用权造林的，经林业主管部门审核同意后，报县级以上人民政府依法决定。

租赁、拍卖集体所有宜林荒山使用权造林的，由享有荒山所有权的集体经济组织依法决定。

第三十一条　依法取得宜林荒山使用权的单位或个人，未按合同约定的期限完成造林任务的，应承担违约责任；逾期一年仍未造林的，宜林荒山由其所有者收回。

第六章　保护管理

第三十二条　长江防护林营造后，需要封山护林的，由区县（自治县）人民政府发布公告，实行封山护林。封山护林的时间不得少于 3 年。

区县（自治县）、乡（镇）人民政府应在长江防护林营造后建立管护组织，制定管护制度，落实管护人员和经费。

长江防护林的标志和护林碑牌，任何人不得损坏。

第三十三条　禁止在防护林内毁林开荒和毁林采石、采砂、取土。确需在林内采石、采砂、取土的，应报县级以上林业主管部门批准并依法办理手续。

第三十四条　防护林禁止皆伐。根据森林培育的需要或者遭受自然灾害特别严重的防护林，可以实行抚育或更新性质的采伐。采伐后的郁闭度，应保持在零点六以上。

第三十五条　新造的水源涵养林、水土保持林，在 5 年内禁止剃枝、放牧。期满后，可在林业主管部门的指导下进行以改善林分结构和卫生条件为目的的卫生伐、抚育伐。

第三十六条　特种用途林应适时进行促进林木生长的抚育伐、卫生伐、更新伐，可以采取以充分发挥林木特定用途为目的的修枝、整形等措施，严禁以用材为目的的采伐。

特种用途林中的名胜古迹和革命纪念地的林木，自然保护区的林木，严禁采伐。

第三十七条　用材林、薪炭林、经济林实行集约经营；综合利用，以发挥经济效益为主，兼顾防护效益。用材林实行小面积皆伐或择伐。采伐后，应在 2 年内完成更新造林。

第三十八条　在不影响长江防护林功能的前提下，鼓励开展林下种植业，养殖业和森林旅游业等多种经营活动。

第七章　法律责任

第三十九条　违反本条例第十一条的规定，不按照批准的总体规划和作业设计施工的，责令限期改正；造成经济损失的，责令赔偿损失，并处相当于施工费用 2 倍以下的罚款。

第四十条　违反本条例第三十二条规定，损坏防护标志和护林碑牌的，责令恢复标志和护林碑牌，并处 100 元以上 1000 元以下罚款。

第四十一条　违反本条例第三十三条规定，擅自在防护林内采石、采砂、取土的，责令立即停止，恢复植被；造成损失的，责令赔偿损失，并处毁坏林木价值 1 倍以上 5 倍以下罚款。

第四十二条　违反本条例第三十五条规定，在规定期限内到林区剃枝、放牧，致使森林、林木受到毁坏的，责令赔偿损失，并处补种毁坏株数 1 倍以上 3 倍以下的树木。

第四十三条　本条例规定的行政处罚，由县级以上林业主管部门依法决定。第四十条、第四十二条规定的行政处罚，可由乡镇人民政府决定。

第四十四条　国家工作人员违反本条例规定，有下列行为之一的，由林业主管部门提出建议，所在单位或其上级主管机关给予行政处分。构成犯罪的，依法追究刑事责任：

（一）擅自变更总体规划和施工作业设计的；

（二）违法批准对防护林实行皆伐的；

（三）贪污、挪用长江防护林体系建设资金的。

第四十五条　当事人对行政处罚决定不服的，可在接到处罚决定书之日起 15 日内，向作出处罚决定机关的上一级机关申请复议，对复议决定不服的，可在接到复议决定书之日起 15 日内向人民法院起诉。当事人也可在接到处罚决定书之日起 30 日内，直接向人民法院起诉。逾期不申请复议、不起诉、也不履行处罚决定的，由作出处罚决定的机关申请人民法院强制执行。

第八章　附则

第四十六条　本条例所界定数量有以上、以下的，均含本数。

第四十七条　本条例自 1998 年 9 月 1 日起施行。

重庆市绿化条例

第一章　总　则

第一条　为绿化重庆，改善自然生态环境，促进社会主义物质文明和精神文明建设，根据国家有关法律、法规的规定，结合本市实际，制定本条例。

第二条　凡在本市行政区域内的单位和个人，必须遵守本条例。

第三条　本条例所称绿化，是指对一切宜林、宜竹、宜草、宜花的地段因地制宜地种植树竹花草，保护和扩大国土的绿色植被。

第四条　绿化工作应坚持统一领导、统一规划、分类指导、各负其责、分期实施、限期绿化，依靠科学技术，实行树竹、灌木、花草相结合和生态效益、经济效益、社会效益并重。

第五条　地方各级人民政府应加强对绿化工作的指导，实行任期绿化目标责任制。

县级以上地方人民政府绿化委员会，统一负责本行政区的绿化工作，对各行业的绿化活动进行指导、协调、检查和督促。绿化委员会的办事机构，负责处理日常工作。

县级以上地方人民政府的林业、园林等主管部门，依照本条例规定的职责做好绿化工作。

第六条　绿化祖国是每个公民应尽的义务。任何单位和个人都应爱护树竹花草，珍惜和保护绿化成果，对违反本条例的行为有权制止、检举和控告。

第七条　在绿化事业中做出显著成绩的单位和个人，由人民政府给予表彰或者奖励。

第二章　绿化规划

第八条　农村宜林、宜竹、宜草的荒山、荒坡、荒地、荒滩、荒原、疏林地和村旁、宅旁、水旁、路旁的空隙地，城市现有宜于绿化的土地和按城市总体规划确定的绿化用地，应纳入绿化规划。

第九条　地方各级人民政府应本着因地制宜、因害设防、合理配置、讲求实效的

＊　1998 年 3 月 28 日重庆市第一届人民代表大会常务委员会第八次会议通过；根据 2001 年 6 月 26 日重庆市第一届人民代表大会常务委员会第三十三次会议《关于修改〈重庆市绿化条例〉的决定》修正。

原则，制定本地区的绿化规划。

绿化规划应与土地利用总体规划相协调，城市绿化应纳入城市建设总体规划。

第十条 全市绿化的目标是：绿化覆盖率百分之六十，其中森林覆盖率百分之三十以上。按地区类型分区的绿化目标为：

（一）平坝地区绿化覆盖率百分之十五，其中森林覆盖率百分之十二；

（二）浅丘地区绿化覆盖率百分之二十五，其中森林覆盖率百分之二十；

（三）深丘地区绿化覆盖率百分之五十，其中森林覆盖率百分之四十；

（四）山区绿化覆盖率百分之六十五，其中森林覆盖率百分之五十。

县级以上地方人民政府应参照绿化目标制定本行政区绿化的阶段目标或者任期目标，报同级人民代表大会或其常务委员会通过后，组织实施。

第十一条 城市绿化应保持历史特征和自然风貌，提倡立体绿化和家庭绿化，讲究绿化艺术。城市园林绿化用地面积占城市建设用地面积的规划指标，新开发区不得低于百分之三十，旧城改造区不得低于百分之二十五。

第三章 绿化责任

第十二条 地方各级人民政府制定的绿化规划，必须严格执行。

一切宜林、宜竹、宜草、宜花的地段必须确定绿化期限，并按规定限期绿化。

第十三条 已划给农村村民植树种草的自留山、责任山，由农村村民负责绿化。

用于绿化的责任山，应签订承包合同。自留山和责任山的绿化期限，由农村集体经济组织或者村民委员会根据本县的绿化目标决定。

第十四条 城市规划区（不含林业用地）的绿化和管理，由园林主管部门负责。

城市规划区内的林业用地和城市规划区以外的绿化和管理，由林业主管部门负责；已明确管理权属的，由其主管部门负责。

第十五条 铁路沿线两侧的绿化，由铁道部门负责。

县道以上公路的绿化，由公路部门负责；乡村公路的绿化，由乡（镇）人民政府负责。

铁路和公路专用线的绿化，由使用专用线的单位负责。

机场、港口、码头的绿化，由机场、港口、码头的主管部门负责。

水库、渠堰管理区域的绿化，由水库、渠堰工程管理单位或者使用单位负责。

江河两岸、湖泊周围的绿化，由主管单位负责。

机关、社会团体、部队、企业事业单位的绿化，由单位的负责人负责。

以上地区的绿化期限，由当地人民政府根据绿化目标决定。

第十六条 公民义务植树依照《重庆市实施全民义务植树条例》的规定执行。

第十七条 地方各级人民政府应鼓励单位和个人种植纪念树、营造纪念林或者以其他形式兴办绿化事业。

第四章　实施与管护

第十八条　国土绿化必须按照技术规程进行，适地适树，保证绿化质量。

第十九条　林业部门应有计划地建立区域性良种基地和试验繁殖基地，培育良种壮苗。园林部门应建立专业苗圃。农业部门应建立良种牧草种子基地。绿化任务大的单位，应根据任务自办苗圃，保证绿化用苗。

第二十条　切实加强绿化的管护工作。应根据实际需要建立管护组织或配备落实管护人员，制定管护责任制，实行科学抚育和间伐，防止森林火灾，防治病虫害，巩固绿化成果。

第二十一条　铁路、公路、江河、渠道、水库、湖泊的防护林，应当保持林种结构稳定和景观稳定。修枝、整形应按有关主管部门的规定进行，树种更替和林木更新应经有关主管部门审批。

第二十二条　因勘察设计、架设线路、铺设管道、修渠筑路等工程建设需要修剪、移植、砍伐林木、损毁绿地的，必须按规定向有关主管部门办理审批手续。

第二十三条　任何单位和个人不得擅自占用林地、园林绿地和苗圃。确需占用的，须经有关主管机关同意，依法办理占地手续，并按规定给予补偿。因用地造成树木损毁的，应向树木所有者赔偿损失。

经批准在绿地内取土、采石、开挖、堆积物品等需要临时占用绿地的，占用期满后，用地单位应恢复林业生产条件，或者缴纳森林植被恢复费，由绿地主管部门组织恢复。

第二十四条　国家、市重点的天然原生珍贵树木必须严加保护，禁止采伐。确需采伐国家二级和市重点保护树种的，报市级主管部门批准，国家一级保护树种报国务院有关行政主管部门批准。古树名木由县级以上人民政府建档挂牌，落实管护责任，严禁损伤砍伐。因自然死亡或影响交通、危及安全必须砍伐时，须经市主管部门批准。

第二十五条　禁止毁林开荒。已开垦耕种的，县级以上人民政府应根据实际情况，采取措施帮助种植者逐步退耕种树、种草、恢复植被。难以退耕的，应逐步改为梯土耕作。

第五章　绿化资金

第二十六条　绿化资金来源，实行自筹为主、国家扶持的原则。各级人民政府每年从地方财政中拨出一部分资金用于当地绿化事业，并从发展农业的资金中划出一定份额用于造林绿化。对承包荒山、草场绿化的单位和个人，可实行有偿扶持。

第二十七条　凡承担绿化任务的部门和单位，应按照有关规定的比例和数额提取绿化资金。以木竹为原料、材料的煤炭、造纸、采掘等部门，应按照规定提取育林费，用于原材料基地建设。没有林地的单位，可与地方联合造林；新建工程的绿化费用，列入基本建设计划，由基本建设投资解决。

第二十八条 对森林资源实行保护性措施，依法征收育林费，专门用于造林育林。具体征收办法由市人民政府制定。

第二十九条 各项绿化资金，除财政拨款外，均纳入预算外资金管理，实行财政专户储存，由财政、审计部门监督使用，专项用于绿化事业。

第六章 罚 则

第三十条 违反本条例第十八条的规定，规划设计单位不按技术规程进行规划设计，使造林绿化及其成活率达不到最低标准的，责令退还设计费，赔偿经济损失；施工单位不按技术规程进行绿化造成损失的，责令限期补植或者赔偿经济损失。

第三十一条 违反本条例第二十四条的规定，擅自批准砍伐古树名木和天然原生珍贵树木的，追缴树木或其变卖所得，对擅自批准砍伐的人员处以 1000 元以下罚款，对擅自批准砍伐的单位处以 5 万元以下罚款。

第三十二条 违反本条例规定，不缴纳森林植被恢复费、育林费的，责令限期缴纳。逾期缴纳的，每日加收千分之二的滞纳金。

第三十三条 本条例规定的行政处罚，依照第十四条划定的责任范围，分别由林业、园林主管部门依法决定。第三十二条规定的行政处罚，由林业主管部门依法决定。

第三十四条 违反本条例的规定，有下列行为之一的，由所在单位或者上一级主管部门给予行政处分；构成犯罪的，依法追究刑事责任：

（一）违法制定城市园林绿化用地面积规划指标，经劝阻无效造成不良后果的；

（二）对责任区内盗伐滥伐林木、破坏园林绿化、破坏草场事件制止不力的；

（三）发生森林火灾和病虫害，组织扑救不及时造成重大损失的；

（四）在规划设计、种苗供应、组织施工、检查验收中弄虚作假、徇私舞弊的；

（五）挥霍浪费、挪用绿化资金的；

（六）擅自批准砍伐古树名木和天然原生珍贵材木的。

第三十五条 当事人对行政处罚不服的，可在接到处罚决定书之日起 60 日内，向作出处罚决定的机关的上一级机关申请复议。对复议决定不服，可在接到复议决定书之日起 15 日内向人民法院起诉。当事人也可在接到处罚决定书之日起 3 个月内，直接向人民法院起诉。期满不申请复议、不起诉，又不履行处罚决定的，由作出处罚决定的机关申请人民法院强制执行。

第七章 附 则

第三十六条 本条例所称的森林覆盖率，是指在一定区域内郁闭度达零点二以上的乔木林地、经济林地、竹林地、国家特别规定的灌木林地与农田林网树和村旁、宅旁、水旁、路旁树覆盖面积之和，占该区域幅员总面积的百分数。

绿化覆盖率，是指一定区域内森林覆盖率计算中所包括的各种林地面积，加上城镇已成型的园林绿地、草场、非特别规定的灌木林地、林草覆盖率达百分之七十以上的疏林地面积之总和，占该区域幅员总面积的百分数。

第三十七条 市重点保护的天然原生珍贵树木名录、古树名木的划分标准由市人民政府公布。

第三十八条 本条例所界定数量有以下、以上的，均含本数。

第三十九条 本条例自 1998 年 7 月 1 日起施行。

重庆市林地保护管理条例

第一章 总 则

第一条 为了加强保护管理和合理利用林地资源，根据《中华人民共和国森林法》和《中华人民共和国土地管理法》及有关法律、法规，结合本市实际，制定本条例。

第二条 本市行政区域内林地（不含城市园林绿地）的保护和利用管理，适用本条例。

第三条 本条例所称林地系指林业用地，包括郁闭度零点二以上的乔木林地、疏林地、灌木林地、竹林地、经济林地、未成林造林地、采伐迹地、火烧迹地、苗圃地、科学试验林地和经县级以上人民政府规划的宜林地以及其他林业用地。

第四条 各级人民政府必须贯彻执行十分珍惜和合理利用土地的方针，坚决制止侵占滥用林地的行为。

第五条 林地的保护和利用管理，实行土地管理部门统一管理和林业主管部门专业管理相结合的原则。

第六条 林业主管部门负责林地的保护和利用管理，其主要职责是：

（一）宣传、贯彻执行国家有关林地保护和利用管理的法律、法规、规章和政策；

（二）编制林地的保护和利用规划及年度计划，并组织实施；

（三）配合土地管理部门做好林地的调查、登记、统计工作，建立健全林地地籍档案管理制度；

（四）协助土地管理部门办理征用林地的权属变更的相关工作；

（五）对征用林地的补偿费、补助费以及国有林地有偿使用费的使用进行监督；

（六）监督检查林地的保护和利用管理，会同有关部门调解林地权属争议，调查和处理违法使用林地的案件，制止侵占滥用林地的行为。

第七条 在林地保护和利用管理中做出显著成绩的单位或个人，由各级人民政府或林业主管部门给予表彰和奖励。

＊ 1998 年 5 月 29 日重庆市第一届人民代表大会常务委员会第九次会议通过；根据 2001 年 9 月 26 日重庆市第一届人民代表大会常务委员会第三十五次会议《关于修改〈重庆市林地保护管理条例〉的决定》第一次修正；根据 2004 年 6 月 28 日重庆市第二届人民代表大会常务委员会第十次会议《关于取消部分地方性法规中行政许可项目的决定》第二次修正；根据 2005 年 5 月 27 日重庆市第二届人民代表大会常务委员会第十七次会议《关于修改〈重庆市林地保护管理条例〉的决定》第三次修正；根据 2010 年 7 月 23 日重庆市第三届人民代表大会常务委员会第十八次会议《关于修改部分地方性法规的决定》第四次修正。

第二章 林地权属

第八条 林地的所有权分为国家所有和集体所有。国有林业企业、事业单位经营管理的国有林地以及依法确定给其他单位或个人使用的国有林地,属于国家所有;其余林地属于集体所有,自留山和依法确定给农村村民使用的房前屋后的林权地,属于集体所有。

第九条 国家所有和集体所有的森林、林木和林地,个人所有的林木和使用的林地,由区县(自治县)人民政府依法登记造册,核发证书,确定所有权或使用权。

第十条 区县(自治县)人民政府根据《中华人民共和国森林法》的规定颁发的林权证,是林地所有权或使用权的法律凭证,其所有权或使用权受法律保护。

第十一条 林地使用权可以依法转让。具体办法按国家有关规定办理。

第十二条 单位和个人依法取得所有权或使用权的林地的四至界线,由区县(自治县)林业主管部门会同土地主管部门负责树立或确定界桩、界标。

第十三条 林地经营单位经林地所有权单位同意,可以将边远交错的林地与相邻单位的林地或其他土地相互调换。调换国有林地的,应取得当地区县(自治县)林业主管部门同意。林地调换单位凭调换协议书向有关部门办理权属变更手续。

第十四条 林地所有权或使用权争议,由当事人依法协商解决,协商不成的,按以下规定处理:

(一)国有林地之间、国有林地与集体林地之间的权属争议,由所在区县(自治县)人民政府处理;跨区县(自治县)的,报市人民政府处理。

(二)集体林地的权属争议,由乡(民族乡、镇)人民政府调处;协调不成的,报区县(自治县)人民政府处理;跨区县(自治县)的,报市人民政府处理。

第十五条 在林地争议解决之前,任何一方不得采伐有争议的林木,破坏有争议的林地及附着物。

第三章 林地的保护和利用

第十六条 依法享有林地使用权的单位和个人,有保护管理和合理利用林地资源的义务。对林地上的林木及附着物享有依法征用、使用、收益和处分的权利。

第十七条 林业主管部门负责编制林地的保护和利用规划,经上一级林业主管部门审查,报同级人民政府批准。

林地的保护和利用规划,应当与土地利用总体规划相协调;在城市规划区的林地规划,应当符合城市总体规划的要求。

林地的保护和利用规划的变更,须经原批准机关同意。

第十八条 开发林区旅游,应当符合林地保护利用规划要求,保护森林资源和自然景观以及林区的各种设施,防止森林火灾和环境污染。

集体林区的旅游开发,由区县(自治县)林业主管部门会同有关部门审核同意,报

区县（自治县）人民政府批准；国有林区的旅游开发，由市林业主管部门会同有关部门审核同意，报市人民政府批准。

森林旅游开发单位应对林地经营单位进行补偿，具体办法由市人民政府制定。

第十九条 林地经营单位的隶属关系及经营界线一经确定，不得擅自改变。因特殊需要变更林地经营单位的隶属关系及经营界线的，须经上一级主管部门同意；属于自然保护区或森林公园的，报有权机关批准。

第二十条 禁止毁林开垦和毁林采石、采砂、采矿、取土以及其他破坏林地资源的行为。

依法批准征用林地进行采石、采砂、采矿、取土以及修筑临时设施的单位或个人，不得造成水土流失。用后的林地，应当限期由用地单位或个人造林恢复；难以恢复的，应在当地林业主管部门指定的地点营造相应面积的新林或缴纳森林植被恢复费，用于异地造林。

第二十一条 依法确定给单位和个人使用的国有林地或承包经营的集体林地，有下列情形之一的，由所在区县（自治县）林业主管部门会同有关部门审核，报区县（自治县）人民政府批准后，收回或变更林地使用权：

（一）无特殊原因，连续 2 年荒芜的；

（二）造成森林资源严重损失的；

（三）未经批准，用于非林业生产建设的。

第四章　林地的征用

第二十二条 国家建设以及乡（民族乡、镇）建设或兴办公益事业，应当节约用地，尽量不占或少占林地。确需征用林地的单位或个人应当向县级以上林业主管部门提出申请，经审核同意后，按土地管理法律、法规的规定报批。

第二十三条 自然保护区、森林公园、珍贵动物和植物生长繁殖的林区，以及国防林、防护林、实验林、母树林、林木种子园、科研教学用的林地，不得征用。因特殊需要征用的，应征得有权批准、划定机关的同意。

第二十四条 征用林地的，应当经县级以上人民政府林业主管部门批准。

征用林地的期限不得超过两年，确需超期的应重新申报批准，并不得在征用的林地上修筑永久性建筑物；征用期满后，用地单位必须恢复林业生产条件：

（一）征用防护林或者特种用途林地面积 5 公顷以下，其他林地面积 10 公顷以上20 公顷以下的，由市人民政府林业主管部门审批；

（二）征用除防护林和特种用途林以外的面积 10 公顷以下的其他林地，由区县（自治县）人民政府林业主管部门审批。

第二十五条 森林经营单位在所经营的范围内修筑直接为林业生产服务的工程设施，需要征用国有林地的，由市人民政府林业主管部门批准；需要征用集体所有的林地的，由区县（自治县）人民政府林业主管部门批准。

第二十六条 依法批准征用林地，有下列情形之一的，由所在区县（自治县）土地管理部门会同林业主管部门审核，报县级以上人民政府批准后，收回或变更林地使用权：

（一）用地单位已撤销或迁移的；

（二）连续2年未使用的；

（三）不按批准用途使用的；

（四）擅自转让其他单位或个人使用的；

（五）公路、铁路、矿场等经核准报废的；

（六）法律、法规规定应收回的。

收回的土地，应当还林；不能还林的，由区县（自治县）以上人民政府统一规划和利用。

第二十七条 经批准征用的林地，从正式交付之日起，6个月未破土动工的，视为荒芜土地，凡造成荒芜林地的单位和个人，应当交纳土地荒芜费。

第二十八条 经批准征用林地的单位和个人，应当向林地所有权单位、森林经营权单位或个人依法支付林地补偿费、林木及附着物补偿费和安置补助费，并向县级以上林业行政主管部门缴纳森林植被恢复费：

（一）林地补偿费：征用林地的，按不低于当地耕地补偿标准的百分之八十缴纳。

（二）林木及附着物补偿费：

1. 幼龄林：每公顷补偿造林投资4500元至7500元，造林投资较大的，按实际投资补偿。每公顷每年补偿抚育和保护管理费4500元（经济林6000元），不足3年的按3年计算；

2. 中龄林、近成熟林：按主伐期出材量每公顷90至150立方米，以所在地市场时价计算；

3. 防护林、特种用途林：以中龄林、近成熟林出材量标准的3倍至5倍补偿；

4. 苗圃地：每公顷补偿15万元至22.5万元；

5. 经济林木（含竹林）：按前3年平均年产值或实际造林投资及培育费用的3倍至5倍补偿；

6. 拆除林地上其他附着物的，按有关规定补偿。

（三）安置补助费：按土地管理法规或有关规定办理。

（四）森林植被恢复费：

1. 有林地每平方米2元至4元；

2. 特种用途林地每平方米4元至6元；

3. 其他林地每平方米1元至2元。

林木及附着物补偿费、植被恢复费标准的调整，按照有关法律、法规的规定，由市林业主管部门会同有关部门提出，报市人民政府批准。

第二十九条 征用林地的林地、林木及附着物补偿费交付被征用林地经营单位用于发展林业生产；个人所有的林木及附着物补偿费应当交付本人；安置补助费用于被征用林地单位富余劳动力的就业安置和不能就业人员的生活补助。森林植被恢复费按照有关规定收取、管理和使用。

第三十条　征用林地需要伐除的林木，由原林地经营单位或个人向区县（自治县）林业主管部门申办采伐许可证，纳入年森林采伐限额。伐除的林木归原权属单位或个人所有。

第五章　法律责任

第三十一条　违反本条例有下列行为之一的，由林业主管部门给予处罚：

（一）擅自转让、调换林地的，转让、调换无效。造成森林资源损失的，处以实际损失 1 倍至 2 倍的罚款；

（二）擅自在林区开展旅游和从事其他建筑、经营活动的，没收违法所得、限期拆除或没收在林地上的违法建筑物或设施，并处以本条例第二十八条第一项规定的林地补偿费 1 倍至 2 倍的罚款；

（三）违法侵占林地的，责令限期退还，恢复原状，造成损失的，责令赔偿损失；未经林业主管部门审核同意使用林地的，责令限期退还林地，拆除林地上的建筑物和其他设施，造成林地及其附着物损失的，责令赔偿损失；

（四）擅自移动或破坏界桩、界标的，责令限期恢复。不能恢复的，责令赔偿损失，并处以 100 元至 500 元罚款；

（五）违反本条例第二十条的规定，造成林地破坏或损失的，按本条例第二十八条第一项规定的林地补偿费赔偿，并处以赔偿费 1 倍至 2 倍的罚款。

第三十二条　有下列行为之一的，由公安机关按照《中华人民共和国治安管理处罚法》的规定处罚。构成犯罪的，依法追究刑事责任：

（一）在办理变更林地权属或调解林地纠纷过程中，煽动群众闹事、阻挠国家建设的；

（二）以暴力、胁迫或其他手段侵占林地的；

（三）阻碍国家工作人员依法执行林地管理职务的。

第三十三条　林业主管部门、土地管理部门的工作人员玩忽职守、徇私枉法、滥用职权、侵犯林地所有者、使用者合法权益的，依照有关规定处理。

第三十四条　当事人对行政处罚决定不服的，可依法申请行政复议或提起行政诉讼。

当事人逾期不申请复议、不起诉、又不履行处罚决定的，作出处罚决定的机关可以申请人民法院强制执行。

第六章　附　则

第三十五条　本条例自 1998 年 9 月 1 日起施行。

重庆市实施《中华人民共和国野生动物保护法》办法

第一章　总　则

第一条　根据《中华人民共和国野生动物保护法》等法律、法规，结合本市实际，制定本办法。

第二条　在本市行政区域内从事野生动物保护管理、驯养繁殖、开发利用、科学研究等活动，必须遵守本办法。

第三条　本办法规定保护的野生动物，是指国家和市重点保护的陆生、水生野生动物；国家和市保护的有益的或者有重要经济、科学研究价值的陆生野生动物。

国家和市重点保护的水生野生动物以外的其他水生野生动物的保护管理，适用渔业法律、法规的规定。

第四条　野生动物资源属于国家所有。

依法进行科学研究、驯养繁殖和其他开发利用野生动物资源者的合法权益受法律保护。

第五条　野生动物的保护管理，实行加强资源保护、积极驯养繁殖、合理开发利用的方针，鼓励开展野生动物科学研究。

任何单位和个人都有保护野生动物资源的义务，对侵占或破坏野生动物资源的行为，都有权制止、检举和控告。

第六条　市和区县（自治县）人民政府应当把保护、发展和合理利用野生动物资源纳入国民经济和社会发展计划。

在野生动物的保护管理、驯养繁殖和科学研究等方面有突出成绩的单位和个人，由市、区县（自治县）人民政府或其野生动物行政主管部门给予奖励。

＊　1998 年 3 月 28 日重庆市第一届人民代表大会常务委员会第八次会议通过；根据 2004 年 6 月 28 日重庆市第二届人民代表大会常务委员会第十次会议《关于取消部分地方性法规中行政许可项目的决定》第一次修正，根据 2005 年 5 月 27 日重庆市第二届人民代表大会常务委员会第十七次会议第二次修正；根据 2010 年 7 月 23 日重庆市第三届人民代表大会常务委员会第十八次会议第三次修正；根据 2012 年 5 月 24 日重庆市第三届人民代表大会常务委员会第三十一次会议第四次修正；根据 2012 年 11 月 29 日重庆市第三届人民代表大会常务委员会第三十八次会议第五次修正；根据 2014 年 9 月 25 日重庆市第四届人民代表大会常务委员会第十三次会议第六次修；正 2016 年 9 月 29 日重庆市第四届人民代表大会常务委员会第二十八次会议修改。

第七条　市林业行政主管部门、渔业行政主管部门，分别主管全市陆生、水生野生动物的保护管理工作；区县(自治县)林业、渔业行政主管部门，是本级人民政府的野生动物行政主管部门，分别主管本行政区域内陆生、水生野生动物保护管理工作。

区县(自治县)人民政府野生动物行政主管部门，应当按照国家和市的规定组织野生动物资源调查，建立资源档案。

第八条　保护管理野生动物资源所需经费，在市和区县(自治县)人民政府野生动物行政主管部门的年度经费中列支，纳入同级财政预算。

建立野生动物保护发展基金制度。

第二章　野生动物保护

第九条　国家重点保护的野生动物名录，按国务院批准公布的执行；国家保护的有益的或者有重要经济、科学研究价值的陆生野生动物名录，按国务院野生动物行政主管部门公布的执行。

市重点保护的野生动物名录，由市野生动物行政主管部门提出，市人民政府批准公布，报国务院备案，市保护的有益的或者有重要经济、科学研究价值的野生动物名录，由市野生动物行政主管部门制定公布，报市人民政府备案。

第十条　每年10月为重庆市保护野生动物宣传月。每年4月的第一周为重庆市爱鸟周。

第十一条　市和区县(自治县)人民政府野生动物行政主管部门，应采取生物和工程技术措施，改善野生动物主要生息繁衍环境和食物条件。

单位和个人对伤病、饥饿、受困、搁浅、迷途的国家和市重点保护野生动物，应尽力救护，并及时报告当地野生动物行政主管部门。

第十二条　禁止污染野生动物生息环境；禁止破坏野生动物巢、穴、洞、索饵场和洄游通道；禁止在国家和市重点保护野生动物主要生息繁衍场所使用有毒有害药物。

第十三条　市人民政府应在国家和市重点保护野生动物的主要生息繁衍地区和水域划定自然保护区。在野生动物资源遭受严重破坏或资源贫乏的地区，由县级人民政府划定限期性的禁止猎捕区。分布零散的珍稀野生动物，由所在地的县级人民政府明令保护。

自然保护区的范围和用途，未经原批准机关批准，不得改变。

在自然保护区内禁止猎捕。

第十四条　在国家和市重点保护野生动物的集中分布区，应逐级建立保护管理责任制。具体办法由县级人民政府野生动物行政主管部门制定。

鲜鱼主要生息繁衍场所所在区县(自治县)，对鲜鱼的保护实行区县(自治县)人民政府首长负责制。

第十五条　有关单位和个人对野生动物可能造成的危害，应当采取防范措施。

因保护国家和市重点保护野生动物，造成人身伤害、财产损失的，应给予补偿。补偿费用由市和区县（自治县）人民政府承担。具体办法由市人民政府制定。

第三章　猎捕管理

第十六条　禁止捕杀、采集国家和市重点保护野生动物（含卵）。因科学研究、养殖、展览、交换、赠送或其他特殊情况，需要捕捉国家一级重点保护野生动物的，必须经市野生动物行政主管部门审核，向国务院野生动物行政主管部门申请特许猎捕证；猎捕国家二级和市重点保护野生动物的，必须经区县（自治县）人民政府野生动物行政主管部门审核，向市野生动物行政主管部门申请特许猎捕证。

第十七条　猎捕国家和市保护的有益的或者有重要经济、科学研究价值的野生动物，必须经区县（自治县）人民政府野生动物行政主管部门审核后，向市野生动物行政主管部门申请猎捕证。猎捕证由市野生动物行政主管部门印制。

猎捕动物种类和年度猎捕量限额，由市野生动物行政主管部门下达，不得超过。猎捕证每年验证一次。

第十八条　猎捕者应按批准的种类、数量、场所、期限、工具、方法进行猎捕。严禁非法猎捕。

第十九条　禁止使用军用武器、小口径步枪、汽枪、毒药、炸药、地弓、地枪、铁夹、猎套、鸟网、陷阱、火攻、电力等工具和方法进行猎捕。因特殊需要使用猎套、鸟网、陷阱捕捉的，必须经区县（自治县）人民政府野生动物行政主管部门批准。

第二十条　误捕国家和市重点保护的水生野生动物，应立即无条件地放回原生息场所；误伤的应及时救护，并报告当地野生动物行政主管部门；死亡的由野生动物行政主管部门按有关规定处理。

第二十一条　禁止猎捕、买卖国家和市保护的益鸟。

禁止在城市、工矿、乡镇、村院等人口聚居区，捕捉、猎杀鸟类，采集鸟卵，捣毁鸟巢。

禁止捕杀、买卖青蛙。

第二十二条　外国人需要携带、邮寄或以其他方式将野生动物标本及其衍生物运出国（边）境的，必须经市野生动物行政主管部门审核同意后，报国务院野生动物行政主管部门批准。

第二十三条　在适合狩猎的区域建立固定狩猎场所的，必须经市野生动物行政主管部门批准。

第四章　驯养繁殖和经营利用管理

第二十四条　鼓励开展野生动物科学研究和驯养繁殖，加强野生动物自然保护区、饲养场、驯养繁殖场、科学研究单位和动物园的管理工作。

第二十五条　驯养繁殖野生动物的单位和个人，须按下列规定申请领取驯养繁殖许可证；属国家重点保护野生动物，按国家有关规定办理；属市重点保护陆生野生动物以及属国家和市保护的有益的或者有重要经济、科学研究价值的野生动物，由区县（自治县）野生动物行政主管部门审核，报市野生动物行政主管部门或者授权单位批准；属市重点保护水生野生动物，由区县（自治县）野生动物行政主管部门审批。

驯养繁殖许可证每年 12 月验证一次。从事野生动物驯养繁殖的单位和个人不得收购无证猎捕的野生动物。

停止驯养繁殖野生动物的，应向批准机关申请注销驯养繁殖许可证，按规定妥善处理驯养繁殖的野生动物。

第二十六条　禁止非法出售、收购、利用、加工、转让野生动物或者产品。因科学研究、养殖、展览、交换、赠送和其他特殊情况，需要出售、收购、利用、加工、转让的，属国家一级野生动物或者产品，按有关规定报国务院野生动物行政主管部门或者授权单位批准；属国家二级和市重点保护陆生野生动物或者产品以及属国家和市保护的有益的或者有重要经济、科学研究价值的野生动物或者产品，由市野生动物行政主管部门或者授权的单位批准；属市重点保护水生野生动物或者产品，由区县（自治县）野生动物行政主管部门审批。

第二十七条　运输、邮寄和携带野生动物或其产品，必须办理准运证。对无准运证的野生动物或其产品，任何单位和个人均不得承运。

出区县（自治县）的准运证和出市境的水生野生动物或者产品准运证，由所在区县（自治县）野生动物行政主管部门或者授权的单位核发；出市境的陆生野生动物或者产品准运证，由市野生动物行政主管部门或者授权的单位核发；出国（边）境的，必须经市野生动物行政主管部门审核同意后，报国务院野生动物行政主管部门审批。

运输野生动物或其产品不得超越准运证规定的种类、数量、期限和起止地点，活体野生动物的运输及装卸应当遵守国家有关规定和我国参加的国际公约的规定。

第二十八条　依法设立的木材检查站监督检查野生动物运输情况，对非法运输野生动物及其产品的行为有权制止，并及时移送当地野生动物行政主管部门依法处理。

第二十九条　经营野生动物或其产品，实行经营许可证制度。经营许可证，由市野生动物行政主管部门印制；经营许可证管理办法，由市野生动物行政主管部门会同市工商行政管理部门制定。

对经营的野生动物或其产品，野生动物行政主管部门、工商行政管理部门或其他行政管理部门都应依法加强监督管理。工商行政管理部门或者其他行政管理部门在依法监督管理中挡获的野生动物或其产品，应及时交当地野生动物行政主管部门按照国家规定处理。

第三十条　禁止宾馆、饭店、餐厅、招待所等饮食行业非法经营野生动物或其产品。

第三十一条　持证经营野生动物或其产品的单位和个人，每年 12 月应向市野生动物行政主管部门或其授权的单位申报下年度收购和销售计划，经批准后执行。

禁止任何单位和个人超越经营许可证规定经营野生动物或其产品。

第三十二条 经营利用野生动物或其产品的，应当缴纳野生动物资源保护管理费。收费标准和办法，按照国家和市有关规定执行。

第五章 罚 则

第三十三条 违反本办法规定，同时又违反《中华人民共和国野生动物保护法》或其陆生、水生野生动物保护实施条例的行为，需要处以罚款的，分别依照其规定的标准执行。

第三十四条 违反本办法规定，非法捕杀市重点保护野生动物的，由野生动物行政主管部门没收猎获物、猎捕工具和违法所得，吊销特许猎捕证，并处以相当于猎获物价值8倍以下罚款，没有猎获物的处8000元以下的罚款。

第三十五条 违反本办法规定，误捕国家或市重点保护的水生野生动物不立即放回原生息场所，或者误伤(死)国家和市重点保护水生野生动物不及时救护与报告的，由野生动物行政主管部门给予警告，责令纠正，可处500元以上2000元以下的罚款。

第三十六条 违反本办法第二十一条第三款规定，由工商行政管理部门或者野生动物行政主管部门没收实物和违法所得，并按下列标准罚款：

（一）对捕杀青蛙者按每只2至10元罚款；

（二）对经营青蛙者按每只5至20元罚款；

（三）对购买青蛙者按10元以上50元以下罚款。

第三十七条 违反本办法规定，猎捕、买卖国家和市保护的益鸟，或者在人口聚居区捕捉猎杀鸟类、采集鸟卵、捣毁鸟巢的，由野生动物行政主管部门给予警告，责令停止违法行为，没收猎获物及其猎捕工具，可处5000元以下的罚款；没有猎获物的，没收猎捕工具，可处1000元以下的罚款。

第三十八条 违反本办法规定，未取得驯养繁殖许可证或者超越驯养繁殖许可证规定范围驯养繁殖国家重点保护野生动物以外的野生动物的，由野生动物行政主管部门没收违法所得，处2000元以下罚款，可以并处没收野生动物、吊销驯养繁殖许可证。

违反本办法规定，收购无证猎捕的野生动物的，由野生动物行政主管部门没收实物和违法所得，并处相当于实物价值3倍以下的罚款，吊销驯养繁殖许可证。

第三十九条 违反本办法规定，有下列行为之一的，由野生动物行政主管部门吊销证件，没收违法所得，可以并处罚款：

（一）伪造、倒卖、转让猎捕证、驯养繁殖许可证，准运证的，处500元以上5000元以下罚款；

（二）伪造、倒卖、转让经营许可证的，处2000元以上2万元以下的罚款；

（三）伪造、倒卖、转让特许猎捕证或者允许进出口证明书的，处5000元以上5万元以下的罚款。

第四十条 违反本办法规定，出售、收购、运输、携带非国家和市重点保护野生动物或其产品的，由工商行政管理部门或者野生动物行政主管部门没收实物和违法所得，可以并处相当于实物价值5倍以下的罚款。

违反本办法规定，加工、利用、转让野生动物及其产品，或者邮寄国家和市重点保护野生动物产品的，由野生动物行政主管部门没收实物，并处相当于实物价值3倍以下的罚款。

第四十一条 违反本办法规定，超越准运证规定的种类、数量、期限运输野生动物或其产品的，由野生动物行政主管部门按照无证运输野生动物或其产品的行为处理。

第四十二条 违反本办法第二十三条规定，由区县(自治县)野生动物行政主管部门责令其停止狩猎活动，没收违法所得、狩猎工具和实物，可并处2万元以下的罚款。

第四十三条 违反本办法规定，承运无准运证的野生动物或其产品，由野生动物行政主管部门没收承运者的违法所得，可并处2000元以下罚款。

第四十四条 违反本办法第三十条规定，由工商行政管理部门或者野生动物行政主管部门没收实物和违法所得，并可按下列标准处以罚款：

(一)非法经营非国家和市重点保护野生动物或其产品的，处1000元以上5000元以下罚款；

(二)非法经营国家和市重点保护野生动物或其产品的，处2000元以上1万元以下罚款。

第四十五条 违反本办法第三十二条规定，由野生动物行政主管部门责令其限期缴纳野生动物资源保护管理费，逾期不缴纳的，处应缴纳的野生动物资源保护管理费2倍以下的罚款。

第四十六条 对非法经营利用野生动物或其产品的，除依法给予处罚外，由区县(自治县)野生动物行政主管部门依照国家和市规定的收费标准，追缴2至5倍野生动物资源保护管理费。

第四十七条 本办法规定的渔业行政主管部门的行政处罚权，可以由其所属的渔政监督管理机构行使。

第四十八条 野生动物行政主管部门决定的行政处罚，必须出具处罚决定书。罚款、没收实物或违法所得，必须出具财务专用收据。

第四十九条 超过控制指标发放的猎捕证或者越权发放的猎捕证无效，对直接责任人员和主要负责人员，由其所在单位或者上级主管部门给予行政处分。

第五十条 违反本办法规定，情节严重，构成犯罪的，依法追究刑事责任。

第五十一条 野生动物行政主管部门的工作人员，玩忽职守，滥用职权，徇私舞弊，由其所在单位或上级主管部门给予行政处分。构成犯罪的，依法追究刑事责任。

第五十二条 当事人对行政处罚决定不服的，可依法申请行政复议或提起行政诉讼。逾期不申请行政复议、不起诉又不履行行政处罚决定的，由作出处罚决定的机关申请人民法院强制执行。

第六章　附　则

第五十三条　本条例有关用语的含义：

国家重点保护的野生动物，是指由国务院公布的《国家重点保护野生动物名录》所列的野生动物和从国外引进的珍贵、濒危的野生动物。

市重点保护的野生动物，是指由市人民政府公布的《重庆市重点保护野生动物名录》所列的野生动物和从国外引进的其他野生动物。

国家保护的有益的或者有重要经济、科学研究价值的陆生野生动物，是指由国务院林业行政主管部门公布的《国家保护的有益的或者有重要经济、科学研究价值的陆生野生动物名录》所列的野生动物。

市保护的有益的或者有重要经济、科学研究价值的陆生野生动物，是指由市人民政府林业行政主管部门公布的《重庆市保护的有益的或者有重要经济、科学研究价值的陆生野生动物名录》所列的野生动物。

经营野生动物或其产品，包括出售、收购、利用、加工、转让野生动物或其产品的行为。

第五十四条　外省进入本市行政区域内的野生动物，属于原产省重点保护野生动物的，可以视为本市重点保护野生动物适用于本办法的有关规定；不属于原产省重点保护野生动物的，可以视为本市保护的有益的或者有重要经济、科学研究价值的野生动物适用本办法的有关规定；水生野生动物可以视为本市重点保护的渔业资源适用渔业法律、法规的有关规定。

第五十五条　野生动物或者其产品的种类、名称等需要作出鉴定的，由市野生动物行政主管部门指定专门机构进行。

第五十六条　本办法所称以上、以下，均含本数。

第五十七条　本办法自 1998 年 7 月 1 日起施行。

重庆市公益林管理办法

第一条 为了加强和规范公益林建设、保护和管理，根据《中华人民共和国森林法》《中华人民共和国森林法实施条例》等有关法律法规，结合本市实际，制定本办法。

第二条 本办法所称公益林，是指生态区位重要或者生态状况脆弱，对国土生态安全、生物多样性保护和经济社会可持续发展具有重要作用，以发挥森林生态和社会服务为主体功能，并按照国家和本市有关规定划定的防护林和特种用途林。

公益林分为国家级公益林和地方公益林。

第三条 本市行政区域内公益林的建设、保护和管理，适用本办法。

第四条 公益林建设、保护和管理应当遵循生态优先、严格保护、分级管理、合理利用的原则。

第五条 市、区县（自治县）人民政府应当将公益林建设和保护工作纳入国民经济和社会发展规划、林地保护利用规划，将公益林生态效益补偿资金纳入财政预算。市政府按照功能区域划分，对区县（自治县）实行差别化财政补助。

第六条 市、区县（自治县）林业主管部门负责本行政区域内公益林建设、保护和管理工作。

发展改革、财政、审计、公安、国土资源、城乡建设、交通、农业、水利、移民、环境保护、旅游等有关部门按照各自职责，做好相关工作。

第七条 公益林以其林地为划定对象。

国家级公益林的划定按照国家有关规定执行。

下列区域内的防护林和特种用途林未划定为国家级公益林的，原则上应当划定为地方公益林：

（一）长江、乌江、嘉陵江及其一、二级支流两岸第一层山脊内和重要支流源头汇水区内的林地；

（二）在建或者已建成的库容大于或者等于1000万立方米的水库汇水区内的林地；

（三）城市和中心城镇周边以及配套的重点饮水工程水源汇水区内的林地；

（四）铁路、高速公路、国道、省道和重要县道两侧的林地；

（五）自然保护区的林地；

---

* 2017年1月5日重庆市人民政府第154次常务会议通过。

（六）森林公园、地质公园和湿地公园的林地；

（七）风景名胜古迹、革命纪念地和自然文化遗产地内的林地；

（八）石漠化和水土流失严重地区的林地；

（九）国家退耕还林工程中退耕土地还林为防护林和特种用途林的林地；

（十）其他重要的防护林和特种用途林林地。

地方公益林的具体划定办法由市林业主管部门制订并报市政府批准。

第八条 区县（自治县）人民政府应当按照国家有关规定划定国家级公益林，按照本办法及有关规定划定地方公益林。公益林划定应当兼顾生态保护需要和林权权利人的利益，对非国有林，应当与林权权利人充分协商，并征得同意；对国有林，涉及有关主管部门的应当征求其意见。

第九条 国家级公益林划定成果，由区县（自治县）人民政府报市林业主管部门和市财政部门审查，经市人民政府审核同意后，由市林业主管部门会同市财政部门向国家林业主管部门和财政部门申报。

地方公益林划定成果，由区县（自治县）人民政府报市林业主管部门和市财政部门审查，经市人民政府核准后，由市林业主管部门公布。

第十条 公益林划定成果经核准后，区县（自治县）林业主管部门应当会同乡镇人民政府（街道办事处）及林权权利人将公益林落实到现地，做到四至清楚、权属清晰。

公益林划定后区县（自治县）林业主管部门和乡镇人民政府（街道办事处）应当统一登记造册，建立档案。

第十一条 公益林林权权利人应当加强公益林的保护。区县（自治县）林业主管部门或者受区县（自治县）林业主管部门委托的乡镇人民政府（街道办事处）应当与公益林林权权利人签订保护协议，载明四至界限、面积、保护措施等内容。保护协议的格式由市林业主管部门统一制定。

第十二条 国家对集体和个人所有的公益林给予生态效益补偿，对国有林场管理的公益林给予管护补助。

第十三条 公益林划定成果经核准之后，任何单位和个人不得擅自调整。确需调整的，应当重新核准公布。

补进、调出国家级公益林的，应当符合国家规定的有关条件。

符合本办法第七条规定，未划定为地方公益林的，可以补充申报地方公益林。

不符合本办法第七条规定，已划定为地方公益林的，在不影响整体生态功能、保持集中连片的前提下，可以调出地方公益林。

第十四条 补进、调出国家级公益林的，由区县（自治县）林业主管部门报本级人民政府同意后，报市林业主管部门和市财政部门审查，经市人民政府审核同意后，由市林业主管部门会同市财政部门向国家林业主管部门和财政部门申报。

补进、调出地方公益林的，由区县（自治县）林业主管部门报本级人民政府同意后，报市林业主管部门和市财政部门审查，经市人民政府核准后，由市林业主管部门公布。

第十五条 乡镇人民政府(街道办事处)应当建立护林组织，负责护林工作；根据实际需要在公益林区设置护林设施，加强公益林保护；督促有公益林的基层单位建立护林制度，划定护林责任区，配备专职或者兼职护林员。

护林员可以由乡镇人民政府(街道办事处)通过面向社会购买服务等方式确定。

国有林场应当建立护林组织，负责护林工作。

第十六条 区县(自治县)林业主管部门应当设立公益林标牌，标明公益林的地点、范围、面积、责任人、保护管理责任、监管单位、监督举报电话等内容。

任何单位和个人不得毁坏或者擅自移动公益林标牌。

第十七条 市、区县(自治县)人民政府应当加强对公益林防火工作的领导，落实森林防火责任制。市、区县(自治县)林业主管部门应当按照《森林防火条例》等有关法律法规的规定，负责本行政区域内公益林森林防火的监督和管理工作。

第十八条 市、区县(自治县)林业主管部门负责组织公益林的森林病虫害检疫和防治工作，根据森林病虫害测报中心和测报点对测报对象的调查和监测情况，定期发布长期、中期、短期病虫害预报，并及时提出防治方案。

第十九条 建设工程应当不占或者少占公益林林地。

确需占用、征收公益林林地的，应当依法办理用地审核、林木采伐审批手续。

第二十条 国家级公益林抚育和更新性质的采伐按照国家有关规定执行。

除法律法规禁止采伐的以外，可以对地方公益林进行抚育和更新性质的采伐，采伐应当依法办理林木采伐许可证。抚育和更新性质的采伐应当采取有利于生物多样性保护和形成异龄、复层、混交森林群落的作业方式。

第二十一条 市、区县(自治县)林业主管部门、森林公安机关应当加强公益林的安全防范，依法查处盗伐滥伐、违法使用林地、违法采挖、毁林开垦等破坏公益林的违法行为。

第二十二条 在公益林范围内进行经营活动的，应当遵循保护优先原则，不得改变林地用途，不得破坏生态环境。

第二十三条 市、区县(自治县)林业主管部门应当组织编制森林经营方案并指导实施，将公益林建设经营方向、经营模式、经营措施以及相关政策，落实到山头地块和公益林经营单位或者个人。

公益林经营单位和个人应当按照森林经营方案进行实施。

第二十四条 区县(自治县)人民政府根据生态建设的需要，在生态区位重要或者生态环境脆弱的区域，可以通过依法置换、租赁等方式取得非国有林地的经营权，建设和发展公益林。

第二十五条 对公益林中的疏林地、火烧迹地、采伐迹地和宜林地，公益林经营单位和个人应当结合实际，采取封山育林、人工促进天然更新或者人工造林等措施增加森林植被，提升生态功能。

第二十六条　对公益林中的低效林，经营单位和个人可以进行改造，提高公益林的生态保护功能。

低效林改造应当遵循森林自然演替规律，通过天然更新和人工培植相结合的措施，建成树种结构合理、生态效益和社会效益稳定的森林生态系统。

第二十七条　市、区县（自治县）林业主管部门应当组织开展公益林检查。检查内容包括公益林保护和管理工作开展情况、森林经营方案执行情况，以及区划调整、动态变化、管护效果等情况。

市林业主管部门应当开展公益林定期定点生态状况监测。

第二十八条　区县（自治县）林业主管部门和国有林场、自然保护区、森林公园等森林经营单位，应当建立公益林资源档案，落实档案管理人员，健全档案管理制度。因自然和人为因素影响，造成公益林资源变化的，应当及时进行档案更新。

市林业主管部门应当建立全市公益林资源数据档案。

第二十九条　公益林生态效益补偿资金主要用于公益林林权权利人的补偿，以及公益林的建设、保护和管理。公益林生态效益补偿资金使用管理办法由市财政部门会同市林业主管部门制定。

任何单位和个人不得擅自改变公益林生态效益补偿资金用途。林业主管部门和财政部门应当对公益林生态效益补偿资金进行日常监管，审计部门应当加强对公益林生态效益补偿资金管理使用情况的监督。

第三十条　毁坏或者擅自移动公益林标牌的，由区县（自治县）林业主管部门责令限期恢复原状；逾期不恢复原状的，由区县（自治县）林业主管部门代为恢复，所需费用由违法者承担，并对个人处200元以下，单位处1000元以下的罚款。

第三十一条　经营活动造成公益林毁坏的，由区县（自治县）林业主管部门责令停止违法行为，依法补种毁坏株数1倍以上3倍以下的树木，并处毁坏林木价值3倍以上5倍以下的罚款；拒不补种树木或者补种不符合国家有关规定的，由区县（自治县）林业主管部门代为补种，所需费用由违法者承担。

第三十二条　林业主管部门的工作人员和其他国家机关有关工作人员有下列行为之一的，依法给予行政处分；涉嫌犯罪的，移送司法机关依法追究刑事责任：

（一）擅自变更公益林森林经营方案的；

（二）擅自调整公益林范围的；

（三）违法审批占用、征收公益林的；

（四）擅自改变公益林生态效益补偿资金用途的；

（五）其他滥用职权、玩忽职守、徇私舞弊等行为造成公益林损毁的。

第三十三条　本办法自2017年3月1日起施行。

重庆市人民政府办公厅

2017年1月25日

长江
经济带 林业支持政策汇编：地方篇

四川省

四川省天然林保护条例

第一章 总 则

第一条 为了保护天然林资源，防止水土流失，维护和改善长江、黄河上游生态环境，根据《中华人民共和国森林法》和有关法律、法规的规定，结合本省实际，制定本条例。

第二条 本条例所称天然林是指未经人为措施而自然起源的原始林和天然次生林。

人工林中划为防护林、特种用途林等公益林的保护适用本条例。

第三条 在四川省行政区域内从事天然林保护、管理和资源利用等活动，必须遵守本条例。

第四条 各级人民政府应当把天然林的保护和管理工作纳入社会经济发展计划，加强对天然林保护工作的领导。

第五条 省林业主管部门负责全省天然林保护的管理、监督工作。市（地、州）、县（市、区）林业主管部门负责本行政区域内天然林保护的管理、监督工作。

乡（镇）人民政府按照县级以上人民政府的规定，做好天然林的保护管理工作。

国有森林经营单位应加强对天然林资源的保护管理，具体落实管护措施。

第六条 天然林保护管理坚持保护天然林与培育人工林相结合；实行分类经营，合理利用；坚持生态效益、社会效益、经济效益相统一的原则。

第七条 在天然林保护管理工作中作出显著成绩的单位或个人，由县级以上人民政府或有关部门给予表彰奖励。

第二章 规 划

第八条 县级以上人民政府应制定本行政区域内的天然林保护规划，确定保护范围和保护目标，报上一级人民政府批准后组织实施。

第九条 县级以上林业主管部门根据天然林保护规划制定总体设计，报上一级林业主管部门审批。

国有森林经营单位根据天然林保护规划制定总体设计，报其主管部门审批。

---

* 1999年1月29日四川省第九届人民代表大会常务委员会第七次会议通过；根据2009年3月27日四川省第十一届人民代表大会常务委员会第八次会议《关于修改〈四川省天然林保护条例〉的决定》修正。

第十条 县级以上林业主管部门应根据总体设计编制实施方案,报上一级林业主管部门审批。

国有森林经营单位应根据总体设计编制实施方案,报其主管部门审批。

第十一条 经批准的天然林保护规划、总体设计和实施方案,任何单位和个人不得擅自变更,确需变更的,应经原审批机关审批。

第三章 保 护

第十二条 禁止对下列天然林进行采伐和从事可能导致天然林毁坏的活动:

(一)面积在 100 公顷以上集中连片的原始林;

(二)天然林保护规划确定禁止采伐的原始林;

(三)位于江河两岸及水库库周的天然林;

(四)位于山地灾害多发地带的天然林;

(五)省人民政府确定的其他禁止采伐的天然林。

第十三条 禁止对天然林进行商品性采伐。

第十四条 禁止毁坏天然林开垦、采石、采砂、采土以及其他毁林行为。

第十五条 县级林业主管部门、国有森林经营单位和乡(镇)人民政府应当大力发展薪炭林。鼓励天然林保护范围内的农村村民和城镇居民以电、煤等其他能源代替烧柴,改灶节柴;不具备条件的,可根据国家下达的采伐限额,经林业主管部门批准,在确定的区域内采伐烧柴。

第十六条 鼓励天然林保护范围内的单位和个人使用木材替代品。其基本建设确需的自用材,应凭有关文件,根据国家下达的采伐限额,经县级以上林业主管部门审核,逐级上报省林业主管部门审批,在确定的区域内采伐。

第十七条 以保护、培育天然林为目的抚育性采伐,经省林业主管部门按照国家和省的有关规定审批后,由森林经营单位按照批准的方案组织实施。

第十八条 勘查、开采矿藏和从事各项工程建设,确需征用、占用天然林林地的,应经省级以上林业主管部门审核同意,并依照有关法律法规的规定缴纳林地补偿、安置补助等费用,办理用地手续。

征用、占用天然林林地勘查、开采矿藏或从事各项工程建设确需采伐林木的,应办理采伐许可证,依法对林木所有者或者经营者的林木损失进行补偿,并在林业主管部门指定的地块植树造林,恢复植被,或者按照国务院规定缴纳森林植被恢复费。

第十九条 县级以上人民政府应在天然林保护范围的边沿设立天然林保护标牌。新造幼林和其他必须封山育林的地方,由当地人民政府组织封山育林,设置封山育林标牌并公告。

禁止擅自移动或损坏天然林保护标牌和封山育林标牌。

第二十条 县级以上人民政府应根据实际需要和天然林管护情况划定保护责任区,督促保护管理单位制定保护措施,组织群众护林。

乡（镇）人民政府和森林经营单位建立的护林组织，在划定的保护责任区内组织巡护，制止破坏天然林资源的行为。

第二十一条 各级人民政府应依法做好天然林火灾的预防、扑救工作。各级林业主管部门依法负责组织天然林病虫害防治工作。

第四章 管理监督

第二十二条 天然林保护工作实行政府首长负责制，将天然林保护和天然林资源消长纳入目标管理。

上级人民政府应对下级人民政府天然林保护规划实施情况进行监督检查。

第二十三条 天然林资源保护实行监察制度。

省林业主管部门可根据需要向有关市、地、州派驻天然林资源监察特派员，加强对天然林保护工作的监督检查。

第二十四条 县级以上林业主管部门应对天然林资源进行监测，并将监测结果报同级人民政府和上级林业主管部门。

第二十五条 县级以上人民政府应加强天然林林地资源的管理，依法确认林地的所有权和使用权，维护所有者和经营者的合法权益。

第二十六条 依照本条例第十六条规定，在天然林保护范围内采伐林木的，必须依法办理林木采伐许可证，实施低强度择伐，并采取防止水土流失的措施。单位所需的自用材，由林业主管部门指定的采伐单位采伐。

林业主管部门应加强对采伐行为的监督检查。

第二十七条 国家下达的各类采伐限额不得相互挪用、挤占。

第二十八条 在天然林保护范围内设立木材加工厂，必须经省林业主管部门审查批准，依法办理登记注册手续。经批准设立的木材加工厂，允许加工依照本条例第十六条、第十七条规定采伐的林木，以及从人工林采伐的林木和天然林保护范围外合法购进的木材。

第二十九条 运输木材必须依照《四川省木材运输管理条例》的规定执行。林业主管部门应当加强对木材运输的监督管理。

第三十条 各级林业主管部门、森林经营单位和集体经济组织，应根据天然林保护规划和总体设计组织营造生态公益林，有计划地更新改造低效林。

第三十一条 森林经营单位、集体经济组织和个人，可以按照天然林保护规划因地制宜地开展种植、养殖、森林旅游等多种经营活动。

第三十二条 天然林保护专项资金和依法设立的森林生态效益补偿基金必须专款专用，任何单位和个人不得挪用、挤占，审计部门应定期进行审计监督。

第五章 法律责任

第三十三条 违反本条例规定，盗伐天然林林木的，依法赔偿损失；责令补种盗伐株数 10 倍的树木，没收盗伐的树木或者变卖所得，并处盗伐树木价值 5 倍以上 10 倍以下的罚款。

滥伐天然林林木的，责令补种滥伐株数 5 倍的树木，并处滥伐树木价值 3 倍以上 5 倍以下的罚款。

第三十四条　违反本条例第十一条规定的，责令改正；情节严重的，予以行政处分。

第三十五条　违反本条例规定，开垦、采石、采砂、采土和从事种植、养殖、森林旅游等活动，致使天然林受到损坏的，依法赔偿损失；责令停止违法行为，补种毁坏株数 1 倍以上 3 倍以下的树木，可处毁坏树木价值 3 倍以上 5 倍以下的罚款。

第三十六条　违反本条例第十八条第一款规定，未经林业主管部门审核同意的，责令限期补办手续或退还所占用的林地，处以每平方米 5 至 15 元的罚款；造成林地破坏或其他实际损失的，责令赔偿损失。

第三十七条　违反本条例第十九条第三款规定的，责令赔偿损失，限期恢复原状；可处 100 元以上 500 元以下的罚款。

第三十八条　违反本条例第二十七条规定的，责令改正；已采伐林木的，以滥伐林木行为论处。

第三十九条　违反本条例第二十八条规定的，责令停止生产，没收木材及其制品、加工设备和违法所得；可并处 2 万元以下的罚款。

第四十条　本条例规定的行政处罚由县级以上林业主管部门实施。县级以上林业主管部门可以委托乡、镇人民政府实施本条例第三十五条、第三十七条规定的行政处罚。

依照国家有关规定在林区设立的森林公安机关，可以代行本条例第三十三条、第三十五条规定的行政处罚权。

第四十一条　违反本条例规定的其他违法行为，依照有关法律、法规予以处罚。

第四十二条　林业主管部门和其他有关部门的工作人员、国有森林经营单位的主管人员滥用职权、玩忽职守、徇私舞弊、弄虚作假的，依法给予行政处分。

第四十三条　违反本条例规定的违法行为，构成犯罪的，由司法机关依法追究刑事责任。

第四十四条　当事人对行政处罚决定不服的，可以依法申请行政复议或者提起行政诉讼；逾期不申请复议、不起诉又不履行的，林业主管部门可以申请人民法院强制执行。

第六章　附　则

第四十五条　本条例自公布之日起施行。

四川省森林公园管理条例

第一条　为保护和合理利用森林资源，加快长江上游生态屏障建设，促进森林旅游产业和地方经济的发展，加强森林公园的建设和管理，依据《中华人民共和国森林法》《中华人民共和国森林法实施条例》等法律、法规，结合我省实际，制定本条例。

第二条　本条例所称森林公园，是指以森林资源为依托，具有一定规模和质量的森林风景资源和开展森林旅游的环境条件，按法定程序申报批准的森林地域。

第三条　在四川省行政区域内森林公园的规划、建设、经营和管理，适用本条例。

第四条　森林公园的建设应当坚持保护和合理利用森林资源，统筹规划、科学管理的方针，发挥森林资源的生态效益、经济效益和社会效益。

第五条　省林业行政主管部门负责全省森林公园的管理工作。市、州、县（市、区）林业行政主管部门负责本行政区域内森林公园的管理工作。县级以上人民政府计划、建设、水利、国土、文化、环保、旅游等部门按照各自的职责依法做好森林公园的管理工作。

第六条　省林业行政主管部门应当根据全省森林资源的总体状况，按照国家有关法律、法规的规定，会同计划、建设、水利、国土、文化、环保、旅游等部门，制定全省森林公园发展总体规划，报省人民政府批准后实施。森林公园的设立应当符合全省森林公园发展总体规划。

第七条　森林公园所在地的县级以上人民政府应当加强对森林公园建设管理工作的领导、组织和协调，将森林公园建设纳入本地区经济和社会发展计划。

第八条　森林公园分为国家级森林公园、省级森林公园和市、州级森林公园。

第九条　建立森林公园应当提交申请报告和森林风景资源调查评价报告，并按照下列规定审批：

（一）国家级森林公园，由省人民政府按照国家有关规定上报审批。

（二）省级森林公园，由市、州人民政府提出报告，经省林业行政主管部门会同有关部门提出审查意见后，报省人民政府批准，并报国务院林业行政主管部门备案。

（三）市、州级森林公园，由所在地的市、州林业行政主管部门提出报告，报市、州人民政府批准，并报省林业行政主管部门备案。

---

*　2000 年 11 月 30 日四川省第九届人民代表大会常务委员会第二十次会议通过。

第十条　森林公园的撤销、分立、合并，调整经营面积和范围，改变发展规划以及变更资产权属的，应当经原审批机关批准；其中，以国有森林资源为依托建立的森林公园，调整经营面积和变更资产权属的，应当先经省级以上林业行政主管部门同意。

第十一条　森林公园管理机构具体负责森林公园的管理，其主要职责是：

（一）贯彻有关法律法规，保护和合理利用森林资源；

（二）组织实施森林公园发展规划；

（三）协调有关部门在森林公园内设立的派出机构的工作；

（四）在林业行政主管部门指导下做好动植物保护、封山育林、造林绿化、环境保护、护林防火和森林病虫害防治等工作；

（五）负责森林公园内游客的人身、财产安全工作。

第十二条　森林公园经批准设立后，森林公园管理机构应当依照有关规定编制森林公园发展规划。森林公园发展规划应当注重森林资源的保护与培育，实现森林资源的可持续利用；发挥当地森林景观优势特征，突出地方特色。

第十三条　森林公园发展规划按照下列规定审批：

（一）国家级森林公园发展规划由省林业行政主管部门审查后，报国务院林业行政主管部门审批。

（二）省级森林公园发展规划由所在地市、州林业行政主管部门审查后，报省林业行政主管部门审批。

（三）市、州级森林公园发展规划由所在地县（市、区）林业行政主管部门审查后，报市、州林业行政主管部门审批。林业行政主管部门审批森林公园发展规划时，应征求有关部门的意见，若有重要不同意见，应报同级人民政府裁决。

第十四条　森林公园的建设，应当符合森林公园发展规划，不得兴建破坏森林资源和景观、妨碍游览、污染环境的工程设施。建设项目的定点和设计方案，应当经林业行政主管部门审查同意后，按照国家基本建设程序报有关行政主管部门审批。建设项目竣工后，由有关行政主管部门会同林业等行政主管部门验收合格，方可投入使用。

第十五条　国内外单位和个人按照国家有关规定可以采取合资、合作等形式参与森林公园的开发、建设和经营。

第十六条　森林公园管理机构和有关部门应当对森林公园范围内的文物古迹、重要景观、古树名木等进行调查、鉴定、登记、挂牌，建立档案并采取相应的保护措施。

第十七条　森林公园管理机构应当建立护林防火组织，配备必要的防火设施、设备，划定禁火区和防火责任区，设置防火标志牌。

第十八条　森林公园管理机构应当加强安全管理。对交通工具、游乐设施、危险地段的安全保护设施定期检查维修，及时清除事故隐患。在危险地段、野兽出没和有害生物生长区域设置安全设施和警示标志，作出防范说明。

第十九条　在森林公园内从事经营活动，应经森林公园管理机构同意，并依法取得经营证照，在指定地点经营。

第二十条　任何单位和个人不得擅自填堵森林公园的自然水系；禁止在森林公园内超标准排放污水，乱倒乱扔生活垃圾和其他污染物。

第二十一条　任何单位和个人不得擅自占用森林公园内的林地。确需征用、占用的，用地单位应当提出申请，经县级以上林业行政主管部门审核同意后，按照土地管理法律、法规的规定办理审批手续。

第二十二条　未按森林公园发展规划擅自在森林公园内兴建工程设施的，由林业行政主管部门责令纠正，限期恢复原状，可并处工程造价1%～10%的罚款；不能恢复原状、造成损失的，承担赔偿责任。

第二十三条　违反本条例规定，有下列行为之一的，由林业行政主管部门或其委托具备条件的森林公园管理机构责令纠正，赔偿损失，可并处200元以下罚款：

（一）损坏园内林木的；

（二）在禁火区吸烟或用火的；

（三）乱刻乱画、污损园内设施的；

（四）在森林公园内不按指定地点经营的。

前款所列行为情节严重，或者造成严重后果的，由林业行政主管部门或有权机关依法处理；构成犯罪的，依法追究刑事责任。

第二十四条　违反本条例规定的其他违法行为，依照有关法律法规予以处罚。

第二十五条　游客故意破坏园内设施和警示标志的，责令赔偿损失，造成他人人身及财产损害的，承担赔偿责任。

第二十六条　森林公园管理机构违反本条例第十七条规定的，由林业行政主管部门责令限期纠正；拒不纠正的，处1000元以上1万元以下罚款。森林公园管理机构违反本条例第十八条规定，不履行职责，造成游客人身伤害或者财产损失的，依法承担赔偿责任。

第二十七条　林业行政主管部门、森林公园管理机构及其工作人员滥用职权、玩忽职守、徇私舞弊，造成森林资源和森林公园财产重大损失或重大安全事故的，由有权机关追究行政或者民事责任；构成犯罪的，依法追究刑事责任。

第二十八条　当事人对行政处罚决定不服的，可依法申请行政复议或向人民法院提起行政诉讼。

第二十九条　森林公园、风景名胜区不得重复设置。本条例施行前已经重复设置的，按现行管理体制进行管理。若管理体制分歧的由省或者市、州人民政府决定。

第三十条　本条例自2001年1月1日起施行。

四川省林木种子管理条例

第一章 总 则

第一条 为规范林木种子生产、经营、使用和管理行为，维护林木种子选育者、生产者、经营者和使用者的合法权益，促进林业发展和生态建设，根据《中华人民共和国种子法》等有关法律、法规，结合四川实际，制定本条例。

第二条 在四川省行政区域内从事林木品种选育和种子生产、经营、使用、管理等活动，适用本条例。

第三条 省人民政府林业行政主管部门主管全省林木种子工作，县级以上地方人民政府林业行政主管部门主管本行政区域内的林木种子工作，其所属的林木种子管理机构负责具体工作。

林业、农业行政主管部门在种子管理中，国务院对其职责分工已有规定的，从其规定。

第四条 省人民政府设立林木种子专项资金，用于扶持种质资源保护和良种选育、试验和推广工作。

林木种子管理和执法监督所需经费列入同级人民政府财政预算。

第五条 实行省、市(州)两级林木种子贮备制度。贮备林木种子所需贮藏设施，由同级人民政府按国家有关规定解决；贮备种子产生的政策性亏损，由同级财政对承储单位予以适当补贴。

第六条 县级以上地方人民政府应当鼓励林木良种选育、推广和使用，保护珍稀品种、乡土树种。对在林木种子工作中做出显着成绩的单位和个人应当给予表彰。

第二章 林木种质资源保护

第七条 省人民政府林业行政主管部门应当根据不同的生态区域，建立林木种质资源保存区、种质资源异地保存库，加强对特有林木种质资源的保护和管理。

第八条 县级以上地方人民政府林业行政主管部门应当对下列种质资源确定保护范围，设立保护标志，加强保护管理：

(一)优树、良种采穗圃、种子园、母树林、科学实验林、重点采种基地；

(二)优良林分、优良种源等种质资源；

---

* 2009 年 3 月 27 日四川省第十一届人民代表大会常务委员会第八次会议通过。

（三）珍稀、濒危树种的林木种质资源；

（四）其他具有保护价值的林木种质资源。

第九条 县级以上地方人民政府林业行政主管部门应当组织林木种质资源调查，建立林木种质资源档案，适时公布可供利用的种质资源目录。

第十条 禁止采集或者采伐国家重点保护的天然林木种质资源。

因科学研究、良种选育、文化交流、种质资源更新等特殊情况需要采集或者采伐的，应当向省人民政府林业行政主管部门提出申请，办理采集证或者采伐许可证。按规定应当由国务院林业行政主管部门批准的，从其规定。

第十一条 单位和个人向境外提供林木种质资源的，应当经省人民政府林业行政主管部门审核后，报国务院林业行政主管部门审批。

第三章 林木品种审定与引种管理

第十二条 省人民政府林业行政主管部门应当设立由林木种子科研、教学、生产、推广、使用、管理等方面专业人员组成的省林木品种审定委员会，负责主要林木品种的审定工作。具体审定办法按国家和省人民政府林业行政主管部门的规定执行。

第十三条 主要林木品种在推广应用前应当通过国家级或者省级审定。经省林木品种审定委员会审定通过的主要林木品种，由省林木品种审定委员会颁发林木良种证书，并由省人民政府林业行政主管部门公告，可以在适宜的生态区域内推广使用。

应当审定的林木品种未经审定通过的，不得作为良种经营、推广；但生产确需使用的，应当经省林木品种审定委员会认定。

主要林木品种以外的其他林木品种是否申请品种审定，由选育者决定；选育者提出申请的，省林木品种审定委员会应当受理。

第十四条 鼓励依法开展林木引种工作。外省（自治区、直辖市）通过审定的属于同一适宜生态区域的良种，经省人民政府林业行政主管部门审查同意后，可以进行引种，开展区域性试验。试验成功并经品种审定或者认定通过后方能推广。

引种的具体管理办法由省人民政府林业行政主管部门制定。

第十五条 通过审定或者同意引种的主要林木品种，在推广应用过程中发现有不可克服的缺陷或者丰产性等优势丧失的，经省林木品种审定委员会确认后，由省人民政府林业行政主管部门决定停止推广并公告。

第十六条 有下列情形的品种，不得经营、推广：

（一）未经同意引种的；

（二）同意引种，但未经审定、认定或者审定、认定未通过的；

（三）经审定或者认定通过，但不在适宜生态区域内的；

（四）认定的林木良种有效期满的；

（五）省级以上林业行政主管部门公告停止推广的。

第十七条 从省外调运林木种子，应当在调运后的30日内报种子使用地县级林业行政主管部门备案。

第十八条 转基因林木品种的选育、试验、审定和推广应当进行安全性评价，采取严格的安全控制措施。具体办法按照国务院有关规定执行。

第四章 林木种子生产和经营

第十九条 主要林木的商品种子生产和林木种子经营实行许可制度。

第二十条 主要林木良种的种子生产许可证，由省人民政府林业行政主管部门核发；其他主要林木的种子生产许可证，由生产所在地县级以上地方人民政府林业行政主管部门核发。

林木种子生产许可证，由省人民政府林业行政主管部门统一印制，有效期5年。

第二十一条 申请领取林木种子生产许可证的单位和个人，应当具备下列条件：

（一）具有繁殖林木种子的隔离和培育条件；

（二）具有无检疫性林业有害生物发生的种子生产基地或者县级以上地方人民政府林业行政主管部门确定的采种林；

（三）注册资金10万元以上；

（四）具有相关专业技术人员；

（五）从事林木种子籽粒生产的，有种子晒场200平方米以上或者有种子烘干设备，有种子仓库100平方米以上，种子检验用房30平方米以上；从事苗木生产的，用地面积不少于10亩；

（六）具备与生产相适应的林木种子质量检验、检测设备。

申请领取林木良种生产许可证的，还应当提供省级以上林木品种审定委员会颁发的林木良种证书。

申请领取具有植物新品种权的林木种子生产许可证的，应当提供品种权人的书面同意证明。

第二十二条 林木种子经营者必须先取得林木种子经营许可证后，方可凭证向工商行政管理机关申请办理或者变更营业执照。

林木种子经营许可证实行分级审批发放制度。主要林木良种的种子经营许可证，由种子经营者所在地县级人民政府林业行政主管部门审核，省人民政府林业行政主管部门核发。其他林木种子的种子经营许可证由种子经营者所在地县级以上地方人民政府林业行政主管部门核发。国家另有规定的，从其规定。

林木种子经营许可证，由省人民政府林业行政主管部门统一印制，有效期5年。

第二十三条 申请领取林木种子经营许可证的单位和个人，应当具备下列条件：

（一）注册资金10万元以上，并具有独立承担民事责任的能力；

（二）具有与经营林木种子的种类、数量相适应的营业场所及加工、包装、贮藏、保管设施和检验种子质量的仪器设备；

（三）具有相关专业技术人员。

申请领取林木良种经营许可证的，应当提供省级以上林木品种审定委员会颁发的林木良种证书。

第二十四条 林木种子生产者应当按照生产许可证规定的地点和种类进行生产；林木种子经营者应当按照经营许可证规定的经营范围、经营方式、有效区域和有效期限等经营种子；在规定的有效区域内设立分支机构的，可以不再办理经营许可证，但应当在办理或者变更营业执照后15日内向当地林业行政主管部门和原发证机关备案。

第二十五条 从事林木种子生产、经营的单位和个人应当按照国家有关规定建立林木种子生产、经营档案。

第二十六条 销售的林木种子属于籽粒状的应当加工、分级、包装，属于苗木类的应当捆扎。林木种子销售时应附有质量检验证书和标签。

大包装或者进口林木种子可以分装；实行分装的，应当注明分装单位，并对种子质量负责。包装和标签应当按照国家有关规定执行。

调运或者邮寄出县(市、区)的林木种子应当附有检疫证书。

第二十七条 具有林木种子经营许可证的种子经营者委托代销种子的，应当在其经营许可证的有效期和有效区域内进行委托。委托和被委托双方应当签订书面委托代销协议，被委托方不得再委托第三方代销种子。

第二十八条 禁止销售下列林木种子：

(一)应当包装而未包装或者包装不符合规定的；

(二)没有标签或者标签不符合规定的；

(三)假、劣林木种子；

(四)转基因林木种子没有明显文字标注的；

(五)法律、法规禁止销售的。

第二十九条 生产、经营者发布林木种子广告，应当提供真实、合法、有效的证明。良种广告内容应当与省人民政府林业行政主管部门良种审定公告内容相一致，并标明审定通过的适宜生态区域。未取得林木良种证书的种子，不得以良种名义发布广告。

第五章 林木种子使用

第三十条 林木种子使用者有权按照自己的意愿购买种子，任何单位和个人不得非法干预。

国家投资或者国家投资为主的造林项目和国有企事业单位造林，省人民政府林业行政主管部门可以根据需要，作出使用林木良种或者种子质量等级要求的规定。造林单位应当按其规定使用林木种子。

国家投资或者国家投资为主的造林项目和国有企事业单位造林所用林木种子，应当依法采取招标等方式确定供应商或者育苗单位。

第三十一条 鼓励在适宜生态区域推广使用经过审定的乡土优良品种和选育、引进的优良品种。对审定通过的林木品种实行良种补贴制度，良种补贴对象主要是良种使用者和生产者。具体办法由省人民政府制定。

第三十二条　林木种子使用者因种子质量问题遭受损失的，出售种子的经营者应当依法予以赔偿。经营者赔偿后，属于林木种子生产者或者其他经营者责任的，经营者有权向生产者或者其他经营者追偿。

第六章 林木种子质量管理

第三十三条　县级以上地方人民政府林业行政主管部门可以委托林木种子质量检验机构承担林木种子质量抽查工作。

承担林木种子质量监督抽查检验工作的检验机构，应当具备相应的检测条件和能力，取得省级以上质量技术监督部门核发的实验室资质认定证书，并经省人民政府林业行政主管部门考核合格。

第三十四条　林木种子质量检验机构应当配备种子检验员。种子检验员应当具备以下条件：

（一）具有相关专业中等专业技术学校毕业以上文化水平；

（二）从事林木种子相关技术工作3年以上；

（三）经省人民政府林业行政主管部门考核合格。

林木种子检验员证由省人民政府林业行政主管部门核发。

第三十五条　林木种子质量检验机构在执行抽查任务时，被抽查单位和个人应当如实提供林木种子的真实情况，无偿提供所抽查的林木种子样品。抽取的林木种子样品数量应当以满足检验的需要为准。

第三十六条　生产、检验、包装、贮藏、经营、使用林木种子的，应当符合国家标准、行业标准或者地方标准，执行国家或者省人民政府林业行政主管部门制定的质量管理办法。

林木种子生产、经营者应当建立内部种子质量监控制度。

林木种子生产、经营者可以委托种子质量检验机构对其生产、经营的种子进行检验。种子质量检验机构应当对质量检验结果负责。

第三十七条　监督抽查对象可以就种子质量问题向林木种子质量检验机构申请检验。对检验结果有异议的，应当在收到检验结果之日起15日内，向承检单位提出书面意见，逾期未提出异议的，视为承认抽检结果。

第三十八条　由于不可抗力原因，为生产需要必须使用低于国家、行业或者地方规定种用标准的林木种子的，应当由用种地的县级以上地方人民政府林业行政主管部门提出申请，经省人民政府林业行政主管部门审核后，报省人民政府批准。

申请的内容包括必须使用低于国家、行业或者地方标准林木种子的原因、使用范围、涉及的树种、种子的数量及使用种子的具体质量情况等。

第七章 林木种子行政管理

第三十九条 县级以上地方人民政府林业行政主管部门负责本行政区域内林木种子质量的监督工作，其所属的林木种子管理机构有权采取以下措施进行日常监督管理：

（一）对林木种子的生产、经营等活动进行现场检查，调阅、复制相关资料；

（二）在生产或者经营现场及造林地按照林木种子质量检验规程抽取样品；

（三）对检验结果证明有严重质量问题而尚未用于生产的林木种子，应当予以登记保存，依法处理。

林木种子生产者和经营者不得拒绝、阻挠、妨碍种子执法人员依法进行监督检查。

第四十条 林业行政主管部门及其工作人员不得参与或者从事林木种子生产、经营活动。

第四十一条 林业行政主管部门及其所属的林木种子管理机构应当开展种子生产、加工的技术培训和指导，推广实用新技术。

第八章 法律责任

第四十二条 违反本条例规定，生产、经营假、劣林木种子的，由县级以上地方人民政府林业行政主管部门或者工商行政管理部门依法责令停止生产、经营，没收种子和违法所得，吊销林木种子生产许可证、林木种子经营许可证或者营业执照，并处以罚款；有违法所得的，处以违法所得 5 倍以上 10 倍以下罚款；没有违法所得的，处以 2000 元以上 5 万元以下罚款。

第四十三条 违反本条例规定，有下列情形之一的，由县级以上地方人民政府林业行政主管部门或者工商行政管理部门依法责令改正，处以 1000 元以上 1 万元以下罚款：

（一）经营的林木种子应当包装而没有包装的；

（二）经营的林木种子没有标签或者标签标注内容不符合规定的；

（三）经营的林木种子没有质量检验证书的；

（四）伪造、涂改标签或者试验、检验数据的；

（五）未按规定制作、保存林木种子生产、经营档案的；

（六）未按本条例规定程序引种或者调运种子的；

（七）林木种子经营者设立分支机构未按规定备案的。

第四十四条 违反本条例第十条规定，未经批准采集、采伐国家重点保护的天然林木种质资源的，由县级以上地方人民政府林业行政主管部门依照《中华人民共和国种子法》第六十一条的规定处罚。

第四十五条 违反本条例第十一条规定，未经批准向境外提供林木种质资源的，由省人民政府林业行政主管部门没收种质资源和违法所得，并处 1 万元以上 5 万元以下罚款。

第四十六条　违反本条例第十六条规定经营、推广林木种子的，由县级以上地方人民政府林业行政主管部门责令停止经营、推广，没收种子和违法所得，并处 1 万元以上 5 万元以下罚款。

第四十七条　违反本条例第二十四条规定，有下列情形之一的，由县级以上地方人民政府林业行政主管部门依照《中华人民共和国种子法》第六十条的规定处罚：

（一）未取得林木种子生产、经营许可证或者伪造、变造、买卖、租借林木种子生产、经营许可证的；

（二）未按林木种子生产、经营许可证的规定生产、经营种子的。

第四十八条　违反本条例第二十九条规定的，由广告监督管理部门依照广告法律法规的有关规定给予处罚。

第四十九条　违反本条例第三十九条第一款第（三）项规定的，由县级以上地方人民政府林业行政主管部门处以应当登记保存林木种子价值的 2 倍以上 5 倍以下罚款。

第五十条　林业行政主管部门、质量检验机构及其工作人员违反本条例规定，有下列行为之一的，由所在单位或者上级主管部门责令限期改正，视其情节，对单位负责人和直接责任人员依法给予行政处分；造成损失的，依法承担赔偿责任。

（一）对不具备法定条件的申请人准予受理的；

（二）未在法定工作期限内做出准予受理决定，或者决定不予受理后未书面说明理由的；

（三）出具虚假林木种子质量检验证明的；

（四）不按规定超量抽取林木种子质量检验样品的；

（五）发现违法行为不予查处的；

（六）其他徇私舞弊、滥用职权、玩忽职守行为。

第五十一条　国家机关、企事业单位或者国家工作人员违反本条例规定，有下列行为之一的，由所在单位或者上级主管部门责令限期改正，视其情节，对单位负责人和直接责任人员依法给予行政处分；造成损失的，依法承担赔偿责任。

（一）指定或者强迫林木种子使用者违反自己的意愿购买、使用种子的；

（二）强制推广栽植未经审定或者认定通过的林木品种的；

（三）尚未取得林木种子经营许可证而办理林木种子经营执照的。

第五十二条　违反本条例规定，构成犯罪的，依法追究刑事责任。

第九章　附　则

第五十三条　本条例下列用语的含义是：

（一）主要林木是指国务院林业行政主管部门确定并公布的林木以及省人民政府林业行政主管部门确定公布的 8 种以下林木。

（二）乡土树种是指本地原有天然分布，经过自然演替，已经融入当地自然生态系统中的树种。

（三）乡土优良品种是指经国家或者省级品种审定委员会审定或者认定通过的，生长良好，无严重病虫害，有较高经济价值或者观赏价值的乡土树种。

（四）林木种质资源保存区是指不加变动的在原地保存林木种质资源的场地；林木种质资源异地保存库是指在原生地以外栽培的保存林木种质资源的场地。

第五十四条 本条例自 2009 年 6 月 1 日起施行。

四川省湿地保护条例

第一条 为了加强湿地保护，维护湿地生态功能和生物多样性，促进湿地资源可持续利用，根据有关法律、法规，结合四川省实际，制定本条例。

第二条 在本省行政区域内从事湿地保护、利用、管理等活动，应当遵守本条例。

第三条 本条例所称湿地是指具有重要生态功能的常年或者季节性的潮湿地域，主要包括沼泽地、湿原、泥炭地以及湖泊等生态功能明显的水域。

湿地资源是指湿地及依附湿地栖息、繁衍、生存的野生生物资源。

第四条 湿地保护管理应当遵循保护优先、科学规划、突出重点、合理利用、可持续发展的原则，实行湿地生态效益补偿制度。

第五条 县级以上地方人民政府负责湿地保护工作。

县级以上地方人民政府林业行政主管部门负责湿地保护的组织、协调、指导和监督工作，其所属的湿地管理机构负责具体工作。

县级以上地方人民政府发展改革、国土资源、环境保护、建设、水利、农业、畜牧等部门在各自职责范围内做好湿地保护工作。

乡镇人民政府应当配合有关部门做好湿地保护工作。

第六条 县级以上地方人民政府应当将湿地保护纳入本级国民经济和社会发展计划，保障用于湿地保护工作的资金投入。

县级以上地方人民政府林业行政主管部门会同有关部门编制本区域湿地保护规划，报本级人民政府批准后实施。

湿地保护规划应当与土地利用总体规划、水利和水土保持总体规划、城乡规划、环境保护规划等相衔接。

第七条 各级地方人民政府及有关部门应当开展湿地保护宣传教育活动，提高公民湿地保护意识。

任何单位和个人都有保护湿地资源的义务，对破坏、侵占湿地资源的行为有检举、控告的权利。

第八条 县级以上地方人民政府应当组织、支持和鼓励开展湿地保护科学研究和

---

    * 2010 年 7 月 24 日四川省第十一届人民代表大会常务委员会第十七次会议通过并公布，自 2010 年 10 月 1 日起施行。

技术推广工作。

对在湿地保护科学研究、先进技术推广应用中做出显著成绩的单位或者个人，县级以上地方人民政府应当给予表彰。

第九条　县级以上地方人民政府林业行政主管部门应当定期组织有关部门开展湿地资源调查，并将结果报本级人民政府和上一级林业行政主管部门。

县级以上地方人民政府林业行政主管部门应当会同有关部门建立健全湿地资源监测体系。

省人民政府林业行政主管部门应当定期公布湿地资源调查、监测结果。

第十条　县级以上地方人民政府林业行政主管部门应当建立湿地资源档案管理制度。

第十一条　湿地分为重要湿地和一般湿地。

重要湿地包括国际重要湿地、国家重要湿地和省重要湿地。国际重要湿地、国家重要湿地的名录和保护范围按照国家有关规定确定；省重要湿地的名录和保护范围由省人民政府林业行政主管部门会同有关部门审核，报省人民政府批准后公布。

一般湿地的名录和保护范围，由所在地县级人民政府提出申请，报市（州）人民政府批准后公布，并报省人民政府林业行政主管部门备案。

第十二条　具备下列条件之一的湿地，应当依法建立湿地自然保护区：

（一）列入国际重要湿地、国家重要湿地、省重要湿地名录的；

（二）湿地生态系统具有典型性和代表性的；

（三）生物多样性丰富或者珍稀、濒危物种集中分布的；

（四）国家和省重点保护鸟类的繁殖地、栖息地或者重要的迁徙停歇地；

（五）对动物洄游、繁殖有典型或者重要意义的；

（六）其他具有特殊保护意义、生态价值、经济价值或者科学文化价值的。

第十三条　湿地自然保护区及其管理机构的设立和职责按照《中华人民共和国自然保护区条例》等法律、法规的规定执行。

第十四条　对有特殊保护价值但不具备建立湿地自然保护区条件的湿地，按照有关规定，可以建立湿地保护小区或者湿地公园。

第十五条　县级以上地方人民政府应当按照湿地保护规划采取措施，对退化的湿地进行恢复。

因缺水导致湿地功能退化的，应当建立湿地补水机制，定期或者根据恢复湿地功能需要有计划地补水；因过牧导致湿地功能退化的，应当实施轮牧、限牧，退化严重的实行禁牧；因开垦导致湿地功能退化的，应当退耕还湿。

鼓励和支持公民、法人和其他组织自愿从事湿地恢复活动。

第十六条　从事湿地保护、利用和管理致使湿地资源所有者、使用者的合法权益受到损害的，应当依法给予补偿，并对其生产、生活做出妥善安排。

第十七条　禁止擅自开垦、占用湿地或者改变其用途。因国家和地方重点建设项目需要，确需占用或者改变湿地用途的，按照有关法律、法规规定办理。

第十八条 在湿地范围内禁止从事下列活动：

（一）擅自围（开）垦、烧荒、填埋湿地；

（二）擅自排放湿地蓄水、修建阻水或者排水设施；

（三）破坏动物洄游通道或者野生动物栖息地；

（四）擅自采砂、采石、采矿、挖塘、采集泥炭、揭取草皮；

（五）擅自砍伐林木、采集野生植物、猎捕野生动物、捡拾鸟卵；

（六）采用灭绝性方式捕捞鱼类及其他水生生物；

（七）向湿地投放有毒有害物质、倾倒固体废弃物、擅自排放污水；

（八）擅自向湿地引入外来物种；

（九）破坏湿地保护设施设备；

（十）其他破坏湿地的行为。

第十九条 开发利用湿地资源应当按照湿地保护规划进行，不得破坏湿地生态系统的基本功能，不得破坏野生动植物栖息环境。

第二十条 违反本条例规定的行为，法律、法规已有规定应当给予处罚的，从其规定。

第二十一条 违反本条例规定，有下列行为之一的，由县级以上地方人民政府林业行政主管部门或者其他有关部门责令停止破坏、占用，限期恢复，并视其情节轻重予以罚款：

（一）擅自围（开）垦、烧荒、填埋湿地的，处每平方米 20 元以上 50 元以下的罚款；

（二）擅自排放湿地蓄水、修建阻水或者排水设施的，处 3000 元以上 5000 元以下罚款；造成严重后果的，处 1 万元以上 5 万元以下罚款；

（三）擅自在湿地范围内采砂、采石、采矿、挖塘、采集泥炭、揭取草皮的，处 300 元以上 5000 元以下罚款；造成严重后果的，处 5000 元以上 5 万元以下罚款；

（四）非法占用湿地的，处每平方米 20 元以上 50 元以下的罚款。

上款规定的违法行为，有违法所得的，没收违法所得；造成损失的，依法予以赔偿；构成犯罪的，依法追究刑事责任。

第二十二条 县级以上地方人民政府有关部门可以依法委托湿地自然保护区管理机构等单位在其管辖范围内实施相应的行政处罚。

第二十三条 在湿地保护管理中滥用职权、玩忽职守、徇私舞弊，造成湿地资源严重破坏的，对有关单位的主管人员和直接责任人员依法给予行政处分；构成犯罪的，依法追究刑事责任。

第二十四条 本条例自 2010 年 10 月 1 日起施行。

四川省森林防火条例

第一章 总 则

第一条 为有效预防和扑救森林火灾，保障人民生命财产安全，保护森林资源，维护生态安全，建设生态文明，根据《中华人民共和国森林法》《森林防火条例》等法律法规的规定，结合四川省实际，制定本条例。

第二条 本条例适用于四川省行政区域内的森林火灾预防和扑救。但是，城市市区除外。

本条例所称森林防火，是指森林、林木、林地火灾的预防和扑救。

第三条 森林防火工作实行预防为主、积极消灭的方针，坚持以人为本、综合治理、分级负责、属地管理的原则。

第四条 森林防火工作实行地方各级人民政府行政首长负责制。

地方各级人民政府应当建立森林防火责任制度，签订森林防火责任书，并将森林防火工作纳入目标考核管理。

第五条 县级以上地方人民政府设立森林防火指挥机构，负责组织、协调和指导本行政区域内的森林防火工作。

县级以上地方人民政府森林防火指挥机构应当建立专职指挥制度，推进森林防火工作专业化、规范化。

第六条 县级以上地方人民政府林业行政主管部门负责本行政区域内森林防火的监督和管理工作，承担本级人民政府森林防火指挥机构的日常工作。

县级以上地方人民政府其他有关部门按照职责分工，负责森林防火有关的工作。

乡（镇）人民政府、森林防火区内的街道办事处按照森林防火责任规定，做好本辖区森林防火工作。

村（居）民委员会应当按照森林火灾应急预案和森林火灾应急处置办法的规定，协助做好森林火灾应急处置工作。

第七条 森林、林木、林地经营单位和个人承担其经营区域内的森林防火责任。

第八条 森林防火工作涉及两个以上行政区域的，有关地方人民政府应当建立森林防火联防机制，确定联防区域，建立联防制度，明确联防职责，实行信息共享，共同做好联防区域内的森林防火工作。

＊ 2013 年 9 月 25 日四川省第十二届人民代表大会常务委员会第五次会议通过。

第九条　森林火灾信息由县级以上地方人民政府林业行政主管部门归口管理、及时上报，并向社会发布。

行政交界地区的一般森林火灾信息由共同的上一级地方人民政府林业行政主管部门向社会发布。较大森林火灾信息由省人民政府林业行政主管部门发布。

第十条　县级以上地方人民政府应当将森林防火基础设施建设等工作纳入国民经济和社会发展规划及政府年度工作计划，并按年度组织实施；将森林火灾预防、扑救、装备和队伍建设等经费列入本级财政预算，安排专项经费，并根据实际需要逐年增加。

第十一条　县级以上地方人民政府应当支持森林防火科学研究，推广和应用先进的森林防火技术，普及森林防火知识，提高森林防火科技水平。

第十二条　对在森林防火工作中取得显著成绩或在扑救重大、特别重大森林火灾中表现突出的单位和个人，按照国家有关规定给予表彰奖励。

第二章　森林火灾的预防

第十三条　省人民政府林业行政主管部门应当编制全省森林防火规划，报省人民政府批准后组织实施。

市（州）、县（市、区）林业行政主管部门应当根据全省森林防火规划，结合本地实际编制森林防火规划，报本级人民政府批准后组织实施，并报上一级人民政府林业行政主管部门备案。

森林防火规划应当包括森林防火现状分析、防火目标、火险期、火险等级、火险区划、防火经费、基础设施、物资储备、扑救队伍、人员培训、宣传教育、预警监测、科技支撑、防火保障措施等方面的内容。

第十四条　县级人民政府林业行政主管部门应当按照省人民政府林业行政主管部门制定的森林火险区划等级标准，结合本地实际，以乡（镇）为单位确定森林火险区划等级，向社会公布，并报上一级人民政府林业行政主管部门备案。

第十五条　省人民政府有关部门和县级以上地方人民政府应当加强森林防火隔离带、消防通道等基础设施建设，储备必要的森林防火物资，完善森林防火预警监测和指挥通讯信息系统。

有森林防火任务的乡（镇）森林防火基础设施由县级以上地方人民政府统筹规划和建设。

第十六条　省人民政府根据森林防火实际需要，利用卫星遥感技术和现有航空基础设施，建立相关单位参与的航空护林协作机制，完善航空护林基础设施，并保障航空护林所需经费。

航空护林服务区的地方人民政府应当配合、支持航空护林工作。

第十七条　县级以上地方人民政府林业行政主管部门应当按照有关规定，编制森林火灾应急预案，报本级人民政府批准，并报上一级人民政府林业行政主管部门备案。

有森林防火任务的乡（镇）人民政府、街道办事处、林业经营单位和个人，应当制定森林火灾应急处置办法。

森林火灾应急预案和森林火灾应急处置办法应当适时修订。

第十八条 县级以上地方人民政府林业行政主管部门应当组织开展森林防火宣传工作，在森林防火区、社区、学校宣传森林防火的法律法规和森林防火安全常识，增强公众的森林防火意识。

新闻出版、广播电视等部门和工会、共青团、妇联等群众团体应当采取多种形式，做好森林防火公益宣传教育工作。

森林防火区的中小学校应当在每年春季、秋季开展森林防火宣传教育。

第十九条 地方各级人民政府和国有林业企业、事业单位应当根据实际需要，建立森林火灾专业扑救队伍，配备专业装备。森林火灾专业扑救队伍的建设标准，由省人民政府制定。

县级人民政府应当指导森林防火区的居民委员会、村民委员会、企业、事业单位根据实际需要建立群众扑救队伍。

森林火灾专业扑救队伍和群众扑救队伍应当配备扑救工具和装备，定期进行培训和演练。

第二十条 县级以上地方人民政府应当支持武装警察森林部队建设，提高其扑救森林火灾的能力。

第二十一条 鼓励和支持有条件的地方开展森林火灾保险补贴工作，鼓励和支持森林、林木、林地经营单位和个人参加森林火灾保险。

县级以上地方人民政府有关部门和有森林防火任务的单位应当为所属的森林火灾专业扑救队伍成员办理人身意外伤害保险。

鼓励森林防火区的乡（镇）人民政府、居民委员会、村民委员会和企业、事业单位为所属的森林火灾群众扑救队伍成员办理人身意外伤害保险。

第二十二条 县级以上地方人民政府应当划定森林防火区，在预报有高温、干旱、大风、强雷暴等高火险天气时，应当划定森林高火险区，并向社会公布。必要时，县级以上地方人民政府可以发布禁火令，严禁一切野外用火；对可能引起森林火灾的居民生活用火应当严格管理。

第二十三条 县级以上地方人民政府森林防火指挥机构，应当组织有关部门对森林防火区内有关单位的森林防火工作和设施建设等情况进行检查；发现森林火灾隐患，县级以上地方人民政府林业行政主管部门应当及时向有关单位下达森林火灾隐患整改通知书，责令限期整改，消除隐患。

第二十四条 在森林防火区依法开办工矿企业、设立旅游区或新建开发区等，应当将森林防火设施的建设纳入规划方案，同步规划、同步设计、同步建设、同步验收，并由项目单位负责日常维护工作。在开工前应当征求当地人民政府林业行政主管部门的意见，并在项目竣工时通知其参与验收。在森林防火区成片造林的，应当同时配套建设森林防火设施。

第二十五条　铁路、公路的经营单位或管养责任单位应当负责本单位所属林地的防火工作，并配合县级以上地方人民政府做好铁路、公路沿线森林火灾危险地段的防火工作。

电力、电信线路和石油、天燃气管道的森林防火责任单位，应当在森林火灾危险地段开设防火隔离带，并定期组织人员进行巡护，排除森林火灾隐患。

因林木生长危及电力、石油、天然气等设施安全，导致森林火灾隐患的，相关单位应当依法采取措施予以消除。确需砍伐林木的，应当依法报县级以上地方人民政府林业行政主管部门批准。

第二十六条　森林、林木、林地的经营单位和个人，风景名胜区、自然保护区管理机构以及在森林防火区从事生产经营活动的单位和个人应当建立森林防火责任制度，划定森林防火责任区，确定森林防火责任人，配备森林防火设施和设备。

前款涉及的有关单位，应当每年安排相应的资金用于本单位经营区域的森林防火。

第二十七条　森林防火区的乡（镇）人民政府、街道办事处应当督促村（居）民委员会推行村民挂牌轮流值班和巡山护林员制度。森林、林木、林地经营单位和个人应当实行巡山护林员制度，明确森林防火责任区域。

护林员在执行森林巡护任务时，应当佩戴标识。标识式样由省人民政府林业行政主管部门制定、印制。护林员承担下列职责：

（一）宣传森林防火法律法规和森林防火安全知识；

（二）巡山护林，管理野外用火，劝阻违反规定的野外用火行为，消除火灾隐患；

（三）及时报告火情，参加森林火灾扑救，协助调查森林火灾案件。

第二十八条　每年1月1日至5月31日为全省森林防火期，其中2月1日至5月10日为全省森林高火险期。

县级以上地方人民政府可以结合本地实际，延长本行政区域内的森林防火期和森林高火险期，向社会公布，并报上一级人民政府和森林防火指挥机构备案。

第二十九条　森林防火期内，禁止携带火种和易燃易爆物品进入森林防火区。

森林防火期内，经省人民政府批准，县级以上地方人民政府林业行政主管部门可设立临时性森林防火检查站，对进入森林防火区的车辆和人员进行森林防火检查。

第三十条　森林防火期内，需要进入森林防火区进行实弹演习、爆破等活动的，应当征求市（州）林业行政主管部门意见，报经省人民政府林业行政主管部门批准，并采取必要的防火措施。

第三十一条　森林防火期内，对无民事行为能力人和限制民事行为能力人负有监护责任的单位和个人，应当采取措施防止被监护人野外用火、玩火。

第三十二条　森林防火期内，禁止在森林防火区野外用火。因防治病虫鼠害、冻害以及计划烧除、炼山造林、勘察、开采矿藏、工程建设等特殊情况，确需野外用火的，应当向县级人民政府提交野外用火申请。

县级人民政府接到野外用火申请后，应当核查用火单位或个人的申请及防火安全措施，并依法予以审批。

野外用火申请应当包括用火时间、地点、面积、目的以及防火安全措施等内容。

经批准野外用火的单位或个人，应当按照批准文件的要求，在风力和火险等级三级以下实施野外用火，并采取下列措施：

（一）开设必要的防火隔离带；

（二）确定用火责任人，监管用火现场；

（三）预备好应急扑火力量，并准备好扑火工具；

（四）用火后彻底清灭火种，确保安全；

（五）落实其他相关的安全措施。

第三十三条　县级以上地方人民政府林业行政主管部门和气象主管机构，应当建立森林火险预警监测及信息发布系统，建设森林火险气象自动监测站和预报台站，建立联合会商机制，及时制作发布森林火险预警预报信息，提高森林火险天气预报、警报的准确率和时效性。

在高森林火险气象等级时段，县级气象主管机构应当根据实际情况组织开展人工增雨作业，降低森林火险等级。

第三十四条　任何单位和个人不得破坏和侵占森林防火通道、标志、宣传碑（牌）、瞭望台（塔）、隔离带等设施设备，不得干扰依法设置的森林防火专用电台频率的正常使用。

第三章　森林火灾的扑救

第三十五条　任何单位和个人发现森林火灾应当立即报警。当地人民政府或森林防火指挥机构接到报警后，应当立即调查核实，采取扑救措施，并按规定报告上级人民政府和森林防火指挥机构。

全省森林火灾报警电话为12119。

第三十六条　发生下列森林火灾之一的，当地人民政府森林防火指挥机构应当立即逐级报告省人民政府森林防火指挥机构，由省人民政府森林防火指挥机构向有关部门及时通报：

（一）省际边界或市（州）交界地区危险性大的森林火灾；

（二）较大以上的森林火灾；

（三）造成一人以上死亡或三人以上重伤的森林火灾；

（四）威胁居民区或重要设施的森林火灾；

（五）发生在原始森林防火区、飞播森林防火区、国有林场、以森林为主要景观资源的风景名胜区、省级以上自然保护区和森林公园的森林火灾；

（六）需要省级支援扑救的森林火灾；

（七）其他影响重大的森林火灾。

林草交错区、林草结合部发生火灾时，森林防火指挥机构和草原防火主管部门应当及时互通火灾信息。

第三十七条 发生森林火灾，县级以上地方人民政府森林防火指挥机构和乡（镇）人民政府、街道办事处应当按照规定启动森林火灾应急预案或应急处置办法。

森林火灾应急预案启动后，森林防火指挥机构应当合理确定扑救方案，划分扑救地段，确定扑救责任人，并指定负责人及时到达森林火灾现场具体指挥扑救。

第三十八条 扑救森林火灾应当以武装警察森林部队和森林火灾专业扑救队伍为主要力量，以群众扑救队伍为辅助力量。

扑救森林火灾不得动员未成年人、孕妇、残疾人以及其他不适宜参加森林火灾扑救的人员参加。

第三十九条 参加火灾扑救的有关单位和个人应当按照森林防火指挥机构的统一指挥实施扑救，并做好扑救人员的安全防护等工作。

第四章 灾后处置

第四十条 森林火灾扑灭后，县级以上地方人民政府林业行政主管部门应当会同有关部门，对起火的时间、地点、原因、肇事者、受害森林面积和蓄积量、人员伤亡、扑救情况、物资消耗、其他经济损失等进行调查和评估，形成专题调查报告，报送本级人民政府，并抄送上一级人民政府林业行政主管部门。当地人民政府应当根据调查报告，确定森林火灾责任单位和责任人并依法处理。

一般、较大森林火灾损失，由县级人民政府林业行政主管部门会同相关部门进行评估；重大森林火灾损失，由市（州）人民政府林业行政主管部门会同相关部门进行评估；特别重大森林火灾损失，由省人民政府林业行政主管部门会同相关部门进行评估。

第四十一条 国家机关、企业、事业单位组织参加森林火灾扑救的，扑火期间人员工资、差旅费等由其所在单位支付。

农民、无固定收入的城镇居民参加森林火灾扑救期间的误工补贴和生活补助费等，由火灾肇事单位或个人支付。火因不清的，由起火单位支付；火灾肇事单位、个人或起火单位确实无力支付的部分，由当地县级人民政府支付。误工补贴、生活补助以及扑救森林火灾发生的其他费用，可以由当地县级人民政府先行支付。

森林防火工作人员的人身意外伤害保险由所在单位为其办理。

对因参加扑救森林火灾受伤、致残或死亡的人员，县级以上地方人民政府应当按照国家有关规定给予医疗保障、抚恤；符合工伤认定条件的，依法认定为工伤并享受工伤保险待遇；符合烈士评定条件的，按照国家有关规定办理。

第五章　法律责任

第四十二条　违反本条例规定，县级以上地方人民政府及其森林防火指挥机构、林业行政主管部门和其他有关部门及其工作人员，有下列行为之一的，由其上级行政机关或监察机关责令改正；情节严重的，对直接负责的主管人员和其他直接责任人员依法给予处分：

（一）未按照有关规定编制或修订森林火灾应急预案和应急处置办法的；

（二）未按照森林防火规划落实森林防火基础设施建设的；

（三）截留、挤占、挪用森林防火项目资金的；

（四）发现森林火灾隐患未及时下达森林火灾隐患整改通知书的；

（五）对不符合森林防火要求的野外用火或者实弹演习、爆破等活动予以批准的；

（六）发生森林火灾后，指定的负责人未按规定到森林火灾现场具体指挥扑救的；

（七）发生森林火灾后，未及时采取森林火灾扑救措施的；

（八）瞒报、谎报或故意拖延报告森林火灾的；

（九）未落实森林防火行政首长责任制的；

（十）不依法履行森林防火职责的其他行为。

第四十三条　违反本条例规定，森林防火期内，在森林防火区有下列行为之一，未引起森林火灾的，由县级以上地方人民政府林业行政主管部门责令停止违法行为，给予警告，对个人处 200 元以上 2000 元以下罚款，对单位处 2000 元以上 1 万元以下罚款；引起森林火灾的，对个人处 2000 元以上 5000 元以下罚款，对单位处 1 万元以上 5 万元以下罚款：

（一）经批准野外生产性用火，未按本条例规定采取必要防火措施的；

（二）携带火种和易燃易爆物品进入森林防火区的；

（三）其他野外违规用火行为。

第四十四条　违反本条例规定，破坏和侵占森林防火通道、标志、宣传碑（牌）、瞭望台（塔）、隔离带等设施设备的，依法赔偿损失，由县级以上地方人民政府林业行政主管部门责令停止违法行为，对个人并处 500 元以上 2000 元以下罚款，对单位并处 1 万元以上 3 万元以下罚款。

第四十五条　违反本条例规定的行为，法律、行政法规已有规定的，从其规定。

第六章　附　则

第四十六条　森林防火专用车辆按照国家有关执法执勤车辆管理的规定配备，喷涂标志图案，安装警报器、标志灯具。

第四十七条　森林火灾等级分为一般森林火灾、较大森林火灾、重大森林火灾和特别重大森林火灾，具体划分标准按照国家有关规定执行。

第四十八条　本条例自 2014 年 1 月 1 日起实施。

四川省受灾林木采伐管理办法

(川林发〔2014〕33 号)

第一条 为保护和合理利用森林资源，规范受灾林木采伐管理，根据《森林法》及其实施条例等法律法规的规定，结合我省实际，制定本办法。

第二条 本办法所称"受灾林木"，是指因森林火灾、林业有害生物、雨雪冰冻、干旱、风灾、洪涝、泥石流、地震等自然灾害，而发生的弯斜、断梢、断枝、断冠、冻梢、劈裂、折干、倒伏、翻蔸、枯萎、濒临死亡和已死亡的林木。

第三条 四川省行政区域内受灾林木采伐管理适用本办法。法律法规、规章等对自然保护区、森林公园、风景名胜区、革命纪念地等特种用途林、国家一级公益林、珍稀树木和古树名木等受灾林木采伐有特别规定的，从其规定。

第四条 受灾林木的采伐应根据损失程度及可及度，按照"先急后缓、先重后轻、先近后远"，并与生态环境保护、森林经营、森林恢复、次生灾害防治、人工林商品林采伐相结合的原则进行；实行限额管理和凭证采伐。

第五条 下列受灾林木可实施采伐：

(一)各种灾害造成的死亡木、倒木、树干撕裂木；

(二)发生危险性林业有害生物因除治需要必须采伐的林木；

(三)人工商品林和保护等级二级以下(含二级)的人工公益林中的风(雪)折木、倒伏木、枯萎木、濒死木。

第六条 受灾林木采伐原则上只对第五条规定的受灾林木实施清理采伐。

第七条 符合下列条件之一的，可实施全林采伐：

(一)发生检疫性或发生经省级森防检疫机构认定为特别危险的林业有害生物危害，按规定必须进行全林除治性采伐的；

(二)人工商品林幼中林、近熟林可实施采伐的受灾林木占林木总株数 60% 以上，或影响生长、无培育前途的受灾商品林分；

(三)受灾人工商品林中的成过熟林。

(四)保护等级二级以下(含二级)的人工公益林可实施采伐的受灾林木占林木总株数 80% 以上的。

采伐受灾人工商品林中的成过熟林，可纳入主伐采伐类型进行管理；采伐其他受灾林木纳入"其他采伐"类型进行管理。

第八条 天然林和公益林中的火烧木、干旱和冻害木，应在受灾后经 1 个以上生长季观察，确认死亡的，方可实施采伐。受灾人工商品林木可在灾害发生后当年实施采伐。受危险性林业有害生物危害的林木，应根据防治需要及时实施采伐。

第九条 受灾林木采伐应按相关规定，由具有资质的调查设计单位开展调查设计。

以小班为单位，开展受灾林分树种、起源、年龄、林种、郁闭度、面积、蓄积等林分因子，以及受灾原因、范围、受灾类别与程度、公益林类别和保护等级等的调查。

受灾林木采伐，应开展采伐和更新造林作业设计。

上述调查设计，应提供相关图、表、影像等资料。

第十条 受灾林木采伐审批，按照森林法及其实施条例，以及我省有关采伐审批权限的规定执行。

因灾采伐天然林的审批权限按有关规定执行。

第十一条 受灾林木所需采伐指标原则上在本编限单位的采伐限额中解决，首先占用"其他类型"采伐指标，不足部分可占用主伐指标。

编限单位急需采伐受灾林木，而采伐指标不足或无限额指标的，可逐级向省林业主管部门申请追加采伐指标。

集体和个人所有林木大面积受灾，而本地所余采伐指标不足的，可以县级行政区域为单位，附灾情调查报告，经逐级审核后，报省林业主管部门申请追加专项采伐指标。

第十二条 林业主管部门应对受灾林木采伐申请进行审查，开展现地核实，必要时可请专业人员进行鉴定，出具受灾核实和鉴定意见。

林业主管部门对受灾林木采伐申请转报和审批，办理部门应征求同级森林防火、林业有害生物防治等相关部门的意见。

受灾林木采伐需转报省级林业主管部门申请追加采伐限额或审批的，市、州林业主管部门应派人现场核实，说明核实情况和意见。同时，需说明上年度采伐和更新造林情况。

第十三条 申请受灾林木采伐需提供以下材料：

（一）申请报告；

（二）调查设计文件，含受灾调查报告、采伐作业设计；

（三）采伐林木的林权证书；

（四）国有单位组织机构代码或集体、个人身份证明。

县级林业主管部门可根据本地实际，简化对审批权限范围内的农村居民采伐受灾林木的申请材料。

第十四条 市（州）、县级林业主管部门审核转报受灾林木采伐申请，应出具以下材料：

（一）现地核实和鉴定意见；

（二）权限范围内的县级以上林业主管部门或森林防火机构出具的火灾调查和处理报告；或权限范围内的县级以上林业有害生物防治机构出具的鉴定及除治意见；

（三）采伐限额使用情况的说明。

第十五条 各级林业主管部门应加强受灾林木清理采伐监督管理。县级林业主管部门加强现场监督指导，发现问题及时处理。

受灾林木清理采伐工作结束后，县级林业主管部门应及时组织对清理采伐工作进行检查、总结和评估。

县级林业主管部门应将受灾林木清理采伐的有关文件及时组卷归档。

第十六条 违法采伐受灾林木的，按照《中华人民共和国森林法》等法律法规规定予以处理。

第十七条 林业主管部门工作人员和其他相关人员在灾情调查、采伐作业设计、现地调查核实中弄虚作假，审核把关不严，造成森林资源破坏的，依法追究有关人员的行政责任。

第十八条 本办法由四川省林业厅负责解释。

第十九条 本办法自 2014 年 6 月 1 日起实施，有效期为 5 年，至 2019 年 5 月 31 日止。

四川省林业厅

2014 年 5 月 14 日

四川省野生植物保护条例

第一条 为保护、发展和合理利用野生植物资源，保护生物多样性，维护自然生态平衡，防止资源流失，促进生态文明，根据《中华人民共和国野生植物保护条例》，结合四川省实际，制定本条例。

第二条 在四川省行政区域内从事野生植物保护、管理、发展和利用等活动，适用本条例。

第三条 本条例所保护的野生植物，是指原生地天然生长的珍贵植物和原生地天然生长并具有重要经济、科研、文化价值的濒危、稀有植物。

第四条 省人民政府林业行政主管部门主管全省林区内野生植物和林区外珍贵野生树木的监督管理工作；省人民政府农业行政主管部门主管全省其他野生植物的监督管理工作。

省人民政府住房城乡建设部门负责城市园林、风景名胜区内野生植物的监督管理工作；省人民政府环境保护部门负责全省野生植物环境保护工作的协调和监督；省级其他有关部门依照职责分工负责有关的野生植物管理与保护工作。

县级以上地方人民政府林业、农业行政主管部门（以下简称野生植物行政主管部门），应当明确野生植物保护管理机构，配备相应的保护管理人员。

第五条 野生植物保护所需的保护、资源调查和管理经费，由省、市（州）、县（市、区）财政安排，纳入公共财政预算。省财政应当对野生植物资源富集的地区给予重点支持。

第六条 鼓励和支持开展野生植物资源保护、利用的科学研究及其科研成果的转化应用。

县级以上地方人民政府有关主管部门应当开展保护野生植物的宣传教育，普及野生植物知识，增强公民保护野生植物的意识。

第七条 省人民政府野生植物行政主管部门根据省野生植物的珍贵、濒危和稀有情况，会同省级有关部门提出省重点保护野生植物名录，经征求公众、专家意见后，报省人民政府批准公布，并报国务院备案。

省重点保护野生植物名录的调整，按照前款规定执行。

列入《濒危野生动植物种国际贸易公约》附录的野生植物活体，在进出口时按照省

---

* 2014 年 11 月 26 日四川省第十二届人民代表大会常务委员会第十三次会议通过。

重点保护野生植物进行管理。国家另有规定的从其规定。

第八条　县级以上地方人民政府野生植物行政主管部门应当根据省重点保护野生植物的生物学特性和资源生长情况，确定其禁采区和禁采期；在省重点保护野生植物资源遭受严重破坏的区域，实行封育保护。

确定禁采区、禁采期和封育期，应当经本级人民政府批准后，向社会公告并设置保护标志。

禁止在禁采区、禁采期和封育期内采集省重点保护野生植物。

第九条　县级以上地方人民政府野生植物行政主管部门在范围较小的重点保护野生植物天然集中分布区设立野生植物保护小区、保护点，应当报同级人民政府批准公布并设置保护标志。

对极小种群野生植物应当采取就地、就近保护措施。

禁止破坏野生植物生长环境和野生植物保护小区、保护点的保护设施、保护标志。

第十条　省人民政府野生植物行政主管部门应当建立野生植物资源及其生存环境监测体系。

县级以上地方人民政府野生植物行政主管部门和其他有关部门应当定期监测辖区内重点保护野生植物资源，重点掌握资源消长动态。

野生植物行政主管部门应当和其他有关部门定期对生长受到威胁的重点保护野生植物采取保护和拯救措施，保护和恢复其生长环境，必要时应当建立繁育基地、种质资源库、野生植物园或者采取其他迁地保护措施。

第十一条　省人民政府野生植物行政主管部门应当每 10 年组织一次野生植物资源及其生长环境调查，并建立野生植物资源数据库。

第十二条　建设项目对国家和地方重点保护野生植物的生长环境产生不利影响的，建设单位提交的环境影响报告书中必须对此作出评价；环境保护部门在审批环境影响报告书时，应当事先征求野生植物行政主管部门的意见。

第十三条　对因工程条件和自然因素限制，确需穿越禁采区或者确需在禁采期和封育期内进行相关建设活动的，建设单位应当事先征得野生植物行政主管部门同意。

第十四条　禁止采集国家一级保护野生植物。确因科学研究、人工培育、文化交流等需要采集国家一级保护野生植物的，按照国务院野生植物行政主管部门的规定办理采集证。

采集国家二级保护野生植物的，应当经采集地的县级人民政府野生植物行政主管部门签署意见后，向省人民政府野生植物行政主管部门或者其授权的机构申请采集证。野生植物行政主管部门发放采集证后，应当抄送环境保护部门备案。

本条例所称野生植物采集，包括移植、采挖、采摘、采割、收集野生植物的植株及其根、茎、叶、花、果实、种子、树皮、汁液、子实体等。

第十五条　申请采集国家重点保护野生植物时，应当提交以下材料：（一）用于人工培育的，提交采集区野生植物资源状况、培育基地项目立项文件、培育基地规模和技术力量说明及采集方案；（二）用于科学研究、文化交流、科普教育等其他用途的，提交科研或交流项目文件、相关背景资料和采集方案；（三）因重大工程建设需要采集的，提交工程审批文件及采集、保护方案。

第十六条 有下列情形之一的，不予发放采集证：（一）申请人有条件以其他方式获取野生植物的；（二）采集种类、方法、时间、地点、数量、部位不当的；（三）根据野生植物资源现状不宜采集的；（四）未按照本条例第十二条的规定对野生植物影响作评价的。

第十七条 采集重点保护野生植物的单位和个人，应当按照采集证规定的种类、数量、部位、地点、期限和方法等进行采集。

第十八条 开展重点保护野生植物人工培育及产品生产的单位和个人，应当对人工培育的野生植物种源来源进行登记，并向县级人民政府野生植物行政主管部门备案。

对人工培育的重点保护野生植物种源不清和未备案的物种，县级以上地方人民政府野生植物行政主管部门不得在出口环节出具人工种植证明。

第十九条 加强重点保护野生植物出口管理，任何单位和个人不得擅自携带重点保护野生植物出境。禁止出口未定名或者新发现并有重要价值的植物及其产品。

外国人在四川省行政区域内对重点保护野生植物进行野外考察的，应当按照国家有关规定办理审批手续。

第二十条 加强对外来物种的调查、检测、评估和控制，防止植物危险性病、虫、杂草及其他有害生物对野生植物生长环境的侵害。

储藏、运输、邮寄、携带外来物种及其繁殖材料，应当采取措施防止其逸生野外。

第二十一条 在野生植物保护工作中取得突出成绩的单位和个人，由县级以上地方人民政府按照有关规定给予奖励。

第二十二条 野生植物行政主管部门及其他有关部门的工作人员滥用职权、玩忽职守、徇私舞弊的，由有管理权限的机关按照有关规定对直接负责的主管人员和其他直接责任人员给予处分；构成犯罪的，依法追究刑事责任。

第二十三条 违反本条例第八条第三款规定，在禁采区、禁采期和封育期内采集省重点保护野生植物的，由县级以上地方人民政府野生植物行政主管部门责令停止违法行为，恢复原状，没收所采集的野生植物，有违法所得的，没收违法所得，并处违法所得10倍以下罚款；没有违法所得的，处相当于所采实物价值5倍以下罚款。

第二十四条 违反本条例第九条第三款规定，破坏野生植物生长环境的，由县级以上地方人民政府野生植物行政主管部门责令其停止破坏行为、恢复原状，可并处2000元以上2万元以下的罚款，情节严重的可并处2万元以上5万元以下罚款；擅自移动或者破坏野生植物保护设施、保护标志的，由县级以上地方人民政府野生植物行政主管部门责令其改正、依法赔偿损失，可并处500元以上2000元以下的罚款。

第二十五条 本条例自2015年3月1日起施行。

四川省人民政府办公厅
关于加快林下经济发展的意见

(川办发〔2012〕73号)

各市(州)、县(市、区)人民政府，省政府各部门、各直属机构：

为巩固集体林权制度改革和生态建设成果、加快林业产业结构调整步伐，促进资源增长、林农增收，根据《国务院办公厅关于加快林下经济发展的意见》(国办发〔2012〕42号)精神，经省政府领导同志同意，现就进一步加快我省林下经济发展提出如下意见。

一、总体要求

(一)指导思想。以邓小平理论、"三个代表"重要思想、科学发展观为指导，深入贯彻落实党的十八大精神，加快建设长江上游生态屏障，在保护生态环境的前提下，坚持以市场为导向，科学合理利用森林资源，大力推进农民林业专业合作组织和市场流通体系建设，着力加强科技服务、政策扶持、产业引导和监督管理，促进林下经济向集约化、规模化、标准化和产业化发展，为实现绿色增长、林农增收、推动我省社会主义新农村建设作出更大贡献。

(二)基本原则。坚持生态优先，确保生态环境得到有效保护；坚持因地制宜，确保林下经济发展符合实际；坚持政策扶持，确保林农得到实惠、产业得到发展；坚持科技帮扶，确保林地综合生产效益得到持续提高；坚持机制创新，确保林下经济可持续发展。

(三)总体目标。努力建成一批规模大、效益好、带动力强的林下经济示范基地，重点扶持一批龙头企业和农民林业专业合作社，逐步形成"一县一业、一村一品"的发展格局，增强林农持续增收能力，林下经济产值和农民林业综合收入实现稳定增长，林下经济产值占林业总产值的比重显著提高。到2015年，农民林下经济收入人均增加200元。

二、主要任务

(四)科学规划林下经济发展。围绕全省林业生态建设战略目标，根据自然地理条件、林分特征和林地构成，充分发挥特色农产品、林产品区域优势，结合全省林业产业布局和连片扶贫、产村相融，制订林下经济发展专项规划，分区域确定重点发展产业和目标。把林下经济发展与天然林保护、退耕还林、石漠化治理、野生动植物保护、自然保护区建设等生态建设工程及现代林业重点县建设、生态旅游发展紧密结合，根据当地自然条件和市场需求等情况，充分发挥林农主体作用，尊重林农意愿，突出当地特色，合理确定林下经济发展方向和模式。在成都平原、川中丘陵、川东、川北等地区，以发展林下种植养殖、森林生态旅游为主；在川西高原地区，以适度发展林下产品采集、野生动植物种质资源保存和驯化利用、森林生态旅游为主；在川南地区，以发展林下种植和林下养殖为主。到2015年，全省用于发展林下经济的林地面积达到林地总面积的10%，产值突破300亿元。

（五）积极推进示范基地建设。积极引进和培育龙头企业，大力推广"龙头企业＋专业合作组织＋基地＋农户""专业合作组织＋基地＋农户"运作模式，因地制宜发展区域品牌产品，加大产品营销和品牌宣传力度，打造森林食品、绿色产品、无公害产品，形成一批各具特色的林下经济示范基地。通过典型示范，推广先进实用技术和发展模式，辐射带动广大林农积极参与林下经济发展。根据实际情况，制订相应优惠政策，鼓励社会资本在山区、民族地区和贫困地区投资建立基地，带动林农发展林下经济，实现农村剩余劳动力就地转移和林农增收。到2015年，全省建成规范化、规模化示范基地30个。

（六）大力提高科技支撑水平。加大科技扶持和投入力度，协调整合林业、农业、畜牧食品、科技等部门的科技力量，加强林下经济发展模式、林下种植养殖技术、优势品种等研究与开发，提升林下经济发展水平。加快构建科技服务平台，通过"科技下乡"、科技特派员、科技专家大院、农村产业技术服务中心等方式，切实加强对林农的技术服务指导，引导广大林农科学发展林下经济。积极搭建林农专业合作组织、企业与高校、科研院所合作平台，加快良种选育、无公害林产品生产、林产品加工、储藏保鲜、森林防火、疫病防治等先进实用技术的转化和科技成果推广。强化人才培养，积极开展龙头企业负责人、专业合作社带头人、技术骨干和林农培训。

（七）建立健全社会化服务体系。支持林农组建农民林业专业合作组织，引导农民林业专业合作组织发展林下经济，实现林业立体开发，周期长短结合、互补互助，提高林农发展林下经济的组织化水平和抗风险能力。鼓励建设相关专业协会，充分发挥其政策咨询、信息服务、科技推广、行业自律等作用。加强林权管理服务工作，为林农提供林权登记、变更、评估、交易、融资及林产品价格公示、纠纷调处等服务。加快社会化中介服务机构建设，为广大林农和林业生产经营者提供方便快捷的服务。

（八）加强市场流通体系建设。鼓励建设林下经济产品专业市场，发展林下经济产品规模化交易。加快市场需求信息公共服务平台建设，建立健全流通网络，引导产销衔接，降低流通成本，帮助林农规避市场风险。支持连锁经营、物流配送、农超对接等现代流通方式向林下经济产品延伸，提高流通效率，促进贸易便利化。努力开拓国际市场，提高林下经济对外开放水平。

（九）强化日常监督管理。严格土地用途管制，依法执行林木采伐制度，严禁以发展林下经济为名擅自改变林地性质或乱砍乱伐、毁坏林木。充分考虑当地资源环境承载能力和资源特色，适量、适度、合理发展林下经济。依法加强森林资源资产评估、林地承包经营权和林木所有权流转管理，防止坑农损农现象发生。做好从事林下经济的自然人、企业、专业合作组织的调查摸底工作，建立档案，搞好管理与服务。妥善调处各类林权纠纷，确保林农正常开展生产经营活动。

（十）提高林下经济发展水平。支持发展市场短缺品种，优化林下经济结构，切实帮助相关企业提高经营管理水平。积极引导林下经济产品深加工，提高产品质量和附加值。不断延伸产业链条，大力发展林业循环经济。开展林下经济产品生态原产地保护工作。完善林下经济产品标准和溯源、检测体系，确保产品使用和食用安全。

三、政策措施

（十一）加强组织领导和协调配合。林下经济发展是促进农民增收、林业增效、扶贫攻坚、农村发展和巩固集体林权制度改革成果的一项重要举措，涉及面广、政策性强。各地要把发展林下经济列入重要议事日程，明确目标任务，完善政策措施。切实加强统筹规划、组织协调、政策宣传、督促指导、检查考核，扎实推进林下经济发展。充分发挥基层组织作用，注重增强村级集体经济实力。林业部门负责牵头组织协调林下经济发展工作，发展改革、财政、农业、畜牧食品、水利、扶贫移民、科技、金融等部门要依据各自职责，加强政策扶持、监督检查、监测统计和信息沟通，充分发挥管理、指导、协调和服务职能，形成共同支持林下经济发展的合力。

（十二）加大投入力度。逐步建立政府引导，以林农、企业和社会为主体的多元化投入机制。对市场前景好、带动性强的林下经济优势产品，通过以奖代补等多种方式支持集中发展。充分发挥现代农业生产发展资金、农民专业合作社扶持资金、林业科技推广示范资金等专项资金的作用，重点支持林下经济示范基地与综合生产能力建设，促进林下经济技术推广和农民林业专业合作组织发展。发展改革、财政、水利、农业、畜牧食品、商务、林业、扶贫移民、科技等部门要结合各地林下经济发展需求和相关资金渠道，对符合条件的项目予以支持。天然林保护、森林抚育、公益林管护、退耕还林、速生丰产用材林基地建设、木本粮油基地建设、农业综合开发、科技富民、新品种新技术推广等项目，林业基本建设、技术转让、技术改造等资金，应紧密结合各自项目建设的政策及规划等，扶持林下经济发展。

（十三）强化政策扶持。符合小型微型企业条件的农民林业专业合作社、合作林场等，可享受国家相关扶持政策。符合税收相关政策规定的林下经济产品生产，应依法享受有关税收优惠。支持符合条件的龙头企业申请国家相关扶持资金。生态脆弱区域、民族地区和边远地区发展林下经济，予以重点扶持。运输鲜活林下经济产品，符合国家关于鲜活农产品运输"绿色通道"车辆通行费减免政策的，按规定减免车辆道路通行费，降低运输成本。

（十四）加大金融支持力度。银行业金融机构要积极支持林下经济发展，优化审批流程，开展林权抵押贷款、林农小额信用贷款和林农联保贷款等业务，加大对林下经济发展的有效信贷投入。积极推动妇女小额担保贷款、扶贫贴息贷款等业务开展，充分发挥财政贴息政策的带动和引导作用。财政部门对符合条件的林下经济发展项目要加大贴息扶持力度，切实增加用于发展林下经济的小额贷款贴息政策覆盖面。

（十五）加快基础设施建设。加大对林下经济相关基础设施的投入力度，将其纳入各地基础设施建设规划并优先安排。结合新农村建设、连片扶贫开发，发展改革、水利、交通运输、电力等部门要按照国家和省制定的相关专项规划优先支持林下经济示范基地的水、电、路等基础设施建设。涉农生产环节和加工环节的用水执行水利工程分类供水价格；涉农生产环节和加工环节的用电按照国家规定的电价政策执行，切实解决林农发展林下经济基础设施薄弱的难题。

（十六）巩固集体林改成果。扎实做好集体林改"回头看"工作，提高分山到户比例。对"分股不分山"的集体林地要帮助完善经营机制，使林农权益得到保障。加强林权档案管理，逐步建立林权档案电子化管理系统。建立健全林权纠纷调处机制，尤其要做好民族地区、移民地区和地震灾区林权纠纷调解，强化属地责任，构建和谐稳定发展环境。

（十七）加强宣传引导。各地、各有关部门要加大对林下经济扶持政策措施的宣传力度，充分利用电视、广播、网络、简报、横幅、宣传栏、板报、手机短信等形式，大力宣传发展林下经济有关政策。通过全面、集中、有效的宣传，切实增强广大农民群众对林下经济政策的认识，让群众了解政策、吃透政策，真正让广大农民群众得到实惠，促进林下经济健康发展。

四川省人民政府办公厅

2012 年 12 月

四川省人民政府办公厅
关于加强林木种苗工作的意见

（川办发〔2014〕21号）

各市（州）人民政府，省政府各部门、各直属机构：

为加强我省林木种苗工作，保障生态文明建设和林业产业建设，根据《国务院办公厅关于加强林木种苗工作的意见》（国办发〔2012〕58号）精神，经省政府领导同志同意，现提出如下意见。

一、总体要求

（一）指导思想。以邓小平理论、"三个代表"重要思想、科学发展观为指导，深入贯彻落实党的十八大精神，牢固树立"林以种为本，种以质为先"理念，大力开展林木良种选育推广，推进种苗生产供应基础设施建设，创新体制机制，完善法律法规，加强行政执法，加大政策扶持和资金投入，健全管理体系，强化社会化服务，全面提升林木种苗生产供应能力和良种化水平，为发展现代林业、建设生态文明、推动科学发展奠定基础。

（二）基本原则。坚持依法治种，严格种苗执法及质量监管，规范市场秩序；坚持科技兴种，强化林木育种攻关和科技成果转化推广，加快林木良种化进程；坚持统筹规划，分类指导，实行政府主导与市场调节相结合；坚持机制创新，促进生产专业化、经营主体多元化、质量标准化和"育繁销"一体化。

（三）发展目标。到2020年，完成全省林木种质资源调查，建成种质资源保存库6500亩以上；开展林木育种攻关，选育并通过审（认）定林木优良品种100个以上，主要造林树种良种使用率提高到75%以上；围绕林业产业发展，建成林木良种繁育基地2万亩以上，培育一批创新能力强、示范作用明显的种苗生产龙头企业；市县级林木种苗管理机构达100个以上，建立健全职责明确、手段先进、监管有力的林木种苗管理体系和优质高效的社会化服务体系，为我省林业发展和建设美丽四川提供数量充足、品种适宜、质量优良的林木种苗。

二、重点任务

（四）加强林木种质资源保护。分区域开展林木种质资源调查，重点对具有开发利用价值和潜在利用价值的主要造林树种、特有乡土树种以及珍稀濒危树种的林木种质资源加强收集保存，建设林木种质资源保存库，强化现有良种基地种质资源保护和利用，逐步形成原地保存和异地保存相结合的种质资源保存体系。

（五）加大林木良种选育和推广力度。制定长期育种计划，开展育种攻关，坚持常规育种与生物技术育种相结合，加大木本粮油、生物质能源及珍贵用材树种良种选育力度，建立良种选育协作机制；进一步完善林木品种审定制度，规范林木良种区域试验和跨区引种行为，鼓励从事林木良种选育的单位和个人积极申报品种审定；强化林木良种宣传和推广，大力营造良种示范林；国家投资的林业建设项目应当使用林木良种，没有良种的，应当优先使用优良乡土树种，不得使用未经审（认）定的引进树种（品种）。

（六）强化林木良种基地建设。科学制定良种基地发展规划，完善重点良种基地管理机制，充分挖掘生产潜力，提高良种生产能力；加强高生产力种子园和采穗圃建设、种子生产加工和检验、品种改良、无性系繁殖材料选育等应用技术研究；开展林木遗传测定，加快良种基地升级换代步伐，重点建设高生产力种子园、采穗圃，加强珍贵树种母树林培育，不断提高良种品质。

（七）提高林木种苗生产供应能力。加强林木良种采收、加工、检验、贮藏管理，积极采用轻基质、容器、组培等技术培育苗木；分区域布局建设一批保障性苗圃；市（州）、县（市、区）要加强种苗生产基地建设，改善设施设备条件，满足重点工程和林农造林需求。

（八）促进特色种苗产业发展。因地制宜发展绿化苗木、木本油料、中药材和竹藤花卉等特色种苗产业，打造优势品牌，形成种苗生产、交易、流通和售后服务产业链。加大对种苗生产龙头企业的扶持力度，充分发挥其示范辐射作用，带动农户发展设施生产和规模种植。

（九）健全种苗执法和质量监管体系。严格执行林木种苗生产经营许可、检验检疫、标签、档案等管理制度，加强质量监管，及时通报种苗质量抽检结果。建立林木种苗质量责任追究制度，依法打击制售假、劣种苗和植物新品种侵权等行为；健全种苗行政执法和质量监督体系，强化各级林木种苗管理机构行政执法职责，整顿和规范种苗市场秩序，打破地方保护，促进公平、有序竞争，为种苗产业发展创造良好市场环境。

（十）完善社会化服务体系。加强林木种苗生产供应预测预报，引导种苗生产有序进行；支持林木种苗协会和专业合作组织发展，充分发挥其协调、服务、维权、自律作用；建立政府种苗管理机构公共服务与行业协会等社会服务相结合的服务网络和信息平台，在信息引导、技术支持、市场开拓、人才培训等领域提供全方位服务。

三、政策措施

（十一）贯彻执行《四川省林木种子管理条例》。依法落实财政资金，用于扶持林木种质资源保护和良种选育、试验、补贴与贮备工作。依法建立省、市级林木种子贮备制度，加强主要造林树种种子贮备库建设，强化种子检验和储存管理。

（十二）完善林木良种补贴政策。认真落实好国家林木良种补贴制度。在总结国家和省级林木良种补贴试点基础上，制定林木良种补贴管理办法，根据我省实际，确定合理补贴标准和补贴范围，加大补贴力度。鼓励有条件的市(州)、县(市、区)建立林木良种补贴制度。

(十三)加大资金投入力度。各级人民政府要依法将林木种子管理和执法监督所需经费列入本级财政预算。建立长期稳定的林木种苗建设投入渠道，整合统筹各级各方资金扶持林木种苗发展。各级发展改革、财政部门要加大对林木种质资源调查及收集保存、良种选育、良繁基地、林木种子贮备、保障性苗圃和种苗管理机构能力建设等项目的审批和投入。各级林业部门要依托科技推广项目，加大林木良种示范推广力度。积极探索多元化投入机制，引导金融机构和各类社会资金参与林木种苗产业发展。

(十四)强化科技支撑。省级科技部门要将主要造林树种良种选育统筹纳入育种攻关科技专项，整合各类科技计划支持相关集成创新与示范，组织优势产学研单位共建林木种苗科技创新转化平台。科研院所、高校要重点开展育种理论方法和技术、分子生物技术等基础性、前沿性和应用性研究，尽快分区域选育出适宜发展的优良品种和新品种，加强重点林木良种基地科技支撑工作，指导林业生产和产业基地建设。市、县级科技部门要大力示范推广林木良种科技成果，促进成果转化和产业化发展。

(十五)完善种苗产业发展优惠政策。完善相关税收支持政策，引导各类社会主体参与种苗生产与经营，加大种苗产业政策和资金扶持。研究开展种苗生产保险试点，提高种苗生产抗风险能力。

四、保障措施

(十六)加强组织领导。各级人民政府要加强对林木种苗工作的领导，将林木种苗工作纳入议事日程，完善发展规划，加强统筹协调，落实投资渠道和相关政策。各级林业、人力资源社会保障、发展改革、财政、国土资源、科技、农业、公安、工商、税务、质监、金融等部门要加强协作配合，共同做好林木种苗管理工作。

(十七)加大执法力度。各地在林木种苗采购和管理中，要加大种苗法律法规规章执行力度，增强执法手段，有效净化林木种苗市场，保障种苗质量。要完善法规规章，适时修订《四川省林木种子管理条例》，加快制定林木引种管理办法。

(十八)健全管理体系。强化各级林业部门林木种苗管理机构职能，落实工作责任。重点林业市(州)、县(市、区)应尽快建立健全林木种苗管理机构。加强林木种苗管理机构和质检机构标准化建设，加大从业人员培训力度。

(十九)创新发展机制。积极探索符合市场经济要求的种苗生产、经营和管理体制机制。鼓励有条件的良种生产基地开展苗木生产经营，形成良种选育、生产以及苗木繁育一体化发展模式。加大国有苗圃改革力度，通过联合、兼并、股份制改造等形式，引入社会资本，实现规模经营。支持有条件的地方发挥自身优势，建设保障性苗圃。

四川省人民政府办公厅

2014 年 4 月 25 日

四川省人民政府办公厅关于进一步
加强林业有害生物防治工作的实施意见

（川办发〔2015〕43号）

各市（州）、县（市、区）人民政府，省政府各部门、各直属机构：

为加强我省林业有害生物防治工作，促进生态文明建设，全建成长江上游生态屏障，根据《国务院办公厅关于进一步加强林业有害生物防治工作的意见》（国办发〔2014〕26号）精神，经省政府领导同志同意，现结合我省实际提出如下实施意见。

一、总体要求

（一）指导思想。以邓小平理论、"三个代表"重要思想、科学发展观为指导，认真学习领会党的十八大和十八届三中、四中全会精神，贯彻落实党中央、国务院和省委、省政府的决策部署，以加强林业有害生物灾害防控、促进现代林业健康发展为目标，坚持政府主导、部门协作、社会参与，加强能力建设，健全管理体系，完善政策法规，突出科学防治，提高公众防范意识，为全面建成长江上游生态屏障和建设美丽繁荣和谐四川提供支撑保障。

（二）工作目标。到2020年，全省林业有害生物监测预警、检疫御灾、防治减灾体系全面建成，防治检疫队伍建设得到全面加强，生物入侵防范能力得到显著提升，林业有害生物危害得到有效控制，主要林业有害生物成灾率控制在3‰以下，无公害防治率达到85%以上，测报准确率达到90%以上，种苗产地检疫率达到100%。

二、主要任务

（三）强化灾害预防措施。坚持预防为主方针，加强对林业有害生物防治的技术指导、生产服务和监督管理，组织编制林业有害生物防治发展规划。建立林业有害生物普查制度，以县级为单位每5年组织开展一次普查工作。完善监测预警机制，科学布局监测站（点），不断拓展监测网络平台，以国家、省级中心测报点建设为重点，建立健全省、市、县、乡级和重点林区村社监测网络，完善专、兼职测报员体系，实现监测工作全覆盖。重点加强自然保护区、风景名胜区、森林公园等重点生态区林业有害生物的监测预警、灾情评估。切实提高灾害监测和预测预报准确性，及时发布预报预警信息。科学确定四川省补充林业检疫性有害生物名单，及时公布疫区，切实加强对已公布有害生物名单及其林业植物产品品名，需取得林业植物检疫证书的林业植物和产品名录等信息的宣传工作。强化优良乡土树种和抗性种苗培育、森林经营、生物调控等营林防控措施的运用，并优先安排有害生物危害林木采伐指标和更新改造任务。

（四）加强检疫和监管工作。切实加强林业有害生物传播扩散源头管理，抓好产地检疫和调运检疫，严防松材线虫病等重大外来有害生物入侵和蔓延。推进应施检疫的林业植物及其产品全过程追溯监管平台建设。进一步优化检疫审批程序，强化事中和事后监管，严格风险评估、产地检疫、隔离除害、种植地监管等制度。加强疫区和疫木管理，做好疫区认定、划定、发布和撤销工作，及时根除疫情。依法查处检疫违法案件，严厉打击检疫违法犯罪行为。

（五）提高应急防治能力。结合防治工作实际，进一步完善重大、突发性林业有害生物灾害应急预案，加快建立科学高效的应急工作机制，制订严密规范的应急防治流程。充分利用物联网、卫星导航定位等信息化手段，建设应急防治指挥系统。组建专群结合的应急防治队伍，每年定期组织开展防治技能培训和应急演练，提高应急响应和处置能力。加强应急防治设备和药剂储备。

（六）推进社会化防治。建立健全林业有害生物工程防治制度，进一步加快职能转变，创新防治体制机制。通过政策引导、部门组织、市场拉动等途径，扶持和发展多形式、多层次、跨行业的社会化防治组织。鼓励林区农民建立防治互助联合体，支持开展专业化统防统治和区域化防治，引导实施无公害防治。开展政府向社会化防治组织购买监测调查、规划设计、疫情除治、灾害防控、工程监理、检查验收等服务工作。做好对社会化防治的指导，积极提供优质的技术服务和政策支持，加强对社会化防治组织和从业人员的管理与培训。充分发挥防治行业协会、中介机构在社会化防治体系中的技术咨询、信息服务、行业自律等方面的作用，规范防治生产作业。

三、保障措施

（七）拓宽资金投入渠道。各级人民政府要将林业有害生物普查、监测预报、植物检疫、疫情除治、灾害防控和防治基础设施建设等资金纳入财政预算，加大资金投入。省级财政要继续加大支持力度，重点支持松材线虫病、林业鼠（兔）害、蜀柏毒蛾等重大林业有害生物防治。严格防治资金管理，强化资金绩效评价，确保防治成效和资金安全。积极引导林木所有者和经营者投资投劳开展防治。进一步推进森林保险工作，提高防范、控制和分散风险的能力。风景名胜区、森林公园等的经营者要根据国家有关规定，从经营收入中提取一定比例的资金用于林业有害生物防治。

（八）落实相关扶持政策。各级人民政府要将林业有害生物灾害防治纳入国家防灾减灾体系，将防治需要的相关机具列入农机补贴范围。支持通用航空企业拓展航空防治作业，合理布局航空汽油储运供应点。按照国家有关规定落实防治作业人员接触有毒有害物质的岗位津贴和相关福利待遇。支持符合条件的社会化防治组织和个人申请林业贴息贷款、小额担保贷款，落实相关税收支持政策，引导各类社会主体参与防治工作。

（九）完善防治法规制度。进一步完善《四川省植物检疫条例》《四川省森林病虫害防治实施办法》等法规、规章，依法开展林业有害生物防治检疫工作。制定和完善符合当地实际的防治检疫技术、林用农药使用、防治装备等标准，以及防治作业设计、限期除治、防治成效检查考核等管理办法。对防治工作中成绩显著的单位和个人，按照国家有关规定给予表彰和奖励；对工作不到位造成重大经济和生态损失的，依法追究相关人员责任。

（十）增强科技支撑能力。省级和地方科技管理部门在编制相关科技计划（基金、专项）时，要加大对林业有害生物防治领域科学研究的支持力度，重点支持成灾机理、抗性树种培育、营造林控制、生态修复、重大及外来有害生物防控、快速检验检测、空中和地面相结合的立体监测与防治等共性关键技术集成研究与示范推广，提升有害生物灾害应急处置水平。加快以企业为主体、产学研协同开展防治技术创新和推广工作，大力开展防治减灾宣传教育和科普工作。支持产学研联合建立林业有害生物防控重点实验室、工程技术研究中心等创新转化平台，提升持续创新能力。加强与有关国际国内组织的交流合作，密切跟踪发展趋势，学习借鉴国际先进技术和管理经验。

（十一）加强人才队伍建设。各地要根据本地林业有害生物防治工作需要，加强防治检疫队伍建设，合理配备人员力量，特别是要加强防治专业技术人员的配备。松材线虫病等重大林业有害生物疫区和重点防控区，要根据防治工作需要，重点保障相应的人员力量。加强防治队伍的业务能力和作风建设，强化培训教育，提高人员素质、业务水平和依法行政能力。支持高等学校、中职学校、科研院所的森林保护、植物保护等相关专业学科建设，积极培养和引进高层次、高素质的专业人才。

四、加强组织领导

（十二）全面落实防治责任。将林业有害生物防治成灾率、重大林业有害生物防治目标完成情况列入政府考核评价指标体系。加强组织领导，充分调动各方面积极性，将防治林业有害生物的基础设施建设纳入林业和生态建设发展总体规划，重点加强航空和地面防治设施设备、区域性应急防控指挥系统、基层监测站（点）等的建设。在发生暴发性或危险性林业有害生物危害时，实行各级人民政府行政领导负责制，根据实际需要建立健全临时指挥机构，制定紧急除治措施，协调解决重大问题。林业经营主体要按照"谁经营、谁防治"的责任制度，做好其所属或经营森林、林木的有害生物预防和治理工作。

（十三）加强部门协作配合。有关部门要切实加强沟通协作，各负其责、依法履职。农业、林业、水利、住房城乡建设、环境保护等部门要加强所辖领域的林业有害生物防治工作；政府应急部门要加强应急处置工作的应急协调和救灾资金的协调；发展改革部门要将防控体系建设纳入国民经济和社会发展规划；科技部门要加强防治技术研究课题和成果推广项目的落实；财政部门要加强防治资金的保障和落实；民航、铁路、公路及水路、邮政部门要配合做好林业植物及其产品的检疫执法工作，加强对运输、邮寄林业植物及其产品的管理，对未依法取得检疫证书的，应禁止运输、邮寄；民航部门要支持航空防治作业工作；电力、通信、新闻出版广电、经济和信息化等有关部门要加强行业指导，督促相关企业把好涉木产品采购、调运、使用关，要求供货商依法提供植物检疫证书，涉木产品到达目的地后，应向调入地林业植物检疫机构申报检疫复检并备案，涉木产品使用后，应在当地林业植物检疫机构的指导和监管下进行除害处理；工商部门要加强对加工、经营涉木企业等生产经营者的监督管理；出入境检验检疫部门要加强对境外森林植物（特别是针叶类植物）及制品的验证把关、检疫检查，并加强与调入地林业植物检疫机构的信息沟通，每年定期召开协商会，通报林业有害生物防治工作情况；各级政府、有关部门要加强与驻川军事单位的沟通和协作，协助、保障军事管理区的相关监测工作，发现森林异常枯死情况及时通报，共同做好林业有害生物防治工作；政府目标管理部门要加强对防控目标责任的检查考核工作；农业、林业、环境保护、出入境检验检疫部门要按照职责分工和"谁审批、谁负责"的原则，严格植物检疫审批和监管工作，建立疫情信息沟通机制，协同做好《国际植物保护公约》、《生物多样性公约》的履约工作。

（十四）健全联防联治机制。相邻地区之间要加强协作配合，建立林业有害生物联防联治机制，健全值班值守、疫情信息通报和定期会商制度，并严格按照有关技术要求联合开展防治作业和检查验收。各级林业主管部门要加强对跨区域林业有害生物联防联治的组织协调，确保工作成效。

四川省人民政府办公厅

2015 年 5 月 8 日

四川省人民政府办公厅
关于进一步加强林地保护管理工作的通知

（川办发〔2015〕75号）

各市（州）、县（市、区）人民政府，省政府各部门、各直属机构，有关单位：

近年来，随着工业化、城镇化的深入推进，各类建设项目占用林地规模不断扩大，违法违规使用和挤占林地现象频繁发生。为加强我省林地保护管理，遏制非法侵占林地势头蔓延，巩固生态文明建设基础，经省政府领导同志同意，现将有关事项通知如下。

一、充分认识加强林地保护管理工作的重要意义

林地是生态建设的物质基础，是森林赖以生存和发展的根基。加强林地保护管理是生态文明建设的重要任务，也是全社会的共同责任，具有重要的政治、经济、社会和生态效益。四川是长江上游生态屏障、全国生态建设核心区和生物多样性富集区，生态区位重要，生态地位特殊，加强全省林地保护管理关系国家生态安全、生态文明建设和经济社会可持续发展。各地要站在建设生态文明的战略高度，充分认识加强林地保护管理工作的重要意义，正确处理发展经济与保护生态、眼前利益与长远利益的关系，始终把加强林地保护管理作为一项重要工作抓实抓好，为建设生态文明和美丽四川创造更好的生态条件，为全省经济社会可持续发展奠定坚实基础。

二、严格林地红线管理和用途管制

（一）加强林地红线管理。林地红线是生态红线的重要基础，是必须坚守的"生命线"和不可逾越的"高压线"。各级人民政府要牢固树立生态红线意识，按照国家和我省相关规定，明确划定市、县两级林地红线，制定完善管理办法，守住生态安全底线。

（二）严格林地用途管制。认真执行各级林地保护利用规划，严禁为规避林地用途管制而擅自调整林地保护利用规划或将林地隐瞒不报、改变林地用途。严格控制各类工程占用征收林地，特别是自然保护区、风景名胜区、森林公园、湿地公园等生态敏感区和沙化、石漠化等生态脆弱区等重点区域，加强公益林地、有林地和天然林地保护。严禁在自然保护区、风景名胜区、森林公园、湿地公园等生态敏感区域占用林地采矿、采砂、取土；从严控制在林地特别是天然林地、公益林地上设置矿业权，已设置矿业权的，由所在地县级人民政府提出妥善处置方案；城市开发和工业园区建设应尽量避免占用天然林地和公益林地；交通运输、水利、能源等重大建设项目要优化建设方案，在建设过程中加强林地保护。禁止毁林开垦、毁林挖塘等将林地转化为其他农用地行为，在农业综合开发、耕地占补平衡、土地开发整理和复垦过程中，不得随意挤占林地。

（三）加强占用征收林地管理。严格执行占用征收林地定额和供地政策，完善占用征收林地审核审批办法，从严控制林地转为建设用地。占用征收林地审核审批应以国家林地供地政策和产业政策为指引，以土地利用、城乡建设、林地保护利用等规划为控制，重点保障基础设施及公共建设使用林地，控制城乡建设使用林地，限制工矿开发占用林地，规范商业性经营使用林地。各类工程建设应坚持不占或少占林地原则，确需占用征收林地的，必须依法办理使用林地审核审批手续，集约使用林地。严格审查经营性建设项目占用征收林地的必要性和合理性，严防大规模圈占林地转为非林地，严禁向国家禁止建设项目提供林地。各级林业部门要加强林地占用征收审核审批管理，发布林地占用指南，强化林地使用指导、服务。各地、各有关部门应加强项目规划选址、用地审批、环境影响评价、水土保持、林地审核等方面的沟通协调，主动服务、依法管理，支持保障重大工程和民生项目依法依规使用林地。

三、严厉打击破坏林地资源违法行为

各地要加大林地监管执法力度，加强执法检查，坚决依法查处违法占用林地和破坏林地行为，构成犯罪的要按照"两法衔接"要求，依法移送森林公安机关处理。要加强对已批准使用林地项目的监管，监督使用单位(个人)按审核审批的范围、面积、方式等使用林地；临时占用林地期满后，督促林地使用单位(个人)按要求恢复林业生产条件，开展植树造林，恢复植被，及时归还林地。坚决制止在自然保护区核心区和缓冲区搞开发建设占用林地，坚决制止违反土地利用规划、林地保护利用规划、国家产业政策和林地使用政策占用林地，坚决制止侵占林地搞土地开发整理和毁林开垦，并限期收回林地和恢复森林植被。要建立破坏林地资源重大案件责任追究制度，对违规决策、知法犯法、滥用职权、玩忽职守及其他造成林地资源破坏的行为，要依法依纪严肃追究有关人员责任。对因监管或制止不力，致使违法使用林地案件频发的有关单位和个人，要采取约谈、通报批评、限批占用征收林地等措施予以处理。

四、建立完善林地保护管理长效机制

（一）明确责任主体。各级人民政府是林地保护管理工作的责任主体。各地要切实加强对林地保护管理工作的组织领导，健全政府保护发展森林资源目标责任制度。要采取多种形式进一步加大林地保护管理法律法规和政策宣传力度，提高广大群众尤其是有关使用林地单位保护和集约使用林地的意识，营造全社会主动参与林地保护的良好氛围。

（二）构建联动工作机制。各地、各有关部门特别是林业、国土资源部门要进一步加强协调配合，共同做好林地保护管理工作。对涉及占用征收林地的建设项目，应依法提交林业部门审核意见。各地报征批次用地、实施土地开发整理和复垦项目时，应

由所在地县级林业、国土资源部门对是否涉及占用林地共同审核把关；禁止在自然保护区内设置矿业权；对确需在林地上设置矿业权的，国土资源部门应事先与林业部门沟通。

（三）完善政策保障体系。积极推行森林面积占补平衡，加强林地现状调查和动态监测，建立完善林地地籍档案。建立林地质量评价定级制度，完善林地附着物补偿办法，提高占用征收林地补偿标准，并结合差别化林地利用政策和经济手段，提高林地保护利用调控能力。大力恢复森林植被，强化政策扶持和科技支撑，加大对沙化石漠化土地、灾损土地、工矿废弃地、干热干旱河谷等生态重要区域的治理力度，有效补充林地数量。

四川省人民政府办公厅

2015 年 8 月 18 日

长江

经济带 林业支持政策汇编：地方篇

贵州省

贵州省林业生态红线党政领导干部问责暂行办法

贵州省湿地保护条例

贵州省森林防火条例

省人民政府关于切实做好造林绿化工作力争 2020 年全省
　　森林覆盖率达到 60% 的意见

贵州省林业生态红线党政领导干部问责暂行办法

第一章 总 则

第一条 为增强党政领导干部的责任意识和生态意识，督促各级领导干部依法履行林业生态红线保护管理职责，根据《中华人民共和国森林法》《贵州省森林条例》《贵州省生态文明建设促进条例》等法律法规要求，制定本办法。

第二条 本办法适用于全省各级党委、政府及其工作部门领导干部；法律法规授权公共管理职能单位的领导干部；各类事业单位、国有及国有控股企业领导干部。

第三条 本办法所指的林业生态红线包括林地保有量、森林面积保有量、森林蓄积保有量、公益林面积保有量、湿地面积保有量、石漠化综合治理面积、物种红线、古大珍稀树木保有量、自然保护区面积占国土面积比例等9项内容。

第四条 林业生态红线保护实行问责坚持严格要求、实事求是、权责一致、惩教结合、依靠群众、依法有序、责任追究与改进工作相结合的原则。

第五条 领导干部受到问责，同时需要追究纪律责任的，依照有关规定给予党纪政纪处分；涉嫌犯罪的，移送司法机关依法处理。

第二章 问责的情形

第六条 各级党委、政府在组织领导和决策过程中有下列情形之一的，应当实行问责：

（一）对有关保护和发展林地、湿地、林木、野生动植物、古大珍稀树木、自然保护区、林木新品种等法律法规，党委、政府的相关决定和省林业行政主管部门关于保护林业生态红线的重要决策、决定和部署敷衍塞责、执行不力的；

（二）工作失职，不认真履行林业生态红线保护责任，导致林业生态红线保护目标考核不合格，或未完成指定的任务，或工作没有达到质量和进度要求、明显滞后的；

（三）工作不力，导致林业生态保护红线的划定、区域的划分和管控工作达不到规定要求，造成森林、湿地及野生动植物资源、自然保护区和林木新品种遭到较大损失或较大负面影响的；

（四）在制定经济发展计划和本地地方性规定，开展招商引资等经济和社会管理活动中，做出或执行违背保护管理森林、湿地、野生动植物资源、自然保护区和林木新品种的有关法律法规的有关指示、批复、决定的；

（五）不按要求认真建立和执行有关林业生态红线保护工作的制度、没有在年度财政预算中统筹安排并逐步加大保护林业生态红线必需的资金（包括建设资金、补偿资金和保护资金）、没有配备必需的装备和人员，导致严重后果的；

（六）违法干预、阻挠、妨碍和限制林业、农业、环保等行政主管部门依法正常行使森林、湿地及野生动植物资源、自然保护区和林木新品种的管理和执法工作的；

（七）监管不力，导致辖区内发生重大或多起贪污、截留、挪用保护林业生态红线资金情况或违法违规审批林地和湿地征占用行为的；

（八）领导和督促不力，导致辖区内破坏森林、湿地、野生动植物资源、自然保护区和林木新品种现象较为突出，或对破坏森林、湿地、野生动植物资源、自然保护区和林木新品种的案件查处不力，导致发生多起被国家林业局要求整改或被省林业行政主管部门通报的破坏森林、湿地及野生动植物资源、自然保护区和林木新品种案件，造成森林、湿地、野生动植物资源、自然保护区和林木新品种较大损失或造成较大负面影响的；

（九）管控不力，导致辖区内发生特大或多起重大森林火灾或 IV 级以上的林业有害生物灾害，造成较大损失或较大负面影响的；

（十）领导不力，导致辖区内的植树造林、封山育林石漠化综合治理等工作的任务没有完成，发生多起一般造林质量事故或因造林任务没有完成或造林质量达不到要求而被国家和省林业行政主管部门通报的；

（十一）不及时处理和解决群众对林业生态红线保护工作的有关问题的反映、投诉和举报，造成较大负面影响的；

（十二）其他不认真履行保护林业生态红线工作职责，造成较大损失或较大负面影响的。

第七条 有下列情形的重特大以下林业生态破坏事故，应当实行问责：

（一）盗伐、滥伐、聚众哄抢森林、林木数量较大的事故；

（二）毁林开垦、乱占林地、非法改变林地用途属防护林和特种用途林林地数量较大的事故；

（三）非法猎捕、杀害、收购、运输、出售地方重点保护陆生野生动物和非法采集、毁坏、收购、运输、加工、出售地方重点保护野生植物（林业部分）及林木新品种，可能造成物种灭绝的事故；

（四）破坏森林资源或林权纠纷等引起群体性械斗，造成人员死亡或多人受伤的事故；哄抢、毁坏林业和生态建设重要设施与设备，危及市区生态建设基础和秩序的事故；

（五）省林业行政主管部门领导或市州领导明确批示要尽快作出预防和应急处置的林业生态破坏事故。

第三章 问责的方式及问责结果的运用

第八条 问责方式：责令公开道歉、停职检查、引咎辞职、责令辞职、免职。本条所列问责方式，可以单独使用，也可视情况合用。

第九条 具有本办法第六、七条所列情形，并且有下列情形之一的，从重问责：

（一）干扰、阻碍问责调查的；

（二）弄虚作假、隐瞒事实真相的；

（三）对检举人、控告人打击、报复、陷害等行为的。

第十条 具有本办法第六、七条所列情形，并且有下列情形之一的，从轻问责：

（一）主动采取措施有效避免损失或挽回影响的；

（二）积极配合问责调查并主动承担责任的。

第十一条 领导干部被问责的情况，应当作为干部考核的重要内容和干部任用的重要依据。

（一）受到问责的领导干部，取消当年年度考核评优和评选各类先进的资格。

（二）引咎辞职和受到责令辞职、免职处理的领导干部，根据问责情形至少一年内不安排职务，期间可酌情安排从事临时性、专项性工作；至少两年不得担任高于原职务层次的职务。同时受纪律处分的，按照影响期长的规定执行。

（三）引咎辞职和受到责令辞职、免职处理的领导干部，重新任职的岗位，应当根据问责情形、工作需要和个人综合情况考虑，可低于原职务层次安排，也可安排担任与其原职务层次相当的领导职务或者非领导职务。不得担任原任职务或者原任职务监管部门的领导职务，一般不安排担任党政正职。

（四）对拟重新任职的，除应当按照干部管理权限履行审批手续外，还应当征求上一级组织人事部门的意见。

第四章 问责的程序

第十二条 对领导干部实行问责，按照干部管理权限，由相关部门按照《中共中央办公厅 国务院办公厅印发〈关于实行党政领导干部问责的暂行规定〉的通知》（中办发〔2009〕25号）等有关规定执行。

第十三条 实行问责，依照下列程序进行：

（一）对因检举、控告、处理重大事故事件、监督检查、查办案件、审计或者其他方式发现的领导干部应当进行问责的线索，由纪检监察机关按照权限和程序，会同有关部门进行调查后，对需要实行问责的，按照干部管理权限向问责决定机关提出问责建议。

（二）对在干部监督工作中发现的领导干部应当进行问责的线索，组织人事部门按照权限和程序进行调查后，对需要实行问责的，按照干部管理权限向问责决定机关提出问责建议。

（三）问责决定机关可以根据纪检监察机关或者组织人事部门提出的问责建议，经领导班子集体研究讨论作出问责决定。

（四）问责决定机关作出问责决定后，由组织人事部门办理相关事宜，或者由问责决定机关责成有关部门办理相关事宜。

第十四条 作出问责决定前，应当听取被问责领导干部的陈述和申辩，并记录在案，对其合理意见，应予以采纳。

第十五条 对于事实清楚、不需要进行问责调查的，问责决定机关可以直接作出问责决定。被问责领导干部对问责决定不服的，可以在接到《领导干部问责决定书》之日起15日内，向问责决定机关提出书面申诉，问责决定机关接到书面申诉后，应当在30日内作出申诉处理决定。申诉处理决定应当以书面形式告知申诉人及其所在单位。申诉期间，不停止问责决定的执行。

第十六条 对领导干部实行问责，应当制作《领导干部问责决定书》。《领导干部问责决定书》由负责调查的纪检监察机关或组织人事部门代问责决定机关草拟。《领导干部问责决定书》应当送达被问责领导干部本人及其所在单位。

第十七条 执行问责决定：停职检查、引咎辞职、责令辞职、免职由组织人事部门按干部管理权限办理。

被问责人的考核、评优及任用等按有关规定办理。

第十八条 组织人事部门应该及时将被问责领导干部的有关问责材料归入其个人档案，并且将办理情况向问责决定机关报告，回复问责建议机关。纪检监察机关应当及时将被问责人的有关问责材料归入其廉政档案。

问责执行情况应当及时报上一级纪检监察机关和组织人事部门备案。

第十九条 问责决定一般应当向社会公布。

第二十条 对经各级人民代表大会及其常务委员会选举或者决定任命的领导干部实行问责，按照有关法律规定的程序办理。

第五章　附　则

第二十一条 本办法自发布之日起施行。

中共贵州省委、贵州省政府
2015 年 4 月 4 日

贵州省湿地保护条例

第一章 总 则

第一条 为了加强湿地保护，维护湿地生态系统功能和生物多样性，促进湿地资源可持续利用，推进生态文明建设和经济社会发展，根据有关法律、法规的规定，结合本省实际，制定本条例。

第二条 本省行政区域内湿地的保护、利用和管理等活动，适用本条例。

本条例所称湿地是指天然或者人工形成、常年或者季节性积水、适宜喜湿生物生存栖息繁衍、具有生态功能的区域。

第三条 湿地保护坚持科学规划、保护优先、分类管理、合理利用、持续发展的原则。

第四条 湿地保护是社会公益事业。

县级以上人民政府应当加强对湿地保护工作的领导，将湿地保护纳入国民经济和社会发展规划，所需经费纳入同级财政预算，并逐步建立湿地生态补偿机制。

第五条 县级以上人民政府成立由林业、发展改革、财政、国土资源、环境保护、住房城乡建设、水务、农业、科技、旅游、法制等有关部门组成的湿地保护委员会，负责统筹、协调湿地保护工作。

县级以上人民政府林业行政主管部门负责本行政区域内湿地保护的组织、指导和监督管理工作；县级以上人民政府国土资源、环境保护、住房城乡建设、水务、农业等行政主管部门按照职责分工负责湿地保护相关工作。

乡镇人民政府、街道办事处（社区）应当做好本辖区内湿地保护的相关工作。

湿地自然保护区、湿地公园、湿地保护小区的湿地保护管理机构负责湿地保护和管理的具体工作。

第六条 各级人民政府及其有关部门、新闻媒体应当组织开展湿地保护宣传教育，提高社会公众的湿地保护意识。

每年 10 月的第三周为湿地保护宣传周。

第七条 鼓励、支持单位和个人以宣传教育、志愿服务、捐赠等形式开展或者参与湿地保护活动。

---

* 2015 年 11 月 27 日贵州省第十二届人民代表大会常务委员会第十九次会议通过，自 2016 年 1 月 1 日起施行。

鼓励、支持湿地保护科学技术研究和成果转化应用，提高湿地保护科学技术水平。

第二章　规划和认定

第八条　县级以上人民政府林业行政主管部门会同发展改革、财政、国土资源、环境保护、住房城乡建设、水务、农业、旅游等部门按照有关规定编制湿地保护规划，划定湿地保护红线，报本级人民政府批准后公布实施。

湿地保护规划是湿地保护、利用和管理的依据，任何单位或者个人不得擅自变更。确需变更的，应当按照原编制和批准程序办理。

第九条　湿地分为重要湿地和一般湿地。重要湿地包括国际重要湿地、国家重要湿地和省重要湿地。

国际重要湿地和国家重要湿地的认定，按照有关规定执行。

第十条　符合下列条件之一的，应当认定为省重要湿地：

（一）珍稀濒危湿地物种集中分布地，湿地鸟类主要繁殖栖息地或者重要迁徙停歇地；

（二）湿地生物多样性丰富的区域；

（三）具有重要科学研究价值或者特殊保护价值的湿地；

（四）具有生态系统典型性和代表性的湿地；

（五）其他具有重要生态功能的湿地。

省重要湿地的认定，由省人民政府林业行政主管部门会同有关部门根据省重要湿地条件和湿地资源状况提出，省湿地保护专家组论证，经省人民政府湿地保护委员会审核，报省人民政府批准并公布。认定省重要湿地的具体办法由省人民政府制定。

第十一条　不具备省重要湿地条件，但有科研或者保护价值的湿地，应当认定为一般湿地。

一般湿地的认定，由市州、县级人民政府林业行政主管部门会同有关部门根据相关条件提出审核意见，报同级人民政府批准和公布，并报上一级人民政府林业行政主管部门备案。

第十二条　省湿地保护专家组由野生生物、生态环境、风景园林、城乡规划、水文、地质、旅游、法律、经济等方面的专家组成，对省重要湿地名录及范围认定、湿地保护规划制定、湿地资源利用、湿地生态补偿和生态修复等工作提供技术咨询服务。具体工作由省人民政府林业行政主管部门负责。

第十三条　经认定公布的湿地，县级以上人民政府应当设立湿地保护标志，标明湿地名称、类型、保护级别、保护范围、地理坐标、保护机构等。

任何单位和个人不得擅自移动或者破坏湿地保护标志和设施。

第三章　保护和利用

第十四条　经认定公布的湿地，县级以上人民政府可以采取建立湿地自然保护区、湿地公园、湿地保护小区等形式进行保护。

第十五条 珍稀濒危湿地物种集中分布地、湿地鸟类主要繁殖栖息地或者重要迁徙停歇地等具备自然保护区设立条件的湿地，应当建立湿地自然保护区。

第十六条 对不具备条件建立湿地自然保护区，但符合下列条件的，可以申请建立湿地公园：

（一）符合湿地保护规划；

（二）湿地生态系统具有典型性或者区域地位重要；

（三）湿地主体生态功能具有典型示范性；

（四）湿地生物多样性丰富或者生物物种独特；

（五）具有一定的科学研究、科普教育和文化价值；

（六）具有生态展示、生态旅游等功能。

第十七条 设立国家级湿地公园，按照国家规定的条件和程序申报。

设立省级湿地公园，应当在省重要湿地范围内。由县级人民政府按照程序向省人民政府林业行政主管部门提出申请，并提交湿地公园总体规划、视频资料及生物多样性报告等相关资料。省人民政府林业行政主管部门收到申请后，应当会同有关部门组织湿地保护专家组进行论证并提出意见；对符合条件的，报省人民政府批准并命名。

市州、县级湿地公园的设立由市州、县级人民政府确定。

第十八条 具有特殊保护价值，但面积较小、不具备建立湿地自然保护区或者湿地公园条件的，可以由所在地县级人民政府建立湿地保护小区，并报市州人民政府林业行政主管部门备案。

第十九条 湿地公园根据不同功能，可以分为保育区、恢复重建区、宣教展示区、合理利用区、管理服务区。

在湿地公园的宣教展示区、合理利用区、管理服务区内进行商业和公益活动，应当符合湿地保护规划和有关管理规定。

第二十条 湿地公园丧失湿地生态功能的，批准命名的部门应当撤销其湿地公园的命名。

第二十一条 在湿地保护范围内禁止下列行为：

（一）倾倒和堆置废弃物、排放有毒有害物质或者超标废水；

（二）擅自新建、改建、扩建建筑物和构筑物；

（三）非法捕捞鱼类及其他水生生物；

（四）擅自排放湿地蓄水或者修建阻水、排水设施，截断湿地与外围水系联系；

（五）擅自猎捕、采集国家和省重点保护的野生动植物，捡拾或者破坏野生鸟卵；

（六）擅自开垦、围垦、填埋、占用湿地或者改变湿地用途；

（七）擅自挖砂、采矿、取土、烧荒、采集泥炭或者泥炭藓、揭取草皮；

（八）其他破坏湿地及其生态功能的行为。

第二十二条 在湿地保护范围内进行旅游、动植物产品生产等活动，应当符合湿地保护规划，与湿地资源的承载能力和环境容量相适应，不得对野生动植物资源、湿地生态系统结构和功能造成破坏。

第二十三条　各级人民政府应当按照职责对退化的湿地采取封育、退耕、禁牧、限牧、禁渔、限渔、截污、补水等措施进行恢复。

鼓励、支持社会力量和污水处理等单位和机构建设人工湿地，降解污染物、净化水质。

第二十四条　湿地保护范围内的建设项目，建设单位应当制定污染防治和生态保护方案，并采取措施保护周围景物、水体、植被、野生动植物资源和地形地貌。

第四章　监督与管理

第二十五条　县级以上人民政府林业行政主管部门应当会同有关部门对湿地资源进行定期普查和专项调查，建立湿地资源档案及资源数据库，发布湿地资源状况公告，开展湿地监测、评估工作，并将评估结果向本级人民政府报告。

第二十六条　任何单位或者个人不得擅自向湿地引进外来生物物种、生物新品种。确需引进的，应当依法办理审批手续，并依据有关技术规范进行引种试验。

县级以上人民政府林业、农业等有关行政主管部门应当对批准引进的外来生物物种、生物新品种进行跟踪监测，发现其对湿地生态系统造成危害的，应当采取措施消除危害，并及时报告本级人民政府和上一级行政主管部门。

第二十七条　因疫源、疫病防控需要向湿地施放药物的，实施单位应当在开展工作前通报所在地湿地保护管理机构或者相关行政主管部门，采取防范措施，避免或者减少对湿地生态系统造成破坏。

第二十八条　工程建设一般不得占用湿地，不得影响或者破坏湿地生态功能。确需占用湿地的，建设单位应当依法办理相关手续，并给予补偿。

因工程建设需要临时占用湿地的，期限不得超过 2 年；临时占用期限届满后，建设单位应当对所占用的湿地进行生态修复。

第二十九条　因湿地保护、利用和管理导致湿地资源所有者、使用者的合法权益受到损害的，应当依法给予赔偿。

第三十条　湿地保护管理机构应当建立湿地生态预警和预报机制，根据湿地承载能力和对湿地资源的监测评估结果，采取措施控制湿地资源利用强度。

第五章　法律责任

第三十一条　违反本条例第十三条第二款规定的，由湿地保护管理机构或者有关行政主管部门责令限期改正，恢复原状；逾期不改的，处以 500 元以上 5000 元以下罚款。

第三十二条　违反本条例第二十一条规定，有下列行为之一的，由湿地保护管理机构或者有关行政主管部门责令停止违法行为，恢复原状或者采取补救措施，并处以

罚款：

（1）排放湿地蓄水或者修建阻水、排水设施，截断湿地与外围水系联系的，处以3000元以上1万元以下罚款；情节严重的，处以1万元以上5万元以下罚款；

（二）捡拾或者破坏野生鸟卵的，处以100元以上1000元以下罚款；情节严重的，处以1000元以上5000元以下罚款；

（三）开垦、围垦、填埋、占用湿地或者改变湿地用途的，处以每平方米30元以上300元以下罚款；

（四）采集泥炭或者泥炭藓、揭取草皮的，处以500元以上5000元以下罚款；情节严重的，处以5000元以上2万元以下罚款。

第三十三条 违反本条例第二十八条规定，临时占用湿地超期或者未进行生态修复，影响或者破坏湿地生态功能的，由湿地保护管理机构或者有关行政主管部门责令停止违法行为，限期恢复原状，并处以每平方米30元以上300元以下罚款。

第三十四条 县级以上人民政府林业行政主管部门、其他有关行政主管部门以及湿地保护管理机构及其工作人员，违反本条例规定，有下列行为之一，尚不构成犯罪的，对直接负责的主管人员和其他直接责任人员给予处分：

（一）未按照规定制定和组织实施湿地保护规划的；

（二）未依法采取湿地保护措施的；

（三）对违法造成湿地严重污染制止不力的；

（四）有其他滥用职权、玩忽职守、徇私舞弊行为的。

第三十五条 违反本条例规定的其他违法行为，有关法律法规有处罚规定的，从其规定。

贵州省森林防火条例

第一章　总　则

第一条　为有效预防和扑救森林火灾，保障人民生命财产安全，保护森林资源，维护生态安全，根据《中华人民共和国森林法》《森林防火条例》等有关法律、法规的规定，结合本省实际，制定本条例。

第二条　本省行政区域内森林火灾的预防、扑救、灾后处置，适用本条例。

第三条　森林防火工作实行预防为主、科学扑救、积极消灭的方针，坚持政府领导、部门协作、分级负责、属地管理的原则。

第四条　森林防火工作实行各级人民政府行政首长负责制和责任追究制。

各级人民政府应当逐级签订森林防火责任书，将森林防火工作纳入目标管理考核。

第五条　县级以上人民政府应当将森林防火工作纳入国民经济和社会发展规划，将森林防火经费纳入本级财政预算，保障森林防火基础设施、宣传培训、预防巡查、队伍建设、扑救等工作。

第六条　各级人民政府应当建立森林防火指挥机构，负责组织、协调、指导本行政区域内的森林防火工作。

县级以上人民政府森林防火指挥机构办公室设在同级人民政府林业行政主管部门，负责指挥机构日常工作，并配备专职人员。

县级以上人民政府其他有关部门按照职责分工，负责有关的森林防火工作。

第七条　县、乡镇人民政府、街道办事处(社区)、自然保护区、风景名胜区、森林公园、地质公园、林场等单位，应当根据需要建立森林火灾专业或者群众综合应急救援扑救队伍；村(居)民委员会可以建立森林火灾群众综合应急救援扑救队伍。

森林火灾专业、群众综合应急救援扑救队伍建设标准，由省人民政府森林防火指挥机构制定。

森林火灾专业综合应急救援扑救队伍的建立或者撤并，应当报省人民政府森林防火指挥机构办公室备案。

第八条　森林防火工作涉及两个以上行政区域的，由共同的上一级人民政府确定联防区域，建立森林防火联防机制，实行信息共享，共同做好森林防火工作。

＊　2013 年 11 月 30 日贵州省第十二届人民代表大会常务委员会第五次会议通过，自 2014 年 1 月 1 日起施行。

第九条 县级以上人民政府应当支持森林防火科学研究，推广运用先进监测手段、防火扑火技术和防火设施设备，提高森林防火能力。

第十条 对在森林防火工作中作出突出贡献的单位、个人和连续3年未发生森林火灾的乡镇、辖区内有森林的街道办事处（社区），县级以上人民政府应当依照有关规定给予表彰和奖励。

第二章 森林火灾的预防

第十一条 每年2月为全省森林防火宣传月。

各级人民政府及其森林防火指挥机构、林业行政主管部门应当组织开展经常性的森林防火宣传，普及森林防火法律、法规、规章和森林防火安全常识，增强全民的森林防火意识。

广播、电视、报纸等新闻媒体和学校应当采取多种形式，做好森林防火宣传教育工作。

第十二条 县级以上人民政府应当根据本行政区域内森林资源分布状况和森林火灾发生规律，划定森林防火区。

县级以上人民政府可以划定自然保护区、风景名胜区、森林公园、地质公园、林场等区域的特定范围为常年禁火区。

划定的森林防火区和常年禁火区应当向社会公布。

第十三条 每年10月至次年5月为全省森林防火期，2月至4月为全省森林高火险期。

县级以上人民政府可以根据森林防火需要发布命令，调整森林防火期和森林高火险期。市州、县级人民政府调整森林防火期、森林高火险期，应当报上一级人民政府森林防火指挥机构备案，并向社会公布。

县级以上人民政府可以在高温、干旱、大风等高火险天气以及春节、元宵节、清明节等火灾高发时段发布森林禁火令，规定禁火期和禁火区。

第十四条 森林防火期内，县级以上人民政府林业行政主管部门、自然保护区、风景名胜区、森林公园、地质公园、林场或者乡镇人民政府可以依法组织对进入森林防火区的车辆和人员进行森林防火检查，任何单位和个人应当予以配合，不得拒绝、阻碍。

第十五条 禁止携带火种和易燃易爆物品进入森林防火区。禁止在森林内吸烟、使用明火、野炊、燃放烟花爆竹、祭祀上坟烧纸、放孔明灯等行为。

森林防火期内，从事烧灰积肥等农业生产性用火，用火单位或者个人应当在用火之前告知所在地村（居）民委员会。村（居）民委员会应当督促用火单位或者个人采取相关防火措施。

第十六条 森林防火期内，因防治病虫鼠害、冻害、抢修设备等特殊情况确需野外用火的，应当具备下列条件并向县级人民政府或者其委托的林业行政主管部门提出用火申请：

（一）火险等级三级以下；

（二）开设必要的防火隔离带；

（三）有用火责任人监管用火现场；

（四）预备有应急扑火力量，有扑火及清灭余火工具；

（五）落实其他相关的安全措施。

对符合条件的用火申请，审批机关应当在 10 日内作出同意用火许可决定，并及时将用火许可情况通报当地的乡镇人民政府、街道办事处（社区）。对不具备许可条件的，作出不予许可的书面决定并说明理由。

第十七条 有森林防火任务的乡镇人民政府、街道办事处（社区）、村（居）民委员会和森林林木林地经营单位应当配备专职或者兼职护林员。护林员履行以下森林防火工作职责：

（一）宣传森林防火法律、法规、规章和森林防火安全知识；

（二）巡护森林，排查并报告火灾隐患；

（三）劝阻并协助查处违反规定的野外用火；

（四）报告森林火情；

（五）协助有关部门调查森林火灾案件。

第十八条 省人民政府林业行政主管部门应当按照国务院林业行政主管部门制定的森林火险区划等级标准，以县为单位划定本行政区域的森林火险区划等级；县级人民政府林业行政主管部门应当按照省人民政府林业行政主管部门制定的森林火险区划等级标准，以乡镇、街道办事处（社区）为单位确定本行政区域的森林火险区划等级。

第十九条 省人民政府林业行政主管部门应当根据全国森林防火规划、全省森林火险区划等级和实际工作需要，编制全省森林防火规划，报省人民政府批准后组织实施。

市州、县级人民政府林业行政主管部门应当根据全省森林防火规划，编制本行政区域的森林防火规划，报本级人民政府批准后组织实施，并报上一级人民政府林业行政主管部门备案。

各级人民政府应当按照森林防火规划，加强森林防火基础设施建设，储备必要的森林防火物资，根据实际需要整合、完善森林防火指挥信息系统，逐步实现资源共享。

第二十条 县级以上人民政府林业行政主管部门应当编制森林火灾应急预案，经本级人民政府批准，并报上一级人民政府林业行政主管部门备案。

乡镇人民政府、街道办事处（社区）、自然保护区、风景名胜区、森林公园、地质公园、林场等单位应当按照森林火灾应急预案制定森林火灾应急处置办法。

第二十一条 县级以上人民政府林业行政主管部门可以根据森林资源情况和火险区划等级标准等，确定森林防火重点单位，并进行重点监督检查。

第二十二条　省、市州人民政府应当逐步建立航空护林防火基地，完善基础设施建设，建立相关单位参与的航空护林防火协作机制。

第二十三条　森林林木林地的经营单位和自然保护区、风景名胜区、森林公园、地质公园、林场内景区景点的经营单位或者个人，应当按照林业行政主管部门的规定，建立森林防火责任制，配备必要的森林防火设施和器材，设置森林防火宣传标语，经常性地开展安全教育和安全隐患排查。

第二十四条　铁路、电力线路、通信线路、石油天然气管道的森林防火责任单位，应当在森林火灾危险地段设置固定的森林防火安全警示标志，清除周边可燃物，并组织人员进行巡护，采取防火措施，定期进行防火安全检查。

第二十五条　在森林防火区依法开办工矿企业、设立旅游区或者新建开发区的，应当开设防火隔离带或者营造生物防火林带、设置森林防火宣传标识等森林防火设施，并将森林防火设施的建设纳入规划方案，与该建设项目同步规划、同步设计、同步施工、同步验收。有关行政主管部门审查项目时，应当通知林业行政主管部门参加，并在项目竣工时通知林业行政主管部门共同参与验收。

森林周边的住宅、厂房、易燃易爆场所周围，应当开辟宽度在 10 米以上的防火隔离带或者营造生物防火林带。

第二十六条　森林防火指挥机构应当配备森林防火专用车辆和通讯设备。森林防火专用车辆应当按照国家规定喷涂标志图案，安装警报器和标志灯具。

经省人民政府交通运输行政主管部门会同省人民政府森林防火指挥机构认定的森林防火专用车辆，通过收费公路时，免收车辆通行费；执行森林火灾扑救任务时，可以使用警报器和标志灯具，在确保安全的前提下不受行驶路线、行驶方向、行驶速度和信号灯的限制，其他车辆及行人应当让行，不得穿插超越。

第二十七条　县级以上人民政府应当建立和完善森林火险预警监测及信息发布系统，加强森林火险气象自动监测站建设，提高森林火险天气预报、警报的准确率和时效性。

气象主管机构所属气象台站应当加强森林火险气象监测、森林火险气象预警、林区防雷、人工增雨的技术研究和业务应用，及时、无偿提供森林防火天气预报和森林火险气象等级预报，适时开展人工增雨作业，降低森林火险等级。

广播、电视、报纸、互联网等媒体，移动、电信、联通等通信单位，应当根据森林防火工作的需要，配合森林防火指挥机构，无偿向社会播发或者刊登森林火险天气预报和森林防火公益信息。

第二十八条　任何单位和个人不得破坏和侵占森林防火通道、标志、宣传碑（牌）、瞭望台（塔）、隔离带等设施设备，不得干扰依法设置的森林防火专用电台频率的正常使用。

第二十九条　鼓励和支持森林林木林地经营单位和个人参加森林保险，提高抵御森林火灾风险的能力。对协助办理森林保险业务的基层林业部门，保险机构可以按照国家有关规定支付一定的工作费用。

第三章　森林火灾扑救及灾后处置

第三十条　扑救森林火灾，应当及时疏散、撤离受火灾威胁的群众，并做好火灾扑救人员的安全防护。

第三十一条　县级以上人民政府森林防火指挥机构应当公布本行政区域内的森林防火报警电话。

单位或者个人发现森林火灾应当立即报警。接到报警的森林防火指挥机构应当核实情况，迅速处置。

第三十二条　发生森林火灾时，县级以上人民政府应当立即启动森林火灾应急预案，当地森林防火指挥机构应当按照森林火灾应急预案，统一组织和指挥森林火灾的扑救。在森林火灾现场可以根据需要设立扑火前线指挥部。

森林火灾应急预案或者应急处置办法启动后，当地森林防火指挥机构应当在核实火灾准确位置、范围以及风力、风向、火势的基础上，根据火灾现场天气、地理条件，合理确定扑救方案，划分扑救地段，确定扑救责任人，并立即赶赴森林火灾现场组织指挥扑救。

第三十三条　发生在相邻两个以上行政区的森林火灾，所在地县级人民政府应当立即启动森林火灾应急预案，组织火灾扑救工作，同时，将火灾信息告知相邻的县级人民政府，并及时向上级森林防火指挥机构报告。上级森林防火指挥机构接到森林火灾报告后，应当启动联防机制，协调组织火灾扑救工作。

第三十四条　接到扑火命令的有关单位和个人，应当迅速赶赴指定地点，投入扑救。

参加火灾扑救的公安消防、武装部队、森林火灾扑救队伍等有关单位和人员应当按照森林火灾应急预案和森林防火指挥机构的统一指挥，做好扑救森林火灾的有关工作。

村（居）民委员会以及森林林木林地的经营单位或者个人应当做好自防自救工作。

第三十五条　组织扑救森林火灾，不得动员残疾人、孕妇和未成年人以及其他不适宜参加森林火灾扑救的人员参加。

第三十六条　森林火灾扑灭后，县级以上人民政府林业行政主管部门应当及时会同有关部门，对森林火灾发生的原因、扑救情况、事故责任、损失情况等进行调查和评估，形成调查报告，报送本级人民政府和上一级林业行政主管部门。发生跨行政区域的森林火灾由共同上一级人民政府林业主管部门会同相关部门进行调查和评估。

县级以上人民政府应当根据调查报告，确定森林火灾责任单位和责任人，并依法处理。火灾损失纳入县级以上人民政府灾害统计和救灾范围。

第三十七条　森林火灾信息由县级以上人民政府森林防火指挥机构或者其授权的林业行政主管部门向社会发布。

禁止任何单位或者个人散布虚假的森林火灾信息。

第三十八条 对因参加扑救森林火灾受伤、致残或者死亡的人员，县级以上人民政府应当按照国家有关规定给予医疗保障、抚恤；符合烈士评定条件的，按照国家有关规定办理。

第三十九条 森林火灾扑灭后，县级以上人民政府林业行政主管部门应当组织有关单位或者个人在当年或者次年采取更新造林措施，恢复火烧迹地森林植被。

第四章 法律责任

第四十条 各级人民政府及其森林防火指挥机构、县级以上人民政府林业主管部门或者其他有关部门及其工作人员，违反本条例规定，有下列行为之一，尚不构成犯罪的，由其上级行政机关或者监察机关责令改正；情节严重的，对直接负责的主管人员和其他直接责任人员依法给予处分：

（一）未按照有关规定编制森林火灾应急预案的；

（二）发生森林火灾后，负责人未按照应急预案到森林火灾现场组织指挥扑救的；

（三）发现森林火灾隐患，未及时下达森林火灾隐患整改通知书的；

（四）瞒报、谎报、故意拖延报告森林火灾信息的；

（五）发生森林火灾，未及时采取森林火灾扑救措施的；

（六）对森林火灾案件不及时调查处理，对事故责任者迁就姑息的；

（七）不依法履行森林防火职责的其他行为。

第四十一条 违反本条例规定，有下列行为之一，未引起森林火灾的，乡、镇人民政府可以责令其停止违法行为，提请有管辖权的县级以上人民政府林业行政主管部门给予警告，对个人并处 200 元以上 1000 元以下罚款，对单位并处 1 万元以上 2 万元以下罚款；引起森林火灾尚不构成犯罪的，责令限期更新造林，对个人处以 1000 元以上 3000 元以下罚款，对单位处以 1 万元以上 5 万元以下罚款：

（一）架设输电线路、电信线路和铺设石油天然气输送管道等，产权单位未采取防火措施的；

（二）森林防火期内用火之前未告知所在地村（居）民委员会，进行烧灰积肥等农业生产性用火的；

（三）携带火种和易燃易爆物品进入森林防火区的；

（四）其他野外违规用火的。

第四十二条 违反本条例规定，破坏和侵占森林消防通道、标志、宣传碑（牌）、瞭望台（塔）、隔离带等设施设备的，依法赔偿损失，由县级以上人民政府林业行政主管部门责令停止违法行为，对个人处以 500 元以上 5000 元以下罚款，对单位处以 1 万元以上 2 万元以下罚款。

第四十三条 违反本条例规定的其他行为，依照有关法律、法规的规定予以处罚。

省人民政府关于切实做好造林绿化工作
力争 2020 年全省森林覆盖率达到 60% 的意见

黔府发〔2015〕35 号

各市、自治州人民政府，贵安新区管委会，各县(市、区、特区)人民政府，省政府各部门、各直属机构：

为认真贯彻习近平总书记关于建设生态文明一系列重要讲话和在贵州考察时作出的重要指示精神，守住发展和生态两条底线，围绕全面建成小康社会和构建全国生态文明先行示范区的战略大局，切实做好造林绿化工作，力争 2020 年全省森林覆盖率达到 60%，现提出如下意见。

一、总体思路

(一)指导思想。认真落实《中共中央国务院关于加快推进生态文明建设的意见》(中发〔2015〕12 号)，大力实施退耕还林，同步推进荒山造林、农村四旁植树和城镇绿化，着力增加森林植被，着力治理水土流失，着力调整种植结构，大力提升森林生态效益、经济效益和社会效益，为我省全面建成小康社会和生态文明先行示范区建设奠定坚实基础。

(二)基本原则。

坚持政府主导、社会参与。各级政府负总责，层层落实责任，编制规划，落实资金、土地，统筹实施林业、农业、扶贫、财政、发展改革、水利、交通运输、住房城乡建设等部门管理的工程项目，组织开展督查、考核及其结果运用。通过以奖代补、先建后补、技术指导、帮助流转土地、宣传表彰等措施，积极鼓励和动员社会力量参与造林绿化。

坚持生态建设产业化、产业发展生态化。统筹生态修复和产业发展，因地制宜，大力发展特色优势经果林，推广立体种植，引导加工和旅游业发展，最大限度实现绿化和产业化的结合。

坚持科学育林、严格管理。遵循自然规律和经济规律，尊重和引导群众意愿，合理安排工程项目建设布局、造林树种、造林措施和抚育管护措施，全面加强设计、整地、种苗、栽植、管护、抚育工作力度，依法治林，巩固成果，最大化增加森林覆盖率和提高土地综合效益。

(三)主要目标。继续实施《贵州省县乡村造林绿化规划(2014—2017 年)》和《绿色贵州建设三年行动计划（2015—2017 年）》，将 1042 万亩宜林荒山全部造林绿化，完成国家新一轮退耕还林任务 256 万亩。在此基础上，2016 年—2020 年，实施 25 度以上坡耕地和重要水源区 15—25 度坡耕地退耕还林和调整种植结构 1956 万亩，力争经果林、用材林造林达到 80% 以上。开展农村四旁植树和城镇造林绿化，城镇绿化率达到 40% 以上。加强森林资源保护，严格控制森林消耗。到 2020 年，力争全省森林面积达到 15840 万亩，森林覆盖率达到 60%。

二、重点任务

（一）实施绿色贵州建设三年行动计划，全面绿化宜林荒山。依据省人民政府办公厅印发的《绿色贵州建设三年行动计划（2015—2017 年）》（黔府办发〔2015〕9 号），抓好市、县两级财政投资落实，积极争取国家工程项目，确保省级投资只增不减。对宜林荒山采取人工造林、封山育林等方式，主要培育防护林和用材林，增强水土保持等生态功能，改善生态景观效果，兼顾经济效益的发挥。对符合国家现有政策的 256 万亩非基本农田陡坡耕地，采取人工造林方式，主要培育特色经果林。（牵头单位：省林业厅；责任单位：省发展改革委、省财政厅、各市〔州〕政府、贵安新区管委会）

（二）扩大退耕还林调整种植结构，加快发展山地绿色经济。争取国家专项投资或省级安排专项投资，依法依规和科学合理地整合其他工程项目，鼓励土地流转或参股，鼓励企业、合作组织、大户等实体和个人投入，对 1956 万亩 25 度以上坡耕地和重要水源区 15—25 度坡耕地全面开展退耕还林调整种植结构。规模化种植、集约化经营，集中连片栽培木本油料、木本中药材、精品水果及林化工原料等特色优势经果林，实行林草、林粮、林药、林菜、林畜、林禽、林游结合，大力推进林下套种套养，大力发展林业生态旅游，扩大农民增收渠道，提高农民增收能力，促进农民脱贫致富。（牵头单位：省发展改革委；责任单位：省林业厅、省财政厅、省国土资源厅、省农委、省扶贫办、各市〔州〕政府、贵安新区管委会）

（三）开展城乡绿化美化，不断改善人居环境。以市县财政和社会投入为主，以省级专项补助为辅，在城镇建成区、农村四旁、产业园区、交通沿线开展植树，建设园林城镇、美丽乡村、绿色园区和绿色通道。既改善人居环境、促进产业发展，又为提高森林覆盖率拓展空间。（牵头单位：省林业厅；责任单位：省经济和信息化委、省财政厅、省住房城乡建设厅、省交通运输厅、省农委、各市〔州〕政府、贵安新区管委会）

（四）加强资源保护，巩固造林绿化成果。在工程项目中合理安排投资，组织和鼓励造林施工主体、经营主体增加投入，加强未成林造林地管护、抚育。全面落实管护人员和责任，重点防止火灾和放牧破坏。采取除草、追肥等抚育措施，促进树苗生长，林分郁闭。

巩固森林保护"六个严禁"执法专项行动成果，建立保护森林资源的长效机制，推动森林资源保护执法的常态化、规范化。严格管控森林面积消耗，加强采伐迹地、火烧迹地更新管理，及时做到损耗与更新、补充平衡。加强森林防火、林业有害生物防治责任制度建设，严格执行相关法规。提高装备水平和设施建设水平，增强预警、监测、应急处置和防治能力。确保森林火灾受害率、林业有害生物成灾率分别控制在1‰和3‰以下。（牵头单位：省林业厅；责任单位：省法院、省检察院、省发展改革委、省公安厅、省国土资源厅、各市〔州〕政府、贵安新区管委会）

三、保障措施

（一）落实工作目标任务。省政府办公厅要将工作目标和责任分解落实到各市（州）、县（市、区、特区）和省直有关部门。各级林业主管部门会同发改、财政等有关部门分解下达年度造林绿化任务，确定年度造林项目、投资渠道、造林规模及相关要求。市、县两级政府要将造林绿化工作作为坚守生态和发展两条底线的政治任务，制定出台具体实施方案，强化组织领导、细化工作措施，统筹好政策资源，将造林绿化目标落实到地块，任务落实到部门，责任落实到人。（牵头单位：省林业厅；责任单位：省发展改革委、省财政厅、各市〔州〕政府、贵安新区管委会）

（二）加大造林投入力度。加大各级造林绿化财政投入，对《贵州省县乡村造林绿化规划（2014—2017年）》和《绿色贵州建设三年行动计划（2015—2017年）》造林1298万亩，所需资金58.9亿元，按原定渠道分别由国家新一轮退耕还林计划、石漠化治理、天然林保护、防护林工程等项目投入，省级安排的植被恢复费、造林补给项目等专项经费投入及市、县级财政投入等渠道落实。新增1956万亩25度以上坡耕地和重要水源区15—25度坡耕地退耕还林调整种植结构按1500元/亩补助标准，所需293.5亿元投资，按照2016—2024分年度安排（每亩退耕还林补助按5年分三次补助到位，2016年安排31.31亿元、2017年安排31.31亿元、2018年安排43.03亿元、2019年安排43.03亿元、2020年安排58.69亿元、2021年安排27.39亿元、2022年安排27.39亿元、2023年安排15.65亿元、2024年安排15.65亿元），最大限度争取国家退耕还林政策和资金支持，不足部分由我省统筹安排，国家投资未到位时，省级投资先行启动安排。（牵头单位：省财政厅；责任单位：省发展改革委、省林业厅、各市〔州〕政府、贵安新区管委会）

省级财政要根据国家投资安排情况，足额筹措造林绿化投资。落实森林保险、林业贴息贷款政策，推进土地规范流转，研究建立谁投资、谁享用、谁受益的造林激励机制，用好用活造林投资补助政策，吸引和鼓励企事业单位、合作组织、农民群众等社会力量投资、投劳开展造林绿化。建立健全造林绿化财政资金专款专用、专账核算制度，加强审计、稽查工作，严肃查处截留、挪用、贪污资金等违法违规行为。（牵头单位：省财政厅；责任单位：省林业厅、省审计厅、各市〔州〕政府、贵安新区管委会）

（三）落实造林用地，统筹各类造林工程项目。县乡两级政府要采取宣传引导、利益协调、规划调整等措施，解决造林用地问题，确保完成造林任务用地需要。县（市、区、特区）政府要组织协调林业、发改、扶贫、农业等相关部门，整合用好行业政策，统筹安排各类造林工程项目最大限度集聚资金和政策造林。（牵头单位：省国土资源

厅、省林业厅；责任单位：省发展改革委、省财政厅、省农委、省扶贫办，各市〔州〕政府、贵安新区管委会)

(四)加强营造林过程管理，提高工程项目建设成效。认真编制各工程项目营造林作业设计或实施方案，及时组织审批。对必须履行招投标程序的工程项目要超前安排，简化程序，提高工作效率，确保造林施工不误时节。按照"定人、定责、定程序"的要求，对造林、管护、补植、抚育进行规范管理。实行工程项目资金报账拨付与造林进度、质量挂钩，确保造林任务全面完成，合格率、保存率达标。(牵头单位：省林业厅；责任单位：省发展改革委、省财政厅、各市〔州〕政府、贵安新区管委会)

各县(市、区、特区)政府要充实县、乡林业部门专业技术人员，加强基层林业技术力量，确保乡(镇)林业站集中精力完成各项林业工作。(牵头单位：各市〔州〕政府、贵安新区管委会；责任单位：省林业厅)

(五)加强种苗基础，抓好科技支撑。完善林木良种补贴等方面的投入机制和管理措施，加快扩大良种良繁基地生产能力，提高良种使用率。充分发挥国有林场、国有苗圃种苗生产的主力作用，吸引、指导和帮助社会力量投入苗木生产。按照就近生产、本地供应为主的原则，推行订单育苗、定向培育。加强种子执法和苗木检验检疫工作，确保种苗质量。建立林木种子储备制度，增强林木种苗生产供应抵御各种自然灾害的能力。加强困难立地造林、混交林营造以及名特优经济林栽培技术研究，加强科技成果转化运用。推广使用容器苗、保水剂、地膜等科技物资。组织科研院所、科技推广单位，积极帮助营造林主体解决好林业生产过程中的关键技术问题。(牵头单位：省林业厅)

(六)严格督查考核，强化结果运用。省、市(州)林业及有关部门要完善市、县森林覆盖率实现情况和造林绿化任务完成情况的验收、检查、测算体系和方法；督查部门要把森林覆盖率实现情况和造林绿化任务的完成情况作为重要督查内容。将森林覆盖率、造林任务完成合格率作为市(州)和县(市、区、特区)政府领导班子工作实绩考核评价的主要指标，进一步提高权重。对造林绿化工作成效显著的地方，通过加大财政转移支付等办法予以激励。严格执行《贵州省林业生态红线党政领导干部问责暂行办法》，该问责的一律坚决问责。(牵头单位：省林业厅；责任单位：省纪委、省委组织部、省财政厅、省政府督查室、各市〔州〕政府、贵安新区管委会)

贵州省人民政府
2015 年 11 月 1 日

长江经济带

林业支持政策汇编：地方篇

云南省

云南省湿地保护条例

第一章 总 则

第一条 为了加强对湿地的保护，恢复和发挥湿地功能，促进湿地资源的可持续利用，根据有关法律、法规，结合本省实际，制定本条例。

第二条 本省行政区域内湿地的规划和认定、保护和利用、管理和监督等活动，适用本条例。但法律、法规另有规定的，从其规定。

第三条 本条例所称湿地是指常年或者季节性积水、适宜喜湿生物生长、具有生态服务功能，并经过认定的区域。

湿地分为国际重要湿地、国家重要湿地、省级重要湿地和一般湿地。

第四条 湿地保护和管理应当遵循保护优先、科学规划、分类管理、合理利用、持续发展的原则。

第五条 县级以上人民政府是湿地保护的责任主体，应当将湿地保护纳入国民经济和社会发展规划，建立湿地保护工作目标责任制和协调机制，并将湿地保护和管理经费列入同级财政预算。

有关乡、镇人民政府和街道办事处应当协助有关部门做好湿地保护和管理工作。

第六条 县级以上人民政府林业行政主管部门负责本行政区域内湿地保护的组织、协调、指导和监督工作。

县级以上人民政府发展改革、财政、国土资源、环境保护、住房城乡建设、水利、农业、旅游、教育、科技等部门按照职责，做好湿地保护的有关工作。

第七条 县级以上人民政府及其有关单位应当支持和鼓励开展湿地科学研究、技术创新和技术推广工作，提高湿地保护和管理的科学技术水平。

第八条 县级以上人民政府应当组织有关部门开展湿地保护宣传教育工作，普及湿地知识，增强公民的湿地保护意识。

县级以上人民政府应当建立湿地保护和管理的激励机制，鼓励公民、法人和其他组织以捐赠、志愿服务等形式参与或者开展湿地保护和恢复活动。

第二章 规划和认定

第九条 县级以上人民政府林业行政主管部门应当会同有关部门，编制本行政区

---

* 2013 年云南省第十二届人民代表大会常务委员会第五次会议通过。

域湿地保护规划，按规定报批后实施。

湿地保护规划，应当根据湿地资源普查和专项调查的结果科学编制，并与土地利用总体规划、城乡规划、水资源规划、环境保护规划等专项规划相衔接。

第十条　省级重要湿地保护规划，由所在地的县级人民政府林业行政主管部门或者承担湿地保护和管理职责的机构（以下简称湿地保护机构）组织编制；跨行政区域的，由共同的上一级人民政府林业行政主管部门组织编制。

省级重要湿地保护规划由所在地的县级以上人民政府逐级报省人民政府批准，或者由省人民政府授权省林业行政主管部门批准。

一般湿地保护规划，由县级人民政府林业行政主管部门组织编制，报本级人民政府批准；跨行政区域的，由共同的上一级人民政府林业行政主管部门组织编制，报本级人民政府批准。

国际重要湿地、国家重要湿地保护规划的编制和审批，按照国家有关规定执行。

第十一条　经批准的湿地保护规划应当向社会公布，任何单位和个人不得擅自变更。确需变更的，应当按照原编制和批准程序办理。

第十二条　县级以上人民政府林业行政主管部门应当组织有关部门对湿地资源进行定期普查和专项调查，并将结果报本级人民政府。

第十三条　省人民政府设立湿地保护专家委员会，负责对省级重要湿地范围的认定、湿地动植物保护名录的拟定、湿地资源的评估和利用、湿地生态补偿和湿地生态修复等工作提供技术咨询及评审意见。

湿地保护专家委员会由林业、水利、国土资源、环境保护、城乡规划、农业以及气象等方面的专家组成，具体工作由省人民政府林业行政主管部门负责组织实施。

第十四条　省人民政府林业行政主管部门应当会同有关部门根据省级重要湿地标准和专家委员会的评审意见，提出省级重要湿地名录报省人民政府批准并公布；国际重要湿地、国家重要湿地按照国家有关规定申报。

一般湿地的认定和公布由县（市、区）人民政府参照省级重要湿地认定和公布的程序执行，经认定的一般湿地名录应当报州（市）人民政府林业行政主管部门备案。

第十五条　经认定并公布的湿地应当设立界标，标明湿地范围；省级以上重要湿地的界标由州、市人民政府组织设立，一般湿地的界标由县（市、区）人民政府组织设立。

任何单位和个人不得擅自移动或者破坏湿地界标。

第十六条　经认定并公布的湿地，可以采取建立自然保护区、湿地公园、湿地保护小区等形式进行保护，并根据湿地生态系统结构和功能特征进行分区管理。

第三章　保护和利用

第十七条　有关县级以上人民政府应当明确省级以上重要湿地的保护机构，湿地保护机构接受本级人民政府林业行政主管部门的领导或者业务指导、监督，并履行下列职责：

（一）宣传、实施湿地保护有关的法律、法规；

（二）实施湿地保护规划，协调湿地保护和管理的有关工作，开展湿地资源的调查、监测、科研以及湿地知识的普及等工作；

（三）依法实施本条例赋予的行政处罚权，协调和配合有关部门查处湿地违法行为；

（四）本级人民政府赋予的其他职责。

第十八条　县级以上人民政府应当根据本行政区域内湿地保护和管理的需要，建立湿地生态补偿制度。具体办法由省人民政府另行制定。

第十九条　有关人民政府应当采取资金补助、委托管理、定向援助、产业转移、社区共管等方式，加强湿地生态系统结构和功能的保护与恢复。

第二十条　县级以上人民政府应当鼓励、扶持湿地周边区域居民发展生态农业，防止湿地面积减少和湿地污染，维护湿地生态系统结构和功能，并组织林业、农业、水利、环境保护等有关部门，对退化的湿地采取封育、禁牧、限牧、退耕、截污、补水等措施进行恢复。

第二十一条　县级以上人民政府在统筹协调区域或者流域内的水资源分配过程中，应当兼顾湿地生态用水；因缺水导致湿地功能退化的，应当建立湿地补水机制，定期或者根据恢复湿地结构和功能的需要有计划地采取措施进行湿地生态补水。

第二十二条　县级以上人民政府或者有关部门应当依法确定并公布湿地禁建区、限建区、禁伐区、禁猎区（期）、禁渔区（期）、禁采区（期）、禁牧区（期）。

第二十三条　任何单位和个人不得擅自向湿地引进外来物种。确需引进的，应当依法办理审批手续，并按照有关技术规范进行试验。

县级以上人民政府林业、农业行政主管部门应当对引进的外来物种进行动态监测，发现其有害的，及时报告本级人民政府和上一级林业或者农业行政主管部门，并采取措施，消除危害。

第二十四条　因防治疫源、疫病向湿地施放药物的，实施单位在开展工作前应当通报所在地湿地保护机构，共同采取防范措施，避免或者减少对湿地生态系统的破坏。

第二十五条　除抢险、救灾外，在湿地取水或者拦截湿地水源，不得影响湿地合理水位或者截断湿地水系与外围水系的联系，不得破坏鱼类等水生生物洄游通道和产卵场、索饵场、越冬场。

第二十六条　湿地范围内禁止下列行为：

（一）擅自新建、改建、扩建建筑物、构筑物；

（二）开垦、填埋、占用湿地，擅自改变湿地用途；

（三）倾倒、堆置废弃物、排放有毒有害物质或者超标废水；

（四）擅自挖砂、采石、取土、烧荒；

（五）采矿、采挖泥炭；

（六）规模化畜禽养殖；

（七）投放、种植不符合生态要求的生物物种；

（八）破坏湿地保护设施、设备；

（九）乱扔垃圾；

（十）制造噪音影响野生动物栖息环境；

（十一）擅自猎捕野生动物；

（十二）非法捕捞鱼类及其他水生生物。

第二十七条 湿地资源利用包括科学研究、旅游、湿地动植物产品生产等活动。

利用湿地资源应当符合湿地保护规划，并与湿地资源的承载能力和环境容量相适应，不得对野生动植物资源、湿地生态系统结构和功能造成破坏。

第二十八条 湿地资源的开发利用实行许可制度。有关县级以上人民政府应当依照湿地保护规划，采取招标等公平竞争的方式确定开发利用经营者。获得经营权的单位或者个人，应当缴纳湿地资源有偿使用费。具体办法由省人民政府另行制定。

禁止擅自转让湿地资源经营权。擅自转让的，由所在地县级人民政府无偿收回湿地资源经营权。

第二十九条 因发生污染事故或者其他突发事件，造成或者可能造成湿地污染的责任单位或者个人，应当立即采取措施予以处理，并及时通报可能受到危害的单位和居民，同时向当地人民政府或者有关部门报告。

第四章　管理和监督

第三十条 县级以上人民政府应当加强湿地保护和管理的队伍建设，建立湿地执法协作机制，可以根据湿地保护和管理工作的需要实施综合行政执法。

第三十一条 县级以上人民政府应当加强对湿地保护规划实施情况的监督检查。

县级以上人民政府林业行政主管部门应当会同有关部门对湿地资源保护、利用和管理工作进行监督检查，并定期向本级人民政府报告。

第三十二条 县级以上人民政府林业行政主管部门应当会同有关部门建立湿地资源监测站（点）网络，开展监测工作。省人民政府林业行政主管部门应当定期组织对湿地资源保护、管理进行评估，并将评估结果报省人民政府同意，发布湿地资源状况公报。

第三十三条 在湿地范围内进行下列活动，应当经湿地保护机构同意：

（一）科学考察、采集标本、拍摄影视作品、举办大型群众性活动；

（二）摆摊设点、搭建帐篷；

（三）设置、张贴商业广告。

第三十四条 湿地范围内的建设项目应当符合湿地保护规划，经县级以上人民政府林业行政主管部门同意，并办理有关审批手续。

第三十五条　在湿地范围内的建设项目，应当与湿地的景观相协调，不得破坏湿地生态系统结构与功能。建设单位和施工单位应当制定污染防治和生态保护方案，并采取有效措施保护周围景物、水体、植被、野生动植物资源和地形地貌。

第三十六条　湿地保护机构应当建立湿地生态预警和预报机制，根据湿地承载能力和对资源的监测评估结果，采取措施控制资源利用强度和游客数量。

第五章　法律责任

第三十七条　国家机关和湿地保护机构工作人员在湿地保护和管理工作中违反本条例，有下列情形之一的，依法给予处分；构成犯罪的，依法追究刑事责任：

（一）擅自变更湿地保护规划的；

（二）发现违反本条例的行为未及时依法处理的；

（三）其他滥用职权、徇私舞弊、玩忽职守的行为。

第三十八条　违反本条例第十五条第二款规定的，由县级以上人民政府林业行政主管部门或者湿地保护机构责令限期恢复原状或者赔偿所造成的损失，可以处 100 元以上 1000 元以下罚款。

第三十九条　违反本条例第二十六条规定的，由县级以上人民政府林业行政主管部门或者湿地保护机构按照下列规定处罚：

（一）违反第一项规定的，责令停止违法行为，依法拆除；情节严重的，处 2000 元以上 2 万元以下罚款；

（二）违反第二项规定的，责令限期恢复原状，并处每平方米 50 元以上 100 元以下罚款；

（三）违反第三、四、五项规定的，责令停止违法行为，限期清理、恢复原状或者采取其他补救措施，有违法所得的，没收违法所得，对个人处 500 元以上 5000 元以下罚款；对单位处 5 万元以上 50 万元以下罚款；

（四）违反第六、七项规定的，责令停止违法行为，造成损失的，依法赔偿损失，可以处 2000 元以上 2 万元以下罚款；

（五）违反第八项规定的，责令限期恢复原状或者赔偿所造成的损失，可以处 1000 元以上 1 万元以下罚款；

（六）违反第九、十项规定的，责令改正，可以处 50 元以上 200 元以下罚款。

第四十条　违反本条例第三十三条规定的，由县级以上人民政府林业行政主管部门或者湿地保护机构按照下列规定处罚：

（一）违反第一项规定的，责令停止违法行为，可以处 5000 元以上 5 万元以下罚款；

（二）违反第二项规定的，责令改正，限期清理、恢复原状，可以处 200 元以上 2000 元以下罚款；

（三）违反第三项规定的，责令停止违法行为，限期清理，可以处 100 元以上

1000 元以下罚款。

第四十一条　违反本条例规定的其他行为，依照有关法律、法规的规定给予处罚。

第六章　附　则

第四十二条　本条例自 2014 年 1 月 1 日起施行。

云南省国家公园管理条例

第一章 总 则

第一条 为了规范国家公园管理，保护、利用自然资源和人文资源，推进生态文明建设，根据有关法律、行政法规，结合本省实际，制定本条例。

第二条 本省行政区域内国家公园的设立、规划、保护、管理、利用等活动，适用本条例。

第三条 本条例所称国家公园是指经批准设立的，以保护具有国家或者国际重要意义的自然资源和人文资源为目的，兼有科学研究、科普教育、游憩展示和社区发展等功能的保护区域。

第四条 国家公园管理遵循科学规划、严格保护、适度利用、共享发展的原则，采取政府主导、多方参与、分区分类的管理方式。

第五条 省人民政府应当将国家公园的发展纳入国民经济和社会发展规划，建立管理协调机制，将保护和管理经费列入财政预算。

省人民政府林业行政部门负责本省国家公园的管理和监督。

发展改革、教育、科技、财政、国土资源、环境保护、住房城乡建设、农业、水利、文化、旅游等部门按照各自职责做好有关工作。

第六条 国家公园所在地的州（市）人民政府应当明确国家公园管理机构。

国家公园管理机构接受本级人民政府林业行政部门的业务指导和监督，履行下列职责：

（一）宣传贯彻有关法律、法规和政策；

（二）组织实施国家公园规划，建立健全管理制度；

（三）保护国家公园的自然资源和人文资源，完善保护设施；

（四）开展国家公园的资源调查、巡护监测、科学研究、科普教育、游憩展示等工作，引导社区居民合理利用自然资源；

（五）监督管理国家公园内的经营服务活动；

（六）本条例赋予的行政处罚权。

第七条 省人民政府林业行政部门应当会同省标准化主管部门制定和完善云南省国家公园地方标准。

---

* 2015年11月26日云南省第十二届人民代表大会常务委员会第二十二次会议通过。

第八条 省人民政府应当建立国家公园专家咨询机制，对国家公园的划定、设立、规划、建设、保护、利用和评估工作提供技术咨询。

第九条 鼓励和支持公民、法人和其他组织以捐赠、志愿服务等形式参与国家公园的保护、科学研究、科普教育等活动。

第二章 设立与规划

第十条 国家公园的设立应当符合云南省国家公园发展规划和云南省国家公园地方标准，由州(市)人民政府提出设立申请，经省人民政府林业行政部门征求有关部门意见后，提出审查意见，报省人民政府批准。

国家公园的名称、范围、界线、功能分区的变更或者国家公园的撤销，由省人民政府林业行政部门提出意见，报省人民政府批准。

第十一条 设立国家公园应当以国有自然资源为主。需要将非国有的自然资源、人文资源或者其他财产划入国家公园范围的，县级以上人民政府应当征得所有权人、使用权人同意，并签订协议，明确双方的权利、义务；确需征收的，应当依法办理。

第十二条 国家公园规划包括云南省国家公园发展规划以及单个国家公园的总体规划、详细规划。国家公园规划应当与其他法定规划相衔接，并按照下列规定编制和批准：

(一)云南省国家公园发展规划由省人民政府林业行政部门会同有关部门组织编制，报省人民政府批准；

(二)国家公园的总体规划由所在地的州(市)人民政府组织编制，经省人民政府林业行政部门审核后，报省人民政府批准；

(三)国家公园的详细规划由国家公园管理机构根据国家公园总体规划组织编制，征求相关县级人民政府意见后，报所在地的州(市)人民政府批准。

国家公园规划不得擅自变更，确需变更的，应当按照原编制和批准程序办理。

第十三条 国家公园按照功能和管理目标一般划分为严格保护区、生态保育区、游憩展示区和传统利用区。

严格保护区是国家公园内自然生态系统保存较为完整或者核心资源分布较为集中、自然环境较为脆弱的区域。

生态保育区是国家公园内维持较大面积的原生生态系统或者已遭到不同程度破坏而需要自然恢复的区域。

游憩展示区是国家公园内展示自然风光和人文景观的区域。

传统利用区是国家公园内原住居民生产、生活集中的区域。

第十四条 国家公园所在地的州(市)人民政府应当按照国家公园总体规划确定的界线设立界标，并予以公告。

任何单位和个人不得擅自移动或者破坏国家公园的界标。

第十五条 国家公园内的建设项目应当符合国家公园规划，禁止建设与国家公园保护目标不相符的项目或者设立各类开发区，已经建设的，应当有计划迁出。

严格保护区内禁止建设建筑物、构筑物；生态保育区内禁止建设除保护、监测设施以外的建筑物、构筑物。

游憩展示区、传统利用区内建设经营服务设施和公共基础设施的，应当减少对生态环境和生物多样性的影响，并与自然资源和人文资源相协调。

第三章　保护与管理

第十六条　国家公园所在地的州(市)人民政府应当加强国家公园管理机构队伍建设，建立执法协作机制，可以根据工作需要实施综合行政执法。

第十七条　省人民政府林业行政部门应当建立健全国家公园数据库和信息管理系统，对国家公园的保护与利用情况进行监测，并向社会发布有关信息。

第十八条　国家公园管理机构应当采取下列措施，对国家公园进行保护：

(一)建立巡护体系，对资源、环境和干扰活动进行观察、记录，制止破坏资源、环境的行为；

(二)建立监测体系，定期对国家公园的自然资源、人文资源和人类活动情况进行监测；

(三)开展科普教育，加强科学研究，并将研究成果运用于国家公园的保护和管理；

(四)会同有关部门和单位对国家公园核心资源进行调查、编目，建立档案，设置保护标志；

(五)配合有关部门做好生态修复、护林防火、森林病虫害防治以及泥石流、山体滑坡防治等工作。

第十九条　严格保护区禁止任何单位和个人擅自进入，生态保育区禁止开展除保护和科学研究以外的活动。

在国家公园内开展科学研究的单位和个人，应当与国家公园管理机构签订协议，明确资源使用的权利、义务。

第二十条　游憩展示区可以开展与国家公园保护目标相协调的游憩活动；传统利用区可以开展游憩服务和传统生产经营活动。

游憩展示区、传统利用区内禁止下列活动：

(一)毁林、毁草、开荒、开矿、选矿等；

(二)经营性挖沙、采石、取土、取水等；

(三)规模化养殖；

(四)超标排放废水、废气和倾倒废弃物；

(五)擅自引入、投放、种植不符合生态要求的生物物种；

(六)擅自猎捕、采集列入保护名录的野生动植物；

(七)破坏公共设施；

（八）刻划涂污，随地便溺，乱扔垃圾等。

第二十一条　省人民政府林业行政部门应当建立健全评估制度，组织有关专家每5年对国家公园进行综合评估，评估结果报省人民政府批准后公布。评估不合格的，应当限期整改。

第四章　利用与服务

第二十二条　游憩展示区、传统利用区内开展下列活动，应当经国家公园管理机构同意：

（一）拍摄影视作品；

（二）举办大型活动；

（三）获取生物标本；

（四）设置、张贴商业广告；

（五）摆摊设点、搭建帐篷。

第二十三条　国家公园管理机构应当建立生态预警机制，根据环境承载能力和资源监测结果，严格控制资源利用强度和游客人数。

第二十四条　国家公园的经营服务项目实行特许经营制度。

特许经营可以采取下列方式：

（一）在一定期限内，通过特许将项目授予经营者投资、建设、经营，期限届满后无偿移交给授权主体；

（二）在一定期限内，将政府投资的设施有偿移交特许经营者经营，期限届满后无偿交还授权主体；

（三）在一定期限内，委托特许经营者提供公共服务；

（四）国家规定的其他方式。

第二十五条　国家公园的经营服务项目由所在地的州（市）人民政府依照国家公园总体规划确定，并向社会公布。

国家公园所在地的州（市）人民政府应当组织编制特许经营权出让方案，经专家论证、公开征求意见后，采用招标方式确定经营者，签订特许经营合同。

国家公园的特许经营权不得擅自转让。擅自转让的，由所在地的州（市）人民政府无偿收回经营权。

第二十六条　国家公园的特许经营权出让收入纳入预算专项管理，主要用于国家公园的生态补偿、基础设施建设、保护管理，以及扶持国家公园内原住居民的发展等。

第二十七条　国家公园所在地的县级以上人民政府应当采取定向援助、产业转移、社区共管等方式，帮助原住居民改善生产、生活条件，扶持国家公园内和毗邻社区的经济社会发展，鼓励当地社区居民参与国家公园的保护。

国家公园的建设、管理和服务等活动，需要招录或者聘用员工的，应当优先招录

或者聘用国家公园内和毗邻社区的居民。

第五章 法律责任

第二十八条 国家工作人员在国家公园管理工作中玩忽职守、滥用职权、徇私舞弊的，依法给予处分；构成犯罪的，依法追究刑事责任。

第二十九条 违反本条例第十四条第二款规定的，由国家公园管理机构责令改正，处 500 元以上 1000 元以下罚款；造成损失的，依法予以赔偿。

第三十条 违反本条例第十五条第二款规定的，由国家公园管理机构责令停止建设、限期拆除，对个人处 2 万元以上 5 万元以下罚款，对单位处 50 万元以上 100 万元以下罚款。

违反本条例第十五条第三款规定的，由国家公园管理机构责令停止建设、限期拆除，对个人处 2000 元以上 5000 元以下罚款，对单位处 20 万元以上 50 万元以下罚款。

第三十一条 违反本条例第十九条第一款规定的，由国家公园管理机构给予警告，并处 2000 元以上 5000 元以下罚款。

第三十二条 违反本条例第二十条第二款规定的，由县级以上人民政府林业行政部门或者国家公园管理机构按照下列规定处罚：

（一）违反第一项、第二项规定的，责令改正，没收违法所得，对个人并处 2000 元以上 5000 元以下罚款；对单位并处 50 万元以上 100 万元以下罚款；

（二）违反第三项、第四项规定的，责令改正，对个人处 2000 元以上 5000 元以下罚款，对单位处 5 万元以上 10 万元以下罚款；

（三）违反第七项规定的，依法赔偿损失，处 500 元以上 1000 元以下罚款；

（四）违反第八项规定的，责令改正，处 50 元以上 200 元以下罚款。

第三十三条 违反本条例第二十二条规定的，由国家公园管理机构按照下列规定处罚：

（一）违反第一项、第二项规定的，责令停止违法行为，处 10 万元以上 30 万元以下罚款；

（二）违反第三项规定的，责令停止违法行为，没收获取的生物标本，并处 5 万元以上 10 万元以下罚款；

（三）违反第四项规定的，责令改正，处 500 元以上 1000 元以下罚款；

（四）违反第五项规定的，责令改正，可以处 500 元以下罚款。

第六章 附 则

第三十四条 本条例自 2016 年 1 月 1 日起施行。

云南省人民政府关于推进
国家公园建设试点工作的意见

云政发〔2009〕196 号

各州、市人民政府，省直各委、办、厅、局：

国家公园是由政府划定和管理的保护地，以保护和展示具有国家或国际重要意义的自然资源和人文资源及其景观，兼有科研、教育、游憩和社区发展等功能，是实现资源有效保护和合理利用的特定区域。近年来，我省积极探索建立国家公园保护模式，被国家林业局列为国家公园建设试点省。为贯彻落实科学发展观，实施生态省建设战略，推进国家公园建设试点，探索资源保护和合理利用的有效方式，特提出以下意见：

一、推进国家公园建设意义重大

（一）有利于实现资源保护与经济发展的和谐统一。国家公园在保护自然和文化资源完整性的前提下，通过科学管理和较少资源的合理利用，避免资源的无序开发和过度消耗，实现重要资源的有效保护。建设国家公园既能够有效保护自然和文化资源，又可以通过开展旅游活动，促进相关产业发展，产生经济效益和社会效益，缓解资源保护与地区发展矛盾，提高公众的资源保护意识，实现人与自然的和谐。

（二）有利于满足人们日益增长的文化精神需求。云南是中国自然和文化资源最丰富的省区之一，保存了大量具有国家代表性的生物、地理和民族文化资源，并具有较高的景观价值。随着人民生活水平和文明程度的提高，人们回归自然，体验、认识、欣赏和享受自然与文化的要求日益高涨。建设国家公园，为人们提供亲近大自然的条件，并通过开展宣传、教育、科研等活动，展示保护成效，可满足人们的精神需求。

（三）有利于树立云南良好的生态保护形象。在我省生物多样性丰富而脆弱的地区建设国家公园，通过科学的管理模式和完善的保护方式，最大限度地降低人类活动对生态环境的破坏，避免资源的无序开发和过度消耗，保护好多样、珍贵的自然资源和生态环境，维护国家生态安全，发挥好我省作为我国重要生态功能区的作用，可以树立并进一步提升我省良好的生态保护形象，获得国际社会的认同和支持。

（四）有利于促进我省旅游业的提质增效。建设国家公园，依托我省高品质的生物、地理和文化资源开展旅游活动，打造生态旅游品牌，创新旅游产品，丰富旅游内涵，拓展旅游方式，吸引更多游客到国家公园游憩和体验，树立起人与自然最亲合的良好形象，可以实现旅游资源的科学、合理、可持续利用，推动旅游转型升级，促进我省旅游业跨越式发展。

二、明确国家公园建设试点工作思路

（五）指导思想。按照科学发展观的要求，以保护为前提、创新为动力、资源合理利用为切入点，借鉴国际上国家公园建设管理的先进理念，在保护好自然和文化资源的基础上，充分发挥我省独特的自然景观资源和丰富的民族文化资源优势，采取"政府主导、科学规划、管经分离、分区管理"的建设管理模式，选择具备条件的地区开展国家公园建设试点，探索出具有中国特色的、实现资源保护与地区经济发展良性互动的保护管理模式。

（六）试点目标。通过试点，高起点、高标准建设一批集资源保护、公众游憩、环境教育、科学研究为一体，并能有效带动地区经济发展的国家公园，使我省自然生态及文化资源得到有效保护和合理利用，并拉动云南旅游业上台阶、上水平，促进当地经济又好又快发展，成为与国际接轨、符合中国实际、代表云南特色的新型保护地，成为实现资源保护与经济发展良性互动的典范。

（七）基本原则

——保护优先，合理利用。在保护好生物、地理和文化资源的前提下，创新思路，科学评估，适度开发利用国家公园资源，促进地区经济社会协调发展。

——科学规划，分步实施。在开展综合科学考察的基础上，客观评价资源状况，以规划为依据，有计划、有步骤、有重点、分阶段推进国家公园建设试点，做到统筹规划、分步实施、协调推进。

——政府主导，社会参与。严格试点工作程序，完善有关制度，加大扶持力度。采取管经分离、特许经营、市场运作等方式，创新机制，整合资源，充分调动社会力量参与资源保护的积极性，探索多方参与的新型保护模式。

——分类指导，逐步推开。根据工作基础和资源禀赋选择试点单位，并对国家公园实施分区管理。在取得试点经验的基础上，突出重点，先易后难，逐步推开，确保国家公园建设试点工作有序开展。

三、推进国家公园建设试点工作的措施

（八）认真选择试点区域。国家公园建设试点工作，要选择自然和文化资源珍贵、独特，生态系统和文化特征较为完整，资源价值具有国家代表意义，自然及人文景观具有较高观赏性能，能够提供科研、教育和游憩条件，通达基础较好的区域。试点单位要具备基础工作充分、管理体制较顺、保护理念较强、地方政府积极性较高、富有开拓创新精神等条件。

（九）加强规划编制工作。开展国家公园建设试点工作，要认真编制国家公园总体规划，提出建立国家公园的目的及管理目标，明确国家公园资源保护对象、范围以及展示利用方式，明晰国家公园内的资源权属关系，处理好与自然保护区、风景名胜区、森林公园、地质公园、湿地公园等其他保护地的关系。国家公园总体规划要与当地经济社会发展规划和资源保护利用规划相衔接，经省国家公园专家委员会评审后，由州、市人民政府报省人民政府批准实施。

（十）制定管理规范和技术标准。组织省内研究机构及大专院校、科研院所，深入开展国家公园管理模式的研究，认真学习借鉴国外国家公园管理先进经验，充分结合云南实际，广泛吸收我国各类保护地成功做法，尽快编制我省国家公园管理规范和建设标准，指导国家公园建设试点工作规范、有序推进，为建设具有中国特色的国家公园奠定基础。

（十一）合理开发利用资源。开展国家公园建设试点，必须最大限度地服务和服从于资源保护，保存好国家公园内资源的完整性、自然性、丰富性和特异性。国家公园用于开发利用的面积要控制在总面积最小的范围内，排除对资源保存构成干扰的因素，不得建设与资源保护目标相抵触的设施，不得开展与资源保护宗旨和目标相违背的活动。在保护的前提下，以展示、游憩为主要方式合理利用国家公园的珍贵资源，满足人们了解自然、感受自然、融入自然的精神需要，使资源保护和合理利用相得益彰。

（十二）建立多渠道投入机制。省直各部门要积极与国家相关部委沟通协调，汇报我省开展国家公园建设试点的目的意义及工作情况，争取国家在政策扶持、基础设施建设、管理技术、资金投入等方面给予更多支持。省级财政通过整合现有的森林生态效益补偿基金、环境保护资金、旅游发展专项资金等，统筹用于国家公园建设和管理。开展试点工作的当地人民政府要积极筹措资金，加大国家公园建设投入力度。同时，要建立多渠道、多形式的资金投入机制，充分吸引科研机构、中介组织、民间团体、企业的智力资源和资金投入。

（十三）构建新型管理机制。要认真分析研究我国现有各类保护地管理措施办法，学习借鉴国外国家公园管理成熟经验，结合政府机构改革、职能转变的要求，妥善协调政府各有关管理部门的职能关系，突破条块分割的管理约束，积极探索国家公园新型管理体制。按照统一管理、统一规划、统一保护、统一开发的原则，建立健全高效、精简的国家公园管理机构，采用"管经分离、特许经营"的模式开展国家公园经营活动。

（十四）完善利益分配机制。建设国家公园是构建新型生态效益补偿机制的重要手段，国家公园经营收益的科学管理、合理使用，事关国家公园建设试点工作的成败和可持续发展。要在分析研究国外国家公园资金管理经验基础上，通过认真测算、科学设计，提出符合国情、省情的国家公园经营收益分配方案。国家公园经营收益主要用于生态保护及补偿、国家公园基础设施建设、国家公园的运行及管理、促进社区发展、支持当地经济发展等方面。在分配中要协调处理好国家公园相关利益主体的关系，充分兼顾各方利益，并确保经营企业获得合理的投资回报。

四、加强国家公园建设试点工作的组织领导

（十五）明确职责。省林业厅要认真牵头抓好全省国家公园建设试点工作，要统筹规划、加强协调、强化管理、积极指导，促进我省国家公园建设试点工作顺利开展；省直各有关部门要积极配合，充分发挥职能作用，从各个方面支持国家公园建设试点工作；开展国家公园建设试点工作的各相关州、市人民政府，要承担起国家公园建设和管理主体的责任，把国家公园建设试点工作列入政府工作议事日程，勇于创新、大胆探索、规范运作，推动国家公园建设试点工作取得成效。

（十六）规范管理。国家公园建设试点工作，是探索新型生态环境保护模式的重要举措，涉及我国现行生态环境保护管理体制、经营模式的创新和突破，事关自然和文化资源的有效保护。开展国家公园试点工作，需经省人民政府同意，建立相应的管理机构，在省林业厅的指导下开展工作。要以科学发展观为指导，认真编制试点方案，周密设计工作计划，根据国家和省的有关政策和规定，按照规范程序组织推进试点工作。

（十七）加强社会参与和监督。实行国家公园总体规划和经营管理计划公示制度，让社会公众了解国家公园的主要保护对象和资源利用方式，接受社会各方面对国家公园资源管理的监督。建立国家公园有关社区居民和社会公众参与保护机制，完善社区共管制度、志愿者参与管理制度，调动全社会参与国家公园保护及建设的积极性。

（十八）加大宣传力度。各级政府和有关部门要加大自然、人文资源和生态环境保护的宣传力度，进一步深入开展国家公园管理模式和发展趋势的调查研究，准确把握国家公园的内涵、功能和我省国家公园建设试点工作的原则、目标和任务，积极推广传播国家公园先进生态环境保护理念。要大力宣传我省国家公园建设的目的意义，以及创建国家公园取得的生态效益、社会效益和经济效益，争取国内外有关方面认同并支持我省国家公园建设，促进我省自然生态环境保护和经济社会协调发展。

云南省人民政府
2009 年 12 月 4 日

云南省人民政府
关于加强湿地保护工作的意见

云政发[2014]44 号

各州、市人民政府，滇中产业新区管委会，省直各委、办、厅、局：

为深入实施《云南省湿地保护条例》，切实加强我省湿地保护，维护生态系统稳定，促进西南生态安全屏障和美丽云南建设，为我省争当全国生态文明排头兵作出应有贡献，现就加强湿地保护工作提出以下意见。

一、重要意义

（一）加强湿地保护是我省生态安全屏障建设的必然要求。我省湿地资源是国家生态安全战略格局中西南生态安全屏障的重要组成部分，发挥着"水塔"和"基因库"的作用，在应对气候变化和区域碳循环中具有显著的"碳库"功能。目前，我省8公顷以上的湿地面积约56.3万公顷，其中自然湿地面积39.2万公顷，为2200余种湿地植物和1000余种湿地动物提供了生存和栖息环境，具有类型多样、生态功能重要、生物多样性丰富、生态景观壮丽、生态系统脆弱等特点。但是，湿地破碎化加剧，自然湿地面积萎缩，湿地功能退化，资源过度利用，局部区域外来有害生物危害严重等正成为我省湿地保护面临的主要问题，制约了全省生态环境的进一步保护和提升。加强湿地保护，扭转湿地功能退化趋势，增强生态系统稳定性，对提升生态环境质量，建设生态安全屏障迫在眉睫、意义重大。

（二）加强湿地保护是实现我省经济社会可持续发展的重要措施。湿地既是重要的生态系统，也是珍贵的自然资源。我省有一半以上人口居住在湿地周边区域，加强湿地保护，维护湿地生态系统健康，科学合理利用湿地资源，有利于改善区域生态结构，增强生态服务功能，优化人居环境；有利于增加湿地产品，发展生态产业，促进群众增收，满足人们日益增长的生态消费需求；有利于提升水环境质量，增加优质水资源，促进高原湖泊和江河源头生态治理；有利于转变生产生活方式，弘扬生态文化，建设生态文明，为我省实现与全国同步全面建成小康社会的战略目标提供有力保障。

（三）加强湿地保护是树立我国良好国际形象的必然选择。我省地处长江、珠江、澜沧江、红河、怒江、伊洛瓦底江等6大国内、国际江河的上游或发源地，分布在各流域的湿地，发挥着重要的生态服务功能，使我省和长三角、珠三角地区以及东南亚国家受益，惠及近 10 亿人口，我省也因此成为区域生态环境保护的重点、热点区域。同时，我省大部分湿地位于全球关键的水禽迁徙通道和物种过渡地带，是水禽重要的停歇、越冬栖息地和特有野生动植物物种的富集区，目前全省已有 4 处湿地被列为国际重要湿地，国内外高度关注。加之我省地处边疆地区，加强湿地生态保护有利于进一步增进与东南亚国家的交流合作，提升我省竞争软实力，树立我国良好的生态保护国际形象。

二、总体思路、基本原则和目标任务

（四）总体思路。深入贯彻落实党的十八大和省第九次党代会精神，以保护特有湿地、恢复一批自然湿地生态系统为重点，完善湿地保护管理制度，规范湿地资源利用方式，探索湿地保护新机制，为实现"生态立省"战略目标、美丽云南建设和争当全国生态文明建设排头兵作出更大贡献。

（五）基本原则。坚持保护优先，加快构建完整的湿地生态系统结构；坚持科学规划，按照湿地资源禀赋规范湿地保护措施；坚持合理利用，转变湿地资源过度利用方式，维持湿地生态结构和功能，保护和加强生物多样性。

（六）保护目标。力争到 2017 年，使全省 42% 的自然湿地面积得到有效保护，自然湿地总面积不低于 40 万公顷，基本完成省级重要湿地认定和保护规划编制工作，建成一批集湿地保护、科普教育、资源合理利用相结合的湿地公园。到 2020 年，全省自然湿地面积保护率达 45%，自然湿地总面积不低于 42 万公顷，退化湿地修复面积超过 3 万公顷，全省湿地资源监测网络基本建立，建立完善的湿地保护管理长效机制，湿地生态功能和作用得到有效发挥。

三、加强湿地保护的重点工作

（七）加强湿地保护法制建设。认真贯彻落实《云南省湿地保护条例》，制定出台相关配套政策，推进政策法规体系建设。加强湿地保护普法教育，提高干部群众的法律意识，营造良好的社会氛围。加大执法队伍建设，加强人员培训，提高执法主体的执行力和执法人员依法行政的素质能力。对现有湿地实行普遍保护，严格控制开发占用湿地，坚决制止侵占和破坏自然湿地的行为。组织力量对违法占用、开垦、填埋以及污染湿地等情况进行检查，依法制止、打击各种破坏湿地的违法行为。（省林业厅会同省法制办、省国土资源厅、省环境保护厅、省住房城乡建设厅、省农业厅、省水利厅、省考评办负责落实）

（八）加快湿地保护规划编制。县级以上人民政府要根据辖区内湿地现状，组织编制湿地保护中长期规划，明确湿地保护目标、任务、措施等，分区、分期、有序开展湿地保护工作。省级以上单个重要湿地的保护规划，由所在地的县级以上林业行政主管部门或者承担湿地保护职责的机构根据重要湿地认定的范围、面积，结合其保护地形式，及时组织编制并按程序报批后，作为开展湿地保护评估、湿地资源利用审批和保护资金投入等工作的重要依据。（各州、市人民政府、滇中产业新区管委会、省林业厅会同省发展改革委、省财政厅、省国土资源厅、省环境保护厅、省住房城乡建设

厅、省农业厅、省水利厅负责落实)

(九)大力加强自然湿地保护。各地要切实履行职责，采取有力措施，确保自然湿地得到有效保护。一是在现有基础上，进一步加强国际重要湿地、国家重要湿地的保护。二是将自然湿地红线和面积有效保护率纳入我省经济社会发展评价体系，确保自然湿地数量和总面积不减少，生态结构和功能基本稳定。三是根据湿地生态服务功能的重要性、自然属性和典型性等，启动省级重要湿地的认定工作。省级林业行政主管部门牵头制定省级重要湿地的认定标准，会同有关部门科学确定省级重要湿地的名录、面积和范围，由州(市)或县(市、区)人民政府明确各个省级重要湿地的保护机构后，分批上报省人民政府批准并公布。一般湿地的认定，由各地参照省级重要湿地的程序进行认定和公布。四是经认定并公布的湿地，可采取建立湿地类型的自然保护区、湿地公园等保护地形式进行保护，并根据湿地生态系统结构和功能特征进行分区管理。要通过乡规民约、协议保护等形式，探索湿地保护小区的建立，创新社会力量参与湿地保护机制，抢救性地保护好有重要价值的小面积湿地。(各州、市人民政府、滇中产业新区管委会、省林业厅会同省国土资源厅、省环境保护厅、省住房城乡建设厅、省农业厅、省水利厅负责落实)

(十)科学开展退化湿地修复。退化湿地修复是我省湿地保护今后一段时期的一项重点工作。要尊重湿地自然规律，将珍稀野生动物栖息地和狭域野生植物分布区域、污染湖泊湖滨带、饮用水源地的自然起源退化湿地作为重点修复区域，采取自然恢复、建立人工湿地辅助恢复等措施，实施抢救性修复。对于修复意义重大、退化严重的自然湿地，要因地制宜，采取工程和生态治理相结合的措施，循序渐进进行修复。对于人口密集区域破坏严重的湿地，可建设近自然的人工湿地，切实减少湿地硬化面积，改善城乡生态环境状况。要建立外来有害生物防控机制，避免非法引进外来物种，造成对湿地生态系统结构和功能的破坏。启动湿地保护恢复示范点建设，充分利用示范效应，以点带面，全面推进湿地保护恢复。(各州、市人民政府、滇中产业新区管委会、省林业厅会同省国土资源厅、省环境保护厅、省住房城乡建设厅、省农业厅、省水利厅负责落实)

(十一)建立湿地资源合理利用机制。选择符合条件的湿地，开展湿地资源利用许可试点，在试点成熟的基础上，制定我省湿地资源利用许可制度，探索妥善解决湿地资源保护与开发矛盾的机制，改变湿地资源低价值、不科学、不规范的利用方式。要遵循可持续发展理念，加大特色湿地产品培育力度，满足社会需求，增加社区群众收入，为保障和改善民生开辟新途径。要利用我省独特的湿地景观资源，结合湿地科普教育，湿地文化建设，依法开展与湿地承载力相适应的湿地生态旅游，吸引社会关注湿地，提升旅游品质，使湿地的生态、经济、社会效益协调同步发挥。(各州、市人民政府、滇中产业新区管委会、省林业厅会同省发展改革委、省财政厅、省农业厅、省旅游发展委、省法制办等部门负责落实)

(十二)繁荣湿地生态文化。将湿地公园作为我省推进湿地生态文化建设的重要载体，通过湿地保护和修复，力争在 5 年内建成一批集湿地科普教育、湿地资源合理利用、湿地文化展示和拓宽群众致富渠道于一体的湿地公园，让公众有更多的机会了解湿地文化、接受湿地科普教育、体验湿地功能、享受湿地成果，有效促进湿地生态和民族文化传播。各有关部门要密切配合，在全省范围内开展湿地知识进机关、进校园活动，让更多干部职工和师生了解湿地知识，成为传播湿地文化的先行者。要挖掘并弘扬民族湿地传统文化，传承各民族优良的湿地保护和利用方式，并建立志愿者保护湿地机制，采用多种渠道，多种形式，广泛动员全社会参与湿地生态文化建设，普及湿地科学知识，形成热爱湿地、保护湿地、人与自然和谐发展的良好氛围。（各州、市人民政府、滇中产业新区管委会、省林业厅会同省教育厅、省科技厅、省国土资源厅、省环境保护厅、省住房城乡建设厅、省农业厅、省水利厅、省旅游发展委负责落实）

四、保障措施

（十三）加强组织领导。各地要高度重视湿地保护，将湿地生态保护作为改善生态环境、加强生态文明建设的重要工作，纳入地方经济社会发展规划。建立由省人民政府分管领导为召集人的"云南省湿地保护协调联席会议"制度，省级各有关部门作为领导小组成员单位，通过联席会议制度，建立湿地保护部门联动机制，研究解决全省湿地保护发展中的重大问题。领导小组将对各地湿地保护工作进行对口考核，明确工作责任，确保各项工作落到实处。（省林业厅、各州、市人民政府、滇中产业新区管委会、省考评办、省政府督查室负责落实）

（十四）强化部门职责。各有关部门要密切配合，加强沟通协作，形成合力，切实做好湿地保护工作。县级以上林业行政主管部门负责本行政区域内湿地保护的组织、协调、指导和监督工作；发展改革、财政部门要加大建设投入力度，建立湿地生态补偿和资源有偿使用机制；教育部门要利用多种形式，开展湿地保护科普教育；科技部门要加大湿地保护和恢复关键技术研究和推广应用工作力度，加强湿地科技队伍建设；国土资源、环境保护、住房城乡建设、交通、农业、水利、气象、旅游等部门要按照职责分工，做好湿地保护有关工作。（各州、市人民政府、滇中产业新区管委会、省发展改革委、省教育厅、省科技厅、省财政厅、省人力资源社会保障厅、省国土资源厅、省环境保护厅、省住房城乡建设厅、省交通运输厅、省农业厅、省林业厅、省水利厅、省旅游发展委、省法制办、省气象局负责落实）

（十五）建立财政投入机制。从 2014 年起，按照分级负责的原则，各级人民政府要将湿地保护经费纳入财政预算，以后年度视财力逐步增加，保障湿地管护、退化湿地修复、湿地资源监测、重要湿地认定和规划、湿地机构能力建设、科普宣教等工作顺利开展；将湿地保护与恢复工程建设纳入基本建设计划，并确保国家湿地保护与恢复工程建设项目地方配套资金足额到位。积极探索建立湿地生态服务功能公共财政补偿机制和湿地资源有偿使用机制。积极拓宽融资渠道，引进国际资金和先进的理念、技术，鼓励社会组织、公民、法人参与湿地保护，加大湿地保护投入力度。（各州、

市人民政府、滇中产业新区管委会、省发展改革委、省财政厅负责落实）

（十六）强化科技支撑。一是建立科学决策咨询机制。成立"云南省湿地保护专家委员会"，为湿地保护决策、省级重要湿地认定等提供技术咨询服务，由省林业厅负责专家委员会的日常事务。二是加快制定一批地方性湿地专业标准和技术规范，逐步建立湿地管理标准体系，科学开展湿地保护、恢复和资源合理利用。三是尽快启动高原退化湿地修复、湿地生态功能价值、应对气候变化、湿地生态补偿政策等一系列重大自然和社会研究项目，走自主开发与引进、消化、吸收相结合的路子，解决我省湿地保护发展在科学技术方面的瓶颈制约。四是依托研究院（所）、大专院校，加强湿地科技人才队伍建设，充实湿地专业技术人才，加强国际湿地学术交流，提高我省湿地专业人才的技术水平。（省科技厅、省人力资源社会保障厅、省林业厅负责落实）

（十七）建立湿地动态监测评估机制。一是加快建立湿地生态监测体系，争取到2020年，基本完成全省12处监测站（点）建设。二是及时组织开展湿地生态服务功能评估，科学、客观研究和评估全省湿地生态服务功能价值，提高全社会对云南高原湿地的认识，为绿色GDP核算、完善生态补偿制度，推进生态文明建设奠定基础。三是根据湿地生态有效保护和资源动态监测情况，适时发布《云南湿地生态状况报告》。（省林业厅、省财政厅、省科技厅、省考评办、省政府督查室负责落实）

（十八）建立宣传与合作长效机制。各级宣传和有关部门要充分利用报纸、杂志、广播、电视、互联网等大众和新兴媒体，加强湿地保护宣传报道。各级新闻媒体要将湿地保护宣传纳入公益性宣传范围，广泛宣传湿地保护知识、政策、措施和成效，形成良好的湿地保护社会舆论氛围。要进一步推动建立湿地保护合作机制，充分调动社会力量参与湿地保护的积极性，因地制宜建立有利于湿地保护的合作机制。加强国际交流合作，积极借鉴湿地保护先进理念和技术，向国际社会宣传和展示云南湿地保护成效。（省林业厅会同省政府新闻办负责落实）

云南省人民政府
2014 年 8 月 19 日

中共云南省委　云南省人民政府
关于努力成为生态文明建设排头兵的实施意见

云发〔2015〕23 号

为深入贯彻落实习近平总书记考察云南重要讲话精神，牢固树立尊重自然、顺应自然、保护自然的生态文明理念，坚持绿水青山就是金山银山，坚定不移走绿色发展之路，努力成为全国生态文明建设排头兵，根据《中共中央、国务院关于加快推进生态文明建设的意见》（中发〔2015〕12 号）及《中共云南省委关于深入贯彻落实习近平总书记考察云南重要讲话精神闯出跨越式发展路子的决定》（云发（〔2015〕9 号）精神，结合云南实际，提出以下实施意见。

一、总体要求

（一）指导思想

以邓小平理论、"三个代表"重要思想、科学发展观为指导，全面贯彻党的十八大和十八届三中、四中全会精神，深入贯彻习近平总书记系列重要讲话和考察云南重要讲话精神，认真落实党中央、国务院的决策部署，坚持以人为本、依法推进，坚持节约资源和保护环境的基本国策，把生态文明建设放在更加突出的战略位置，融入经济建设、政治建设、文化建设、社会建设各方面和全过程，协同推进新型工业化、信息化、城镇化、农业现代化和绿色化，以生态文明先行示范区建设为抓手，以健全生态文明制度体系为重点，优化国土空间开发格局，全面促进资源节约利用，加大自然生态系统和环境保护力度，大力推进绿色循环低碳发展，弘扬民族生态文化，倡导绿色生活方式，加快建设美丽云南，使云南的天更蓝、水更清、山更绿、空气更清新，努力成为全国生态文明建设排头兵。

（二）基本原则

坚持把节约优先、保护优先、自然恢复为主作为基本方针。在资源开发与节约中，把节约放在优先位置，以最少的资源消耗支撑经济社会持续发展；在环境保护与发展中，把保护放在优先位置，在发展中保护、在保护中发展；在生态建设与修复中，以自然恢复为主，与人工修复相结合。

坚持把绿色发展、循环发展、低碳发展作为基本途径。经济社会发展必须建立在资源得到高效循环利用、生态环境受到严格保护的基础上，与生态文明建设相协调，形成节约资源和保护环境的空间格局、产业结构、生产方式和生活方式。

坚持把深化改革和创新驱动作为基本动力。充分发挥市场配置资源的决定性作用和更好发挥政府作用，不断深化制度改革和科技创新，建立系统完整的生态文明制度体系，强化科技创新引领作用，为生态文明建设注入强大动力。

坚持把培育生态文化作为重要支撑。将生态文明纳入社会主义核心价值体系，加强生态文化的宣传教育，倡导勤俭节约、绿色低碳、文明健康的生活方式和消费模式，提高全社会生态文明意识。

坚持把重点突破和整体推进生态文明先行示范区建设作为工作方式。重点突破资源环境约束、体制机制障碍，深入推进生态文明建设。

（三）主要目标

到 2020 年，资源节约型和环境友好型社会建设取得重大进展，主体功能区布局基本形成，经济发展质量和效益显著提高，民族生态文化得到传承和弘扬，生态文明意识全面提升，生态文明先行示范区建设各项目标全面完成，努力成为全国生态屏障建设先导区、绿色生态和谐宜居区、边疆脱贫稳定模范区、民族生态文化传承区和制度改革创新实验区。

国土空间开发格局进一步优化。经济、人口布局向均衡方向发展，国土开发强度、城市空间规模得到有效控制，城乡结构和空间布局明显优化。

产业转型升级进一步加快。第三产业增加值和战略性新兴产业增加值占地区生产总值比例力争达到 45% 和 15%，农产品中无公害、绿色、有机农产品种植面积比例达到 15%。

资源利用更加高效。二氧化碳排放强度比 2005 年下降 45% 以上，能源消耗强度持续下降，资源产出率大幅提高，用水总量控制在 226.8 亿立方米以内，万元工业增加值用水量降低到 60 立方米以下，农田灌溉水有效利用系数提高到 0.55 以上，可再生能源利用率居全国前列，非化石能源占一次能源消费比重达到 42% 左右。

生态环境持续改善。主要污染物排放大幅下降，大气环境、重点流域水环境和土壤环境质量总体改善，重要江河湖泊水功能区水质达标率提高到 87% 以上，森林覆盖率和蓄积量分别达 60%（含一般灌木林）和 18.53 亿立方米，自然湿地面积不低于42 万公顷，草原综合植被覆盖度达到 58%，主要生态系统步入良性循环，城乡人居环境不断优化，国家西南生态安全屏障和生物多样性宝库更加巩固。

生态文明制度体系逐步健全。基本形成源头预防、过程控制、损害赔偿、责任追究的生态文明制度体系，自然资源资产产权和用途管制、生态保护补偿、生态保护红线、生态文明考核等关键制度取得重大成果。

二、优化国土空间开发格局

国土资源是生态文明建设的物质基础和空间载体。要按照人口资源环境相均衡、经济社会生态效益相统一的原则，坚定不移地实施主体功能区战略，控制开发强度，调整空间结构，推进国土整治，构建科学合理的生产空间、生活空间、生态空间。

（四）加快实施主体功能区战略。落实《云南省主体功能区规划》，着力构建"一区一带五群七廊"为主体的城镇化空间格局、"六大区域板块"的高原特色现代农业发展格局、"三屏两带"为主体的生态安全格局。对不同主体功能区的产业项目实行差别化市场准入政策，明确不同主体功能区的鼓励、限制和禁止类产业，健全财政、投资、产业、土地、人口、环境等配套政策。完善我省土地利用总体规划，推进国土资源节约集约开发、分类保护和综合整治。试点国民经济和社会发展、城乡建设、土地利用、生态环境保护等规划"多规合一"，形成统一衔接、功能互补、相互协调的规划体系。

（五）大力推进绿色城镇化发展。认真落实《云南省新型城镇化规划（2014—2020年）》，根据资源环境承载能力，构建布局合理、功能互补、山坝结合、城乡一体、特色鲜明的城镇体系。强化城镇建设空间管控，统筹安排全省城乡建设用地，提高城镇建设用地利用效率。提升城镇人居环境，强化城镇化过程中的节能、节水、节地、节材理念，大力发展绿色建筑和低碳交通，推进绿色生态城区和"海绵城市"建设。打造滇中城市经济圈高原生态宜居城市群。提高城镇供排水、防涝、雨水收集利用、供气、环境等基础设施建设水平，所有县城和重点镇都具备生活污水、垃圾处理能力，提高已建生活污水、垃圾处理设施的运营管理水平，实现城镇基础设施建设与城镇化进程协调发展。提高城镇规划建设与治理水平，合理划定城镇"三区四线"（禁建区、限建区和适建区，绿线、蓝线、紫线和黄线）。加强规划管理和实施工作，坚持一本规划一张蓝图，持之以恒加以落实。开展好国家新型城镇化综合试点工作。

（六）加快推进美丽乡村建设。与乡镇总体规划相衔接，修编完善村庄布点规划，科学确定中心村和需要保留保存的特色村、传统村落。按照因势就形、突出特色、一村一景的要求，着力建设秀美之村、富裕之村、魅力之村、幸福之村、活力之村。加强农村基础设施建设，强化山水林田路综合治理，加快农村危旧房改造，支持农村环境集中连片整治，推进农村环境综合整治示范，实施以"改路、改房、改水、改圈、改厕、改灶，治理脏、乱、差"为主要内容的村容村貌整治工程，因地制宜采用科学合理技术处理生活污水、垃圾，大力改善农村人居环境。加快转变农业发展方式，深入推进农业结构调整，加快推进高原特色农业现代化；大力发展乡村生态旅游业，利用农村森林景观、田园风光、山水资源、民族特色和乡村文化，加快形成以重点景区为龙头、骨干景点为支撑、"农家乐"休闲旅游为基础的乡村休闲旅游业发展格局；加快发展农产品产地初加工，推动农产品加工业向园区和城镇集聚，推进农村一二三产业融合发展。加大省级重点建设村、美丽乡村、传统村落保护、民族团结进步示范村和民族特色村寨等新农村试点示范建设，一事一议财政奖补美丽乡村。加强农村精神文明建设，积极营造美丽乡村文明和谐新风尚。到2020年，在全省的中心村、特色村和传统村落建成一批富有云南特色的"宜居宜业宜游"美丽乡村。

三、推动技术创新和结构调整

技术创新和结构调整是提高发展质量和效益的重要保障，必须构建科技含量高、资源消耗低、环境污染少的产业结构，大幅提高经济绿色化程度，有效降低发展的资源环境代价。

（七）推动科技创新。结合深化科技体制改革，建立符合生态文明建设领域科研活动特点的管理制度和运行机制，营造创新驱动的政策和制度环境。加强重大科技问题研究，重点对节能减排、资源循环利用、污染治理、生态修复、石漠化治理、生物多样性保育、生态系统监测、大气污染协同控制和工业废气资源化等方面的关键技术进行攻关、引进、消化、吸收和再创新。充分发挥"水体污染控制与治理科技重大专项"（国家水专项）的科技支撑作用，全面开展重点流域水污染治理与水质改善重点工程急需的关键设备和重大装备的研发，突出科研成果和治理效果相结合。强化企业技术创新主体地位，培育一批示范带动作用强的科技型企业、成果转化平台和中介服务机构，加快科技成果转化应用。实施建设创新型云南行动计划，推进以企业为主体、市场为导向、政产学研用相结合、资源合理配置的技术创新体系建设。完善科技创新平台体系，建设一批生态文明领域的重点实验室、工程实验室、工程（技术）研究中心、企业技术中心、科技企业孵化器，促进各类研发平台开放共享。探索市场化运作机制，加快成熟适用技术的示范和推广，引导私募股权投资基金、风险投资基金等新金融组织在科技创新全过程提供融资支持。加强生态文明科技人才队伍建设，充分发挥高校在科技创新工作中的重要作用，支持有条件的高校设置与生态文明建设有关的学科、专业，加快创建云南省生态文明建设智库，为我省生态化转型发展提供服务。

（八）推进产业优化升级。加快传统产业与信息产业融合发展，采用先进适用节能低碳环保技术改造提升传统产业，做优做强传统产业。加快推进重化工业转型升级。加快发展新兴产业，优先发展生物医药、新材料、先进装备制造、电子信息等新兴产业，培育壮大龙头企业和品牌。推进服务业提速发展，加大旅游业转型升级力度，促进房地产平稳健康发展，加快绿色金融产业和多层次现代商贸流通业发展，培育服务业新业态新模式。认真落实国家化解产能严重过剩矛盾的有关政策，严格执行强制性能耗限额标准。加强行业规范和准入管理，加快淘汰落后产能，严格控制高耗能、高排放行业产能过快增长，科学合理承接东部产业转移。完善落后产能退出机制，做好化解产能过剩和淘汰落后产能企业职工安置工作。发挥我省可再生能源优势，继续推进水电和新能源开发，降低煤炭消费比重，提高油气消费比重，促进能源结构不断优化升级，打造国家重要的清洁可再生能源基地和新兴能源创新示范基地。到 2020 年，实现以水电为主的清洁电力占一次能源生产的比重提高到 50% 以上，可再生能源与火电装机比例达到 84∶16 。

（九）大力发展绿色产业。推进节能环保产业发展，通过推广节能环保产品，有效拉动消费需求；通过增强节能环保工程技术能力，拉动产业投资增长；通过完善政策机制，提高节能环保技术装备、产品和服务水平，着力打造我省重大节能环保技术装备及产业化示范工程，创新和规范市场管理，建立多元化的投融资机制和平台，使节能环保产业成为我省新的经济增长点。培育新能源产业，推进太阳能光伏发电、光热利用、风电等新材料、新装备的研发和推广，推进生物质能源、地热、浅层地温能等应用，发展分布式能源，建设智能电网，完善运行管理体系。大力发展节能与新能源汽车，加强配套基础设施建设。积极推进商贸物流产业节能环保新技术、新材料和新装备的研发、推广和应用。积极发展高原特色有机农业、生态农业。大力发展以木本油料为主的特色经济林、林下经济、观赏苗木、森林旅游业等绿色富民产业。推进森林资源综合利用，充分利用林区"三剩物"和次小薪材，提高木材综合利用水平。加强林产品精深加工，提高林产品及贸易附加值。

四、促进资源节约循环高效利用

节约资源是破解资源瓶颈约束突出问题、减缓生态环境破坏速度的有效途径。要深入推动全社会节能减排，推进水、土地和矿产等资源节约集约利用，大力发展循环经济，加强生产、流通、消费全过程资源节约，推动资源利用方式向集约高效转变，构建资源可持续利用体系。

（十）全面推动重点领域节能减排。发挥节能与减排的协同促进作用，加强重点用能单位和重点减排单位管理，强化节能减排目标责任考核。加强重点领域节能和能效提高，开展重点用能单位节能低碳行动，实施工业能效提升计划，推动能效水平对标活动；严格执行建筑节能标准，推广新能源与建筑一体化应用，推动既有公共建筑的节能改造，开展建筑能效测评标识工作，鼓励建筑工业化等建设模式；优化交通布局，加强运输大通道和综合交通枢纽建设，推行公交优先战略，建立以公共交通为骨干的绿色出行系统，优化运输方式，推广节能与新能源交通运输装备，发展甩挂运输，推进全省国道省道绿色养护工程；加快淘汰落后农机具，鼓励使用高效节能农业生产设备；建立健全公共机构节能管理制度，开展节约型公共机构创建活动；积极开展绿色饭店创建活动。强化结构减排，细化工程减排，加强管理减排，继续削减主要污染物排放总量。实施燃煤工业锅炉（窑炉）改造、余热余压利用、节能产品惠民、合同能源管理等重点节能工程，以及污水处理设施建设和火电、水泥、钢铁、制糖、制胶等重点行业减排工程，确保节能减排目标顺利完成。

（十一）发展壮大循环经济。按照减量化、再利用、资源化的原则，加快构建循环型工业、农业、服务业体系，提高全社会资源产出率。加强再生资源回收利用体系建设，实行垃圾分类回收，开发利用"城市矿产"，推进秸秆、畜禽粪便等农林废弃物以及建筑垃圾、餐厨废弃物资源化利用，推广再制造和再生利用产品，鼓励纺织品、汽车轮胎等废旧物品回收利用。推进尾矿、有色冶炼渣及工业石膏等大宗固体废弃物综合利用。深化循环经济示范试点建设，大力推广循环经济典型模式。促进生产和生活系统的循环链接，构建覆盖全社会的资源循环利用体系。实施规模化高效节水灌溉、旱作节水农业技术推广示范等七大农业循环经济建设重点工程；冶金、电力、化工、建材、造纸等行业的工业资源综合利用工程；省级工业园区循环化改造等工业循环经济建设重点工程；再生资源交易中心和再生资源示范回收站、静脉产业园区等再生资源利用建设重点工程；国家餐厨废弃物资源化利用和无害化处理试点城市、国家循环经济示范城市、国家"双百工程"示范基地等示范试点建设工程。

(十二)加强水、土地、矿产等资源节约利用。加强全过程管理，提高资源利用效率。落实最严格的水资源管理制度，严格用水效率控制和用水总量控制，深入推进节水型社会建设试点示范，创建节水型城市；推广高效节水技术和产品；加强农业高效节水灌溉；推进火力发电、化工、造纸、冶金、食品加工等高耗水行业企业节水改造；加快城镇供水管网节水改造，加强再生水、雨水、矿井水等非常规水源的开发利用，严控无序调水和人造水景工程，提高水资源安全保障水平。加强土地利用的空间管控、市场调节、标准控制和考核监管，优化新增建设用地管理，盘活存量建设用地，推进低效利用土地二次开发，严格土地用途管制，推广应用节地技术和模式。加强矿产资源合理开发和综合利用，推进绿色矿山建设，提高开采回采率、选矿回收率和综合回收率，积极推进矿产资源深加工，延长产品链。到 2020 年，水资源开发利用率达 9.7%，耕地保有量不低于国家下达任务量，建成以大中型矿山为主体的全省绿色矿山格局，矿产资源综合利用率达到 40% 以上。

五、加强生态保护与建设

加强生态保护与建设，是巩固云南作为我国重要的生物多样性宝库和西南生态安全屏障的重要保障。加大自然生态系统的保护力度，进一步加强退化生态系统恢复和水土流失综合防治，加快防灾减灾体系建设，积极应对气候变化。

(十三)提高森林生态保护与建设水平。深入推进"森林云南"建设，全力实施云南生态文明建设林业十大行动计划。加强天然林保护，将天然林资源保护范围扩大到全省，促进天然林生态功能修复；抓好国家储备林基地建设，保障木材供给；积极争取国家对我省新一轮退耕还林还草工程加大支持力度，继续稳步推进陡坡地生态治理，力争到 2020 年对全省 86.67 万公顷 25 度以上陡坡地、15～25 度重要水源地及石漠化严重地区坡耕地、特殊生态脆弱区坡耕地实施生态修复和治理；以六大水系、九大高原湖泊、大中型水库面山等为重点，加速推进以保持水土、护坡护岸、涵养水源为主要目的的防护林体系建设；继续抓好石漠化综合治理，使工程区生态环境明显改善；强化林业基础设施建设，加快推进干热(暖)河谷、泥石流、高寒山区、五采区等困难立地造林；进一步完善森林分类经营和生态补偿机制，加大公益林管护力度，提高公益林质量；完善森林资源经营管理体制，全面启动国有林场、国有林区改革，深化集体林权制度改革，扩大林权抵押贷款成果，推进林木权证核发暨抵押贷款工作，探索建立林业综合保险；科学开展森林可持续经营，增强森林生态服务功能，构建稳定的森林生态系统。加快推进依法治林，严厉打击乱占林地、滥砍滥伐等违法行为，维护森林资源安全。到 2020 年全省林地面积不低于 2487 万公顷，森林面积不低于 2143 万公顷。

(十四)提高湿地生态保护与建设水平。加强保护和恢复自然湿地生态系统，进一步做好湿地类型自然保护区和湿地公园的建设和管理，推进城镇、乡村湿地保护小区和多用途湿地示范区建设，完善湿地保护体系。加快国际重要湿地管理，加快推进省级重要湿地和一般湿地认定工作，进一步明确监督、管理和经营责权；加大执法力度，建立湿地有效监管和评估机制，实行严格的用途管制、湿地项目审批制度，抢救性保护高原湿地生态系统；对退化湿地生态系统进行科学修复，合理利用湿地资源；开展高原湿地生态补偿试点，探索湿地资源有偿使用，引导和鼓励社会公益组织、社区、企业共同参与湿地保护和建设机制。

（十五）提高草原、农田、水域生态保护与建设水平。建立基本草原保护制度，严格实施草原禁牧、休牧和划区轮牧制度；加大退牧还草和岩溶地区草地治理工程实施力度，对重度退化草原进行保护和恢复。实施地下水保护和超采漏斗区综合治理，因地制宜实施地下水开发利用和保护修复措施。强化农田生态保护，实施耕地质量保护与提升行动，加大退化、污染、损毁农田改良和修复力度，加强耕地质量调查监测与评价。加强水生生态系统和物种保护，开展重要水域土著鱼类的增殖放流活动。加大抚仙湖、海海、泸沽湖、万峰湖和小湾电站库区等良好水质湖泊生态环境保护力度，建立良好水质湖泊生态环境保护长效机制。

（十六）加强生物多样性保护。实施《云南省生物多样性保护战略与行动计划（2010—2030 年）》，加强生物多样性保护优先区域、重点领域、重要生态系统和物种的保护。加强生物多样性保护制度建设，开展生物多样性调查评估与监测，构建生物多样性观测网络，完善生物多样性就地保护体系，加强生物多样性迁地保护建设，强化遗传种质资源离体保存，开展生物多样性保护、恢复与减贫示范，强化生物多样性监管基础能力建设。加强野生动植物保护管理，重点做好国家重点保护物种、极小种群物种和地方特有物种的抢救、保护、恢复和利用。加强自然保护区管理及能力建设，强化森林公园建设与管理，开展民族自然圣境保护与恢复，推进生物遗传资源及相关传统知识获取与惠益分享制度建设，改善野生动植物栖息地条件。严厉打击野生动植物非法贸易及破坏野生动植物资源的违法行为。加强野生动物疫源疫病监测体系建设，有效防控野生动物疫源疫病。实施极小种群野生动植物保护工程和自然保护区建设工程，进一步完善野生动物肇事公众责任保险。到 2020 年，使国家重点保护野生动植物受保护率达到 85%，全省自然保护区面积达到 290 万公顷，力争国家级自然保护区超过 21 个。

（十七）加强水土流失综合防治。加大水土流失治理力度，重点做好坡耕地综合整治和以坡面水系工程为主的小流域综合治理。加大生态清洁型小流域建设，实施河道生态治理。加强水土保持预防监督。从严控制重要生态保护区、水源涵养区、江河源头和山地灾害易发区等区域的开发建设项目，限制或禁止可能造成水土流失的生产建设活动。积极推进长江、珠江等江河流域水土保持综合治理项目。到 2020 年，巩固提高水土保持治理成果，治理程度达到 75% 以上。

（十八）积极推进国家公园建设。实施《云南省国家公园发展规划纲要》，积极推进《云南省国家公园管理条例》立法，稳步推进国家公园体制试点和建设，并与自然保护区管理体制改革等工作相协调、相促进。加强对自然保护区、风景名胜区等现有重要自然生态保护区域保护管理，推动自然保护区、森林公园、湿地公园、风景名胜区以及具有重大保护价值的天然林生态系统等各类自然区域管理体制的衔接配套，探索建立符合生态文明要求的国家公园管理体制。以严格保护国家公园核心资源为前提，依托已建国家公园，建立完善分级、统一的管理体制，健全多渠道投入、特许经营、利益分配、社会参与等运行机制。至 2020 年，全省国家公园数量力争达到 12 个，面积达 110 万公顷，初步建成布局合理、功能完善、建设规范、管理高效，与国际接轨且兼具云南特色的国家公园体系。

（十九）加快防灾减灾体系建设。加大地震、山洪洪涝、地质灾害等主要灾害的综合防治力度，加强灾害监测预警，完善灾害监测网络，优化功能布局，提高监测水平，健全灾害预报预警和信息发布机制，加强灾害早期预警能力建设，加快我省突发公共事件预警信息发布系统建设；加强自然灾害应急救援指挥体系建设，建立健全统一指挥、综合协调、分类管理、分级负责、属地管理为主的灾害应急管理体制，提高协同防灾减灾能力，推动巨灾保险全面落地，鼓励投保地震保险，逐步扩大农房地震保险试点范围。实施重点中小河流治理工程，建立完善气象灾害预警信息发布系统。加强森林防火和有害生物防治，强化对外来入侵物种的预警与防控，进一步提升松材线虫、红火蚁、薇甘菊、紫茎泽兰等入侵物种的防除技术。到 2020 年，力争使森林火灾受害率控制在 1‰ 以下，林业有害生物成灾率控制在 4‰，无公害防治率达到 85% 以上。

（二十）积极应对气候变化。有效控制能源活动、工业生产过程、农业和废弃物处理领域温室气体排放，增加森林碳汇。建立我省温室气体排放统计核算考核体系、企业温室气体排放报告制度。提高水资源、农业、生物多样性保护等领域适应气候变化水平。扎实推进国家低碳试点省、市建设，积极开展低碳产业园区、低碳社区、低碳旅游景区、低碳城镇、低碳学校建设等试点工作。开展气候变化及其影响研究，制定我省适应气候变化方案，开展农村灾害应急系统建设适应试点示范。推进控制温室气体排放和适应气候变化重点工程。到 2020 年，全省控制温室气体排放取得明显成效，低碳试点工作取得重大进展，适应气候变化能力不断提高，气候变化领域的能力建设和体制机制建设得到进一步加强。

六、全面推进污染防治

改善环境质量才能保障好人民群众的身心健康。要建立以水、大气、土壤、重金属、农业农村面源污染治理为主的污染防控体系，强化污染物总量控制，提高环境安全水平。

（二十一）加强九大高原湖泊及重点流域水污染综合防治。贯彻落实国务院《水污染防治行动计划》，制定我省实施方案。强化水功能区管理，以污染物排放总量控制为重点，严格入河（湖）排污口监督管理和入河（湖）排污总量控制，实施主要污染物减排工程，有效削减入河（湖）污染负荷。加大滇池、洱海等九大高原湖泊以及南盘江、金沙江、牛栏江和泚江等流域水污染防治，编制实施全省六大水系水污染防治规划，实施水污染综合防治工程，持续改善流域水环境质量。从严核定水域纳污能元，加强工业污染排放监管，严格落实化工、食品制造、农副产品加工、焦化等行业企业减排任务。加大出境跨界河流环境安全监管，制定实施重点流域水体跨界断面水量水质监测方案，确保省界、国界断面水量达到最小下泄流量、水质达到功能要求。严格饮用水水源地保护，开展饮用水水源规范化建设，加强水源地水质定期监测及监测信息发布，强化饮用水水源应急管理，确保饮用水安全。到 2020 年，长江、珠江等重点流域水质优良（达到或优于Ⅲ类）比例总体达到 70% 以上，州（市）级及以上城市集中式饮用水水源水质优良比例总体高于 93% 。

（二十二）加强大气、土壤、重金属、农业面源污染防治。继续落实《云南省大气污染防治行动实施方案》，切实改善大气环境质量。在全省各州（市）政府所在地持续开展细颗粒物（PM2.5）及臭氧监测，逐步建立滇中城市经济圈大气污染联防联控机制，继续以钢铁、水泥、化工、石化、有色金属冶炼等行业企业为重点，开展强制性清洁生产审核。继续推进电力行业大气污染物减排，加快非电力行业脱硫脱硝进程，加强冶金行业氮氧化物（NOx）排放控制技术研发和产业化，强化机动车氮氧化物排放控制，逐步淘汰黄标车。加强土壤污染防治，实施《云南省近期土壤环境保护和综合治理方案》，划定土壤环境保护优先区域和土壤污染重点治理区，推进土壤环境保护和综合治理工作，改善耕地土壤环境质量，开展污染土壤修复工作。加强重金属污染防治。加强危险废物污染防治，以砷渣、铬渣等为重点，加强历史遗留危险废物安全处置。加强农业面源污染防治，开展畜禽养殖"禁养区、限养区"划定工作，加大种养业特别是规模化畜禽养殖污染防治力度，科学施用化肥、农药，推广节能环保型炉灶，净化农产品产地和农村居民生活环境。建立完善污染治理设施运营监管制度。到 2020 年，全省环境空气质量总体继续保持优良，部分地区持续改善。

（二十三）开展矿山环境保护和恢复治理。进一步加强全省矿山地质环境保护和恢复治理，建立矿山地质环境恢复治理责任机制，实施矿山地质环境保证金制度。推进尾矿安全、环保存放和再次开发利用，妥善处理处置矿渣等大宗团体废物。加大矿山资源整合力度，依法关闭破坏资源、污染环境、不符合安全生产条件的矿山。建立健全化学品、持久性有机污染物、危险废物等环境风险防范与应急管理工作机制。切实加强核设施运行监管。到 2020 年，矿山地质环境恢复治理保证金交存面达到 100%，矿山地质环境保护与恢复治理方案编制率达到 100% 。

七、健全生态文明制度体系

生态文明建设涉及领域广，必须要建立系统完整的生态文明制度体系，用制度引导、规范和约束各类开发、利用、保护自然资源的行为。

（二十四）建立健全法规规章。加强地方立法的调查研究，建立健全节能评估审查、节水、应对气候变化、生态补偿、湿地保护、土壤环境保护和生物多样性保护等有关法规规章。严格执行土地管理法、环境保护法、大气污染防治法、水污染防治法、节约能源法、循环经济促进法、矿产资源法、森林法、草原法、野生动物保护法等。

(二十五)完善标准体系。依据国家有关法律法规,加快制定修订一批能耗、水耗、地耗、污染物排放、环境质量等方面更加严格的地方标准;实施能效和排污强度"领跑者"制度,加快标准升级步伐;提高建筑物、道路、桥梁等建设标准;环境容量较小、生态环境脆弱、环境风险高的地区要执行污染物特别排放限值;开展能效、环保 和低碳标识认证工作。

(二十六)健全自然资源资产产权制度和用途管制制度。对全省范围内的水流、森林、山岭、草原、荒地等自然生态空间进行统一确权登记,明确国土空间的自然资源资产所有者、监管者及其责任。完善自然资源资产产权制度。实施主体功能区规划,建立空间规划体系,划定生产、生活、生态空间开发管制界限,落实用途管制。建立健全自然资源资产评估制度,完善自然资源产权交易平台和交易规则,探索建立活化使用权、保障收益权、激活转让权的资源管理机制。健全水、土地、建筑节能、能源节约集约使用制度。实行最严格水资源管理、耕地保护制度,强化水资源的统一管理,强化土地规划用途管制和空间管制。完善矿产资源规划制度,强化规划准入管理。

(二十七)完善生态环境监管制度。创新生态环境保护管理体制机制。建立和完善严格监管所有污染物排放的环境保护管理制度,支持有关部门依法独立进行环境监管和行政执法。完善污染物排放惩罚机制,建立统一监管的污染物排放环境管理制度。完善污染物排放许可制度和环境损害赔偿制度,实行污染物排放总量控制。健全环境影响评价、清洁生产审核、环境信息公开等制度。

(二十八)严守资源环境生态红线。牢固树立生态红线观念,严守资源消耗上限、环境质量底线、生态保护红线,将各类开发活动限制在资源环境承载能力之内。坚定不移实施主体功能区制度,建立国土空间开发保护制度和资源环境承载能力监测预警机制。开展永久基本农田红线、城镇发展边界线、生态保护红线划定工作,严守划定的森林、林地、湿地、物种等生态红线,依法依规严格"三线"管控,加大对越线行为的惩戒。建立健全有利于以滇池为代表的九大高原湖泊保护与开发相协调的体制机制。

(二十九)实行资源有偿使用制度和生态保护补偿制度。按照生态损害者赔偿、受益者付费、保护者得到合理补偿的原则,建立生态补偿运行机制。结合深化财税体制改革,完善转移支付制度,归并和规范现有生态保护补偿渠道,加大对重点生态功能区的转移支付力度,逐步提高其基本公共服务水平。建立地区间横向生态保护补偿机制,引导生态受益地区与保护地区之间、流域上游与下游之间,通过资金补助、产业转移、人才培训、共建园区等方式实施补偿。进一步落实、建立和完善自然保护区、森林公园、国家公园、湿地公园等保护地的生态补偿机制。深化资源性产品价格改革,建立和完善反映资源稀缺、体现生态环境损害成本和修复效益的价格形成机制。进一步深化矿产资源有偿使用制度改革,依法执行矿业权使用费征收标准,建立规范的矿权进入和退出机制。推行市场化机制,推动节能量、碳排放权、排污权、水权交易，建立吸引社会资本投入生态环境保护的市场化机制，推进环境污染第三方治理。

（三十）健全政绩考核制度。建立体现生态文明要求的考核目标体系、考核办法和奖惩机制，加强资源环境统计和核算。把资源消耗、环境损害、生态效益等指标纳入政绩考核指标体系，作为考察领导干部政绩的重要内容。完善政绩考核办法，按照不同区域的主体功能定位，实行各有侧重的绩效评价和考核办法。对生态脆弱的国家扶贫开发工作重点县，取消地区生产总值考核；对限制开发区域的农产品主产区和重点生态功能区，分别实行农业优先和生态保护优先的绩效评价，不考核地区生产总值等指标；对禁止开发区域，按照保护对象确定评价内容，强化对自然文化资源原真性和完整性情况的评价，不考核旅游收入等经济指标。建立健全生态环境质量监测考核机制，考核结果与重点生态功能区转移支付资金、领导班子和领导干部综合考核评价挂钩。探索编制自然资源资产负债表，坚持任中审计和离任审计相结合，探索开展领导干部自然资源资产离任审计，完善评价体系，健全工作机制。

（三十一）完善责任追究制度。探索建立我省生态环境损害责任终身追究制和领导干部任期生态文明建设责任制，完善节能减排目标责任考核及问责制度。对违背科学发展要求、造成生态环境和资源严重破坏的要记录在案，实行终身追责，不得转任重要职务或提拔使用，已经调离的也要追责。对推动生态文明建设工作不力的，要及时诫勉谈话；对不顾资源和生态环境盲目决策、造成严重后果的，要严肃追究有关人员的领导责任；对履职不力、监管不严、失职渎职的，要依纪依法追究有关人员的监管责任。

（三十二）完善政策支持。健全价格、财税、金融等政策，鼓励、引导各类主体积极投身生态文明建设。建立完善促进生态文明建设的价格政策体系，推行居民生活用水、电、气阶梯价格制度，落实脱硫、脱硝、除尘等环保电价政策，完善污水、垃圾处理及排污收费政策，继续落实完善差别电价政策，落实超定额用水加价制度等惩罚性价格政策，推动电力体制改革综合试点和输配电价改革试点。落实有利于生态文明建设的产业扶持政策，按照市场规律和生态功能区划、主体功能区划制定符合我省实际的产业政策，引导社会生产力要素向有利于生态文明建设的方向流动。加大财政资金投入，统筹有关资金，对资源节约和循环利用、新能源和可再生能源开发利用、环境基础设施建设、生态修复与建设、先进适用技术研发示范等给予支持。加快资源税从价计征改革，清理取消相关收费基金，逐步将资源税征收范围扩展到各种自然生态空间的占用上。依法落实国家支持节能环保、新能源、生态建设等税收优惠政策，鼓励使用先进的节能、节水、节材技术、设备和产品。发展绿色信贷，探索发展环保金融和碳金融，研究发展排污权抵押融资、绿色中间信贷等创新产品；推进绿色保险，鼓励保险资金以股权、基金、债权、资产支持计划等形式投向生态文明建设项目；拓展绿色资本，支持和鼓励各类股权投资机构扩大绿色投资规模，探索发展绿色债券。充分发挥政府投资的引导带动作用，创新重点领域投融资机制，鼓励社会投资，在公共服务、资源环境、生态保护、基础设施等领域积极推广政府和社会资本合作（PPP）模式。

八、加强生态文明建设统计监测和执法监督

针对薄弱环节，加强统计监测和执法监督，为努力成为生态文明建设排头兵提供有力保障。

（三十三）加强统计监测。加强生态文明统计监测能力建设，建立生态文明综合评价指标体系；加快推进对能源、矿产资源、水、大气、森林、草原、湿地、生物多样性和水土流失、沙化（石漠化）土地、土壤环境、地质环境、温室气体等统计监测核算能力建设，提升信息化水平，提高准确性、及时性，实现信息共享；加快重点用能单位能源消耗在线监测体系建设；建立循环经济统计指标体系、矿产资源合理开发利用评价指标体系；利用卫星遥感等技术手段，对自然资源和生态环境保护状况开展监测，健全覆盖所有资源环境要素的监测网络体系；提高环境风险防控和突发环境事件应急能力，健全环境与健康调查、监测和风险评估制度。

（三十四）强化执法监督。制定我省生态文明建设监督考核办法，加强对目标责任、主要任务和重大工程的跟踪分析和监督检查，鼓励公众积极参与监督。加强法律监督、行政监察、行政执法监督，对各类环境违法违规行为实行"零容忍"，加大查处力度，严厉惩处违法违规行为。资源环境监管机构独立开展行政执法，禁止领导干部违法违规干预执法活动。加大对浪费能源资源、违法排污、破坏生态环境等违法行为的查处力度。健全行政执法与刑事司法的衔接机制，加强基层执法队伍、环境应急处置救援队伍建设。强化对资源开发和交通建设、旅游开发等活动的生态环境监管。

九、加快形成推进生态文明建设的良好社会风尚

人民群众是生态文明建设的基础主体。要充分发挥人民群众的积极性、主动性、创造性，弘扬民族生态文化，鼓励公众积极参与，提高全民生态文明意识，实现生活方式绿色化。

（三十五）提高全民生态文明意识。积极培育生态文化、生态道德，使生态文明成为社会主流价值观，成为社会主义核心价值观的重要内容。把生态文明教育作为素质教育的重要内容，纳入国民教育体系、干部教育培训体系和企业培训体系，引导全社会树立生态文明意识。将生态文化作为现代公共文化服务体系建设的重要内容，充分挖掘、有效保护云南各少数民族长期与自然相依相存中形成的优秀传统生态文化，推进66个省级民族传统文化生态保护区建设，实施民族文化遗产保护工程，保护民族传统生态文化，打造生态文化品牌，提升云南民族特色生态文化的影响力。通过典型示范、展览展示、岗位创建等形式，广泛动员全民参与生态文明建设。以自然保护区、风景名胜区、国家公园、森林公园、湿地公园、地质公园、世界自然遗产地及博物馆为平台，探索建立云南生态文明宣传教育示范基地。组织好世界地球日、世界环境日、世界森林日、世界湿地日、世界水日、国际生物多样性日、全国节能宣传周和全国低碳日等主题宣传活动。充分发挥新闻媒体作用，树立理性、积极的舆论导向，加强资源环境国情宣传，普及生态文明法律法规、科学知识等，报道先进典型，曝光反面事例，提高公众节约意识、环保意识、生态意识，形成人人、事事、时时崇尚生

态文明的社会氛围。到 2020 年，生态文明知识普及率达 93% 以上，党校培训干部接受生态文明培训的比例达到 100%。

（三十六）培育绿色生活方式。加快推动生活方式和消费模式向简约适度、绿色低碳、文明健康转变，倡导绿色低碳的生活方式和行为习惯。树立绿色消费理念，倡导绿色消费和适度消费。鼓励购买和使用环境友好型产品，推广普及节水、节能产品和器具。倡导住房适度消费，鼓励使用环保装修材料。拒绝过度包装，提倡购买简装和大包装商品。深入推进限塑工作，大力提倡使用布袋、菜篮。开展绿色学校、绿色社区、绿色家庭创建活动。推进低碳办公，大力推进电子政务建设，推行政府低碳采购，购买使用低碳节能型办公设备，高效利用办公用品，完善公务车辆配备配置标准和管理制度，优先选用节能和新能源车辆，建设节约型机关。大力推广绿色低碳出行，倡导绿色生活和休闲模式，严格限制发展高耗能、高耗水服务业。在餐饮企业、单位食堂、家庭全方位开展反食品浪费行动。到 2020 年，二级以上能效家电产品市场占有率达到 93%，节水器具普及率达到 92%。城区居住小区生活垃圾分类达标率达到 42%，有关产品政府绿色采购比例达到 99%。

（三十七）鼓励公众积极参与。完善公众参与制度，增强企业保护环境的社会责任，及时准确披露各类环境信息，扩大公开范围，保障公众知情权，维护公众环境权益。完善公众监督举报制度、听证制度、舆论监督制度，增强公众在建设项目立项、实施、后评价等环节的参与度，构建全民参与的社会行动体系。引导生态文明建设领域各类社会组织健康有序发展，发挥民间组织和志愿者的积极作用，搭建志愿服务记录平台。

十、切实加强组织领导

切实建立健全生态文明建设领导体制和工作机制，勇于探索和创新，为努力成为生态文明建设排头兵提供坚强保障。

（三十八）加强统筹协调。各级党委、政府对本地区生态文明建设负总责，要把生态文明建设放在突出的战略位置，切实加强组织领导。深入开展生态文明先行示范区建设，紧紧围绕破解本地区生态文明建设的瓶颈制约，以生态文明体制改革为重点，先行先试、大胆探索，力争取得重大突破，为全国生态文明建设积累有益经验，树立先进典型，发挥排头兵示范引领作用。成立由省委主要领导担任组长的省生态文明建设排头兵工作领导小组，统筹协调解决生态文明建设重大问题，建立生态文明建设排头兵工作联席会议制度和督查制度。领导小组综合协调办公室设在省发展改革委，具体组织协调推进各项任务。省直有关部门和单位作为成员单位，要围绕自身工作职能职责，密切协调配合，形成生态文明建设的强大合力，扎实推进生态文明建设。各州（市）和滇中产业新区参照建立相应工作机制。

（三十九）加强交流合作。广泛开展国内外交流合作，把绿色发展转化为新的综合影响力和竞争新优势。发挥区位优势，发扬包容互鉴、合作共赢的精神，加强我省与南亚东南亚国家在生态文明建设领域的对话交流和务实合作，全面参与"一带一路"、长江经济带建设和孟中印缅经济走廊合作建设，深化与泛珠三角、长三角、环渤海等国内区域合作。依托滇中产业新区、沿边金融综合改革试验区、瑞丽重点开发开放试验区、勐腊(磨憨)重点开发开放试验区、跨(边)境经济合作区和综合保税区等开发载体建设，深入推进兴边富民工程，提升沿边开放型经济水平。

(四十)抓好贯彻落实。省直有关部门和单位要认真做好贯彻落实工作，加强与国家对口部委衔接汇报，争取中央财政将云南承担国家生态安全屏障和重要生态功能的省级以上生态功能区和禁止开发区纳入国家财政转移支付范围；争取国家在支持25度以上非基本农田退耕还林还草的同时，调整我省25度以上43.33万公顷基本农田为非基本农田，并在"十三五"期间逐年安排退耕还林还草；争取国家加快建立下游对上游、生态受益地区对生态保护地区、重点流域跨界断面水质的横向生态补偿机制；争取国家加大对我省水质良好湖泊生态环境保护的支持力度，重点支持已纳入国家《水质良好湖泊生态环境保护总体规划(2013—2020年)》的抚仙湖、洱海、泸沽湖、万峰湖和小湾电站库区；争取可再生能源开发利用、生态环境保护、节能减排、低碳发展、民族文化遗产保护、能力建设等领域的国家专项资金支持。各级党委、政府及省直有关部门和单位要按照本实施意见要求，抓紧提出贯彻落实工作方案，明确目标任务、责任分工和时间要求，确保各项目标任务的实现。各州(市)、滇中产业新区和省直有关部门和单位要及时向省委、省政府报告贯彻落实情况，同时抄送省发展改革委、省环境保护厅。省委督查室、省政府督查室要适时组织开展督促检查。

附件：重点任务分工方案。

附件

重 点 任 务 分 工 方 案

序号	重点任务	牵头部门和单位	参与部门和单位
1	加快实施主体功能区战略	省发展改革委、省国土资源厅、省住房城乡建设厅、省农业厅、省林业厅、省环境保护厅	省工业和信息化委、省财政厅、省交通运输厅、省水利厅、省商务厅、省旅游发展委、省国资委
2	大力推进绿色城镇化发展	省住房城乡建设厅	省发展改革委、省工业和信息化委、省科技厅、省财政厅、省国土资源厅、省环境保护厅、省交通运输厅、省农业厅、省林业厅、省水利厅、省商务厅、省旅游发展委、省国资委
3	加快推进美丽乡村建设	省委农办	省发展改革委、省工业和信息化委、省科技厅、省民族宗教委、省财政厅、省国土资源厅、省环境保护厅、省住房城乡建设厅、省交通运输厅、省农业厅、省水利厅、省林业厅、省商务厅、省旅游发展委、省国资委、省扶贫办
4	推动科技创新	省科技厅	省发展改革委、省工业和信息化委、省教育厅、省财政厅、省国土资源厅、省环境保护厅、省交通运输厅、省农业厅、省林业厅、省水利厅、省商务厅、省旅游发展委、省国资委、省金融办

（续）

序号	重点任务	牵头部门和单位	参与部门和单位
5	推进产业优化升级	省发展改革委、省工业和信息化委、省环境保护厅、省商务厅、省旅游发展委、省能源局	省科技厅、省财政厅、省交通运输厅、省农业厅、省林业厅、省国资委、省地税局、省工商局、省质监局、省安全监管局、省国税局、省金融办、银监会云南监管局、云南电网公司
6	大力发展绿色产业	省发展改革委、省工业和信息化委、省环境保护厅、省农业厅、省林业厅、省能源局	省教育厅、省科技厅、省财政厅、省国土资源厅、省交通运输厅、省水利厅、省商务厅、省旅游发展委、省国资委、人民银行昆明中心支行、银监会云南监管局、证监会云南监管局、保监会云南监管局
7	全面推动重点领域节能减排	省工业和信息化委、省环境保护厅	省发展改革委、省住房城乡建设厅、省交通运输厅、省农业厅、省商务厅、省公安厅、省能源局、省煤炭工业局、省政府机关事务管理局、云南电网公司
8	发展壮大循环经济	省发展改革委、省工业和信息化委	省住房城乡建设厅、省农业厅、省林业厅、省商务厅
9	加强水、土地、矿产等资源节约利用	省水利厅、省国土资源厅	省发展改革委、省工业和信息化委、省科技厅、省财政厅、省环境保护厅、省农业厅、省林业厅、省商务厅、省国资委
10	提高森林生态保护与建设水平	省林业厅	省发展改革委、省环境保护厅、省水利厅
11	提高湿地生态保护与建设水平	省林业厅、省发展改革委	省环境保护厅、省国土资源厅、省农业厅、省水利厅
12	提高草原、农田、水域生态保护与建设水平	省农业厅、省国土资源厅、省环境保护厅	省林业厅、省水利厅
13	加强生物多样性保护	省林业厅、省环境保护厅	省委编办、省发展改革委、省农业厅、省水利厅
14	加强水土流失综合防治	省水利厅、省国土资源厅、省环境保护厅	省发展改革委、省农业厅
15	积极推进国家公园建设	省林业厅	省发展改革委、省环境保护厅、省住房城乡建设厅、省旅游发展委
16	加快防灾减灾体系建设	省民政厅、省国土资源厅	省发展改革委、省工业和信息化委、省教育厅、省科技厅、省财政厅、省环境保护厅、省交通运输厅、省农业厅、省林业厅、省水利厅、省商务厅、省旅游发展委、省国资委、省金融办、省地震局、省气象局、人民银行昆明中心支行、银卫会云南监管局、证监会云南监管局、保监会云南监管局
17	积极应对气候变化	省发展改革委	省工业和信息化委、省财政厅、省国土资源厅、省环境保护厅、省住房城乡建设厅、省交通运输厅、省农业厅、省林业厅、省水利厅、省旅游发展委、省统计局、省能源局、省气象局

（续）

序号	重点任务	牵头部门和单位	参与部门和单位
18	加强九大高原湖泊及重点流域水污染综合防治	省环境保护厅	省发展改革委、省住房城乡建设厅、省农业厅、省水利厅
19	加强大气、土壤、重金属、农业面源污染防治	省环境保护厅	省发展改革委、省工业和信息化委、省公安厅、省国土资源厅、省农业厅
20	开展矿山环境保护和恢复治理	省国土资源厅	省发展改革委、省工业和信息化委、省环境保护厅、省安全监管局
21	建立健全法规规章	省人大法制委、省法制办	省发展改革委、省国土资源厅、省环境保护厅、省农业厅、省林业厅、省水利厅等
22	完善标准体系	省质监局	省发展改革委、省工业和信息化委、省科技厅、省国土资源厅、省环境保护厅、省住房城乡建设厅、省交通运输厅、省农业厅、省林业厅、省水利厅
23	健全自然资源资产产权制度和用途管制制度	省国土资源厅、省委编办、省发展改革委、省林业厅、省水利厅	省工业和信息化委、省财政厅、省环境保护厅、省住房城乡建设厅、省农业厅、省法制办、省地税局、省能源局
24	完善生态环境监管制度	省环境保护厅	省发展改革委、省工业和信息化委、省财政厅、省国土资源厅、省住房城乡建设厅、省农业厅、省林业厅、省水利厅、省法制办
25	严守资源环境生态红线	省环境保护厅、省发展改革委	省委组织部、省工业和信息化委、省民政厅、省财政厅、省人力资源社会保障厅、省国土资源厅、省住房城乡建设厅、省农业厅、省林业厅、省水利厅、省旅游发展委、省统计局、省法制办、省扶贫办
26	实行资源有偿使用制度和生态保护补偿制度	省财政厅	省发展改革委、省国土资源厅、省环境保护厅、省住房城乡建设厅、省农业厅、省林业厅、省水利厅、省物价局
27	健全政绩考核制度	省委组织部、省委考评办、省环境保护厅、省统计局	省发展改革委、省民政厅、省财政厅、省人力资源社会保障厅、省林业厅、省审计厅、省扶贫办、国家统计局云南调查总队
28	完善责任追究制度	省委组织部、省监察厅	省级有关部门和单位，各州（市）党委和人民政府、滇中产业新区党工委和管委会
29	完善政策支持	省财政厅、省地税局、省国税局、省金融办、省发展改革委	省国土资源厅、省环境保护厅、省住房城乡建设厅、省农业厅、省林业厅、省水利厅、省物价局、人民银行昆明中心支行、银监会云南监管局、证监会云南监管局、保监会云南监管局
30	加强统计监测	省环境保护厅、省国土资源厅、省农业厅、省林业厅、省水利厅、省统计局	省发展改革委、省财政厅、省卫生计生委

（续）

序号	重点任务	牵头部门和单位	参与部门和单位
31	强化执法监督	省监察厅、省环境保护厅、省法制办	省发展改革委、省工业和信息化委、省公安厅、省国土资源厅、省住房城乡建设厅、省交通运输厅、省农业厅、省林业厅、省水利厅、省旅游发展委
32	提高全民生态文明意识	省委宣传部、省教育厅、省文化厅	省发展改革委、省工业和信息化委、省民族宗教委、省民政厅、省财政厅、省人力资源社会保障厅、省环境保护厅、省住房城乡建设厅、省农业厅、省林业厅、省水利厅、省卫生计生委、省旅游发展委、省国资委、省新闻出版广电局、省总工会、省妇联
33	培育绿色生活方式	省委宣传部、省发展改革委、省商务厅	省工业和信息化委、省教育厅、省财政厅、省环境保护厅、省住房城乡建设厅、省交通运输厅、省农业厅、省林业厅、省水利厅、省文化厅、省旅游发展委、省工商局、省质监局、省国资委、省新闻出版广电局、省总工会、省妇联
34	鼓励公众积极参与	省委宣传部	省发展改革委、省工业和信息化委、省教育厅、省财政厅、省国土资源厅、省环境保护厅、省住房城乡建设厅、省农业厅、省林业厅、省水利厅、省旅游发展委、省新闻出版广电局
35	加强统筹协调	省发展改革委、省财政厅、省国土资源厅、省环境保护厅、省水利厅、省农业厅、省林业厅	省级有关部门和单位，各州（市）党委和人民政府、滇中产业新区党工委和管委会
36	加强交流合作	省商务厅	省发展改革委、省工业和信息化委、省国土资源厅、省环境保护厅、省农业厅、省林业厅、省水利厅、省旅游发展委
37	抓好贯彻落实	省委督查室、省政府督查室	省级有关部门和单位，各州〈市〉党委和人民政府、滇中产业新区党工委和管委会

2015 年 8 月 27 日